UTB 2571

W0239108

Eine Arbeitsgemeinschaft der Verlage

Beltz Verlag Weinheim · Basel
Böhlau Verlag Köln · Weimar · Wien
Wilhelm Fink Verlag München
A. Francke Verlag Tübingen und Basel
Paul Haupt Verlag Bern · Stuttgart · Wien
Lucius & Lucius Verlagsgesellschaft Stuttgart
Mohr Siebeck Tübingen
C. F. Müller Verlag Heidelberg
Ernst Reinhardt Verlag München und Basel
Ferdinand Schöningh Verlag Paderborn · München · Wien · Zürich
Eugen Ulmer Verlag Stuttgart
UVK Verlagsgesellschaft Konstanz
Vandenhoeck & Ruprecht Göttingen
Verlag Recht und Wirtschaft Heidelberg
VS Verlag für Sozialwissenschaften Wiesbaden
WUV Facultas · Wien

Stephan Moebius
Lothar Peter (Hrsg.)

Französische Soziologie der Gegenwart

UVK Verlagsgesellschaft mbH

Bibliografische Information der Deutschen Bibliothek
Die Deutsche Bibliothek verzeichnet diese Publikation
in der Deutschen Nationalbibliografie; detaillierte bibliografische Daten
sind im Internet über <http://dnb.ddb.de> abrufbar.

ISBN 3-8252-2571-2

Einbandgestaltung: Atelier Reichert, Stuttgart
Satz und Layout: Claudia Wild, Stuttgart
Druck: fgb · Freiburger Graphische Betriebe, Freiburg

UVK Verlagsgesellschaft mbH
Schützenstr. 24 · D-78462 Konstanz
Tel.: 07531-9053-0 · Fax 07531-9053-98
www.uvk.de

Inhalt

Stephan Moebius / Lothar Peter

Vorwort

In der deutschsprachigen soziologischen Literatur mangelt es an Publikationen, die einen fundierten Überblick über die gegenwärtige französische Soziologie geben. Das ist umso erstaunlicher, als ein fachwissenschaftliches Interesse an den Arbeiten der französischen Soziologie hierzulande durchaus vorhanden ist. So gibt es zwar eine Reihe von Einzelbeiträgen, die sich auf Autoren und Themen in der französischen Soziologie beziehen, aber es fehlen ein systematischer einführender Überblick und eine repräsentative Darstellung der französischen Gegenwartssoziologie, die sowohl den wissenschaftlichen Diskurskontext als auch inhaltliche und methodologische Differenzierungen berücksichtigen.

Dieses Desiderat hat uns, die Herausgeber, veranlasst, einen einführenden Sammelband für ein breiteres, fachlich interessiertes Publikum, insbesondere Studierende, zu publizieren, der die genannte Lücke schließen kann. Der vorliegende Band hat folgende Struktur: In der Einleitung, die die Herausgeber verantworten, werden einige relevante Positionen und Zusammenhänge der französischen Gegenwartssoziologie dargestellt. Dabei werden unterschiedliche Diskurslinien in ihren Bezügen, Berührungspunkten und Differenzen nachgezeichnet. Im zweiten Teil, dem Hauptteil, werden die Bedeutung und Leistungen französischer Soziologen, die Stand und Profil des Faches maßgeblich prägen, eingehend gewürdigt.

Dieser Hauptteil umfasst zwei Kapitel: Im ersten Kapitel werden die wichtigsten paradigmatischen Richtungen der französischen Soziologie seit den sechziger Jahren behandelt, von denen aus sich Entwicklungen und Veränderungen in der heutigen französischen Soziologie erschließen lassen. Im zweiten Kapitel werden französische Soziologen vorgestellt, die sich sowohl mit Problemen moderner Gesellschaften im Allgemeinen als auch der französischen Gegenwartsgesellschaft im Besonderen beschäftigen, die sozialwissenschaftliche Reflexion dieser Probleme diskutieren und einen Blick auf zukünftige soziale Szenarien werfen.

Wir sind uns bewusst, dass die Auswahl in dem einen oder anderen Fall auch anders hätte ausfallen können. Vor allem sind wir uns bewusst, dass noch mehr Repräsentanten der französischen Soziologie hätten aufgenommen werden können. Deshalb sei die Auswahl kurz begründet: Wir legen das Hauptgewicht auf theoretische Beiträge, ohne jedoch empirische Aspekte auszuklammern. Im Einzelnen ergab sich die Auswahl einerseits aus dem Forschungsstand, wie er sich in der soziologischen Diskussion und Literatur niederschlägt, andererseits aus Gesprächen und Hinweisen aus dem Kreis deutscher Kolleginnen und Kollegen.

Leider mussten wir auf einige geplante Beiträge wegen der Erkrankung der Autoren verzichten.

Es ist selbstverständlich, dass ein breit gefächerter Überblick über die heutige französische Soziologie, wie ihn der vorliegende Band bietet, nur gemeinschaftlich durch die Mitwirkung mehrerer kompetenter Autorinnen und Autoren zustande kommen konnte. Ihnen sei ebenso wie dem Verlag und namentlich den Lektoren, Herrn Roman Moser, Frau Sonja Rothländer und Frau Anke Beck, herzlich für ihre Unterstützung gedankt. Unser Dank gilt schließlich Hans Manfred Bock (Kassel) für zahlreiche Anregungen und Ratschläge.

Stephan Moebius / Lothar Peter

Neue Tendenzen der französischen Soziologie

Zur Einleitung

I. Französische Soziologie seit den neunziger Jahren: Ein stillschweigender Paradigmenwechsel?

Die folgenden Überlegungen sollen einen kurzen Überblick über die gegenwärtigen Tendenzen der französischen Soziologie geben. Dabei beziehen sie sich hauptsächlich auf Beiträge zur soziologischen Theorie seit den neunziger Jahren, berücksichtigen in einigen Punkten aber auch empirische Untersuchungen, wenn sie die Entwicklung des soziologischen Theoriediskurses exemplarisch verdeutlichen.[1] Seit dem genannten Zeitpunkt zeichnen sich einige Entwicklungen in der französischen Soziologie ab, die über jene dominanten Paradigmen hinauszugehen versuchen, die zwischen 1960 und 1990 den soziologischen Diskurs unangefochten dominierten. Gemeinsam war diesen Paradigmen bei allen sonstigen Unterschieden, dass sie Gesellschaft als ein zusammenhängendes Ganzes begriffen, beruhend auf relativ stabilen Strukturen, Institutionen und sozialen Beziehungen. Diese Gemeinsamkeit schloss eine kontroverse Beurteilung von Gesellschaft nicht aus, verwies aber auf eine theoretische und methodologische Perspektive, die während der letzten Dekade immer häufiger angezweifelt

1 Soweit es quellentechnisch möglich war, wird nach den französischen Ausgaben der benutzten Literatur zitiert. Die Übersetzungen stammen von den Verfassern. Wenn die französischen Ausgaben nicht verfügbar waren, wurde auf deutsche und in einzelnen Fällen englische Übersetzungen zurückgegriffen.

wird. Den realen Hintergrund für die gegenwärtig zu beobachtenden Veränderungen im soziologischen Diskurs bilden Prozesse der Modernisierung, Flexibilisierung und Individualisierung, aber auch sozialer Desintegration, Spaltung und Entstabilisierung gesellschaftlicher Institutionen (vgl. Crozet et al 2000), die es nahe zu legen scheinen, den systemischen Charakter von Gesellschaft in Zweifel zu ziehen. Diese Skepsis impliziert mehr oder weniger weit reichende Distanzierungen, Abgrenzungen und kritische Umakzentuierungen im Verhältnis zu den Geltungsansprüchen der oben erwähnten, bis Anfang der neunziger Jahre vorherrschenden Paradigmen. Um welche Paradigmen handelt es sich dabei?

In der Literatur (vgl. Guillaume 1986, Ansart 1990, Durand/Weil 1997[1989], Giraud 1997, Berthelot 2000) besteht Übereinstimmung darüber, dass der vor allem von Raymond Boudon vertretene methodologische Individualismus, die von Michel Crozier entwickelte »strategische Analyse«, der von Alain Touraine konzipierte »Aktionalismus« und der »genetische Strukturalismus« von Pierre Bourdieu jene vier Theorien bilden, deren paradigmatische Funktion einhellig anerkannt wird. Zu diesen so genannten modernen Klassikern der französischen Soziologie kann man darüber hinaus auch Edgar Morin zählen. Manchmal werden den soziologischen Schlüsseltheorien, den »quatre coins de la sociologie« (Alain Touraine) noch weitere Konzepte zugerechnet, wie das einer »dynamischen Soziologie« von Georges Balandier (vgl. Balandier 1971) oder die Beiträge zu einer Theorie sozialen Wandels von Henri Mendras. Die überragende Rolle der vier genannten Paradigmen für die Zeit zwischen 1960 und 1990 ist allerdings unstrittig. Erst vor ihrem Hintergrund wird man die gegenwärtigen soziologischen Diskurse in Frankreich hinreichend verstehen und die aktuellen Verschiebungen erkennen können. Aus diesem Grund wollen wir die Paradigmen dieser »modernen Klassiker« im Folgenden kurz darstellen.

II. Moderne Klassiker

Der Aktionismus (Raymond Boudon)

Fragt man nach den Ursachen für den großen Einfluss des methodologischen Individualismus in der gegenwärtigen französischen Soziologie, so stellt man fest, dass bereits unmittelbar nach 1945 die Basis dafür geschaffen wurde. Sie bestand in einer von Paul M. Lazarsfeld inspirierten, auf Mathematisierbarkeit und statistische Datenerhebung gerichteten empirischen Sozialforschung amerikanischen Zuschnitts. Daran waren die Axiome des methodologischen Individualismus und sein Konzept der Handlungsrationalität anschlussfähig. Als Pionier eines Transfers des amerikanischen Paradigmas der Sozialforschung nach Frankreich trat Jean Stoetzel (geb. 1914) hervor, der bereits 1938 das erste französische Meinungsforschungsinstitut IFOP (Institut Français de l'Opinion Publique) gegründet hatte und seit 1949 als Nachfolger von Georges Gurvitch das 1945 beim Centre National de la Recherche Scientifique (CNRS) ins Leben gerufene Centre d'Etudes Sociologiques (CES) leitete (Pollak 1978: 39, vgl. auch Tréanton 1991). Das »Centre« fungierte als »Brutstätte« fast der gesamten Soziologengeneration der Nachkriegszeit, die sich hier die empirische Forschungspraxis und das für sie charakteristische Wissenschaftsverständnis aneignete. In eben diesem Milieu wurde Raymond Boudon, der bekannteste Vertreter des methodologischen Individualismus und seiner französischen Spielart, des *actionnisme,* intellektuell sozialisiert. Boudon selbst arbeitete in den USA, wurde Schüler von Lazarsfeld und kam nach seiner Rückkehr mit Jean Stoetzel in Kontakt. Neben Boudon sind es unter anderen François Bourricaud und Jean-Gabriel Padioleau, die den Aktionismus in der französischen Soziologie repräsentieren. Das Paradigma des Aktionismus beruht auf folgenden theoretischen und methodologischen Prämissen (vgl. Boudon 1979: 33):

1. Soziale Phänomene sind durch die Struktur der Interaktionssysteme zu erklären, innerhalb derer sich die Emergenz dieser Phänomene vollzieht.

2. Diese Phänomene sind auf das Handeln individueller Akteure zurückzuführen, die allerdings nicht in einem institutionellen und sozialen Vakuum handeln, sondern unter bestimmten Bedingungen und Zwängen *(contraintes).* Diese Bedingungen und Zwänge bilden nur ein, wenn auch wichtiges Element soziologisch erklärbaren Handelns und Verhaltens, aber sie determinieren das individuelle Handeln nicht total.
3. Entsprechend der Erkenntnis Vilfredo Paretos, dass zwischen nicht logischem (auf »Residuen« beruhendem) Handeln und logischem (auf »Derivaten« beruhendem) Handeln unterschieden werden muss, bedarf die Soziologie komplexerer Erklärungskonzepte als die utilitaristische Ökonomie.

Nichtsdestoweniger spielt im Denken Boudons das utilitaristische Prinzip der vorteilsbasierten Motivation individuellen Handelns eine zentrale Rolle, auch wenn es mit anderen Elementen von Rationalität, etwa der Anerkennung restriktiver Handlungsbedingungen, angereichert wird. Die Entscheidungen der individuellen Akteure sind also weder eine freie, nutzenmaximierende Wahl noch vollständig durch situative Zwänge vorprogrammiert. Obwohl der methodologische Individualismus auch Ideen der Spieltheorie aufnimmt, wie sie zum Beispiel im klassischen »Gefangenendilemma« zum Ausdruck kommen, wendet sich Boudon entschieden gegen jeden »Despotismus der Strukturen« (Boudon 1986: 57). Er bekämpft die simplifizierende Vorstellung, dass die sozialen Akteure aus einem »weichen Teig« bestehen, in den sich die Bedingungsfaktoren des Handelns widerstandslos hineindrücken lassen. Stattdessen betont Boudon, dass die individuelle Handlungsrationalität nicht einfach als Spielball objektiver Umstände reagiert. Insofern versucht er, die Einseitigkeit sowohl der holistisch-deterministischen Sozialtheorie als auch die Verkürzungen eines auf den *homo oeconomicus* fixierten Individualismus zu vermeiden. Als Ergebnis dieses Bemühens kann seine bekannt gewordene Formel »M=MmSM'« betrachtet werden, mit deren Hilfe er die Beziehung zwischen sozialer Bedingtheit und individueller Entscheidungsfähigkeit des individuellen Akteurs systematisch beschreibt. Die Formel beinhaltet, dass »das soziale Phänomen M eine Funktion der Handlungen m sind, die ihrerseits von der Situation S des Akteurs abhängen, die wiederum selbst durch die makrosozialen Gegebenheiten M' beeinflußt werden.« (Boudon 1984: 40)

Aus der Aggregation individueller Handlungen kann nach Boudon jene Emergenz, also jene »unbeabsichtigten paradoxen Folgen« (*effets pervers,* vgl. Boudon 1977) entstehen, die sich nicht durch kollektive soziale Reformen aus der Welt schaffen lassen, wie Boudon am Beispiel der seiner Meinung nach gescheiterten Politik sozialer Chancengleichheit im Bildungssystem bewiesen zu haben glaubt. Wenn jeder einzelne Akteur versuche, seine eigenen Chancen im Bildungssystem zu verbessern, würden das auch alle anderen Akteure versuchen, sodass eine Verallgemeinerung höherer Bildungsabschlüsse die vermeintlichen Vorteile des Einzelnen wieder zunichte mache (Boudon 1973).

Seit den neunziger Jahren hat Boudon seinen Begriff der Handlungsrationalität weiter differenziert. Er unterscheidet nun zwischen einer *rationalité instrumentale* und einer *rationalité axiologique,* indem er moralischen Werten eine größere Bedeutung einräumt als früher. Die beiden genannten Rationalitätsformen bilden die Grundlage eines »kognitivistischen Modells« *(modèle cognitiviste),* das der Bedeutung sozialen Sinns Rechnung zu tragen versucht und damit eine Erweiterung der Handlungsmotivation vornimmt (vgl. Boudon 1995: 289), die über den binären Code von Kosten und Gewinn hinausgeht. Die Position des »Aktionismus« von Boudon, Bourricaud, Padioleau, Chazel und anderen verhält sich sowohl kritisch zu holistischen Sozialtheorien als auch zu den Spielarten einer phänomenologischen Soziologie. Besonders heftig und teilweise polemisch weist der *actionnisme* jeden so genannten Soziologismus (Bourricaud 1975) zurück, womit nicht nur dessen klassische Version bei Emile Durkheim und der Durkheim-Schule, sondern auch das Habitus-Konzept von Bourdieu gemeint sind (vgl. Boudon 1988: 298).

Dennoch haben sich der »Aktionismus« und namentlich Boudon selbst während der letzten Jahre mit dem Projekt einer neuen Wissenssoziologie darum bemüht, den traditionellen Gegensatz zwischen »axiologischer«, also den Handlungen einen Sinn zuschreibender Vernunft zum einen und instrumenteller, nutzengeleiteter Vernunft zum anderen zu überbrücken (vgl. Hirshhorn 2000: 55).

Die »strategische Analyse« (Michel Crozier und Erhard Friedberg)

Die »strategische Analyse«, die zunächst von Michel Crozier (emeritierter Direktor am CNRS) entwickelt und später von ihm gemeinsam mit dem aus Österreich stammenden Erhard Friedberg ausgearbeitet wurde, weist mehrere Parallelen zum methodologischen Individualismus Boudons auf. Wie dieser geht auch die »strategische Analyse« vom rationalen Handeln individueller Akteure aus und sieht sich durch die amerikanischen Sozialwissenschaften der Nachkriegszeit beeinflusst. Bereits 1947 erhielt Crozier ein Stipendium für die USA, wo er mit den Prioritäten einer empirisch ausgerichteten Soziologie in Berührung kam. Diese empirische Orientierung trägt auch zur Erklärung des intellektuellen Selbstverständnisses Croziers bei, der sich von jedem explizit politischen Engagement fernhielt und sich eine Parteinahme für kollektive Aktionen und Bewegungen versagte. Nichtsdestoweniger sah er seine wissenschaftliche Arbeit in eine Perspektive gesellschaftlicher Reformen und Modernisierung eingeschrieben (vgl. Pollak 1978: 51).

Im Mittelpunkt der Theorie Croziers steht das Handeln von Akteuren in Organisationen. Das Funktionieren oder Nichtfunktionieren großer industrieller und administrativer Organisationen stellt für Crozier das Schlüsselproblem moderner Gesellschaften schlechthin dar. Darin ist er vom amerikanischen Strukturfunktionalismus und der sich an ihn anschließenden Organisationstheorien – zum Beispiel von Herbert A. Simon und Philip Selznick – beeinflusst. Seine Kritik des »bürokratischen Phänomens«, so der Titel des ersten wichtigen Werks, weitete sich zu einer Diagnose der Modernisierungsblockaden und Reibungsverluste der Gesellschaft insgesamt aus. In einer kritischen

Rezeption sowohl des Bürokratieverständnisses Max Webers als auch systemtheoretischer Beiträge zur Organisationsanalyse entwickelten Crozier und Friedberg ihren eigenen Ansatz. Schon in *Le phénomène bureaucratique* (1963) hatte Crozier die Annahme Webers angezweifelt, dass Rationalität und Effektivität identisch seien und sich gegen die Vorstellung gewandt, dass Macht in Organisationen die Handlungsfreiheit der Akteure vollständig aufheben könne. Stattdessen zeigte er auf, dass Organisationen durch widersprüchliche und gegenläufige innere Prozesse gekennzeichnet sind, die sich, wenn sie verschleiert oder unterdrückt werden, zu einem bürokratischen Teufelskreis zusammenschließen können. Dabei spielen folgende Faktoren eine Rolle (vgl. Crozier 1971 [1963]: 229 ff.):

1. Die Entwicklung unpersönlicher Regeln erhöht im Gegensatz zur Auffassung von Max Weber nicht zwangsläufig die Leistungsfähigkeit von Organisationen, sondern kann im Gegenteil individuelle Initiative und kreatives organisationales Handeln ersticken.
2. Die Zentralisierung von Entscheidungen entfernt sich von einem kritischen Punkt an von der Möglichkeit, diese Entscheidungen auch »vor Ort« durchzusetzen. Damit wird Zentralisierung kontraproduktiv.
3. Die Isolierung der hierarchisch gegliederten Gruppen voneinander führt zu einem Abbruch von Kommunikation und zur Erhöhung des internen Drucks *in* den einzelnen Gruppen, die auf sich selbst zurückgeworfen werden. Gleichzeitig nehmen Konflikte *zwischen* den isolierten Gruppen zu und verfestigen sich zu einem starren Korpsgeist.
4. Die Entstehung von Parallelmacht und »Zonen der Ungewissheit« *(zones d'incertitudes)* in Organisationen lähmen die Handlungsfähigkeit, weil Machtbeziehungen zwischen mehreren Akteuren ständig neu ausgehandelt werden müssen und so die Effizienz organisatorischer Prozesse verringern.

Ausgehend von seinen theoretischen und empirischen Studien zum Bürokratieproblem hat Crozier die soziale und institutionelle Krise, die im Mai 1968 in radikalen Studentenprotesten und Massenstreiks zum Ausbruch kam, als Resultat einer insgesamt bürokratisch verkrusteten, »blockierten Gesellschaft« (Crozier 1970) interpretiert. Der »bürokratische Stil« (Crozier 1970: 129) sei nicht nur das Merkmal eines allgemeinen Leerlaufs in den Verwaltungen und schwerfälliger industrieller Organisationen, sondern für die gesamte französische Gesellschaft insofern charakteristisch, als diese Gesellschaft in allen Lebensbereichen auf einer »hierarchischen Konzeption der Autorität« (Crozier 1970: 171) beruhe. Um die Reibungs- und Produktivitätsverluste von Organisationen zu überwinden und aus der Sackgasse hierarchisch gefällter Entscheidungen und zentralistisch gesteuerter Informationsflüsse herauszukommen, schlug Crozier vor, die »organisationale Leistungsfähigkeit« *(capacité organisationelle)* zu steigern, indem zuerst eine konsequente Ursachenanalyse der Trägheit und Ineffizienz der Organisationen durchgeführt werden müsse. Üblicherweise nämlich würden organisationsbezogene Untersuchungen lediglich durchgeführt, um die bereits bestehenden bürokratischen Strukturen und Praktiken zu rechtfertigen, nicht aber um das vorhandene, aber brachliegende schöpferische und innovative Potenzial der Akteure zu fördern. Die Bürokratiekritik hat Crozier später vor allem auf den Staat zentriert und dabei einige Ideen vorweggenommen, die in der heutigen Diskussion über Verwaltungsmodernisierung, organisationale Selbststeuerung und »lernende Organisationen« eine Schlüsselbedeutung bekommen haben (vgl. Crozier 1979, 1987).

Zusammen mit Friedberg erweiterte Crozier seine Bürokratieanalyse zu einer umfassenderen Konzeption des Handelns in sozialen Systemen (Crozier/Friedberg 1981 [1977]). Noch entschiedener als in den vorangegangenen Arbeiten wird in *L'acteur et le système* der »konstruierte Charakter« von Organisationen hervorgehoben. Organisationen seien also weder abstrakte und objektivistische Entitäten noch naturwüchsige Organismen, sondern »soziale Konstruktionen«, die der Veränderung durch ihre Akteure prinzipiell zugänglich seien (vgl. Crozier/Friedberg 1981 [1977]: 13). Die Bedeutung sozialen Handelns kommt im Begriff der Strategie zum Ausdruck, dem das von Crozier/Friedberg repräsentierte Paradigma seine Bezeichnung als »strategische Analyse« verdankt. Akteure in Organisationen sind ihr zufolge weder willenlose Werkzeuge einer deterministischen Struktur, noch verfügen sie souverän über ihre organisationale Umwelt. Sie entscheiden zwischen unterschiedlichen Handlungsoptionen, aber sie handeln nicht frei, sondern unter bestimmten einschränkenden Bedingungen *(contraintes)*, die ihrerseits jedoch immer auch systemisch nicht festgelegte Möglichkeiten und »Zonen der Ungewissheit« umfassen. Die »strategische Analyse« enthält sowohl eine Kritik an Ideologien absoluter Systemrationalität als auch am strukturalistischen Postulat des »Todes des Subjekts«, also der Abwesenheit handlungs- und veränderungsfähiger Akteure: »Il n'y a pas de systèmes sociaux entièrement reglés ou contrôlés. Les acteurs individuels ou collectifs qui les composent ne peuvent jamais être réduits à des fonctions abstraites et désincarnées. Ce sont des acteurs à part entière qui, à l'intérieur des contraintes souvent très lourdes que leur impose ›le système‹, disposent d'une marge de liberté qu'ils utilisent de façon stratégique dans leurs interactions avec les autres.« (Crozier/Friedberg 1981 [1977]: 29 f.). Insofern Macht in Organisationen ebenfalls ein sozial erzeugtes Phänomen ist und alle Akteure versuchen, ihre Macht in den sozialen Beziehungen und Prozessen innerhalb von Organisationen geltend zu machen, ist es nach Crozier/Friedberg eine Illusion, Macht prinzipiell eliminieren zu wollen. Aber die Akteure können in einem »kollektiven Lernprozess« *(apprentissage collectif)* die lähmenden Konsequenzen und Zirkularitäten organisatorischer Macht vermeiden, wenn sie Macht für das Beschreiten neuer Wege der Gestaltung sozialer Beziehungen sowie in der Erprobung neuer Modelle der Kommunikation und Entscheidung nutzen und damit sozialen Wandel generieren. Das gilt für eine einzelne Organisation, eine Behörde oder ein Wirtschaftsunternehmen ebenso wie für den Staat als Ganzes.

Der Aktionalismus (Alain Touraine)

Während der methodologische Individualismus Boudons und die »strategische Analyse« Croziers und Friedbergs trotz zahlreicher Unterschiede gemeinsam von rational handelnden Akteuren ausgehen, setzt Alain Touraine einen Begriff von Gesellschaft als komplexer Totalität voraus, der von den Kategorien gesellschaftlicher Arbeit, sozialer Klassen, zentraler gesellschaftlicher Konflikte und kollektiver Bewegungen geleitet ist. Unter dem Einfluss von Georges Friedmann (1902–1977), dem Begründer der französischen Industriesoziologie, trat Touraine 1950 in das Centre d'Etudes Sociologiques« beim CNRS ein. Aus eigener Erfahrung mit den Problemen der Industriearbeit vertraut, setzte er sich intensiv mit den Arbeitsbedingungen und Bewusstseinsformen von Industriearbeitern auseinander (Touraine 1955, 1966). Deshalb überrascht es nicht, dass er sich politisch der nichtkommunistischen neuen Linken *(nouvelle gauche)* und Gruppen wie »Socialisme ou barbarie« (Cornelius Castoriadis, Claude Lefort und andere) näherte und mit dem Gewerkschaftsverband CFDT sympathisierte. 1959 gründete Touraine die noch heute bestehende Zeitschrift *Sociologie du travail,* ehe er 1965 seine bisherigen Untersuchungen theoretisch in einer *Sociologie de l'action* zusammenfasste, indem er die menschliche Arbeit zur wesentlichen historischen Konstitutionsbedingung von Gesellschaft erklärte (vgl. Touraine 1965: 11). Arbeit bildet die Grundvoraussetzung jedes »geschichtlichen Subjekts« und jedes geschichtlichen Handelns. Mithilfe dieser Kategorien entwickelte er die ersten Ansätze seines späteren Konzepts des Aktionalismus, das seit Mitte der sechziger Jahre über das bis dahin vorrangige Forschungsfeld der Industriearbeit hinausging, um neue Dimensionen und Brennpunkte gesellschaftlicher Konflikte und der sie austragenden kollektiven Akteure zu untersuchen. Daraus erklärt sich, warum Touraine seine Aufmerksamkeit nun auf neue soziale Bewegungen wie die Studentenbewegung vom Mai 1968 (Touraine 1968) oder die Kernkraftgegner (Touraine et al. 1980) lenkte. Dem entsprach theoretisch die Verlagerung der zentralen Achse gesellschaftlicher

Konflikte von der Sphäre des Produktionsprozesses auf den Kampf um die Organisation, Steuerung und Kontrolle der für moderne Gesellschaften entscheidenden Ressourcen, insbesondere der Information und Kommunikation, wie Touraine schon 1969 ansatzweise in seiner Studie über die postindustrielle Gesellschaft herausgearbeitet hatte. Parallel zu seinen empirischen und theoretischen Studien entwickelte er mit dem Konzept des Aktionalismus gleichzeitig eine spezifische Forschungsmethode, die er als »soziologische Intervention« *(intervention sociologique)* bezeichnete und die in einigen Punkten auf das verweist, was man in Deutschland Aktionsforschung nennt. Mit der »soziologischen Intervention« verfolgte Touraine ein doppeltes Ziel: einerseits wollte er seine Ablehnung einer objektivistischen Indifferenz gegenüber den zu erforschenden sozialen Subjekten hervorheben, andererseits aber auch die notwendige kritische Distanz zu den Forschungsgegenständen wahren, um so der von ihm als problematisch erachteten Neigung von Intellektuellen zu entgehen, sich zu Repräsentanten politischer Interessen und Ideologien zu machen.

Nichtsdestoweniger sollte die »soziologische Intervention« eine die Gesellschaft zur Selbstveränderung anregende Funktion ausüben. Diesen Leitgedanken brachte er auf die griffige Formel »engagé dans le mouvement, mais aussi dégagé de son organisation« (»in der Bewegung engagiert, aber auch von ihrer Organisierung befreit«, Touraine 1974: 53). Die methodische Orientierung Touraines auf die »soziologische Intervention« fand ihren organisatorischen Niederschlag in der Auflösung des Centre d'Etude des Mouvements Sociaux (CEMS), das Touraine 1970 ins Leben gerufen hatte, und in der Gründung eines neuen Forschungsinstituts 1981/82, das den programmatischen Namen Centre d'Action et d'Intervention Sociologique (CADIS) erhielt. Zu diesem Zeitpunkt war allerdings die theoretische Fundierung des Aktionalismus längst abgeschlossen. Mit *Production de la société* (1973) hatte Touraine eine groß angelegte systematische Darstellung seiner Auffassung von Gesellschaft und ihrer konstitutiven Akteure und Prozesse geliefert. Im Mittelpunkt steht dabei die

Selbstproduktion der Gesellschaft und eine dezidierte Absage an alle Erklärungsversuche, die Entwicklung von Gesellschaft aus metasozialen Triebkräften und Faktoren abzuleiten, seien sie evolutionistischer, religiöser oder historistischer Provenienz (zum Beispiel »der Sinn der Geschichte«). Stattdessen geht nach Touraine der soziale Wandel aus der genuin sozialen Fähigkeit der Gesellschaft hervor, sich auf sich selbst beziehen zu können und in diesem selbstreflexiven Wissen – Touraine nennt es »Historizität« *(historicité)* – jene entscheidenden Ressourcen zu mobilisieren, die eine Selbstproduktion der Gesellschaft ermöglichen: 1. das Wissen um die Beziehungen zwischen Gesellschaft und natürlicher Umwelt, 2. die Akkumulation von Produktion, die der Gesellschaft die erforderlichen Mittel ihrer Weiterentwicklung zur Verfügung stellt, und 3. ein kulturelles Modell, das der geschichtlichen Aktion ihren Sinn verleiht.

Um die *historicité* herum baut sich eine Gruppe weiterer Begriffe auf, mit deren Hilfe die Prozesse der Vergesellschaftung und ihrer geschichtlichen Formen analysiert und interpretiert werden sollen. Touraine nennt den Zusammenhang zwischen *historicité* und den Prozessen gesellschaftlicher Praxis »System der geschichtlichen Aktion« *(système d'action historique)* und meint damit die Art und Weise, wie die *historicité* die gesellschaftlichen Praktiken ergreift (Touraine 1973: 86). Das »System der geschichtlichen Aktion«, inspiriert durch das kulturelle Modell und strukturiert durch Klassenbeziehungen und soziale Bewegungen, bringt die institutionelle Ordnung und soziale Organisation (Verwaltung, Unternehmen, Bildungswesen usw.) hervor, während die Formen gesellschaftlicher Praxis wie Partizipation, Integration, Widerstand oder Revolte aus den Beziehungen zwischen den Klassen hervorgehen.

Touraine versteht unter dem »System der historischen Aktion« weder eine gesellschaftliche Realität noch sozialen Wandel. Der Begriff hat vielmehr einen heuristischen Status. Er soll die Analyse eines »gesellschaftlichen Typs« *(type sociétal)* und eines »Historizitätsfeldes« *(champ d'historicité)* ermöglichen, auf dem sich die »Historizität«, also das Vermögen der Gesellschaft, ihrem eigenen Handeln Sinn und Richtung zu geben, konkret entfaltet (Touraine 1973: 94). Standen die Arbeiten Touraines bis in die achtziger Jahre im Zeichen kollektiver gesellschaftlicher Konflikte und sozialer Bewegungen – zunächst vor allem der Arbeiterbewegung, später mehr der neuen sozialen Bewegungen –, so wandte er sich seitdem vornehmlich dem Thema des Subjekts und der Subjektivität in der modernen Gesellschaft zu (vgl. Touraine 1984).

Den Anlass dafür gab seine Diagnose einer krisenhaften Entwicklung der Moderne, in deren Verlauf die imperiale Logik eines verabsolutierten Verständnisses von Rationalisierung und Rationalität die Autonomie des Subjekts immer mehr zu unterwerfen drohe (vgl. Touraine 1992). Diese Diagnose weist Parallelen zu anderen prominenten modernitätskritischen Auffassungen wie der von Jürgen Habermas oder Anthony Giddens auf. Touraine schlägt eine Redefinition von Modernität vor, die ein neues, produktives Spannungsverhältnis zwischen Vernunft und Freiheit, Rationalisierung und Subjektivierung, Geist der Renaissance und Geist der Reformation, Wissenschaft und Freiheit aufbaut (Touraine 1992: 15). Da er die gegenwärtige Gefahr für die moderne Gesellschaft vor allem in einem die Kreativität und Freiheit der Subjekte erstickenden Übergewicht von Rationalisierung und technischer Funktionalisierung sieht, tritt er für die »Geburt des Subjekts« ein (Touraine 1992: 233 ff.). Damit meint er, dass die bisherige Entwicklung der Moderne bisher nur eine deformierte Subjektivität hervorgebracht habe und man deshalb auch nicht von einer »Wiedergeburt des Subjekts« sprechen könne. Verteidigt Touraine einerseits das erst noch zu konstituierende, sich in den neuen sozialen Bewegungen abzeichnende Subjekt gegen die Unterwerfung unter die instrumentelle Vernunft der Moderne, so weist er andererseits aber den modernen selbstbezüglichen Individualismus zurück, indem er, etwa vergleichbar mit Ralf Dahrendorfs Idee der »Ligaturen«, die Notwendigkeit moralischer Bindungen und gemeinschaftlicher Wertorientierungen des Subjekts hervorhebt; denn die Transformation des Individuums in ein Subjekt, der Übergang vom *moi* (Ich) und *soi* (Sich) zu einem authentischen Subjekt könne nur erfolgen, wenn das Subjekt zum Handelnden, ja selbst zu einer »sozialen Bewegung« *(mouvement social)* wird (Touraine 1992: 317).

Der genetische Strukturalismus (Pierre Bourdieu)

Unter den hier vorgestellten Paradigmen, die die französische Soziologie bis in die jüngste Vergangenheit dominierten, ist es das Denken Pierre Bourdieus, in dem sich die Tradition der Durkheim-Schule am deutlichsten fortsetzt, ohne dass Bourdieus Beitrag auch nur ansatzweise auf den Einfluss dieser Schule reduziert werden könnte. Aber mit Durkheims »Soziologismus« teilt Bourdieu die Erkenntnis, dass das Handeln der Menschen weder durch ihre Individualität noch durch subjektive Sinnkonstruktion oder rationale Ziele bestimmt wird, sondern aus der Logik von Vergesellschaftung hervorgeht. Im Unterschied zu Durkheim ist für Bourdieu aber diese Logik der Vergesellschaftung strukturell durch soziale Herrschaft und Ungleichheit bestimmt.

Bourdieu, zunächst von der strukturalen Anthropologie von Claude Lévi-Strauss beeinflusst, entwickelte nach dem Studium an der Elitehochschule Ecole Normale Supérieure und ethnologischen Feldforschungen bei den im Norden Algeriens lebenden Kabylen (vgl. Bourdieu 1972) eine wissenschaftstheoretische Position, die an Gaston Bachelard und Georges Canguilhem anknüpfte und sich gegen jede Form einer nicht selbstreflexiven »Spontansoziologie« wandte (Bourdieu et al. 1968). Die Beschäftigung mit den Bedingungen und Problemen der begrifflichen Konstituierung soziologischen Wissens durchzog wie ein roter Faden Bourdieus methodologische Arbeiten, um schließlich in das Konzept einer »reflexiven Anthropologie« (Bourdieu/Wacquant 1992) einzumünden. Seit Anfang der sechziger Jahre war Bourdieu, unterstützt von Raymond Aron, an der renommierten Ecole Pratique des Hautes Etudes (EPHE, der späteren Ecole des Hautes Etudes en Sciences Sociales, EHESS) tätig und schuf mit empirischen Studien über das Bildungswesen wichtige Voraussetzungen für sein Opus magnum, *Die feinen Unterschiede*

(1979, dt. 1982), eine komplexe Analyse der Klassenstruktur der französischen Gesellschaft, in der er sein theoretisches Habitus-Feld-Konzept entfaltete und empirisch anwandte. Der Habitus stellt nach Bourdieu die Schnittstelle zwischen Gesellschaftsstruktur und Individuum dar, indem er den Individuen klassenabhängige Denk-, Wahrnehmungs- und Bewertungsschemata vermittelt, die sie verinnerlichen und die ihnen als Kompass ihres Handelns dienen. Der Habitus ist sowohl Produkt der Vergesellschaftung als auch ein genetisches Prinzip, das soziale Grammatiken des Handelns hervorbringt. *Die feinen Unterschiede* führten unter anderem zu den drei folgenden Ergebnissen:

1. Klassenstruktur und soziale Ungleichheit sind nicht nur ökonomisch bestimmt, sondern sie sind auch soziale Konstrukte, denen symbolische Logiken der Distinktion entsprechen.
2. Der soziale Habitus ist zwar weitgehend unbewusst, aber nicht irrational. Er ist tiefer in den Subjekten verankert als ihr kognitives Bewusstsein.
3. Moderne kapitalistische Klassengesellschaften sind aufgrund ihres habitus-bedingten Beharrungsvermögens nicht einfach durch den Willen zur Umwälzung oder durch rationale Entscheidungen veränderbar.

Mit dem Begriff des Habitus korrespondiert der des »Feldes«. Darunter sind nach Bourdieu die unterschiedlichen Bereiche und Arenen des sozialen Lebens (etwa der Markt oder die kulturelle Produktion) zu verstehen, die bestimmten, dem Habitus angepassten symbolischen Codes und Rangordnungen unterworfen sind. Zu den innovativen sozialwissenschaftlichen Leistungen Bourdieus gehört in diesem Zusammenhang neben der produktiven Anwendung des Habitus-Feld-Konzepts auf die Analyse der Gesellschaftsstruktur auch die Entwicklung eines spezifisch soziologischen Kapitalbegriffs, der den ökonomischen Kapitalbegriff nicht widerruft, sondern um eine soziale Dimension erweitert. Dabei geht Bourdieu von der Annahme aus, dass soziale Ungleichheit und gesellschaftliche Herrschaft nicht nur auf ökonomischem Besitz beruhen, sondern sich, und zwar notwendig, durch Formen des sozialen, symbolischen und kulturellen Kapitals reproduzieren müssen, wenn sie Bestand haben wollen (zur Diffenzierung unterschiedlicher Kapitalsorten vgl. Bourdieu 1983).

Der frühe Versuch, zwischen Marx und Weber eine Synthese herzustellen, führte so über die bildungssoziologischen Studien und *Die feinen Unterschiede* zu einer theoretischen Selbstklärung, die ihren Ausdruck in *Sozialer Sinn* (1980, dt. 1987), einer der wichtigsten theoretischen Veröffentlichungen Bourdieus, fand. Hier formulierte er explizit den Anspruch, die kontraproduktive Entgegensetzung zwischen Objektivismus und Subjektivismus, zwischen »Sozialphysik« und »Sozialphänomenologie« in den Sozialwissenschaften zu überwinden.

Seit Beginn der achtziger Jahre häuften sich Stellungnahmen Bourdieus zu politischen und sozialen Problemen. Hatte er zunächst eher gemäßigte reformsozialistische Ansichten vertreten, so näherte er sich jetzt mehr und mehr einer grundsätzlichen Kapitalismuskritik, namentlich an den ökonomischen Exzessen und sozialen Fragmentierungen, die die Strategie eines entfesselten Neoliberalismus, Marktradikalismus, einer Privatisierung und Demontage des Sozialstaats hervorrufen. In der Zwischenzeit hatte die Berufung an das prestigeträchtige Collège de France im Jahr 1982 Bourdieus nationale und internationale wissenschaftliche Reputation zusätzlich erhöht. Von den zahlreichen Publikationen, die er seitdem veröffentlichte, sind die folgenden Titel zu erwähnen: *Homo academicus* (1984, dt. 1988), eine Analyse symbolischer Herrschaft in den und über die universitären Institutionen, dann *Der Staatsadel* (1989, dt. 2004), wo die Rekrutierungsmechanismen und Selektionsrituale der wirtschaftlichen, politischen und administrativen Eliten in Frankreich untersucht werden, des Weiteren *Die Regeln der Kunst* (1992, dt. 1999), eine Untersuchung des »literarischen Feldes« und der dieses Feld strukturierenden Praktiken und schließlich die Gemeinschaftsstudie über das *Elend der Welt* (Bourdieu et al. 1993, dt. 1997), in der Menschen zu Wort kommen, die aus einer saturierten, glamour- und luxusbesessenen Welt herausgefallen sind.

In diesem Buch, das trotz seines enormen Umfangs von fast 1000 Seiten in zehntausenden von Exemplaren verkauft wurde, versuchen Bourdieu und seine Forschungsgruppe denjenigen eine Möglichkeit der Selbstartikulierung zu geben, die materielle Not und soziale Exklusion für immer in eine Zone des Schweigens und der Unsichtbarkeit verbannt zu haben scheinen. *Das Elend der Welt* rüttelt nicht nur durch seinen Inhalt auf, sondern ist auch wegen der von Bourdieu und seiner Gruppe benutzten empirischen Methode bemerkenswert. In einem gesonderten Kapitel begründet Bourdieu diese Methode des »Verstehens«, die sich um eine »gewaltfreie Kommunikation« bemüht, indem sie die Sozialforscher anhält, ihre wissenschaftliche Praxis fortwährend kritisch zu reflektieren, um die Gefahr symbolischer Gewalt in der durch die Interviewsituation entstandenen sozialen Interaktion so weit wie möglich zu reduzieren (Bourdieu 1993 et al.: 903 ff.). Dass symbolische Gewalt (vgl. Peter 2004: 48 – 73) nicht nur in der Gesellschaft und in den sozialen Beziehungen existiert, sondern auch in den Sozialwissenschaften, ist das zentrale Thema von *Reflexive Anthropologie* (Bourdieu/Wacquant 1992), wo noch einmal, teilweise in einem ausführlichen Gespräch zwischen Loïc Wacquant und Pierre Bourdieu, die Notwendigkeit einer kritischen dekonstruktivistischen, die eigenen Denkweisen, Kategorien und Methoden systematisch hinterfragenden Sozialwissenschaft begründet und ausgebreitet wird. Während der letzten Jahre seines Lebens ist Bourdieu als engagierter, in der Tradition von Emile Zola, Romain Rolland und Jean-Paul Sartre stehender, politisch Position beziehender Intellektueller auf heftigen Widerspruch gestoßen. Nur eine Minderheit jüngerer Sozialwissenschaftler um die Gruppe Raison d'agir (*raison* bedeutet im Französischen sowohl »Vernunft« als auch »Ursache« und »Grund«; zu dieser Gruppe gehören unter anderen Louis Pinto, Loïc Wacquant, Patrique Champagne und René Lenoir) fühlt sich heute explizit Bourdieus Programm einer parteilichen, herrschaftskritischen Soziologie verpflichtet.

Die Bio-Anthropo-Soziologie (Edgar Morin)

Edgar Morin, inzwischen emeritierter Forschungsdirektor des CNRS, gehört einerseits zu den bedeutendsten Sozialwissenschaftlern in Frankreich. Sein umfangreiches und heterogenes Werk umfasst nicht nur Diagnosen zeitgenössischer Probleme, sondern auch soziologisch-anthropologische Forschungen, methodische Fragestellungen und politische Zukunftsvisionen. Andererseits zählt sein theoretisches Konzept gemeinhin nicht zu den so genannten vier soziologischen Schlüsseltheorien (Boudon, Crozier/Friedberg, Touraine, Bourdieu) und bleibt in zahlreichen soziologischen Lehrbüchern außen vor. Befasste sich Morin noch in seinen ersten Büchern (1946 und 1947) mit Deutschland, so entwickelte er in den folgenden Jahren seinen anthropologischen Ansatz einer Sozio-Bio-Anthropologie. In seinen Büchern *L'Homme et la mort* (1951), *Le Cinéma, ou l'Homme imaginaire* (1956) und *Le Paradigme perdu: la nature humain* (1973) versuchte er anthropologische und soziologische Untersuchungen von Komplexität mithilfe biologischer und imaginärer Dimensionen zu erweitern. Er will nicht nur die starre Trennung zwischen Kultur und Natur aufheben, sondern auch ein Menschenbild revidieren, das den Menschen lediglich als rationales Wesen begreift. Vielmehr zeichne sich der Mensch auch durch die nicht mehr rein rational zu erfassenden Momente der Ekstase, des Rausches, des Lachens, der Lust und der Gewalt aus, die wiederum den Beginn kreativer Prozesse einleiten könnten.

Morin entwirft eine allgemeine Anthropologie, die den Mensch nicht nur als *homo sapiens,* sondern auch als *homo demens* charakterisiert. Der Mensch ist nicht nur potenziell vernünftig, sondern auch potenziell unvernünftig, wahnsinnig und maßlos (Morin 1974: 129, 132 ff.). Mit seiner allgemeinen Anthropologie erinnert Morin in gewisser Weise an Themen, wie sie das 1937 – 1939 in Paris existierende Collège de Sociologie bearbeitet hat.[2] Auch

2 Zum 1937 von Georges Bataille, Roger Caillois und Michel Leiris gegründeten Collège de Sociologie (1937 – 1939) vgl. Moebius (2004) und Moebius' demnächst erscheinende, umfassende soziologie-, wirkungs- und diskurs-

hier standen die überschreitenden Aspekte des Sakralen, der Verausgabung, der Mythen und der Ekstase im Mittelpunkt soziologischer und kulturanthropologischer Reflexionen. Hieran knüpft Morin an, wenn er schreibt: »Sehr selten ist – wie etwa bei Georges Bataille (1949) und Roger Caillois (1950)– gesehen worden, daß das ›Verzehrende‹, der Taumel, der Exzeß in der Wissenschaft vom Menschen eine zentrale Stellung beanspruchen dürfen. Sehr selten hat man sich über das Erdbebenhafte der menschlichen Lustempfindung Gedanken gemacht. Doch kann man sich keine Fundamentalanthropologie vorstellen, die nicht dem Fest, dem Tanz, dem Lachen, den Konvulsionen, den Tränen, der Lust, dem Rausch, der Ekstase ihren Platz einräumte.« (Morin 1974: 130)[3]

Morin geht es darum, die menschliche Komplexität, die in der Menscheitsgeschichte immer mehr bis zu einer »Hyperkomplexität« (Morin 1974: 137 ff.) anwächst, transdisziplinär zu erfassen. Vielleicht kann man sagen, dass sich unter dem Thema der Komplexität nicht nur seine soziologisch-anthropologisch-biologischen Schriften, sondern auch seine zeitdiagnostischen Texte einreihen lassen.

III. Erosion eines systematischen Gesellschaftsbegriffs

Zwar spielt die Beziehung neuerer Ansätze zu den eben genannten »Großtheorien« eine wichtige Rolle, aber der Theoriediskurs beschränkt sich natürlich nicht darauf. Teilweise gehen die Bemühungen um eine Neuorientierung weit über eine kritische Be-

geschichtliche Studie zum Collège de Sociologie. Zur Bedeutung des Collège für eine »poststrukturalistische Sozialwissenschaft« vgl Moebius (2003: 386 ff.).

3 Das von Morin zitierte Buch von Roger Caillois ist das hauptsächlich aus Vorträgen am Collège de Sociologie hervorgegangene Werk *L'Homme et le sacré* (die erste Auflage erschien 1939); von Bataille wird der Text *La part maudite* (1949) zitiert.

standsaufnahme der Leistungsfähigkeit der Paradigmen der französischen Gegenwartssoziologie hinaus und stellen auch Grundlagen der soziologischen Klassiker in Frage.

Wie schon einleitend festgestellt wurde, schwächte sich die fachwissenschaftliche Hegemonie der vier soziologischen Schlüsseltheorien seit Ende der achtziger Jahre ab. Nicht dass ihre überragende Bedeutung über Nacht verschwunden wäre, aber neue Richtungen sind entstanden, die sich allmählich stärker in den Vordergrund drängten. Insbesondere macht Cabin Orientierungen aus, die sich um Begriffe wie »Pluralität«, »Konstruktivismus«, »Sinn« und »Interaktion« herum aufbauen (Cabin 2000: 241). Diesen Tendenzen und Suchbewegungen korrespondiert eine kritische Auseinandersetzung mit den bisher weithin unangefochtenen Großtheorien. Am methodologischen Individualismus Boudons, Bourricauds und anderer wird die ökonomistische Einseitigkeit des Menschenbildes und der tautologische Begriff des Interesses moniert, der rigoros von den unterschiedlichen Ursachen und Inhalten sozialer Interessen absehe und infolgedessen auch nicht erklären könne, warum Individuen, Gruppen oder soziale Klassen heterogene oder sogar antagonistische Interessen vertreten. Kritik in dieser Richtung wurde insbesondere von Alain Caillé und Beiträgen in der von ihm herausgegebenen Zeitschrift *La revue du MAUSS* vorgebracht, deren symbolträchtiger Titel *MAUSS (Mouvement anti-utilitariste dans les sciences sociales)* bewusst auf das Denken von Marcel Mauss anspielt und damit die Idee einer nichtutilitaristischen Fundierung sozialen Handelns als gemeinschaftskonstituierende Verpflichtung und Solidarität verteidigt. Gegen die »strategische Analyse« von Crozier und Friedberg wird von Kritikern eingewandt, dass sie die gesellschaftlichen Rahmenbedingungen von Organisationen unterschätze und deren immanente Strukturen und Beziehungen unhinterfragt auf die Gesellschaft als Ganzes übertrage, ohne die wesentlichen Unterschiede zwischen beiden Momenten ausreichend zu berücksichtigen (vgl. Durand/Weil 1997: 211). Touraine sieht sich unter anderem mit Zweifeln an seinem utopisch überhöhten Subjektbegriff und seiner Neigung zum Historizismus konfrontiert, was ihm als Rückfall in seine frühere Glorifizierung der Arbeiter als »historisches Subjekt« angekreidet wird (vgl. Durand/Weil: 242). Den schärfsten, teilweise diskriminierenden Angriffen sieht sich jedoch das soziologische Werk Pierre Bourdieus ausgesetzt (vgl. Peter 1999: 545–560). Den Höhepunkt der Polemik gegen Bourdieu stellt ein Pamphlet von Jeannine Verdès-Leroux, einer ehemaligen Mitarbeiterin der von ihm am Maison des Sciences de l'Homme« gegründeten Zeitschrift *Actes de la recherche en sciences sociales* dar, in dem die Autorin Bourdieu sogar des »soziologischen Terrorismus« bezichtigt (Verdès-Leroux 1998). In der kritischen Rezeption der bis in die neunziger Jahre hinein tonangebenden soziologischen Paradigmen, die hier nur flüchtig skizziert werden konnte, kündigen sich Anzeichen eines neuen soziologischen Diskurses an, dessen Richtungsveränderungen und Prioritätsverschiebungen im Folgenden näher betrachtet werden sollen.

In zahlreichen neueren Beiträgen wird die theoretische Vorstellung, dass Gesellschaften ein strukturiertes soziales System bilden, dessen Elemente in einer spezifischen, nicht zufälligen und relativ stabilen Weise aufeinander bezogen sind, zugunsten einer Sichtweise aufgegeben, die einen »holistischen« Gesellschaftsbegriff angesichts der aktuell empirisch wahrnehmbaren sozialen Differenzierungs-, Desintegrations- und Pluralisierungsprozesse als nicht mehr angemessen erscheinen lässt. In einem Gespräch bringt François Dubet diese Einschätzung auf den Punkt, wenn er lapidar konstatiert: »Selbst die Idee der Gesellschaft löst sich auf« (Cabin/Dortier 2000: 263).

An die Stelle von Begriffen wie »soziales System«, »gesellschaftliche Totalität« oder »Gesellschaft als Ganzes« treten Kategorien, die Teilbereiche oder Teilaspekte dessen fokussieren, was im traditionellen Gesellschaftsbegriff nur als Bestandteil des Ganzen relevant war. Damit geht die problematische Bereitschaft einher, auf theoretische Entwürfe gesamtgesellschaftlicher Verhältnisse zu verzichten; denn aus der Annahme, dass moderne Gegenwartsgesellschaften nicht mehr durch ein »Prinzip der internen Kohärenz« (Dubet 1994: 110) gesteuert werden, wird eine Heterogenisierung des Sozialen abgeleitet. Weder könne die französische

Gesellschaft heute noch als ein »natürliches« System der über die Nation vermittelten Integration noch als einheitlicher, durch den Markt konstituierter Raum, noch als einheitliche Kultur gedacht werden (Dubet 1994: 110 f.).

Für François Dubet und Danilo Martuccelli[4] zeigt sich der Verfall der Gesellschaftsidee exemplarisch am »Prozess der Deinstitutionalisierung der Sozialisation«, wie die folgende Feststellung verdeutlicht: »Weder die Schule noch die Familie, noch die Kirche können als Institutionen im klassischen Sinn verstanden werden. Sie sind eher soziale Rahmen, innerhalb derer die Individuen ihre Erfahrungen konstruieren und sich so als Subjekte herausbilden« (Dubet/Martuccelli 1998: 17). Obwohl Dubet/Martuccelli eine »Autonomisierung des Bereichs des sozialen Lebens« (Dubet/Martuccelli: 55) durch den säkularen Prozess der Rationalisierung feststellen und ihnen deshalb die klassische Idee von der Einheit der Gesellschaft als überholt gilt, wollen sie trotzdem an der Interdependenz des Handelns sozialer Akteure festhalten. So konstatieren sie beispielsweise Zusammenhänge zwischen der »Erfahrung sozialer Exklusion« und den sozialen Mechanismen dieser Exklusion oder zwischen Individuum und Kultur usw. Auch wenden sie sich gegen eine Entkoppelung von »Akteur und System«, aber sie machen diese Relativierungen nicht zum Gegenstand systematischer Erörterungen. Deshalb schwanken sie zwischen der Anerkennung konkreter sozialer Zusammenhänge einerseits und dem Verzicht auf einen diese Zusammenhänge zu einem Ganzen integrierenden Gesellschaftsbegriff andererseits. Dem so entstehenden Dilemma wollen sie entgehen, indem sie den Gedanken der Gesellschaft auf die Ebene der Erfahrung sozialer Akteure verlagern. Das führt dann zu der Vorstellung, dass Gesellschaft nicht mehr direkt als »strukturelle Triebkraft von Elementen« (Dubet/Martuccelli 1998: 300), sondern als eine

4 François Dubet, ehemaliger Schüler von Alain Touraine, ist Professor für Soziologie in Bordeaux und führendes Mitglied des Forschungszentrums CADIS (Centre d'Analyse et d'Intervention Sociologique, das 1981 von Alain Touraine gegründet wurde. Auch Danilo Martuccelli arbeitet am CADIS und ist außerdem Dozent an der Universität Lille.

»geistige und praktische Repräsentation« der Akteure vorzustellen sei. Dabei meint »Repräsentation«, dass Akteure zu ihrer sozialen Umwelt insofern eine reflexive Distanz entwickeln, als ihr Handeln nicht mehr durch Gesellschaft als »soziale Tatsache« *(fait social)* determiniert werde. In die »Repräsentation« ist eine Vielfalt von konkreten Repräsentationsformen eingelassen, die der »Desartikulierung« des Sozialen Rechnung tragen. Die Verabschiedung eines Gesellschaftsbegriffs, der die unterschiedlichen Elemente und Funktionen von Gesellschaft, also Handlungen, Institutionen, symbolische Ordnungen, Akteure und materielle Faktoren systematisch ordnet, strukturiert und ihre Abhängigkeiten, Gegensätze und Hierarchien erfasst, kann dann zum Anlass genommen werden, den Begriff der Gesellschaft in den des Akteurs zurückzunehmen.

Die Revision des Gesellschaftsbegriffs zugunsten eines soziologischen Deutungsmusters, das die Heterogenität der symbolischen Selbstbeschreibung von Akteuren zum archimedischen Punkt soziologischer Analyse erklärt, geht vor allem mit einem prinzipiellen Zweifel an der weiteren theoretischen Existenzberechtigung des klassischen kollektivistischen Paradigmas in der Soziologie einher.

So finden sich in den neueren Beiträgen in der französischen Soziologie zahlreiche Versuche, das Gesellschaftsverständnis der Repräsentanten des kollektivistischen Paradigmas, also von Comte, Spencer, Marx und Durkheim, aber auch von Talcott Parsons, als starr, deterministisch und subjektfern zu beschreiben und damit gleichzeitig seine Unbrauchbarkeit für die heutige soziologische Analyse zu belegen: »Man kann die [heutige] französische Gesellschaft sicherlich nicht aus ihrer Sozialstruktur heraus als eine Gesellschaft verstehen, als eine mehr oder weniger ›funktionelle‹ Gesamtheit, die eine systematische Integration gewährleistet, eine komplexe Arbeitsteilung, die die Kohärenz des Systems zusammenschweißt, so wie es auf gegensätzliche Weise Marx und Durkheim dachten« (Dubet/Martuccelli 1998: 16).

Michel Wieviorka, ebenfalls der CADIS-Gruppe angehörend, zieht die Idee der Gesellschaft als Totalität in Zweifel, indem er sich gegen die marxistische, lange Zeit aber auch von Alain Touraine vertretene Auffassung wendet, dass die Gesellschaft durch einen Grundwiderspruch zwischen den »Herren der Arbeit« und der Arbeiterbewegung determiniert werde. Dieser Grundwiderspruch habe zwar für den traditionellen Industriekapitalismus gegolten, sei aber heute durch einen Prozess des »sozialen Bruchs« *(rupture sociale)* abgelöst worden, der durch permanente ethnische, soziale und kulturelle Fragmentierungen erweitert, vertieft und kompliziert werde (vgl. Wieviorka et al. 1996: 13 ff.).

Der Gedanke, dass der klassische »holistische« Gesellschaftsbegriff obsolet geworden sei, wird in der aktuellen soziologischen Diskussion vielfältig variiert. Dabei spielt das den Klassikern zugeschriebene deterministische Verständnis der Beziehungen zwischen Individuum und Gesellschaft eine zentrale Rolle. So wird sowohl an Durkheim als auch an Parsons bemängelt, dass sie der Gesellschaft einen absoluten Primat vor dem Individuum einräumen. Ihre Auffassungen, so behaupten die heutigen Kritiker, beruhten auf einer Anthropologie, die der menschlichen Natur jede Fähigkeit zur inneren Regulierung des Handelns abspreche. Deshalb hätten die »kollektivistischen« Klassiker die soziale und moralische Entwicklung des Individuums mit gesellschaftlich stabilen Institutionen unterbaut, die rigoros jene Werte, Normen und Rollen festlegten, ohne die ihrer Meinung nach eine Konstituierung von Individualität nicht möglich gewesen sei (Dubet/Martuccelli 1998: 46, vgl. auch Lahire 1998: 28, differenzierter dagegen Martuccelli 1999: 29 ff.).

Während die holistischen Aspekte klassischer soziologischer Theorie im gegenwärtigen soziologischen Diskurs in Frankreich auf Skepsis oder offene Ablehnung stoßen, werden dagegen Klassiker wie Max Weber oder Georg Simmel und besonders auch der symbolische Interaktionismus, namentlich Erving Goffman, zustimmend rezipiert.

IV. Neue Annäherungen an die Klassiker

An Max Weber wird lobend hervorgehoben, dass er insofern eine »moderne« Sichtweise von Gesellschaft entwickelte, als er Gesellschaft nicht in einer systemischen Perspektive konzipierte, sondern in der Perspektive der individuellen Akteure. Nach Dubet (1994: 106) hat Weber den Zerfall einer geschlossenen System- und Handlungslogik reflektiert, indem er diese Logik durch eine »Typologie des vielfältigen Handelns« (Dubet 1994: 105) ersetzte. Damit sind die vier Idealtypen des Handelns gemeint: affektuelles, traditionelles, wertrationales und zweckrationales Handeln. Alle Typen seien für Weber gleichrangig, und jeder Handlungstyp beinhalte eine nicht austauschbare eigene Logik, sodass sich alle vier Typen in einer »nichthierarchischen Pluralität« (Dubet 1994: 105) entfalteten. Ob Dubets pluralismusbezogene Interpretation des weberschen Handlungsbegriffs in diesem Punkt zutrifft, ist aber fraglich; denn auch wenn Weber den Handlungstypen einen bestimmten gesellschaftlichen Referenzpunkt zuwies (so etwa dem traditionellen Handeln die überkommenen Werte einer Gemeinschaft), liegt es doch nahe, hinsichtlich der rationalisierenden »Entzauberung« der modernen Gesellschaft bei Weber eher von einer sich historisch durchsetzenden Dominanz zweckrationalen Handelns auszugehen.

In noch höherem Maße als Weber wird Georg Simmel von Vertretern der französischen Gegenwartssoziologie als theoretische Autorität für eine angemessene Deutung des Sozialen in seiner heutigen Heterogenität und Pluralität reklamiert. Insbesondere Simmels Verständnis der Widersprüchlichkeit von Individualität zwischen sozialer Isolation und Nivellierung trifft heute auf lebhaftes Interesse. Im Gegensatz zu Durkheim, der die Gesellschaft mit einer gebieterischen Macht über die zu vergesellschaftenden Individuen ausgestattet hatte, war Simmel von einer quasi anthropologischen Polarität zwischen Individualität und Vergesellschaftung ausgegangen. Im Individualitäts-Apriori Simmels werden der Vergesellschaftung unüberschreitbare Grenzen gesetzt; denn das Individuum definiert sich bei Simmel eben gerade dadurch, dass etwas an ihm immer außerhalb der Gesellschaft bleibt. Dieser Punkt ist für die französische Gegenwartssoziologie gerade deshalb so attraktiv, weil er den klassischen Primat der Gesellschaft vor dem Individuum relativiert (vgl. Dubet 1994: 94). Daran lässt sich die ebenfalls schon von Simmel vorgedachte Auffassung anschließen, dass Gesellschaft nicht als systemischer Zustand existiert, sondern ein Prozess der Vergesellschaftung ist, der nach Dubet ohne soziale *Erfahrung* nicht möglich ist. Erst durch Erfahrung könnten Zusammenhänge der sozialen Welt überhaupt vorgestellt werden (Dubet 1994: 101).

Noch intensiver hat Michel Maffesoli[5] Aspekte der Soziologie Simmels aufgenommen, insbesondere dessen Verständnis der Form des Sozialen. Nur dadurch, dass die Individuen ihren zerstreuten alltäglichen Erfahrungen eine symbolische Form geben, so Maffesoli, könne Soziales entstehen. Unter ausdrücklicher Berufung auf Simmel bezeichnet er seine eigene Interpretationsmethode als »Formismus« *(formisme):* »Um das besser einschätzen zu können, schlage ich vor, die Bedeutung von Form zu benutzen, die schon Simmel gebrauchte und die es sowohl vom erkenntnistheoretischen als auch phänomenologischen Standpunkt erlaubt, jenen qualitativen Wandel hervorzuheben, von dem gerade gesprochen wurde [gemeint ist eine Aufwertung des Symbolischen, Anm. d. Verf.] und mit dem man empirisch jeden Tag konfrontiert ist. Um das Interesse an dieser Bedeutung zu unterstreichen, habe ich den Neologismus des ›Formismus‹ vorgeschlagen, der – es ist wahr – nicht sehr elegant ist.« (Maffesoli 1996: 106)

Maffesoli ist es auch, der eine unkonventionelle, vom Mainstream der Durkheim-Rezeption abweichende Lesart anbietet.

5 Michel Maffesoli war zunächst vor allem durch das phänomenologische Denken seines Lehrers Gilbert Durand beeinflusst. Er verarbeitete aber auch Einflüsse von Vilfredo Pareto, der deutschen phänomenologischen Philosophie (Max Scheler, Alfred Schütz), der formal und besonders relationistischen Soziologie Georg Simmels. Hinzu kommen Bezüge zu Georges Gurvitch, Georges Balandier und Edgar Morin. Maffesolis Auffassung über das Soziale impliziert einen radikalen Antipositivismus. Gegenwärtig ist Maffesoli Professor an der Sorbonne (Paris V: René Descartes) und Direktor des von ihm gegründeten Centre d'Etudes sur l'Actuel et le Quotidien.

Richtet sich die aktuelle soziologische Kritik an Durkheim häufig gegen dessen angeblich autoritäres oder kollektivistisches Gesellschaftsverständnis, so betont Maffesoli an Durkheim gerade im Gegenteil ein spontanistisches, vitalistisches Moment. Das erinnert an die Durkheim/Mauss-Rezeption bei Georges Bataille, Michel Leiris und Roger Caillois, die als führende Akteure des Collège de Sociologie schon in den dreißiger Jahren des 20. Jahrhunderts auf die gemeinschaftskonstituierende Bedeutung religiöser Ekstase *(effervescence)* in Durkheims *Die elementaren Formen des religiösen Lebens* (1912) aufmerksam gemacht hatten (vgl. Moebius 2004).[6] Dort hatte Durkheim religiöse Erlebnisintensität als eine Transformation gesteigerter Gemeinschaftserfahrung dargestellt, da Religion für ihn nichts anderes bedeutete als die symbolische Transfiguration der Gesellschaft (vgl. Durkheim 1981 [1912], Maffesoli 1988: 134, Maffesoli 1991a).

So kommt Maffesoli über den Umweg seiner spezifischen Durkheim-Interpretation letztlich zu demselben Schluss wie dessen antikollektivistische Kritiker, dass die Gesellschaft keine strukturierte Ordnung ist, die den Individuen ihre Stellung zuweist, sondern primär in der sozialen Erfahrung und Imagination der Subjekte existiert. Auf dieser Prämisse baut Maffesoli sein Konzept von Sozialität auf. Allerdings leitet er aus der sozialen Heterogenität moderner Gesellschaften nicht wie die weiter oben erwähnten Autoren ein Voranschreiten von Individualisierung ab, sondern sieht vielmehr in den durch Modernisierung hervorgerufenen Umbrüchen die Entstehung neuer postmoderner Vergemeinschaftungsformen, die er als »Neotribalismus« bezeichnet (Maffesoli 1988), worauf noch ausführlicher eingegangen werden soll.

Ebenso wenig wie Bataille, Caillois oder Morin akzeptiert Maffesoli bei der Betonung des Imaginären, der Verausgabungen oder

6 Wie die Beteiligten des Collège de Sociologie macht auch Maffesoli auf die dionysischen Dimensionen des Sozialen im Gegensatz zu den prometheischen (rational-profanen Dimensionen) aufmerksam. Maffesoli steht dabei unter dem Einfluss Simmels, Durkheims, Webers (Polytheismus der Werte) und Paretos wie auch Friedrich Nietzsches und Martin Heideggers.

der Efferveszenzen den Vorwurf des Irrationalismus: Die Bedeutung, die den alltäglichen Verausgabungen *(dépenses populaires)* und dem Spielerischen zukomme, laufe nicht auf einen Irrationalismus hinaus, sondern »viel eher auf eine Art ›Hyperrationalismus‹ vom Schlage eines Fourier, der in die Gesellschaftsanalyse Parameter aufnimmt, die bislang allzu oft unbeachtet blieben« (Maffesoli 1986: 30).

Bezieht sich Maffesoli in besonderem Maße auf die religionssoziologische Tradition Durkheims, so verweisen die wissenschaftssoziologischen Forschungen von Bruno Latour auf Durkheims damaligen Antipoden Gabriel Tarde. Insbesondere im Zuge des von Latour mit entwickelten Ansatzes der Aktor-Netzwerk-Theorie wurde den Schriften Tardes eine besondere Bedeutung zugesprochen. Gabriel Tarde gilt der Aktor-Netzwerk-Theorie als Vorfahre und als ihr »Entdecker«, da er sowohl die Dichotomie Gesellschaft/Natur für irrelevant als auch die Mikro-/Makro-Unterscheidung zur Erfassung von Gesellschaft für unbrauchbar gehalten habe (vgl. Latour 2001b). In gleicher Weise verliert der Begriff des Sozialen an Bedeutung und wird durch andere Begriffe ersetzt. So schreibt Latour, dass die Aktor-Netzwerk-Theorie der bewusste Versuch sei, das Wort »sozial« in der Sozialtheorie zu verabschieden und es zugunsten des an Gabriel Tarde angelehnten Wortes der »Assoziation« zu ersetzen (vgl. Latour 2001b: 361). Der Begriff der »Gesellschaft« hingegen können *jeder,* also auch nichtmenschlichen Assoziation zugeschrieben werden: »Anstatt wie Durkheim zu sagen, daß wir soziale Tatsachen als ein Ding für sich behandeln sollten, sagt Tarde, daß ›alle Dinge Gesellschaft sind‹ und jedes Phänomen eine soziale Tatsache bildet.« (Latour 2001b: 364) Schon vor der Soziologie menschlicher Gesellschaften habe es beispielsweise die »Pflanzensoziologie« gegeben. Tarde versuche auszudrücken, dass die menschliche Gesellschaft wie andere Aggregattypen eine Gesellschaft von Monaden und darum ein allgemeines Phänomen sei (Latour 2001b: 364).[7]

7 Indem sich Latour in seiner eigenen Theoriebildung auf Tarde bezieht, versucht er im gleichen Zug mit stereotypen Klassifizierungen dieses Theoretikers Schluss zu machen. Zwar haben die Durkheimianer Tarde als »Psycho-

Latour folgt in dieser Ansicht Gabriel Tarde und spricht sogar von einem »Ende des Sozialen« (vgl. Latour 2001b).

V. Subjektivierung des Sozialen und Individualisierung des Akteursbegriffs

Der Entfernung von der Gesellschaft als System korrespondiert eine Hinwendung zum Subjekt und zum Individuum als dem entscheidenen Bezugspunkt des Sozialen. Die Vorstellung, dass das gesellschaftliche Leben bestimmten strukturellen Bedingungen unterworfen ist, denen sich der Einzelne nicht entziehen kann, wird zugunsten einer diametral entgegengesetzten Bestimmung von Gesellschaft zurückgewiesen. Gesellschaft wird umgedeutet in Soziales als Dimension von Interaktion, und diese wiederum wird an die subjektive Produktion von Sinn, Erfahrung, Symbolik, Imagination und Reflexivität gebunden. Als Beispiel dafür lässt sich François Dubets Studie *Sociologie de l'expérience* (1994) anführen.

Dubet, der zunächst im institutionellen Kontext des CADIS von Alain Touraine beeinflusst war, hat sich später von den geschichtsphilosophischen Prämissen Touraines gelöst (vgl. Corcuff 1995: 102 f.). Sowohl zu Touraines Annahme »historischer Subjekte«, die von sozialen Kollektiven, nämlich Klassen sowie klassenspezifischen politischen und sozialen Bewegungen artikuliert werden, als auch zu seinem Schema der historischen Abfolge von

logisten« betitelt und bekämpft, aber in Wirklichkeit sei Tarde weit davon entfernt, einem Psychologismus, Individualismus oder Spiritualismus das Wort zu reden. Insofern könne Tarde auch nicht dem methodologischen Individualismus zugeschrieben werden (Latour 2001b: 370). Grundlage der Soziologie war für Tarde das Studium der »interzerebralen Psychologie«, der bewussten Beziehungen zwischen mehreren Individuen (vgl. Tarde 1908: 15). Hieraus ergab sich die weitere Untersuchung der Gesetze der Nachahmung, der Gegensätze und Anpassungen sowie der Erfindungen (vgl. Tarde 2003). Zum gegenwärtig in Mode gekommenen Bezug auf Gabriel Tarde in der soziologischen Theoriebildung vgl. Mucchielli (2004: 45–72).

Gesellschaftssystemen bzw. ihres jeweiligen Historizitätstyps geht Dubet auf Distanz. Stattdessen rückt er den Begriff der subjektiven sozialen Erfahrung in den Mittelpunkt. Erfahrung definiert er als »Kombination von Handlungslogiken, die den Akteur mit jeder Dimension eines Systems« (Dubet 1994: 105, vgl. auch Berthelot 1996: 173 – 176) verbindet. Der individuelle Akteur muss diese Handlungslogiken selbst erzeugen, denn nur so kann er eine eigene Subjektivität entfalten. Diese Bestimmung von Erfahrung beruht auf drei Prämissen: 1. Soziales Handeln bildet weder eine in sich geschlossene innere Einheit, noch wird es durch eine äußere Einheit generiert, 2. Handeln ist durch soziale Beziehungen definiert, und 3. Soziale Erfahrung ist ein Prozess der Kombination (vgl. Dubet 1994: 105 – 111).

Postulierte die traditionelle Soziologie *(le modèle classique)* Dubet zufolge eine Identität von Akteur und System gemäß der Formel »der Akteur *ist* das System« (Dubet 1994: 21), so stehe heute der Akteur seinen sozialen Kontexten in einem Verhältnis ausgeprägter Distanz gegenüber. Er muss, so Dubet, durch eine spezifische Arbeit der Erfahrung jene subjektive Identität selbst aufbauen, die durch die gesellschaftlichen Strukturen und Institutionen nicht mehr gewährleistet ist. Um das zu erreichen, muss der Akteur drei grundlegende, nicht miteinander verbundene Handlungslogiken durch seine Erfahrung so bearbeiten, dass sie zum Aufbau persönlicher Identität beitragen können. Es handelt sich um folgende Handlungslogiken: 1. die *Integration* in eine Gemeinschaft, 2. die auf Gesellschaft als *Markt* bezogene *Strategie*, 3. *Subjektivierung* als ein nicht auf feste Werte einer Kultur zurückführbarer Prozess.

Auch wenn Dubet soziales Handeln nicht individualistisch verkürzen, sondern als vielschichtigen sozialen Zusammenhang aus der Perspektive subjektiver Erfahrung rekonstruieren will (Dubet 1994: 258), weisen seine Überlegungen einen nicht zu übersehenden Hang zum Primat des Subjekts und zur Relativierung der gesellschaftlichen, die Autonomie und damit auch die Erfahrungsmöglichkeiten des Individuums (*une construction individuelle,* Dubet in Cabin/Dortier 2000: 264) sowohl beschränkenden als auch formenden Bedingungen auf, die der Konstitution von Subjektivität vorausgehen.

Von einem ähnlichen Grundgedanken wie die »Soziologie der Erfahrung« ist die Untersuchung von Bernard Lahire über den »pluralen Menschen« (*L'homme pluriel*, 1998) inspiriert, die ebenfalls zu den profilierten Veröffentlichungen der neueren französischen Soziologie gehört (vgl. Cabin/Dortier 2000). Auch Lahire, Professor für Soziologie an der Ecole Normale Supérieure und der Universität Lyon, wendet sich gegen das klassische Axiom der gesellschaftlichen Determination des Individuums und setzt ihm die These einer sozialen Mehrdimensionalität des Individuums entgegen. Aus dieser Perspektive formuliert Lahire sein Ziel, eine »Theorie des pluralen Akteurs« (Lahire 1998: 12) zu entwerfen und den unterschiedlichen deterministischen Spielarten von Handlungstheorie eine Absage zu erteilen: »Der Entwurf der Theorie des pluralen Akteurs, die Überlegungen zu den unterschiedlichen Reflexionsformen im Handeln, zur Pluralität von Handlungslogiken, zur Inkorporierung des Sozialen sowie zum Platz der Sprache in der Erforschung des Handelns und zu den Prozessen der Verinnerlichung, die wir vorschlagen, sind in der ständigen Sorge ausgearbeitet worden, nicht einen einzigen Handlungstyp voranzustellen und ihn durch missbräuchliche Verallgemeinerung zu theoretisieren, sondern im Gegenteil die Fälle des Möglichen systematisch variieren zu lassen.« (Lahire 1998: 12)

Zwischen Einheitlichkeit *(unicité)* und Pluralität *(pluralité)* unterscheidend und bestärkt durch Autoren, die wie Erving Goffman die »gewöhnlichen Mythen der unwandelbaren persönlichen Identität« (Lahire 1998: 24) verworfen haben, präsentiert Lahire einen Akteurstyp, der eine plurale, ja sogar in sich widersprüchliche Struktur aufweist. Pluralität und Heterogenität seien die Signatur einer Moderne, die fortwährend unwahrscheinliche und außergewöhnliche Situationen hervorrufe und damit Handlungsschemata erfordere, die sich jeder »Kohärenz und Homogenität« (Lahire 1998: 35) verweigerten. So kann ein und dasselbe Individuum unterschiedliche Handlungsorientierungen verinnerlicht haben und entsprechend den variierenden sozialen Kontexten primär zum Beispiel Sohn, Vater, Ehemann, Freund, Direktor, politischer Aktivist und Chorsänger sein. Die unterschiedlichen gesellschaftlichen Situationen und Handlungskontexte *(ressorts de l'action)* konstituieren also plurale Bezüge des Individuums als sozialer Akteur. Die wesentliche Ursache dafür, dass Akteure nicht mehr als kohärente soziale Typen beschrieben werden können, sondern als multiple Persönlichkeiten gefasst werden müssen, sieht Lahire im Übergang von traditionellen zu »zeitgenössischen« modernen Gesellschaften mit »starker Differenzierung der Handlungsbereiche, der Institutionen, der kulturellen Produkte und Sozialisationsmodelle und geringerer Stabilität der Sozialisationsbedingungen« (Lahire 1998: 31). Diesem Wandel versucht Lahire Rechnung zu tragen, indem er den von ihm entdeckten pluralen Menschen auch zu historischen Vorgängern in Beziehung setzt. Einen solchen Vorgänger findet er zum Beispiel im Menschenbild von Marcel Proust; denn im »Proust-Modell« überlagern sich mehrere Personen gleichzeitig (Lahire 1998: 45). Ebenfalls scheint es nach Lahire weder möglich, soziale Akteure auf eine einzige eindimensionale Handlungslogik festzulegen noch die unterschiedlichen Bereiche des Handelns mit einem einzigen soziologischen Konzept zu erklären. Dass sich Lahire an diesem Punkt ausführlich mit Pierre Bourdieu auseinander setzt, von dem er zunächst selbst intensiv beeinflusst war, überrascht wenig, lässt doch Bourdieus Habitus dem autonomen Handeln des Individuums scheinbar kaum Spielräume. Zwar erkennt Lahire die wissenschaftlichen Verdienste Bourdieus nachdrücklich an, hält aber nichtsdestoweniger dessen Habitus- und Feld-Theorie für unzulänglich, weil sie die Möglichkeiten der inneren Differenzierung sozialen Handelns nicht anerkenne. Gegen Bourdieu bringt Lahire mehrere Einwände vor, so etwa, dass der »epistemologische Bruch« *(coupure épistémologique)* zwischen Theorie und Praxis nicht haltbar sei, da sowohl Theorie bzw. theoretisches Handeln Elemente von Praxis als auch Praxis Elemente von Theorie enthalte (Lahire 1998: 169). Des Weiteren moniert Lahire, dass Bourdieu sowohl praktische Beherrschung von Tätigkeiten als auch symbolische Herrschaft in einen starren Gegensatz presse;

aus dieser Perspektive sei es unmöglich, durch symbolische Mittel, etwa durch kritische Reflexion herrschender Bildungsideologien, die eigene konkrete Situation im Bildungssystem und damit auch die eigenen praktischen Kompetenzen zu verbessern (vgl. Lahire 1998: 171). Obwohl *L'homme pluriel* vor allem eine Kritik an Bourdieu impliziert, wendet sich Lahire auch gegen den methodologischen Individualismus Raymond Boudons, dem er einen »atomistischen Individualismus« (Lahire 1998: 233) vorwirft. Weder Bourdieu noch Boudon seien in der Lage, die Handlungsbedingungen des »pluralen Menschen« angemessen zu reflektieren, weil in beiden Fällen – zum einen strukturalistisch, zum anderen individualistisch – von einer »linearen Kumulation« (Lahire 1998: 246) soziologischen Wissens ausgegangen werde, anstatt die Notwendigkeit eines methodologischen Pluralismus anzuerkennen; denn die zu erforschenden Phänomene sprächen absolut nicht von »ein und derselben Welt« (vgl. Lahire 1998: 248).

Lahires Konzept trägt dazu bei, die soziologische Analyse den empirischen Differenzierungsprozessen sozialer Beziehungen und sozialen Handelns anzupassen; dabei geht es in eine ähnliche Richtung wie die Analysen von Dubet, Martuccelli und Vertretern der Individualisierungs- und Subjektivierungstheorie. Lahires Feststellung, dass die sozialen Akteure heute gleichzeitig unterschiedlichen Handlungslogiken folgen, spiegelt zwar zutreffend bestimmte empirische Erscheinungen der biographischen Diskontinuität, der Rollenkomplexität, der Selbstbezüglichkeit und sozialen »Entbettung« (Anthony Giddens) wider, aber es bleibt offen, wie diese Erscheinungen mit den Bedingungen, Institutionen und Strukturen von Vergesellschaftung ineinander greifen, wie, wann und warum es zu Krisen im Verhältnis des »pluralen Menschen« zu den Prozessen der Vergesellschaftung kommt und welche Diagnose für die Perspektiven des »pluralen Menschen« sich daraus ergeben.

Eine interaktionistische Variante der Subjektivierung und Individualisierung des Sozialen liefert Jean-Claude Kaufmann mit seiner empirischen Studie über die eheliche Konstruktion des Alltagslebens. Er stützt sich theoretisch vor allem auf die symbolisch-interaktionistische *grounded theory* von Anselm L. Strauss, nimmt den Gedanken mentaler Ordnungsschemata der amerikanischen Anthropologin Mary Douglas auf und bezieht auch Ergebnisse der modernen Neurologie in seine Untersuchungen ein. Kaufmann, Forschungsdirektor des CNRS an der Sorbonne (Paris V), leitet die Probleme eines partnerschaftlichen Zusammenlebens aus den Verständigungsprozessen in Paarbeziehungen ab. Dabei benutzt er als Indikator den Umgang von Paaren mit Wäsche, vor allem schmutziger Wäsche (Kaufmann 1994). Der Umgang mit schmutziger Wäsche bildet in seiner Untersuchung den alltagsweltlichen Fokus des Gelingens oder Misslingens ehelicher oder partnerschaftlicher Arrangements. Minutiös analysiert Kaufmann das interaktionale Gewebe, das sich aus den Auseinandersetzungen darüber, wie der Haushalt zu organisieren ist, wer für welche Tätigkeiten verantwortlich ist, ob die Jeans gebügelt werden oder nicht, tagtäglich zusammensetzt. Explizit wendet sich auch Kaufmann gegen die Vorstellung, dass Individuen eine Einheit der Person repräsentieren, die alle Handlungen zu einem kohärenten System integriert. Stattdessen spricht er von einer »Vielzahl von Selbstwahrnehmungen«, die gleichzeitig mehrere Persönlichkeitslogiken impliziert und ein »plurales Ich« (Kaufmann 1994: 157) hervorbringt. Je nach Kontext wandeln sich die Momente, die dieses Ich konkret definieren. Die Funktion sozialer Rollen, gegen deren unhinterfragte sozialwissenschaftliche Verwendung sich Kaufmann implizit abgrenzt (Kaufmann 1994: 164), wird brüchig. Entweder die Partner fügen sich den vorgegebenen Rollen und riskieren damit ein Erstarren ihrer Beziehung, oder sie bestehen auf ihren Autonomieansprüchen und gefährden damit gleichsam von der anderen Seite her die Stabilität ihrer Partnerschaft. Obwohl Kaufmann versucht, den Umgang mit der schmutzigen Wäsche vor dem Hintergrund eines sich allgemein wandelnden Verständnisses des Geschlechterverhältnisses und des Postulats der Geschlechtergleichheit zu analysieren, weist seine Untersuchung ein problematisches Gefälle zu einer mikrosoziologischen Autarkie auf. Akribisch werden die individuellen Praktiken, Rechtfertigungen und Interessen beschrieben, die mit der Organisierung des Haushalts und der Wäschepflege einhergehen. Dadurch werden die gesellschaftlichen Bedingungen für Ungleichheiten in den Geschlechterbeziehungen interaktionistisch verengt. Zwar betont Kaufmann, dass die »Gleichheit der Frau keine Nebensache« und als »Schlüsselindikator für die Realität des demokratischen Prozesses« zu betrachten sei (Kaufmann 1994: 173), aber diese zutreffende Erkenntnis verliert sich im symbolischen Mikrokosmos der privaten Kommunikation. Ähnliches gilt für die Unterbelichtung des Stellenwerts von Berufstätigkeit, Erziehung und Versorgung von Kindern und der »work-life-balance«. Kaufmann weiß, dass diese Bereiche »eng miteinander verbunden« (Kaufmann 1994: 174) sind, aber sie tauchen als Themen der Untersuchung überhaupt nicht auf. Die Folge davon ist, dass die von Kaufmann sehr genau registrierten Gegensätze zwischen Gleichheitsidee und persönlichem Alltagshabitus als kaum lösbar dargestellt werden, weil sie als Wissensvorrat die partnerschaftliche Interaktion von vornherein auf ein Minimum beschränken: »Wir häufen Tag für Tag ein Kapital an Handlungsweisen an, welche als wohlunterschiedene Zonen gespeichert werden: als ruhendes Gedächtnis, als individuelle und soziale Automatismen sowie als bewußte Erinnerung. Die Zirkularität zwischen diesen drei Zonen wird von den je gegenwärtigen Vorstellungen und Interaktionen gesteuert. Aber auch diese Gegenwart ist partiell abhängig von der Vergangenheit. Wir haben kaum Freiheit der Entscheidung.« (Kaufmann 1994: 189)

An diesem Zitat tritt die symbolisch-interaktionistische Reduktion des Sozialen auf zwischenmenschliche Beziehungen von Individuen deutlich hervor. Sie erscheinen als von allen übergreifenden, der Interaktion im privaten Alltagsleben vorausliegenden und sie strukturierenden Vergesellschaftungsbedingungen abgekoppelt.

VI. Postmoderne Vorstöße

Wie die Verfechter einer Subjektivierung und Individualisierung des Sozialen vertritt auch Michel Maffesoli, zunächst beeinflusst von der antipositivistischen Anthropologie Gilbert Durands, die Ansicht, dass von Gesellschaft als einem stabilen, funktional und institutionell kohärent gegliederten System heute nicht mehr gesprochen werden könne und die Kennzeichnung der Gegenwartsgesellschaft als »modern« fragwürdig geworden sei. Aber Maffesoli zieht anders als Dubet, Martuccelli, Lahire, Ehrenberg, Renaut, Kaufmann, Grumbach und andere aus der behaupteten Transformation und Erosion des systemhaften Charakters von Gesellschaft nicht den Schluss, dass dieser Prozess eine risikoreiche Individualisierung infolge der Zersetzung sozialer Beziehungen hervorrufe, sondern ganz im Gegenteil neue Formen von Gemeinschaftlichkeit induziere.

Dabei richtet sich seine Aufmerksamkeit insbesondere auf das Alltagsleben und auf die dort entwickelten »banalen« Praktiken, soziale und institutionelle Zwänge zu unterlaufen, abzuschwächen und zu konterkarieren. Seine Soziologie interessiert sich vor allem für die Lebendigkeit von Gesellschaft, wie er in seinem Aufsatz *Le rituel dans la vie sociale* (1991) betont: »Car plutôt que d'être crispé sur la thématique de la libération qui sous ses diverses modalités entend définir pourquoi la société est aliénée et comment il faut la libérer, il vaut mieux se questionner ou peut-être simplement s'étonner du fait que *›ça‹ vive.*« (Maffesoli 1991b: 366)

Die Praktiken des Alltagslebens nennt Maffesoli »Sozialität« *(socialité)* und die sozialen Akteure dieser Sozialität rekrutieren sich aus Freundesgruppen, Banden, Gangs und ephemeren informellen Gemeinschaften, die, ebenso wie sie spontan entstehen, auch wieder zerfallen können (vgl. Maffesoli 1979). Später bezeichnete Maffesoli solche Gemeinschaften als »Stämme« *(tribus)*. Die Sozialität des Alltagslebens, das Maffesoli bewusst allen hypertrophen makrosoziologischen Vorstellungen von Gesellschaft entgegensetzt, ist nicht transparent strukturiert, sondern durch Ambivalenz, Polysemie, Labilität und Unübersichtlichkeit und –

wie insbesondere Morin deutlich gemacht habe – durch Komplexität geprägt (vgl. Maffesoli 1986: 26, 98). Deshalb lässt sich ihr Sinn soziologisch nicht von außen durch generalisierende Abstraktionen, sondern nur von »innen« auf einem einfühlend – interpretativen Weg erkennen. Empathie, Vertrautheit und Vorstellungskraft werden zu wichtigen Ressourcen dieser Soziologie, die sich nachdrücklich von der Methodik der quantitativen Sozialforschung abgrenzt, um sich stattdessen einer postmodernen Phänomenologie zu verschreiben. Die Soziologie müsse »liebkosen« – also sich in ihre Gegenstände einfühlen – und »vagabundieren«, wie Maffesoli selbst es in einem Gespräch ausdrückt (Cabin/Dortier 2000: 235), um seine sowohl hermeneutische als auch antisystematische Konzeption soziologischer Interpretation zu veranschaulichen. Damit schließt er sich an die Strömung der französischen phänomenologischen Schule von Paul Ricœur und namentlich die Auffassungen seines Lehrers Gilbert Durand an, die sich mit dem Begriff der »symbolischen Imagination« *(imagination symbolique)* kennzeichnen lässt und sich gegen Vereinseitigungen rationalistischer Welterklärungen und für eine »Remythisierung« (Gilbert Durand) aussprach. Neben den Bezügen zur französischen Soziologie greift Maffesoli auch auf deutsche Autoren wie Max Scheler, Alfred Schütz (vgl. Durand/Weil 1997: 295) und vor allem Georg Simmel zurück. Das gilt insbesondere für Maffesolis bereits erwähntes Konzept des »Formismus« (Maffesoli 1996: 105 ff.), das sich die zentrale Bedeutung der Form für die Konstituierung sozialer Beziehungen im Denken Georg Simmels zu Eigen macht. Soziologie ist ja nach Simmel eine Wissenschaft, die sich im Unterschied zu anderen Einzelwissenschaften nicht mit spezifischen Inhalten, etwa der Wirtschaft oder dem Recht, sondern mit den *Formen* der Vergesellschaftung befasst, die die unterschiedlichen Inhalte menschlichen Handelns in der sozialen Interaktion, den »Wechselwirkungen« und »sozialen Kreisen«, annehmen (vgl. Simmel 1992 [1908]: 13 ff.). An diese Idee Simmels anknüpfend unterstreicht Maffesoli die Relevanz der sozialen Form als Objekt sozialwissenschaftlichen Interesses: »Ganz so wie sich die künstlerische Form schafft, indem sie von der Vielfalt der phantastischen oder realen Erscheinungen ausgeht, könnte auch die ›Vergesellschaftungsform‹ eine spezifische Schöpfung sein, ausgehend von winzigen Tatsachen, die jene des gewöhnlichen Lebens sind« (Maffesoli 1988: 124).

»Formismus« fungiert bei Maffesoli als das theoretisch-methodologische Konzept, das auf die Interpretation konkreter sozialer Beziehungen angewandt wird, aus denen das Alltagsleben der Gemeinschaften, der »Stämme« hervorgeht. Seine Vorliebe für das Alltagsleben als der eigentlichen Domäne sozialwissenschaftlicher Untersuchung begründet er explizit individualisierungskritisch. Die These, dass in modernen Gesellschaften der Prozess der Individualisierung zur prägenden Signatur sozialer Beziehungen geworden sei, erwidert er mit der Gegenthese, dass der Individualismus fortwährend durch Bewegungen einer neuen Vergemeinschaftung transformiert werde. An die Stelle des Strukturprinzips Rationalität/Individualismus trete das Strukturprinzip Vergesellschaftung/Affektivität: »Die Kausalität oder der Utilitarismus können jeweils die Neigung, sich zu verbinden nicht erklären. Trotz der Egoismen und der besonderen Interessen gibt es ein Bindemittel, das einen Fortbestand ermöglicht.« (Maffesoli 1987: 403) Maffesoli will zum Ausdruck bringen, dass die postmodernen Bedürfnisse nach Nähe, Symbolik, Ästhetisierung und Mythisierung ständig mikrosoziale Formen der Vergesellschaftung hervorbringen, die eine Negation von Individualisierung beinhalten. Diesen Prozess der Vergesellschaftung bezeichnet er als Tribalismus oder Neotribalismus und meint damit, dass sich unter den Bedingungen postmodernen Lebens die vormodernen Formen religiös und mythisch definierter Gemeinschaftlichkeit neu herstellen (vgl. Maffesoli 1987: 403). Dabei können sich die religiösen, ekstatischen und leidenschaftlichen Energien auch in Revolten oder Revolutionen ausdrücken, die zunächst von einem starken religiösen Inhalt angetrieben und erst nachträglich als politische gewertet werden (Maffesoli 1987: 406 f.).[8]

8 Maffesoli spricht hierbei von »ouroboren Revolutionen«; das bedeutet, eine Schlange, die sich in ihren eigenen Schwanz beißt (vgl. Maffesoli 1987: 410).

Bei den heute entstehenden Stämmen handelt es sich nach Maffesoli um partikulare Gemeinschaften, also nicht um Klassen, Nationen oder Rassen, sondern um Gruppen und Subkulturen, aus denen sich das Gewebe alltäglicher Sozialität zusammensetzt. Ohne von einem allgemeinen übergeordneten Gesetz oder Prinzip reguliert zu werden, erzeuge die Sozialität der Postmoderne eine Heterogenität des Tribalismus, der auf der beziehungsstiftenden Kraft der *proxémie,* also der lokalen, affektiven und sinnlich erfahrbaren Nähe der Angehörigen der Mikrogruppen aufbaue (Maffesoli 1988: 183). In den Mikrogruppen, deren Voraussetzung wiederum vor allem in den Bevölkerungsmassen der Riesenstädte, der *mégapoles,* bestehe und die aus einer permanenten »Dialektik Massen-Stämme« (Maffesoli 1988: 190) hervorgehen, sieht Maffesoli die Garantie dafür, dass die heutige Gesellschaft weder in die rationalistische und funktionalistische Logik der Moderne zurückfalle noch individualistisch atomisiert werde. Besitzen mikrosoziale Stämme und Netzwerke per se eine produktive Vergesellschaftungsqualität? Indem Maffesoli von den spezifischen Inhalten der so genannten Stämme abstrahiert, die die gegenständliche Dimension der sozialen Beziehungen und Interaktionen ausmachen, gerät er in die Gefahr eines formalen Relativismus, denn es bleibt fraglich, ob die bloße Existenz interaktionaler Gebilde wie die anonyme Telefongemeinschaft Minitel rose sich als Muster für größere gesellschaftliche Zusammenhänge eignet. Ob die von Maffesoli gemeinten Stämme tatsächlich dazu beitragen, den sozialen Lebensprozess vor systemischer und institutioneller Erstarrung zu schützen und schöpferische Energie zu entfalten oder ob sie nicht im Gegenteil seine Anomie vorantreiben, lässt sich nur beantworten, wenn nicht nur nach der sozialen Form, sondern auch nach den Inhalten, also den Interessen, moralischen Werten, sozialen Normen, ästhetischen Maßstäben usw. gefragt wird, die durch die Formen der »tribalistischen« Vergemeinschaftung vermittelt, kommuniziert und praktiziert werden.

Maffesoli hat seinen Gedanken des Neotribalismus in späteren Publikationen um den des »Nomadismus« ergänzt. Verweist Tribalismus bei ihm auf lokale Bindung und *proxémie,* so ruft »Nomadismus« konträre Assoziationen hervor. Dennoch soll Nomadismus nicht das Gegenteil von *proxémie,* sondern einen komplementären Aspekt des Tribalismus, nämlich die Tatsache der »Heimatlosigkeit« *(errance)* der gegenwärtigen sozialen Existenzweise bezeichnen. Heimatlosigkeit bildet das Substrat für die »Revolte« gegen die »etablierte Ordnung« und sie entzündet die Feuer unter dem »Kessel des Sozialen« (Maffesoli 1997: 12). Sah Durkheim im »Übel des Unendlichen«, nämlich in den maßlosen Begierden der Individuen, die eigentliche Gefahr für die normative Stabilität der Gesellschaft, so kehrt Maffesoli den Sinn des durkheimschen Ausdrucks um. Das *mal de l'infini* mutiert bei ihm ebenso zu einer befreienden, die versteinerten Institutionen und Konventionen erschütternden Kraft, wie Heimatlosigkeit zum Ort einer neuen Identität wird. Hierfür bedient sich Maffesoli des historischen Hinweises auf das alttestamentliche Israel, dessen Nomadismus zur entscheidenden Quelle des gemeinschaftlichen Zusammenhaltes und Überlebens des jüdischen Volkes geworden sei (Maffesoli 1997: 27). Wo andere im Akt der Grenzüberschreitungen die soziale Ordnung gefährdet sehen, spricht Maffesoli ihr eine emanzipatorische Funktion zu: »Sicher ist, dass das Vagabundieren Ursache und Wirkung einer Freiheit des Denkens, der Haltung und der Lebensweise ist. Kommt das nicht daher, dass der Blick des Sozialen weniger gezwungen und die Grenzen der Gewohnheiten und Sitten brüchiger sind? Es gibt etwas Erweiterndes, etwas potenziell Libertäres in dem, was nicht verwurzelt ist.« (Maffesoli 1997: 153) Maffesolis Denken ist also von der Vorstellung geprägt, dass sich das Soziale nur als sozietale Subversion und imaginäre Verfremdung der Kontrolle der Gesellschaft und des Rationalen entziehen und so das für das Soziale unabdingbare Potenzial an Kreativität, Spontaneität und Kontingenz freisetzen könne. Die sich vollziehende Gemeinschaft, das Gemeinschaftsleben bzw. die Sozialität steht bei ihm einer rational-mechanischen Gesellschaft gegenüber. Aber Maffesolis Hoffnungen auf die vitalisierende Funktion von Neotribalismus und Nomadismus werfen die Frage auf, ob das Problem der

Gegenwartsgesellschaft tatsächlich in einem Zuviel an normativer und moralischer Kontrolle besteht. Sind es nicht umgekehrt jenes »Übel des Unendlichen«, jene ökonomische Maßlosigkeit, moralische Beliebigkeit, politische Machtbesessenheit, die heute die sozialen Grundlagen des Zusammenlebens in Frage stellen und die schon Durkheim als die eigentliche Crux der Gesellschaft seiner Zeit identifiziert hatte?

Wenn Maffesoli durch die Beschwörung des Expressiven und Imaginären gegen den kalten Strom des Individualismus anzukämpfen und eine subkulturelle Erneuerung durch den Neotribalismus zu prognostizieren versucht, so scheint bei Jean Baudrillard, dessen Denken wie bei Maffesoli deutliche Bezüge zu Bataille aufweist, jede emanzipatorische Ambition stillgelegt. Zunächst von Henri Lefebvre[9] und dessen marxistischer Betrachtung kapitalistischer Modernisierungsprozesse beeinflusst, hat sich Baudrillard inzwischen von jeder soziologischen Bezugnahme auf empirische Realitäten entfernt, um eine radikale Theorie der »Simulation« zu entwickeln (vgl. Baudrillard 1982). Sie beinhaltet im Wesentlichen, dass die gängigen Begriffe von Gesellschaft ins Leere greifen, weil Gesellschaft in der »Agonie des Realen« (Baudrillard 1978) ein irreversibles Ende gefunden habe. Die von Baudrillard behauptete »Agonie des Realen« löst die Vorstellung, dass in der gegenwärtigen Gesellschaft trotz aller symbolischer Verschlüsselungen noch immer soziale Gegensätze identifizierbar und durch gesellschaftliche Akteure veränderbar seien, in die Idee der Simulation auf. Gesellschaftliche Praxis und soziale Beziehungen sind bei Baudrillard infolge der Simulation weder an objektive gesellschaftliche Bedingungen gebunden, noch lassen sich ihre Konsequenzen zukünftig halbwegs zuverläs-

9 Henri Lefebvre (1901 – 1991) näherte sich in den zwanziger Jahren des 20. Jahrhunderts der Philosophie von Hegel und Marx. 1928 trat er der Kommunistischen Partei (PCF) bei, der er bis 1958 angehörte. Seit 1961 Professor für Soziologie in Straßburg und seit 1965 in Paris-Nanterre, verfasste Lefebvre einflussreiche Studien zu Modernität und Alltagsleben. Er gilt als einer der Inspiratoren der Studentenbewegung von 1968.

sig prognostizieren, denn an ihre Stelle ist jener spiralförmige Prozess getreten, in dem Zeichen nicht mehr auf reale Signifikate verweisen, sondern nur noch auf sich selbst: »Die charakteristische Hysterie unserer Zeit dreht sich um die Produktion und Reproduktion des Realen. Die andere Form der Produktion, die Produktion von Werten und Waren aus der guten alten Zeit der politischen Ökonomie, hat schon lange ihren Sinn verloren. In einem Prozeß fortwährender Produktion und Überproduktion versucht die gesamte Gesellschaft das Verschwinden des Realen aufzuhalten und es wieder auferstehen zu lassen. Daher ist diese *›materielle‹ Produktion heute selbst hyperreal.* [...] So äußert sich der Hyperrealismus der Simulation überall durch die halluzinierende Ähnlichkeit des Realen mit sich selbst.« (Baudrillard 1978: 40 f.) Es entsteht also eine unablässig medial erzeugte Hyperrealität, in der die traditionellen Formen symbolischer Repräsentation durch permanente Simulation absorbiert werden. Diese Simulation arbeitet mit »Simulakren«, das heißt Operationen der Täuschung und Blendung, die heute ein »fraktales« oder »virales« Stadium erreichen, in dem die Zeichen wie Metastasen richtungslos und unkontrolliert wuchern (vgl. Baudrillard 1987).

In Anbetracht des sinkenden Lebensstandards immer breiterer Bevölkerungskreise, der Massenarbeitslosigkeit und Verarmung auch in den »reichen« westlichen Ländern wirkt die Verabsolutierung des »Hyperrealismus« ziemlich deplaziert. Außerdem verfehlt Baudrillard mit seiner Idee des »Hyperrealismus« die heute eigentlich klärungsbedürftige Frage, warum die Macht ideologischer Zeichensysteme und Symboliken enorm wächst, obwohl sich gleichzeitig die materiellen Lebensbedingungen verschlechtern, also die Realität zur zeichenhaften Simulation in einen immer schärferen Widerspruch tritt.

Enthielten die frühen Arbeiten von Baudrillard sowohl Aspekte einer kritischen Auseinandersetzung mit der marxistischen Ökonomie (vgl. zum Beispiel Baudrillard 1976, 1982) als auch Problemen der »Konsumgesellschaft« und der Funktionsweise der Massenmedien, so verweisen die neueren Beiträge insbesondere auf die Unentrinnbarkeit der Simulakren.

Gewisse Parallelen lassen sich hier zur Entwicklung von Bruno Latour[10] ziehen, der zunächst mit wissenschafts- und techniksoziologischen Untersuchungen hervorgetreten ist. Dabei orientierte er sich an einer konstruktivistischen Interpretationsweise, insofern er die Produktion wissenschaftlicher Erkenntnis aus den sozialen Strukturen dieser Produktion, also den Organisationsformen der Forschungseinrichtungen und Labors, sowie aus der Interaktion der am Forschungsprozess beteiligten Akteure erklärte. Wissenschaftler erzeugen gleichsam ihre wissenschaftlichen Bezugsgegenstände selbst (vgl. Latour/Woolgar 1979, Latour 1987). Bei der Konstruktion von Wissen spielen aber Latour zufolge nicht nur soziale Akteure eine konstitutive Rolle, sondern auch nichtmenschliche, materielle Elemente haben Akteursstatus – beispielsweise ein automatischer Türöffner. Auch nichtmenschliche Akteure (Artefakte, Tiere, Bakterien etc.) besitzen demnach Handlungsfähigkeit. Dadurch, dass sowohl Menschen als auch Maschinen miteinander in strukturbildenden Relationen und Interaktionen stehen und sich erst in ihrer netzwerkartigen Verkettung konstituieren, werden die Grenzen zwischen dem Sozialen und dem Materiellen verwischt. Bei einem Mord mit einer Waffe stellt sich beispielsweise die Frage, ob der Mensch oder die Waffe getötet hat. Beide Agenten werden in der Handlung modifiziert, sodass Latour zufolge ein hybrider Akteur aus Waffe und Schütze entsteht. Alle Instanzen, soziale und materielle »Aktanten«, wie Latour sie nennt, bilden unzählige Netzwerke mit eigenen Handlungsprogrammen und Knotenpunkten, die Wissen und weitere Artefakte erzeugen (vgl. Latour 1999). Um diese Interdependenzen zu analysieren, reicht die Erforschung sozialer Prozesse für sich genommen nicht aus, in Anlehnung an einen von Gabriel Tarde verwendeten Begriff sollen vielmehr »Assoziationen« untersucht werden (Latour 2001b: 361).

10 Eine konstruktivistische wissenschaftstheoretische Sichtweise entwickelte Latour zunächst gemeinsam mit dem Engländer Steve Woolgar. Latour ist Professor für Politik- und Wissenschaftssoziologie an der Elitehochschule Ecole Normale Supérieure des Mines in Paris und Gastprofessor an der London School of Economics.

Das Aktor-Netzwerk-Theorem, mit dessen Hilfe Latour die empirischen Probleme der Wissenschaftsproduktion zu erfassen versuchte, weitete sich immer mehr zu einer allgemeinen Zeitdiagnose aus, die in ihren aktuellen Versionen eines »Parlaments der Dinge« (Latour 2001a) eine politische Utopie entwirft.

Wenn selbst naturwissenschaftliche Erkenntnisse als soziale und extrasomatische Konstruktionen enthüllt werden können, in welchem Verhältnis stehen dann Gesellschaft und Natur zueinander? Der Grundgedanke der ökologiekritisch inspirierten Modernitätskritik von Latour besteht in der Annahme, dass die von der Moderne vorgenommene Trennung von Gesellschaft und Natur insofern zu einer Verkehrung beider Momente geführt habe, als Natur als das den Menschen Übersteigende und deshalb zu Beherrschende und zu Unterwerfende, Gesellschaft dagegen als das intentionale und rationale Produkt menschlichen Handelns begriffen werde. Das direkte Gegenteil sei, so argumentiert Latour, jedoch tatsächlich der Fall: Während die Menschen in der Moderne fortwährend auf dem Weg wissenschaftlich-technischer Intervention in die Natur eingreifen, bringen sie jene Mischwesen hervor, die er als »Hybride« bezeichnet. Diese Hybride entziehen sich immer mehr der angeblich so rationalen und effizienten Kontrolle – zu denken wäre etwa an die komplexen kontraproduktiven Folgen ökologischer Veränderungen – und machen so die Vorstellung der Gesellschaft als souveränem Subjekt gegenüber der Natur zu einer folgenschweren Illusion. Indem die Moderne durch eine »Arbeit der Vermittlung« einerseits ständig die Grenzen zwischen Natur und Gesellschaft überschreite und immer komplexere Verkettungen natürlicher und sozialer Momente, eben die Produktion von Hybriden auslöse, versuche sie andererseits durch eine »Arbeit der Reinigung« (Latour 1998: 50) die Fiktion der aufklärerischen Moderne aufrechtzuerhalten, dass Natur und Gesellschaft prinzipiell entgegengesetzt seien. Während vormoderne Gesellschaften den Prozess der Hybridisierung in ihre Selbstbeschreibung integrierten (etwa durch Totemismus), habe die Moderne den Prozess der Hybridisierung zwar faktisch massiv fortgesetzt, ihn aber geleugnet und durch die »Arbeit der

Reinigung« aus ihrem Selbstverständnis ausgelöscht. Insofern sei die Moderne eigentlich nie wirklich »modern« gewesen. Das, was sie tatsächlich tue, nämlich eine expansive Hybridisierung zu betreiben, negiere sie gleichzeitig wieder auf der Ebene ihrer Vorstellung von sich selbst.

An diesem Punkt wird die krisendiagnostische Absicht Latours deutlich: Wenn Hybridisierung immer mehr zunehme, ihre Existenz aber durch die moderne Gesellschaft dementiert werde oder allenfalls als sekundäres Zwischenglied von Natur und Gesellschaft Anerkennung finde, dann breite sie sich unkontrolliert aus und werde zu einer immer komplexeren Bedrohung. Mit anderen Worten: Hybridisierung generiere Risikopotenziale, die wiederum nur mit der »Arbeit der Reinigung« beantwortet würden, obwohl die »Verfassung« der Moderne, also ihr gesamtes System der Problemreflexion und -bearbeitung, längst unter der Last ungebremster Hybridisierung zusammenzubrechen drohe (vgl. Latour 1998: 68, 70). Erst die volle Anerkennung der Existenz der Mischwesen und die Revision der Polarisierung von Natur und Gesellschaft biete einen Ausweg. Er besteht nach Latour im Beschreiten eines nichtmodernen Weges und beinhaltet unter anderem die Umstellung der »Verfassung« der Moderne auf die bewusste Wahrnehmung von Hybridisierung als der entscheidenden Voraussetzung, die Ausdehnung der Mischwesen steuerbar zu machen. Hier bringt Latour das Projekt eines »Parlaments der Dinge« ins Spiel. In diesem Parlament soll »das Kollektiv« eine neue »Verfasssung« entwickeln, in der die Dichotomien von Subjekt und Objekt, Produktion und Ökologie und Natur und Gesellschaft überwunden werden. Das »Parlament der Dinge« bildet Kollektive und »Assoziationen zwischen menschlichen und nichtmenschlichen Akteuren« (Latour 2001a: 128), die die Aufgaben einer neuen »politischen Ökologie« artikulieren. Man bekommt den Eindruck, dass die von ihm untersuchten Laborsituationen für Latour gleichsam zum Sinnbild des Funktionierens von Gesellschaft werden: »Es gibt im Kollektiv ein Gemisch von Entitäten, Stimmen, Akteuren, das unmöglich nur von der Ökologie allein oder nur von der Politik allein behandelt werden kann. [...]

Als wir uns [Latour, Anm. d. Verf.] weigerten, die Politik mit Menschen, Subjekten, Freiheiten zu verbinden und die Wissenschaft mit Objekten, Natur und Notwendigkeit, haben wir die gemeinsame Arbeit von Politik und Wissenschaft entdeckt: die Entitäten des Kollektivs zusammenzumengen, um sie artikulierbar zu machen und zum Sprechen zu bringen.« (Latour 2001a: 25)

Es fällt auf, dass die Idee eines »Parlaments der Dinge« – ganz im Gegensatz zu den Ansprüchen des Autors – Züge einer elitären saint-simonistischen Utopie aufweist, in der keineswegs alle Mitglieder der Gesellschaft angemessen vertreten sind, sondern der Diskurs und die Entscheidungen einer Elite von Experten vorbehalten bleibt (vgl. kritische Hinweise bei Joshua 2002: 169).

VII. Kapitalismus und soziologische Kritik

Setzen die vom postmodernen Denken inspirierten Soziologen die Zersetzung und Dekonstruktion von Gesellschaft als Totalität voraus, so fragen Luc Boltanski und Laurent Thévenot[11] umgekehrt danach, wie in modernen Gesellschaften unter Berücksichtigung ihrer Komplexität Formen sozialen Handelns aussehen können, die eine Koordination und Integration konkurrierender Geltungsansprüche ermöglichen. Diese Fragestellung erinnert in gewisser Weise an das Programm der kommunikativen Vernunft bei Jürgen Habermas. Wie dieser wollen Boltanski/Thévenot eine Handlungstheorie vorlegen, die sowohl auf die soziale Mikroebene als auch auf die Ebene der gesamten Gesellschaft bezogen werden kann.

Im Mittelpunkt des theoretischen Modells von Boltanski/Thévenot steht die Frage, wie die Legitimität sozialen Handelns in der Perspektive erfolgreicher Interaktion bestimmt (vgl. Cabin/

11 Boltanski und Thévenot sind gegenwärtig Forschungsdirektoren an der renommierten Ecole des Hautes Etudes en Sciences Sociales (EHESS) in Paris und Initiatoren der »Gruppe politische und moralische Soziologie«. Boltanski war früher enger Mitarbeiter von Pierre Bourdieu.

Dortier 2000) und trotz unterschiedlicher Rechtfertigungsgründe der Akteure sozialer Konsens erreicht werden kann. Allerdings reduziert sich der Prozess der Rechtfertigung *(justification)* nicht auf normative Aktivitäten, sondern schließt immer auch kognitive Akte ein, da Gerechtigkeitsvorstellungen in der modernen Gesellschaft ohne kognitive Informiertheit nicht auskommen. Die beiden Autoren umreißen ihr Programm in ihrer gemeinsamen Studie *De la justification* (1991) wie folgt: »Es handelt sich darum die Möglichkeit zu untersuchen, unter dem Zwang einer Vielfalt zur Verfügung stehender Einigungsprinzipien zu gerechtfertigten Übereinstimmungen zu gelangen, ohne Schwierigkeiten auszuweichen, indem man einen Relativismus der Werte anerkennt oder indem man diese Prinzipien Personen oder Personengruppen zuschreibt, die sie als solche besitzen.« (Boltanski/Thévenot 1991: 266)

Um Konsensbildung in unterschiedlichen sozialen Situationen nachvollziehen zu können, müssen die notwendigen allgemeinen Bedingungen benannt werden, deren Erfüllung die Herstellung eines jeden Konsens bedarf. Dazu gehört nach Boltanski/Thévenot erstens, dass mit den je spezifischen persönlichen oder gruppenbezogenen Rechtfertigungsbemühungen ein Verallgemeinerungsanspruch verbunden wird, der dieses Bemühen nicht bloß als partikulares Interesse oder als situativ begrenzt enthüllt. Die Akteure müssen in einer bestimmten Rechtfertigungsordnung die Relevanz *(grandeur)* der situativ vorhandenen Rechtfertigungsaspekte wechselseitig gewichten, indem sie Maßstäbe der Äquivalenz für diese Aspekte entwickeln. In traditionellen Gesellschaften mag das relativ unkompliziert gewesen sein, sofern man dort eine gewisse Homogenität von Handlungssituationen unterstellt, die mit eindeutigen Rechtfertigungsregimen ausgestattet waren. Dagegen ist für moderne Gesellschaften charakteristisch, dass unterschiedliche Äquivalenzprinzipien aufeinander treffen. Die unterschiedlichen Äquivalenzprinzipien müssen deshalb zweitens so miteinander abgestimmt werden, dass ein Konsens zustande kommt, nachdem die jeweiligen »Größen«, die Wertigkeiten der Rechtfertigungsaspekte, gegeneinander abgewogen worden sind. Für die moderne Gesellschaft ermitteln die Autoren sechs Rechtfertigungsregime, so genannte »cités«, die jeweils in einer von sechs »Welten« bzw. gesellschaftlichen Bereichen als gültig und handlungsleitend anerkannt werden sollen (Boltanski/Thévenot 1991: 200 ff.).

Aufgrund einer empirischen Analyse zeitgenössischer Managementliteratur stellen sie fest, dass sich in dieser Literatur dieselben Muster von Rechtfertigung nachweisen lassen wie in der klassischen politischen Philosophie. Die von Boltanski und Thévenot unterschiedenen »cités« beziehen sich auf folgende »Welten«: 1. die »Welt der Inspiration« *(le monde d'inspiration),* die einem Rechtfertigungsregime nichtmaterieller Werte und Interessen gehorcht und schöpferisches Handeln, geistige Leistungen und moralische Integrität sozial prämiert. In der »Welt der Inspiration«, die ihre Bezeichnung dem Titel der Schriften Augustins über die Gnade verdankt, vollzieht sich das Handeln von Menschen, die sich durch Kreativität, erneuerndes Denken und Unabhängigkeit vom Urteil der sozialen Umwelt auszeichnen. Dies trifft in modernen Gesellschaften etwa auf Künstler, Wissenschaftler und Führer sozialer Bewegungen zu. Es handelt sich 2. um eine »Welt der Häuslichkeit« *(le monde domestique),* die auf einem Rechtfertigungsregime der persönlichen Nähe und Gemeinschaft beruht. Als klassische Referenz werden hier die ratgebenden Schriften des katholischen Predigers Bossuet (1627 – 1704) erwähnt. Es folgt 3. die »Welt der Meinung« *(le monde d'opinion).* Sie umfasst jenen Handlungsbereich, in dem »Größe« durch öffentliches Prestige bestimmt wird. Es handelt sich dementsprechend um öffentlich bekannte Persönlichkeiten wie Medienstars, charismatische Politiker oder gefeierte Sinnstifter, denen das Publikum huldigt und die ihrerseits dieses Ansehen auch manipulativ erzeugen können. Dagegen orientiert sich 4. die »Welt der Staatsbürgerschaft« *(le monde civique)* an allgemeinen, in Gesetzlichkeit und Repräsentativität institutionalisierten Interessen. Die »Welt der Staatsbürgerschaft« findet ihre Rechtfertigung in Rousseaus Idee des *contrat social.* In dieser Welt besitzen diejenigen Akteure »Größe«, also eine hohe Wertschätzung, die sich besonders intensiv und vorbildlich mit dem Gemeinwohl identifizieren. Auf die Sphäre der Ökonomie erstreckt sich 5. die »Welt des Handels« *(le monde marchande)*. Sie definiert sich durch das Begehren knapper Güter. Das hier gültige Rechtfertigungsregime stützt sich auf eine »Größe«, die sich durch wirtschaftlichen Erfolg bemisst und durch Unternehmungsgeist und Handlungsfreiheit auszeichnet, aber auch emotionale Distanz gegenüber sozialer Interaktion beinhaltet. Für die »Welt des Handels« steht Adam Smith als klassischer Repräsentant. Auch die 6. zu erwähnende »Welt der Industrie« *(le monde industriel)* bezieht sich auf die wirtschaftliche Sphäre. Sie wird von einer Rechtfertigungsordnung gesteuert, die sich aus Aktivitäten der Produktivitätssteigerung, des optimalen Ressourceneinsatzes sowie der effektiven und funktionalen Organisation von Prozessen und Akteuren ableitet. Ihre klassische Antizipation findet das Rechtfertigungsregime der »industriellen Welt« in den Überlegungen und Visionen des utopischen Sozialisten Saint-Simon. Den sechs »Welten« entsprechen also sechs Rechtfertigungsregimes, die dieselbe Bezeichnung tragen wie die genannten »Welten«.

Der Bedarf an gesellschaftlicher Konsensbildung wächst nach Boltanski/Thévenot in dem Maße, wie sich die Problematiken unterschiedlicher »Welten« überschneiden und konkurrierende Rechtfertigungsregimes aufeinander treffen. Die diskursiven Anforderungen der »cités« stellen die Akteure damit vor zunehmend komplexere Probleme. Zusammen mit Eve Chiapello hat Boltanski den Versuch unternommen, das theoretische Konzept der Rechtfertigungsregimes auf die Analyse neuerer Entwicklungen des Kapitalismus anzuwenden und mithilfe dieses Konzepts sowohl über eine systemkritische marxistische Sichtweise des Kapitalismus als auch eine handlungstheoretische, aber systemindifferente Deutung der im Kapitalismus ablaufenden Prozesse hinauszugehen. Sie halten also am Kapitalismusbegriff fest, wollen ihn aber handlungstheoretisch erweitern. Ausgehend von der Annahme, dass der gegenwärtige Kapitalismus aufgrund seiner Angewiesenheit auf die subjektive Akzeptanz der Beschäftigten einen spezifischen identifikationsfähigen »Sinn« erzeugen müsse und deshalb auch eines adäquaten Rechtfertigungsregimes bedürfe, greifen Boltanski/Chiapello auf den weberschen Begriff des »Geistes des Kapitalismus« zurück (Boltanski/Chiapello 1999), um im heutigen Kapitalismus einen charakteristischen »neuen Geist« zu identifizieren. Ihn wollen sie empirisch an Beispielen von Managementtexten (darunter auch Anleitungen, Handbücher, Ratgeber usw.)[12] der sechziger bis neunziger Jahre des 20. Jahrhunderts nachweisen. Der »neue Geist« des Kapitalismus schließt an zwei vorangegangene Perioden des »ersten« (Ende des 19.Jahrhunderts) und des »zweiten Geistes« des Kapitalismus an, der etwas grobmaschig betrachtet die Zeit zwischen den dreißiger und den achtziger Jahren des 20. Jahrhunderts umfasst. Die Entstehung des »neuen Geistes« wird mit dem Ende der achtziger Jahre einsetzenden Übergang zu einem postfordistischen Modell gesellschaftlicher Arbeit datiert, als sich die Merkmale der Flexibilität, Netzwerkstruktur, Projektförmigkeit und Selbststeuerung der Arbeitstätigkeit immer deutlicher abzuzeichnen begannen.

Eines der zentralen Ergebnisse der Studie von Boltanski/Chiapello besteht nun darin, dass die Autoren im »neuen Geist« des Kapitalismus die Entwicklung eines Rechtfertigungsregimes entdecken, die den oben genannten sechs Regimen ein weiteres hinzufügt. Dieses neue Regime bezieht sich auf eine »*cité* der Projektförmigkeit« *(cité par projets),* im gesellschaftlichen Arbeitsprozess, seiner Organisation, Steuerung und Institutionalisierung. Mit der *cité par projets* wird die Schranke zwischen Arbeit und Privatsphäre durchbrochen, das Leben wird als eine Folge von »Projekten« verstanden, fokussiert auf Selbstreflexivität, Selbstorganisation und Handlungsautonomie. Insofern ähnelt die Idee der *cité par projets* in gewisser Weise dem Konzept des »Arbeitskraftunternehmers«, wie es in Deutschland von Voß und Pongratz entworfen wurde (Voß/Pongratz 1998). Das Parameter der »Größe« definiert sich

12 Eine wichtige Rolle spielen zum Beispiel Tom Peters und Robert Waterman, die in ihren Publikationen über Unternehmenskultur das »sichtbar gelebte Wertsystem« des Unternehmers als wesentlichen Faktor ökonomischer Effektivität und Produktivität herausgestellt hatten (vgl. Boltanski/Chiapello 1999: 644, Tabelle).

in der *cité par projets* sowohl durch individuelle Flexibilität und Polyvalenz des Handelns als auch durch die Fähigkeit, diese Eigenschaften in den Dienst des Gemeinwohls, des Teams, Projekts und Netzwerks zu stellen. Die *cité par projets* setzt einen Persönlichkeitstyp des »leichten Menschen«[13] (Boltanski/Chiapello 2001: 467) voraus, der sich institutioneller Bindungen entledigt, auf Sicherheiten verzichtet und dennoch, da er durch nichts anderes als seine Beziehungen im Netzwerk konstituiert wird, über eine ausgeprägte Kompetenz in der Produktion sozialer Beziehungen verfügen muss. In der Form einer Inhaltsanalyse der oben erwähnten Managementliteratur zeigen die Autoren, wie sich die Rechtfertigungsregime seit den sechziger Jahren des 20. Jahrhunderts allmählich auf die *cité par projets* verlagert haben. Überwogen damals die Rechtfertigungsregime der industriellen *cité*, der *cité* des Haushalts und der *cité* der Staatsbürgerschaft, so dominierte seit den neunziger Jahren das Rechtfertigungsregime der *cité par projets* mit seiner Netzwerk- und Interaktionslogik. Der Gedanke eines neuen kapitalistischen Geistes der Projektförmigkeit korrespondiert mit einer Reformulierung von Kapitalismuskritik, indem er den Typ der traditionellen »Sozialkritik« durch den der »künstlerischen Kritik« ergänzt. Mit der Unterscheidung dieser beiden Typen von Kritik greift die Studie über den »neuen Geist des Kapitalismus« auf die Untersuchung von Eve Chiapello über gegensätzliche Handlungslogiken von Managern und Künstlern im Kulturbetrieb zurück (vgl. Chiapello 1998). Dort hatte Chiapello aufgezeigt, dass sich das moderne Management fortschreitend jenen kritischen Habitus aneignet, der für den intrinsischen, nichtutilitaristischen, bürokratie- und hierarchiefeindlichen Stil der Künstler und für die »künstlerische Kritik« am wirtschaftlichen Management typisch ist. Auf die gegenwärtige Situation des Kapitalismus angewandt führt die von Boltanski/Chiapello vorgenommene Differenzierung von »Sozialkritik« und »Künstlerkritik« dann zu der Behauptung, dass der Verfall der traditionellen Sozialkritik und der Niedergang der Arbeiterbewe-

13 Vgl. auch Boltanski/Chiapello 1999: 185.

gung mit einer gleichzeitigen Adaption der »Künstlerkritik« durch den neuen Geist des Kapitalismus einhergehen. Während die traditionelle antikapitalistische »Sozialkritik« hinter der Projekt- und Netzwerkförmigkeit zurückbleibe, sei die »Künstlerkritik« zu einer Triebkraft der Modernisierung geworden. Gleichzeitig habe sich mit der Netzwerkförmigkeit des Kapitalismus ein neues Prüfungsverfahren *(preuves)* des Rechtfertigungsregimes herausgebildet, das nach Meinung von Boltanski/Chiapello nicht nur die Chancen für die Etablierung der *cité par projets,* sondern auch für Gerechtigkeitsdiskurse der gesamten Gesellschaft erhöht: »Dies hat uns dazu bewogen, die Cité par projets zu konstruieren. Wir wollten die besonderen Formen von Gerechtigkeit fassen, deren Entstehung wir zu beobachten meinen, und wir wollten den Verflechtungen in der Welt, die ohne die Herausbildung dieser Cité nicht unter Gerechtigkeitspunkten kontrolliert werden können, einen Sinn und eine Gerechtigkeit zuschreiben. Die Cité par projets erscheint unter diesen Vorzeichen wie ein normativer Stützpunkt, der es ermöglichen sollte, rechtzeitig die neuen, auf Verflechtung angelegten Bewährungsproben unter dem Gesichtspunkt der Gerechtigkeit zu betrachten.« (Boltanski/Chiapello 2001: 477)

Betrachtet man die Theorie der Rechtfertigung als Ganzes, so fällt eine Schwäche auf, unter der auch die Theorie des kommunikativen Handelns leidet. Sie tendiert nämlich dazu, Gesellschaft auf Interaktion und Diskurs zu verkürzen und diejenigen Bedingungen gesellschaftlichen Handelns auszublenden, die entweder aufgrund asymmetrischer Machtbeziehungen der Interaktion von vornherein eine bestimmte Richtung geben, auf gegensätzlichen Interessen beruhen, die sich nicht diskursiv aufheben lassen, oder von der unterschiedlichen Verfügung über die in das Rechtfertigungsverfahren eingehenden materiellen und kulturellen Ressourcen abstrahieren. Boltanski/Thévenot und Boltanski/Chiapello unterstellen stillschweigend gleichwertige Ausgangsbedingungen und gleichberechtigte Akteure für die Situationen der Rechtfertigung. Ob eine solche Gleichwertigkeit aber tatsächlich gegeben ist, wenn Akteure ihr Handeln rechtfertigen und dessen Geltungsansprüche wechselseitig einem Procedere der Bewährung unterziehen, kann nur geklärt werden, wenn zunächst die Frage beantwortet wird, über welche materiellen und symbolischen Ressourcen die jeweiligen Akteure situativ verfügen. Gerade unter privatwirtschaftlichen Produktions- und Verteilungsverhältnissen sowie der strukturellen Ungleichheiten der an diese Verhältnisse angeschlossenen Handlungschancen ist aber von einer solchen Symmetrie gar nicht fraglos auszugehen. Das spricht nicht gegen das normative Ziel Boltanskis und seiner Co-Autoren, überall da, wo es möglich ist, adäquate Rechtfertigungsregime zu etablieren, sondern stellt die Prämisse Boltanskis, Thévenots und Chiapellos in Frage, von Situationen äquivalenter interaktiver Austauschprozesse auszugehen.[14]

Die Theorie von Boltanski, Thévenot und Chiapello entkoppelt die normativen und symbolischen Aspekte des Rechtfertigungsregimes in der *cité par projets* von den möglichen materiellen Bezügen und den strukturellen Machtbedingungen des Handelns im modernen Kapitalismus. So mögen zum Beispiel die Repräsentanten einer postfordistischen Managementphilosophie noch so aufrichtig bereit sein, rigorose Rationalisierungsstrategien zu vermeiden und stattdessen Co-Management, Partizipation und

14 Vor einem ähnlichen Problem steht, wie schon angedeutet, auch die Theorie des kommunikativen Handelns von Jürgen Habermas. Nicht der Sinn einer Universalpragmatik ist bei Habermas das Problem; denn die von ihm vorgetragenen Geltungsgründe benennen wesentliche Voraussetzungen, die erfüllt sein müssen, wenn Menschen ihre Angelegenheiten vernünftig und unter Respektierung der persönlichen Integrität aller Kommunikationspartner klären und regeln wollen. Die entscheidende Schwachstelle liegt bei Habermas vielmehr in der Illusion, dass alle denkbaren gesellschaftlichen Probleme auf diskursivem Wege lösbar wären. Er vergisst – und genau das scheint sich in der Theorie des gerechtfertigten Handelns zu wiederholen –, dass bestimmte gesellschaftliche und politische Probleme, etwa ökonomische Interessengegensätze zwischen Kapital und abhängiger Erwerbsarbeit oder die Beteiligung einer Regierung an einem Krieg gegen den ausdrücklichen Willen einer überwältigenden Bevölkerungsmehrheit, nicht durch Kommunikation oder Kritik wie bei Boltanski/Chiapello allein gelöst werden können; denn unter Umständen schaffen gerade erst ein Abbruch von Kommunikation und andere nicht auf diskursive und rationale Kommunikation beschränkte Handlungen geeignete Voraussetzungen dafür, dass ein Diskurs überhaupt zustande kommt.

Netzwerkproduktion mit flachen Hierarchien zu bevorzugen, an einem bestimmten Punkt werden auch sie unvermeidlich zum Mittel der Entlassungen greifen, wenn es die Imperative des Marktes und die wirtschaftliche Rentabilität des Unternehmens erzwingen. Damit sind schon die Voraussetzungen für gerechtfertigtes Handeln, aber auch die Integrationsfähigkeit des »neuen Kapitalismus« elementar in Frage gestellt oder sogar unmittelbar beseitigt. Die Reichweite der Kapitalismuskritik von Boltanski und Chiapello bleibt deshalb sehr beschränkt: sie bleibt auf jene engen und temporären Situationen lokalisiert, in denen außergewöhnlich günstig wirtschaftliche Faktoren, partizipative Unternehmenskultur und der hohe Stellenwert der Belegschaften für die Kontinuität und Produktivität des Arbeitsprozesses erlauben, das Rechtfertigungsregime der *cité par projets* zu praktizieren.

Eine anders gelagerte und sozialhistorisch informierte Kapitalismuskritik hat Robert Castel, ehemals Forschungsdirektor an der Pariser EHSS und früherer Mitarbeiter von Pierre Bourdieu, entwickelt. Für seine große Untersuchung »Die Metamorphosen der sozialen Frage« (2000) wählt er den Weg einer historischen Annäherung an die aktuellen Probleme des modernen Kapitalismus. Es handelt sich bei dieser Untersuchung um eine Sozialgeschichte der Institutionalisierung der Lohnarbeit, die das Ziel verfolgt, den zivilisatorischen Stellenwert dieser Institutionalisierung herauszuarbeiten. Der Autor spannt den Bogen von der traditionellen vormodernen Organisation des Handwerks mit seinen vormundschaftlichen Beschränkungen über die Stufe der Markt- und Vertragsförmigkeit der Lohnarbeit und die durch die Defizite bloßer Vertragsförmigkeit ausgelösten sozialpolitischen Kompensationen bis zur gegenwärtigen Situation, in der die mühsam erreichten zivilisatorischen Standards der »Lohnarbeitsgesellschaft« erneut zu zerfallen drohen.

Die zentrale These der *Metamorphosen* besteht darin, dass die aktuelle, von Massenarbeitslosigkeit, Deregulierung und Prekarisierung der Erwerbsarbeit gekennzeichnete Situation die sozialstaatlich unterbaute »Konsolidierung des Lohnarbeiterstatus« (Castel 2000: 282) massiv auszuhöhlen beginnt und so die zivilisatorische Qualität des »Status abhängiger Arbeit« zur Disposition stellt. Nachdem der Lohnarbeitsstatus insbesondere in der Zeit zwischen 1945 und 1970 zum allgemeinen Merkmal der Gesellschaft geworden sei, scheine jetzt eine neue »Etappe einer anthropologischen Geschichte der Lohnarbeit« (Castel 2000: 336) und die Epoche einer »neuen sozialen Frage« anzubrechen. Weder arbeitsfördernde Maßnahmen wie die *revenue minimum d'insertion* (RMI), eine Art Kombilohn zur Wiedereingliederung Arbeitsloser, noch die Flexibilisierung des Arbeitsmarktes erweisen sich als wirksames Mittel zur Bewältigung der »neuen sozialen Frage«. Das rasche Anwachsen der Zahl »statusloser Arbeitnehmer« zeigt, dass die aktuelle Situation nicht nur eine ökonomische Krise, sondern auch eine »Krise der Integration durch Arbeit« (Castel 2000: 390) ist. Nach Castel müsste die Bekämpfung der Krise eigentlich primär in einer Stärkung der Lohnarbeit, also in einer Festigung sozialstaatlicher Kompetenzen und Institutionen bestehen, weil gerade sie es sind, die sowohl die Grundlage der »ökonomischen« und »sozialen citizenship« (Castel 2000: 393) bilden als auch die kollektive Identität der Gesellschaft begründen. Dieser Gedanke von Castel erinnert an die berühmte Forderung von Thomas H. Marshall nach Ergänzung der politischen durch soziale und »industrielle Bürgerrechte« (vgl. Marshall 1992). Aber während sich Marshall seinerzeit auf eine günstige Entwicklung der politischen Kräfteverhältnisse in Großbritannien unter der Labour-Hegemonie nach dem Zweiten Weltkrieg stützen konnte, muss sich das Denken Castels dem immer stärker werdenden Druck der Untergrabung der »Lohnarbeitsgesellschaft« und dem Aufkommen eines »negativen Individualismus« (Castel 2000: 401 ff.) entgegenstemmen. Unter »negativem Individualismus« sind nach Castel jene zentrifugalen Kräfte der Ausgrenzung und Vereinzelung zu verstehen, die aus dem Verlust des Lohnarbeiterstatus resultieren und den »negativen Individualismus« des vorindustriellen Vagabundentums auf der heutigen historischen Stufe zu reproduzieren scheinen. Hier lässt sich nun ein wesentlicher Mangel in der Argumentation Castels feststellen. In seiner Perspektive verkürzt sich nämlich die Funktion des Staates auf die Wahrnehmung sozialer

Schutz- und Sicherungsaufgaben, während sowohl die ökonomischen Aktivitäten im Interesse privatkapitalistischer Verwertung als auch die politischen und ideologischen Herrschaftsfunktionen des Staates ausgeblendet werden.

Castels *Die Metamorphosen der sozialen Frage* endet mit einem Bekenntnis zum Sozialstaat und zu seiner Integrationsfunktion, die heute durch keine andere Institution und keinen anderen Akteur zu ersetzen sei: »Der Staat ist die einzige Instanz, die imstande ist, eine Brücke zwischen den beiden Polen des Individualismus zu schlagen und der Gesellschaft ein Minimum an Zusammenhalt aufzunötigen« (Castel 2000: 412).

Obwohl Castel die Härte der sozialen Probleme nicht verschleiert, verzichtet er auf eine grundsätzliche Kapitalismuskritik. Er stellt sich von vornherein auf den Boden der gegebenen gesellschaftlichen Verhältnisse und versucht auf ihrer Basis den Wert und die Relevanz sozialstaatlicher Errungenschaften bewusst zu machen. Bezeichnenderweise taucht der Begriff des Kapitalismus bei Castel so gut wie nie auf, obwohl Lohnarbeit sein zentrales Thema ist. Statt von der kapitalistischen Gesellschaft zu sprechen, bevorzugt Castel den Begriff der »Lohnarbeitsgesellschaft«, den er aber mit einem dem üblichen sozialkritischen Verständnis ganz entgegengesetzten Sinn belegt. Lohnarbeit gilt ihm als soziale Struktur der Anerkennung, sozialen Absicherung und bürgerschaftlichen Partizipation, nicht als System der Ausbeutung und Fremdbestimmung. Insofern vertritt er eine klassische sozialdemokratische Auffassung vom Wohlfahrtsstaat, dessen Funktion sich nicht in monetären Transferleistungen erschöpft, sondern gleichzeitig etwas konstituiert, was man als soziale und rechtliche Identität der Individuen bezeichnen kann. Obwohl Castel an seiner Parteinahme für die von Ausgrenzung und sozialem Abstieg Bedrohten keinen Zweifel lässt, stellt er die sozialökonomischen Grundlagen der »Lohnarbeitsgesellschaft« nicht nur nicht in Frage, sondern hält sie für durchaus erneuerungsfähig. Seine Position weist hier Parallelen zur Verteidigung des Sozialstaats durch Pierre Bourdieu auf, der trotz scharfer Angriffe auf den Neoliberalismus keine antikapitalistische Alternative anstrebte, sondern die Aufrechterhaltung und Festigung historisch gewachsener und jetzt unter neoliberalen Deregulierungsdruck geratender sozialstaatlicher Strukturen und Funktionen in den Vordergrund stellte.

VIII. Was nützt die Soziologie?

Vor einigen Jahren fand in der deutschen Wochenzeitung *Die Zeit* eine Diskussion über den aktuellen Zustand der deutschen Soziologie statt (Fritz-Vannahme 1996), die Aufmerksamkeit bei einem interessierten Publikum hervorrief und die in ihrem Tenor der Soziologie als wissenschaftlicher Disziplin ein ausgesprochen negatives Zeugnis ausstellte. Eine ähnliche Frage stellten sich französische Soziologen in einem Buch, das Bernard Lahire unter dem Titel *A quoi sert la sociologie?* 2002 herausgegeben hat. War in der erwähnten deutschen Diskussion eine intensive Neigung zu beobachten, die Soziologie als veraltet, weltfremd und unproduktiv abzuqualifizieren, so stellt keiner der französischen Autoren die Existenzberechtigung des Faches prinzipiell in Frage. Alle Beteiligten der französischen Diskussion gehen vielmehr von der wissenschaftlichen Notwendigkeit der Soziologie aus und plädieren für eine bewusste Orientierung der Soziologie auf die faktischen Probleme der Gesellschaft, unabhängig davon, dass ihre Antworten im Einzelnen sehr kontrovers ausfallen.

Wie lassen sich die Unterschiede zwischen der deutschen und französischen Diskussion erklären? Hängen sie bloß mit einer Zufallsauswahl zusammen und würden sie verschwinden, wenn sich der Kreis der Beteiligten anders zusammensetzte? Oder gibt es Gründe für diese Unterschiede, die sich nicht auf Zufälligkeiten beschränken? Eine Antwort auf diese Fragen muss zunächst auf strukturell unterschiedliche Bedingungen des soziologischen Diskurses und seiner öffentlichen Resonanz und Reputation in beiden Ländern hinweisen. Dafür lassen sich mehrere Gründe anführen.

Erstens gibt es eine lange Tradition des gesellschaftlichen und politischen Engagements von Intellektuellen in der Geschichte

Frankreichs (Peter 2001). Das betrifft auch die Soziologen als eine spezifische Gruppe der Intellektuellen. So sehr sich zum Beispiel die eingangs dargestellten soziologischen Paradigmen der Gegenwart inhaltlich auch unterscheiden mögen, so erheben sie doch alle einen expliziten Anspruch auf gesellschaftliche Relevanz, und ihre Repräsentanten verstehen sich alle als Träger gesellschaftlicher Selbstaufklärung im Sinne sozialer Reformen und politischer Demokratisierung. Ob Crozier und Friedberg in den etablierten bürokratischen Strukturen der »blockierten Gesellschaft« das Haupthindernis für Modernisierung sehen, ob Boudon gegen eine Ideologisierung sozialer Prozesse im Namen rationaler Analyse ankämpft und Touraine die »Rückkehr des Subjekts« beschwört, um die Einseitigkeiten eines rationalistischen Modernisierungsverständnisses zu kritisieren, oder ob Bourdieu schließlich die Mechanismen symbolischer Herrschaft und ihrer Doxa dekonstruiert – in allen Fällen ist der Bezug der soziologischen Analyse auf die gesellschaftliche und kulturelle Realität mit ihren zentralen Problemen und Krisenerscheinungen offensichtlich.

Zweitens ist auf einige spezifische Entwicklungen in Frankreich hinzuweisen, die die engen Verknüpfungen von kritischer sozialwissenschaftlicher Tätigkeit und der praktischen Bewältigung gesellschaftlicher Probleme unterstreichen. Zu diesen Problemen gehören eine – verglichen mit Deutschland – wesentlich tiefere soziale und kulturelle Segmentierung und Fragmentierung, eine noch schärfere Polarisierung zwischen den Eliten zum einen und der Masse der Bevölkerung zum anderen, ungleich größere Herausforderungen durch Multiethnizität, krassere Gegensätze zwischen urbanen Zentren und ländlichen Regionen sowie rapide soziale Zerfallsprozesse in den großen Städten selbst.

Drittens zeichnet sich Frankreich durch eine »jakobinische« politische Kultur des Konfliktes aus, die in Deutschland historisch ziemlich unbekannt ist. Immer wieder kommt es sowohl zu lokalen oder allgemeinen sozialen Bewegungen und Aktionen, die strukturelle Gegebenheiten der Gesellschaft in Frage stellen und auf Alternativen drängen. Die Streikbewegung vom Winter 1995/96, die Alain Touraine und seine Mitarbeiter zu einer Publikation mit dem Titel *Le grand refus* motivierte, hat exemplarisch gezeigt, wie ein normaler Arbeitskampf einer relativ kleinen, wenn auch wichtigen Beschäftigtengruppe, nämlich der Lokomotivführer der staatlichen Eisenbahnen SNCF, zu einer allgemeinen, gegen die Demontage des Sozialstaats und die »Arroganz der Macht« gerichteten Massenbewegung anschwoll.

In der Diskussion über die Frage, wozu die Soziologie nütze, werden einerseits Spuren dieser politischen Kultur und Konfliktfähigkeit in Frankreich sichtbar, andererseits ist aber auch nicht zu übersehen, dass die Bejahung einer Bindung soziologischer Forschung an Probleme der Gesellschaft und die praktischen Erfordernisse ihrer Lösung heute viel zurückhaltender ausfällt als in früheren Jahren, insbesondere im Mai 1968 und der ihm folgenden Periode der Erneuerung der Sozialwissenschaften (vgl. Pollak 1978: 63 ff.). Dass sich die französischen Soziologen heute weniger als engagierte kritische Intellektuelle verstehen, die selbst in die gesellschaftlichen Auseinandersetzungen ihrer Zeit intervenieren, lässt sich beispielsweise sehr deutlich an der Tatsache ablesen, dass sich mehrere Beiträge in *A quoi sert la sociologie?* implizit oder explizit von der Position Bourdieus distanzieren.

So wendet sich François de Singly, der führende französische Familiensoziologe, entschieden gegen einen »epistemologischen Bruch« (de Singly 2002: 16) bei Bourdieu, der das wissenschaftliche Wissen den Selbsttäuschungen der »profanen« sozialen Akteure gegenübergestellt habe. Wenn Bourdieu in *Le métier de sociologue* eine »objektivistische Soziologie« vorschlage, dann trete er in Widerspruch zu seinem eigenen Ziel, durch kritische soziologische Analyse zum Widerstand gegen Herrschaftsverhältnisse anzuregen; denn wie könne der *sens commun* sich jene von Bourdieu geforderte wissenschaftliche Logik aneignen, wenn diese ihm wegen seiner Verfallenheit an die Doxa, also die eingefahrenen Vorurteile und Meinungsstereotype der Gesellschaft, ja gerade versagt bleiben müsse (de Singly 2002: 18)? De Singly plädiert deshalb für eine Soziologie, die das Bewusstsein und die Erfahrungen der Subjekte – dieses Argument erinnert deutlich an die große Bedeutung sozialer Erfahrung bei François Dubet – als wirklich und substanziell anerkennt, anstatt sie als Konstrukte einer illusionären, verblendeten Weltsicht zu verwerfen. Sich unter anderem auf Anthony Giddens berufend, der die Handlungskompetenz der Individuen durch die Fähigkeit der »Reflexivität« begründet habe (de Singly 2002: 29 f.), schlägt de Singly eine Soziologie vor, die weder eine »Psychologisierung des Sozialen« noch eine »Soziologisierung des Persönlichen« betreibt, sondern den sozialen, interaktiven Konstitutionsprozess der Subjekte zum Ausgangspunkt ihrer Bemühungen macht. So könne dann die Soziologie zur »Schwester einer partizipativen Demokratie« werden (de Singly 2002: 38).

Neben der Auseinandersetzung mit Bourdieu durchzieht ein weiterer Gedanke mehrere der Stellungnahmen der Diskussion über den Nutzen der Soziologie. Es handelt sich um die Reformulierung des klassischen Problems des Verhältnisses von Objektivität und Werturteil in den Sozialwissenschaften. Ausgehend von einem Widerspruch zwischen »soziologischer Kritik« *(critique sociologique)* und literarischer, künstlerischer und ideologischer »kritischer Haltung« *(posture critique)* will Danilo Martuccelli zeigen, warum die soziologische Kritik, obwohl ihr Wirklichkeitsgehalt im Allgemeinen ungleich höher sei als der einer »kritischen Haltung«, Letztere dennoch nicht an intellektueller Anziehungskraft übertreffen könne. Martuccelli sieht den Grund für die Fähigkeit der »kritischen Haltung«, das Bewusstsein der Menschen zu ergreifen und zu faszinieren, in ihrem literarischen, ästhetischen und moralischen Charakter, in ihrem Instinkt für Ideen, Stichwörter, Formeln und Bilder, die den Nerv des Zeitgeistes treffen. Trotzdem müsse die Tatsache, dass »soziologische Kritik« und »kritische Haltung« letztlich nicht kompatibel seien (Martuccelli 2002: 140), nicht in einem Zustand steriler Gegensätzlichkeit enden. Es könne vielmehr zu einer Annäherung, zu einer Art Kooperation kommen, wenn die Soziologie die durch die »kritische Haltung« hervorgerufenen Bewusstseinsveränderungen, wie sie etwa der Feminismus auslöste, durch ihre wissenschaftlichen Aktivitäten begleite und so die konkreten Formen von Herrschaft als gesellschaftlich vermittelt herausarbeite.

Der in Frankreich traditionsreichen Position des gesellschaftlich engagierten »parteilichen« Intellektuellen (vgl. Ory/Sirinelli 1992, Charle 1990), der den Status quo der Gesellschaft anzweifelt, auf gesellschaftliche Herausforderungen antwortet und Perspektiven praktischer Veränderungen aufzeigt, kommt der Beitrag von Robert Castel am nächsten. Castel weist jeden »soziologischen Puritanismus« *(puritanisme sociologique)* zurück, der in den Sozialwissenschaften dasselbe bedeute wie in der Kunst das Prinzip des *l'art pour l'art* (Castel 2002: 68). Ein solcher Puritanismus grenze sich zum Beispiel gegen die Medien ab, anstatt sie zu nutzen. Zwar betont Castel die Unverzichtbarkeit der »strengsten Regeln der Berufsausübung« (Castel 2002: 70), aber er wirbt gleichzeitig nachdrücklich dafür, das Risiko einzugehen, wissenschaftliche Ergebnisse auch unter Nutzung der Medien in der Öffentlichkeit bekannt zu machen. Auch wenn sie die verfestigten Vorstellungen und Vorurteile des »gesunden Menschenverstandes« »dekonstruieren« (Castel 2002: 71) müsse, sei es eine der wichtigsten Aufgaben der Soziologie, begreifen zu lernen, was die »problematischen Konfigurationen« (Castel 2002: 71) für die Betroffenen bedeuten und wie sie sie zunächst selbst interpretieren. Diese Konfigurationen sollen nach Castel das inhaltliche Programm der Soziologie bestimmen. Daraus leitet er dann die Aufgabe der Soziologie ab, die sozialen Belange vor dem Erfahrungsgrund derjenigen zu interpretieren, die, wie die Marginalisierten und Verachteten, ohne Worte revoltierten oder ihre Lage als unabänderliches Schicksal betrachten (Castel 2002: 72). Eine solche soziologische Haltung lasse sich weder mit bloß empirischen Beobachtungen des Sozialen noch mit dem »Mythos absoluter Objektivität« (Castel 2002: 76) rechtfertigen. Was rational sei, hänge vom jeweiligen Interessenstandpunkt ab, weshalb der Neoliberalismus als aktuell führende Ideologie letztlich nicht mit rationalen Argumenten, sondern nur auf einer Werturteilsbasis bekämpft werden könne, die den sozialen Zusammenhalt und die »organische Solidarität« in der Gesellschaft höher stellt als egoistische Partialinteressen und obsessives Gewinnstreben. In diesem Sinn reiht sich Castel expressis verbis in die Tradition der intellektuellen »Parteigänger« und des »ideologischen Kampfes« (Castel 2002: 76) ein, obwohl diese Ausdrücke, wie er betont, heute nicht mehr in Mode seien.

Steht Robert Castel für den Typ des engagierten sozialkritischen Soziologen, so vertritt Claude Grignon eine diametral entgegengesetzte Position. Seine Argumentation lässt sich etwa folgendermaßen beschreiben: Nachdem die Soziologie historisch als Produkt der Aufklärung entstanden war und die bisher als natürlich akzeptierten gesellschaftlichen Verhältnisse in Frage gestellt hatte, erlangte sie eine »kritische Souveränität« (Grignon 2002: 122), die allerdings bald Gefahr lief, durch politische Interessen instrumentalisiert zu werden. Dies geschah zwangsläufig dann, wenn die kritische Soziologie ihre eigenen Regeln und Maßstäbe aufgab, um sich den nichtwissenschaftlichen Zielen externer sozialer Akteure zu verschreiben. Vor einiger Zeit war das Grignon zufolge die Sache des Volkes oder des Proletariats und heute ist es die des Feminismus oder der Umweltbewegung. Das Ergebnis der Kapitulation der Soziologie vor politischen Zwecken bezeichnet Grignon als *dérive édifiante* (Grignon 2002: 122), was man mit »Abdriften in Erbauungsideologie« übersetzen kann. Hier verweist er auf die Überlegungen Max Webers über den »inneren Beruf zur Wissenschaft«, in denen Weber den Missbrauch akademischer Autorität für Gesinnungspropaganda angeprangert hat (Weber 1976). Aber Grignon sieht für die Soziologie nicht nur die Gefahr, politische Gesinnungsethik zu werden, sondern er warnt andererseits auch davor, dass sich die Soziologie auf Expertenwissen reduziert. In der soziologischen Expertise, zumal in der Auftragsforschung, drohe die Notwendigkeit wissenschaftlicher Analyse zu einer Rechtfertigung des Bestehenden zu verkommen. Indem die Expertise ihrerseits die Notwendigkeit einer politischen Maßnahme mit der Autorität wissenschaftlicher Mittel bestätige, erkläre sie diese Maßnahmen gleichzeitig als vernünftig.

Dem Dilemma, sich entweder in Erbauungsideologie und Gesinnungsethik zu verwandeln oder sich für politische Zwecke vereinnahmen zu lassen, kann die Soziologie, wie Grignon glaubt, nur entgehen, wenn sie sich auf ihre ursprünglichen Tugenden wissenschaftlicher Autonomie und Unvoreingenommenheit besinnt. Daraus folgt für ihn ein Konzept von Soziologie, das auf empirische Überprüfbarkeit, Unabhängigkeit der Ergebnisse vom normativen Kontext ihrer Gegenstände und Auftraggeber, Distanz gegenüber den persönlichen Wertorientierungen der Forschenden usw. beruht. Daran schließt er den Vorschlag einer »präventiven Soziologie« an, die sich von der fragwürdigen »engagierten Soziologie« dadurch unterscheidet, dass sie ein überprüfbares Wissen bereitstellt, dessen Anwendung – und hier spielt Grignon ganz offensichtlich auf die positivistische Soziologiedefinition von Auguste Comte an – gesellschaftliche Prognosen und Strategien zur Prävention gesellschaftlich nicht erwünschter Folgen sozialen Handelns ermöglicht: »An der Erkenntnis der Gesetze arbeitend, die die Gesellschaft und den Lauf der Geschichte regieren, hilft die Soziologie vorauszusehen und vielleicht präventiv einzugreifen. Zweifellos ist hier ihre Intervention am notwendigsten und drängendsten.« (Grignon 2002: 133) So einleuchtend das Insistieren auf wissenschaftlicher Überprüfbarkeit und methodischem Zweifel auch erscheinen mag und so wenig auf die Verpflichtung auf argumentative Stringenz und Folgerichtigkeit verzichtet werden darf, das Problem der Werturteilsfreiheit wird mit diesem Insistieren allein nicht gelöst. In die Definition eines »sozialen Gesetzes« gehen, um das Zitat von Grignon aufzugreifen, unvermeidlich Entscheidungen ein, die Urteile über die Gesellschaft einschließen, und infolgedessen wird auch die Entscheidung über »präventives Eingreifen« Werturteile darüber enthalten, was gesellschaftlich wünschenswert ist oder nicht.

Zusammenfassend lässt sich die Debatte über die Frage, wozu die Soziologie heute dienen kann, dahingehend kennzeichnen, dass die beteiligten Autoren der gegenwärtigen Soziologie in Frankreich unabhängig von ihren jeweiligen wissenschaftstheoretischen Standpunkten und Wertorientierungen darin übereinstimmen, dass die Soziologie nicht nur eine Existenzberechtigung hat, sondern ihr auch eine wichtige Aufgabe im Blick auf die praktische Gestaltung und Steuerung des gesellschaftlichen Lebens zukommt. In dieser Gemeinsamkeit spiegelt sich ein französisches Spezifikum wider: die Kontinuität einer engen Wechselbeziehung zwischen wissenschaftlich-intellektueller Reflexion und Gesellschaft.

Literatur

Ansart, P., 1990: Les sociologies contemporaines, 3., durchges. und erw. Aufl., Paris.
Balandier, G., 1971: Sens et puissance. Les dynamiques sociales, Paris.
Bataille, G., 1949: La part maudite, Paris.
Baudrillard, J., 1976: La société de la consommation, Paris.
Baudrillard, J., 1978: Agonie des Realen, Berlin.
Baudrillard, J., 1982: Der symbolische Tausch und der Tod, München.
Baudrillard, J., 1987: La transparence du mal, Paris.
Berthelot, J.-M., 1996: Rezension des Buches »Sociologie de l'expérience« von François Dubet, in: Revue française de sociologie 37, S. 173–176.
Berthelot, J.-M. (Hrsg.), 2000: La sociologie française contemporaine, Paris.
Boltanski, L./Chiapello, E., 1999: Le nouvel esprit du capitalisme, Paris (dt.: Der neue Geist des Kapitalismus, Konstanz 2003).
Boltanski, L./Chiapello, E., 2001: Die Rolle der Kritik in der Dynamik des Kapitalismus und der normative Wandel, in: Berliner Journal für Soziologie 4, S. 459–477.
Boltanski, L./Thévenot, L., 1991: De la justification. Les économies de la grandeur, Paris.
Boudon, R., 1973: L'inégalité des chances. Essai sur la mobilité dans les sociétés industrielles, Paris.
Boudon, R., 1977 [1971]: La crise de la sociologie. Effets pervers et ordre social, Paris (dt.: Widersprüche sozialen Handelns, Darmstadt/Neuwied 1979).
Boudon, R., 1979: La logique du social, Paris (dt.: Die Logik gesellschaftlichen Handelns. Eine Einführung in die soziologische Denk- und Arbeitsweise, Darmstadt/Neuwied 1980).
Boudon, R., 1984: La place du desordre, Paris.
Boudon, R., 1986: Individualisme et holisme dans les sciences sociales, in: P. Birnbaum/J. Leca (Hrsg.), Sur l'individualisme, Paris, S. 45–59.
Boudon, R., 1988: Ideologie. Geschichte und Kritik eines Begriffs, Reinbek bei Hamburg (frz.: L'idéologie, ou l'origine des idées reçues, Paris 1986).

Boudon, R., 1995: Le juste et le vrai. Etudes sur l'objectivité des valeurs et la connaissance, Paris.

Bourdieu, P., 1972: Esquisse d'une théorie de la pratique, précédée des trois études d'ethnologie kabyle, Genf (dt.: Entwurf einer Theorie der Praxis auf der ethnologischen Grundlage der kabylischen Gesellschaft, Frankfurt am Main 1976).

Bourdieu, P., 1979: La distinction. Critique sociale du jugement, Paris (dt.: Die feinen Unterschiede. Kritik der gesellschaftlichen Urteilskraft, Frankfurt am Main 1982).

Bourdieu, P. 1980: Le sens pratique, Paris (dt.: Sozialer Sinn. Kritik der theoretischen Vernunft, Frankfurt am Main 1987).

Bourdieu, P., 1983: Ökonomisches Kapital, kulturelles Kapital, soziales Kapital, in: R. Kreckel (Hrsg.), Soziale Ungleichheiten, Soziale Welt, Sonderbd. 2, S. 183 – 198.

Bourdieu, P., 1984: Homo academicus, Paris (dt.: Homo academicus, Frankfurt am Main 1988).

Bourdieu, P., 1989: La noblesse d'état, Paris (dt.: Der Staatsadel, Konstanz 2004).

Bourdieu, P., 1992: Les règles de l'art. Genèse et structure du champ littéraire, Paris (dt.: Die Regeln der Kunst, Frankfurt am Main 1999).

Bourdieu, P. et al., 1993: La misère du monde, Paris (dt.: Das Elend der Welt. Zeugnisse und Diagnosen alltäglichen Leidens an der Gesellschaft, Konstanz 1997).

Bourdieu, P./Chamboredon, J.-C./Passeron, J.-C., 1968: Le métier de sociologue, Paris (dt.: Soziologie als Beruf. Wissenschaftstheoretische Voraussetzungen soziologischer Erkenntnis, Berlin u. a. 1991).

Bourdieu, P./Wacquant, L. J. D., 1992: Réponses. Pour une anthropologie réflexive, Paris (dt.: Reflexive Anthropologie, Frankfurt am Main 1996).

Bourricaud, F., 1975: Contre le sociologisme: une critique et des propositions, in: Revue française de sociologie 16, Suppl., S. 583 – 603.

Cabin, P./Dortier, J.-F., 2000: La sociologie. Histoire et idées, Auxerre.

Cabin, P., 2000: Années 90: la sociologie française s'éclate, in: Cabin/Dortier 2000, S. 241 – 246.

Caillois, R., 1950: L'Homme et le sacré, Paris.

Castel, R., 2000: Die Metamorphosen der sozialen Frage. Eine Chronik der Lohnarbeit, Konstanz (frz.: Les métamorphoses de la question sociale. Une chronique du salariat, Paris 1995).

Castel, R., 2002: La sociologie et la réponse à la demande sociale, in: Lahire 2002, S. 67 – 77.
Charle, C., 1990: Naissance des intellectuels. 1880 – 1900, Paris.
Chiapello, E., 1998: Artistes versus managers. Le management culturel face à la critique artiste, Paris.
Corcuff, P., 1995: Les nouvelles sociologies. Constructions de la réalité sociale, Paris.
Crozet, Y. et al., 2000: Les grandes questions de la société française, Paris.
Crozier, M., 1971 [1963]: Le phénomène bureaucratique, Neuausg., Paris.
Crozier, M., 1984 [1970]: La société bloquée, Paris.
Crozier, M., 1979: On ne change pas la société par décret, Paris.
Crozier, M., 1987: Etat modeste. Etat moderne, Paris.
Crozier, M./ Friedberg, E., 1981 [1977]: L'acteur et le système, Paris (dt.: Macht und Organisation. Die Zwänge kollektiven Handelns, Königstein 1979, Neuausg. Frankfurt am Main 1993).
Dubet, F., 1994: Sociologie de l'expérience, Paris.
Dubet, F./Martuccelli, D., 1998: Dans quelle société vivons-nous?, Paris.
Durand, J.-P./Weil, R., 1997 [1989]: Sociologie contemporaine, 2., durchges. und erw. Aufl., Paris.
Durkheim, E., 1981 [1912]: Die elementaren Formen des religiösen Lebens, Frankfurt am Main.
Fritz-Vannahme, J. (Hrsg.), 1996: Wozu heute noch Soziologie?, Opladen.
Giraud, C., 1997: Histoire de la sociologie, Paris.
Grignon, C., 2002: Sociologie, expertise et critique sociale, in: Lahire 2002, S. 119 – 136.
Guillaume, M., 1986: L'état des sciences sociales en France, Paris.
Hirshhorn, M., 2000: L'actionisme, in: Berthelot2000, S. 47 – 58.
Joshua, S., 2002: Science, sociologie, politique: qui expertisera les experts?, in: Lahire 2002, S. 155 – 174.
Kaufmann, Jean-Claude, 1994: Schmutzige Wäsche. Zur ehelichen Konstruktion vom Alltag, Konstanz (frz.: La trame conjugale. Analyse du couple par son linge, Paris 1992).
Lahire, B., 1998: L'homme pluriel. Les ressorts de l'action, Paris.
Lahire, B. (Hrsg.), 2002: A quoi sert la sociologie?, Paris.
Latour, B., 1987: Science in Action. How to Follow Scientists and Engineers through Society, Cambridge.

Latour, B., 1998: Wir sind nie modern gewesen. Versuch einer symmetrischen Anthropologie, Frankfurt am Main.

Latour, B., 1999: On Recalling ANT, in: J. Law/J. Hassard (Hrsg.), Actor Network Theory and After, Oxford, S. 15 – 25.

Latour, B., 2001a: Das Parlament der Dinge: für eine politische Ökologie, Frankfurt am Main.

Latour, B., 2001b: Gabriel Tarde und das Ende des Sozialen, in: Soziale Welt 52, 3, S. 361–375.

Latour, B./Woolgar, S., 1979: Laboratory Life. The Social Construction of Scientific Facts, London.

Maffesoli, M., 1979: La conquête du présent. Pour une sociologie de la vie quotidienne, Paris.

Maffesoli, M., 1986: Im Schatten des Dionysos. Zu einer Soziologie des Orgiasmus, Frankfurt am Main.

Maffesoli, M., 1987: Das gesellschaftliche Göttliche, in: D. Kamper/C. Wulf: Das Heilige. Seine Spur in der Moderne, Frankfurt am Main, S. 400 – 410.

Maffesoli, M., 1988: Le temps des tribus. Le déclin de l'individualisme dans des sociétés de masse, Paris.

Maffesoli, M., 1991a [1982]: L'ombre de Dionysos. Contribution à une sociologie de l'orgie, Paris.

Maffesoli, M., 1991b: Le rituel dans la vie social, in: J. C. Lambert (Hrsg.), Roger Caillois. Témoignages, études et analyses, précédés de 39 textes rares ou inédits de Roger Caillois, Paris, S. 366 – 372.

Maffesoli, M., 1996: Eloge de la raison sensible, Paris.

Maffesoli, M. 1997: Du nomadisme. Vagabondages initiatiques, Paris.

Marshall, Th. H., 1992: Bürgerrechte und soziale Klassen. Zur Soziologie des Wohlfahrtsstaates, Frankfurt am Main/New York (engl.: Citizenship and Social Class and Other Essays, London1950).

Martuccelli, D., 1999: Sociologie de la modernité. L'itinéraire du XXe siècle, Paris.

Martuccelli, D., 2002: Sociologie et posture critique, in: Lahire 2002, S. 137 – 154.

Moebius, S., 2003: Die soziale Konstituierung des Anderen. Grundrisse einer poststrukturalistischen Sozialwissenschaft nach Lévinas und Derrida, Frankfurt am Main/New York.

Moebius, S., 2004: Das Sakrale und die Heterologie. Das *Collège de Sociologie* (1937–1939), Georges Bataille und die Wirkungen auf Foucault, Lévinas und Derrida, in: C. Klingemann et al., Jahrbuch für Soziologiegeschichte, Wiesbaden.

Morin, E., 1946: L'An zéro de l'Allemagne, Paris.

Morin, E., 1947: Allemagne notre souci.

Morin, E., 1951: L'Homme et la mort dans l'histoire, Paris.

Morin, E., 1956: Le Cinéma, ou l'Homme imaginaire, Paris.

Morin, E, 1973: Le Paradigme perdu: la nature humaine, Paris.

Morin, E., 1974: Das Rätsel des Humanen. Grundfragen einer neuen Anthropologie, München.

Mucchielli, L., 2004: Mythes et histoire des sciences humaines, Paris.

Ory, P./Sirinelli, J.-F., 1992: Les intellectuels en France. De l'affaire Dreyfus à nos jours, Paris.

Peter, L., 1999: Das Ärgernis Bourdieu: Anmerkungen zu einer Kontroverse, in: Das Argument. Zeitschrift für Philosophie und Sozialwissenschaft 231 (41, 4), S. 545–560.

Peter, L., 2001: Warum sind die französischen Intellektuellen politisch, die deutschen aber nicht?, in: H.-J. Bieling et al., Flexibler Kapitalismus. Analyse, Politik und politische Praxis. Frank Deppe zum 60. Geburtstag, Hamburg, S. 240–251.

Peter, L., 2004: Pierre Bourdieus Theorie der symbolischen Gewalt, in: M. Steinrücke (Hrsg.), Pierre Bourdieu. Politisches Forschen, Denken und Eingreifen, Hamburg, S. 48–73.

Pollak, M., 1978: Gesellschaft und Soziologie in Frankreich. Tradition und Wandel in der neueren französischen Soziologie, Königstein.

Simmel, G. 1992 [1908]: Gesamtausgabe, hrsg. von O. Rammstedt, Bd. 11: Soziologie. Untersuchung über die Formen der Vergesellschaftung, Frankfurt am Main.

Singly, F. de, 2002: La sociologie, forme particulière de conscience, in: Lahire 2002, S. 13–42.

Tarde, G., 1908: Die sozialen Gesetze. Skizze zu einer Soziologie, Leipzig (frz.: Les lois sociales. Esquisse d'une sociologie, Paris 1898).

Tarde, G., 2003: Die Gesetze der Nachahmung, Frankfurt am Main (frz.: Les lois de l'imitation. Etude sociologique, Paris 1890).

Touraine, A., 1955: L'évolution du travail ouvrier aux Usines Renault, Paris.

Touraine, A., 1965: Sociologie de l'action, Paris.

Touraine, A., 1966: La conscience ouvrière, Paris.

Touraine, A., 1968: Le mouvement de Mai ou le communisme utopique, Paris.

Touraine, A., 1969: La société post-industrielle, Paris (dt.: Die post-industrielle Gesellschaft, Frankfurt am Main 1972).

Touraine, A., 1973: Production de la société, Paris.

Touraine, A., 1974: Pour la sociologie, Paris (dt.: Was nützt die Soziologie?, Frankfurt am Main 1976).

Touraine, A. et al., 1980: La prophétie anti-nucléaire, Paris (dt.: Die anti-nukleare Prophetie, Frankfurt am Main/New York 1982).

Touraine, A., 1984: Le retour de l'acteur. Essai de sociologie, Paris.

Touraine, A., 1992: Critique de la modernité, Paris.

Touraine, A. et al., 1996: Le grand refus. Réflexions sur la grève de décembre 1995, Paris.

Tréanton, J. R., 1991: Les premières années du Centre d'études sociologiques (1946 – 1955), in: Revue française de sociologie 32, S. 381 – 404.

Verdès-Leroux, J., 1998: Le savant et la politique. Essai sur le terrorisme sociologique de Pierre Bourdieu, Paris.

Voß, G. G./Pongratz, H. J., 1998: Der Arbeitskraftunternehmer. Eine neue Grundform der Ware Arbeitskraft, in: Kölner Zeitschrift für Soziologie und Sozialpsychologie 50, 1, S. 131 – 158.

Weber, M., 1976: Soziologische Grundbegriffe. 3., durchges. Aufl., Tübingen.

Wieviorka, M. et al. (Hrsg.), 1996: Une sociéte fragmentée? Le multiculturalisme en débat, Paris (2. Aufl. 1997).

Moderne Klassiker

Die vier Großtheorien – »les quatre coins de la sociologie«

Manfred Hennen / Uwe Schmidt

Kollektives Handeln im Verband und im Verbund: Michel Crozier und Erhard Friedberg

I. Personen und Werk

In den Sozialwissenschaften ist es eine Seltenheit, dass die Namen zweier Autoren durch ihre wissenschaftliche Arbeit, ihre enge Kooperation und ihre institutionelle Einbindung so miteinander verbunden sind, wie das bei Crozier und Friedberg der Fall ist. Insbesondere in Deutschland haben wir uns daran gewöhnt, diese beiden Sozialwissenschaftler als Namenseinheit zitiert zu finden. Das liegt zum Teil an einer sehr einseitigen Rezeption. Lediglich die gemeinsame Monographie aus dem Jahr 1977, *L'acteur et le system,* und das 1993 von Friedberg erschienene Buch *Le pouvoir et la règle* sind ins Deutsche übersetzt worden. Andere Arbeiten, wie Croziers grundlegende Werke *Le phénomène bureaucratique* (1963) und *La société bloquée* (1984 [1970]), sind wie viele seiner anderen Bücher ins Italienische, Spanische und vor allem ins Englische bzw. Amerikanische übersetzt worden. Die Existenz der amerikanischen Ausgaben hat zu einer weltweiten Aufmerksamkeit für beide Autoren geführt. Es sind die angelsächsischen Übersetzungen, die hierzulande überwiegend zugrunde gelegt worden sind. Es gibt eine teilweise Übertragung von *Le phénomène bureaucratique* ins Deutsche, die bezeichnenderweise aus dem Amerikanischen, nicht aus dem Französischen übersetzt worden ist (Crozier 1971a). In diesem Fall führt das nicht zu Verfälschungen, weil Crozier die Übersetzung autorisiert hat, aber es wirft doch ein Licht auf die sprachliche Verfassung der nachbarlichen Beziehungen zwischen Frankreich und Deutschland.

Sowohl Entwicklung und Aufbau des gemeinsamen Werkes von Crozier und Friedberg wie auch dessen unterschiedliche

Schwerpunkte sollen im Folgenden zur Sprache kommen. Wir werden im Bemühen um eine stärker systematisierende Beschreibung insbesondere der Analysebegrifflichkeit versuchen, Zusammenfassungen mit aufeinander aufbauenden Schritten der theoretischen Konzepte anzubieten. Auf der anderen Seite erscheint es uns aber auch unverzichtbar, den Lesern einen hinreichend detaillierten und belegten Zugang zu den einzelnen Büchern und Aufsätzen zu verschaffen.

Trotz der Gemeinsamkeiten, Kontinuitäten und Kooperationen sind wichtige Unterschiede zwischen Crozier und Friedberg von Bedeutung. An erster Stelle ist das Lehrer-Schüler-Verhältnis zu erwähnen. Crozier ist, was das wissenschaftliche Konzept betrifft, Senior und Wegbereiter. Ihm gelingen drei Erfolge, die für die Institutionalisierung eines neuen Forschungsprogramms entscheidend sind. Erstens entwirft er ein umfassendes wissenschaftliches Konzept mit methodischen Systematisierungen und praktischen Anwendungsmöglichkeiten, das in der Lage ist, an bestehende Forschungstraditionen anknüpfen zu können und dabei ein Mehr an Erklärungskraft zu bieten. Seit 1959 steht er in engem Kontakt zu nordamerikanischen Spitzenuniversitäten und rezipiert die dortige Organisationswissenschaft, um ihr eine eigenständige Wendung und Erweiterung zu geben.

Zweitens vermag Crozier, seine Forschungs- und Lehrtätigkeit in Frankreich an führenden Institutionen anzusiedeln. Dazu gehören die Mitgliedschaft im angesehenen Centre National de Recherche Scientifique (CNRS), zu dessen wissenschaftlichem Leiter er später avanciert. Wichtig ist aber auch seine Stellung als Leiter des Cycle Supérieur de Sociologie am Institut des Etudes Politiques in Paris, das unter dem familiären Namen »Science-Po« berühmt geworden ist. Dort gelang es Crozier, ein Forschungsdiplom im Fach Soziologie einzuführen, das den Titel » Diplôme des Etudes Approfondies« (DEA) trägt.[1] Als Mitbegründer des Centre de Sociologie des Organisations (CSO) entwarf Crozier

1 Man muss damit leben, dass die Franzosen eine extreme Abkürzungsbesessenheit (AKB) an den Tag legen, die ohne interne Kenntnisse nicht leicht auflösbar ist.

ein Laboratorium, in dem DEA-Studierende systematisch in Analyse- und Befragungstechniken ausgebildet wurden.

Drittens kommt es für die Stetigkeit einer wissenschaftlichen Neuerung darauf an, Schüler und Nachfolger zu finden und einsetzen zu können. Crozier hat einen »intellektuellen Nachfolger« gefunden, dem er nach intensiver Zusammenarbeit vertraut. Es ist Erhard Friedberg, der 1992 Croziers Ämter im CNRS, im CSO und als Verantwortlicher für das DEA übernimmt. Für diese Fortsetzung der Ämterhäufung hat sich Crozier eingesetzt (Crozier 1961c: 347 f.)

Crozier versteht sich mit Nachdruck als Soziologe. Friedberg ist von Hause aus Ökonom. Diese Ergänzung ist für die moderne Sozialwissenschaft von großer Bedeutung. Erst die Verbindung zweier Forschungstraditionen, nämlich derjenigen mit der Zentralfrage der Knappheit und derjenigen mit der Frage der Definition der Situation, eröffnet einen produktiven Blick auf soziale Erscheinungen. Andere Fragen sind um diese Zentralprobleme gruppiert: dazu gehören diejenigen nach Wahlakten auf der einen und Aspekten des Lernens auf der anderen Seite.[2] Menschen maximieren nicht einseitig, sondern mehrdimensional, sie leben mit ihren Wünschen, aber ebenso mit dem Faktum der Abhängigkeit von Wechselbeziehungen mit anderen (Friedberg 1995: 264).

Wir kommen zur Frage nach dem Gegenstand des Werkes von Crozier und Friedberg. Die Antwort kann nicht einfach ausfallen. Zunächst ist unstreitig, dass es sich um Organisationsforscher handelt. Es wäre jedoch verfehlt, sie auf einen speziellen Schwerpunkt einer angewandten Forschung festlegen zu wollen; ihr Interesse geht weit darüber hinaus. Crozier spricht im Rückblick von seinem »Apfel des Newton«, will sagen von seiner alles umfassenden Intuition der Erkenntnis und seiner Berufung als dem Heureka der Beziehung zwischen menschlichem Verhalten und einem Organisationssystem (Crozier 1961c: 331). Friedberg glaubt ebenfalls, dass die Wechselbeziehungen die »wirkliche ›Ent-

2 Vgl. Siegwart Lindenberg (1990: 249 ff.), der sich seinerseits auf Talcott Parsons beruft.

deckung‹« der gemeinsamen Arbeit darstellen (Friedberg 1995: 293). Damit befinden wir uns im Bereich der theoretischen Soziologie eines Georg Simmel oder Max Weber. Zwischen diesen beiden Polen einer praktischen angewandten Sozialwissenschaft und einer allgemeinen Theorie der Sozialwissenschaften liegt das Reich des Gedankensystems von Crozier und Friedberg.

Organisationen sind eine Erscheinung der Moderne und verweisen gleichzeitig auf das Grundproblem jeder sozialwissenschaftlichen Analyse: Wie ist kollektives Handeln denkbar? Wie ist es möglich, dass Menschen ihre Handlungen als Beiträge für einen umfassenderen Zusammenhang bündeln, um übergeordnete Interessen zu verfolgen? Ordnungen, die solche Kooperationen ermöglichen, sind nicht oder nur begrenzt planbar, es gibt ständig und systematisch unbeabsichtigte Handlungsfolgen, welche die Entwürfe der Handelnden konterkarieren und damit die Vorstellung einer geplanten Zusammenführung von Beiträgen einzelner Akteure Lügen strafen. Individuen verwirklichen sich in einer Sozialwelt mit anderen und hören deshalb nicht auf, eigene Ziele zur Verbesserung ihrer Situation zu verfolgen. Insofern ist der Begriff der »antagonistischen Kooperation«[3] eine angemessene Umschreibung zum Verständnis des Phänomens der Vergesellschaftung wie des Handelns in Organisationen. Das Generalthema von Crozier und Friedberg lässt sich als ein großer Versuch beschreiben, die Möglichkeiten und Grenzen der geplanten und ungeplanten Kooperation von Menschen im Verband ändern und im loseren Verbund der Gesellschaft zu beschreiben. Der Frage der Steuerung direkter und besonders indirekter Art kommt damit eine herausragende Bedeutung zu. Die Steuerung in Organisationen und die gesellschaftliche Steuerung durch Organisationen sind gleichermaßen Thema. Insofern lässt sich sagen, dass Crozier und Friedberg nicht nur eine praktische Organisationswissenschaft entworfen haben, sondern auch eine allgemeine Sozialtheorie – früher hätte man gesagt eine Theorie

3 Dieser Begriff stammt von Hartmut Kliemt (1986), der an die Arbeit von Robert Axelrod (1988) anknüpfte.

der Gesellschaft – mit einer neuen und originellen Begrifflichkeit. In dieser Verbindung liegt vor allem ihre Bedeutung.[4]

Wir verfolgen bei unserer Darstellung eine Philosophie möglichst gründlicher Werkvermittlung. Dazu gehört auch, dass wir ausführlichen Verweisen auf die Primärliteratur gegenüber Sekundärdarstellungen den Vorrang geben.

II. Nordamerikanische Anleihen und französisches Profil

Für Michel Crozier sind die USA seit Beginn der fünfziger Jahre zu einer zweiten wissenschaftlichen Heimat geworden. In den Jahren 1947/48 war er dort für 14 Monate Stipendiat, die er für Intensivinterviews in Gewerkschaften nutzte. Er entdeckte dabei zwei »Leidenschaften«, die fortan sein wissenschaftliches Leben bestimmt haben: »einerseits die Leidenschaft der Empathie und des Kontaktes, die sie antreibt, sich an die Stelle des anderen zu versetzen, zu versuchen, wie er zu denken, und andererseits die intellektuelle Leidenschaft zu analysieren, die Verhaltensmechanismen zu verstehen und durch sie hindurch die Gesellschaft« (Crozier 1961c: 327; Übers. d. Verf.)

1959/60 folgt Crozier einer Einladung zu einem Forschungsfreisemester an der Universität Stanford. Dort entstehen unter günstigsten Förderbedingungen große Teile des späteren Buches *Le phénomène bureaucratique.* Die Jahre 1966 – 1970 und 1980 verbringt er mit Unterbrechungen als Professor an der Universität Harvard. Das wissenschaftliche Klima war seit den fünfziger Jahren in den USA für die Organisationsforschung außerordentlich günstig. Max Webers Bürokratiekonzept war in Nordamerika re-

4 Diese Aufspaltung der Organisationssoziologie in eine Management Science und Business Administration einerseits und eine Organisationswissenschaft mit »einer systematischen Verbindung mit der gesamtgesellschaftlichen Ebene« andererseits ist bereits früh erkannt worden (vgl. Mayntz/ Ziegler 1977: 32). Erhard Friedberg hat die Organisation als ein Phänomen bezeichnet, das »alles kollektive Handeln trage« (Friedberg 1995: 194).

zipiert und von vielen Autoren einer kritischen empirischen Analyse unterzogen worden (vgl. Crozier/Friedberg 1995: 130).

Es ist diese Kritik und theoretische Neuorientierung, die Crozier in den Vereinigten Staaten aufnimmt und seinerseits mit einer veränderten Sprache der Theorie versieht. Crozier und Friedberg sehen sich als Avantgarde einer neuen französischen und europäischen Organisationssoziologie (Crozier/Friedberg 1995: 132). Welches sind die Konzepte, die sich in den USA aufnehmen ließen? Zunächst ist es der Begriff der »begrenzten Rationalität«, der von Herbert Alexander Simon und James G. March entwickelt worden ist, der Crozier fasziniert. Er erlaubt ihm, Organisationsstrukturen mit dem menschlichen Verhaltenshaushalt in Beziehung zu setzen. Damit soll auch die Dichotomie von formellen und informellen Regelungsmustern aufgehoben werden (Crozier/Friedberg 1995: 133). Die Rationalitätsvermutung kann nur innerhalb von begrenzten Organisationskontexten und begrenzten Fragestellungen einen Sinn haben. Später ist dieser Ansatz von March, Michael D. Cohen und Mancur Olson und danach von Karl E. Weick zu einer »Theorie des Mülleimers« radikalisiert worden, um zum Ausdruck zu bringen, dass in Organisationen – besonders Universitäten – planmäßig abgestimmte Organisationskalküle nicht zu finden sind, sondern stattdessen wahllos nebeneinander existierende Handlungsentwürfe. Crozier hat das als einseitig und zynisch zurückgewiesen (Crozier/Friedberg 1995: 134).[5]

Das zweite theoretische Konzept, das aus den USA nach Frankreich importiert wurde, war dasjenige der Macht oder besser Machtbeziehungen. Crozier bezieht sich besonders auf Robert Dahl und Talcott Parsons (vgl. Crozier 1985: 287, Crozier/Friedberg 1995: 133). Der Machtbegriff fand in Frankreich und überhaupt in Europa wegen des Ruchs der Illegitimität als Grundbegriff einer sozialwissenschaftlichen Theorie zunächst wenig Gegenliebe. Crozier und Friedberg definieren dagegen Macht als »Grundstoff« der Mikropolitik, in deren Namen heute Organisa-

5 Vgl. dazu ausführlich Kieser/ Kubicek (1978: 72 ff).

tionsprozesse beschrieben werden. Macht bedeutet für sie Handlungsfähigkeit, die Ausschöpfung neuer Handlungschancen (Friedberg 1995: 257 f., 271, 277).

Das dritte Paradigma der damaligen nordamerikanischen Sozialwissenschaft, das auf Crozier Eindruck macht, war dasjenige der Entscheidungen und der Spieltheorie. Auch in diesem Fall nahm Crozier die Konzepte als intellektuelle Anregung auf, um sie jedoch in einem völlig neuen Ansatz *(approche)* zu modifizieren. Besonders die Metapher des Spiels ist von Crozier und Friedberg mit Erfolg in die Sozialwissenschaften eingeführt worden (Crozier/Friedberg 1995: 134). Von Robert K. Merton ist die Unterscheidung von funktionalen und dysfunktionalen Folgen menschlicher Handlungskonzepte übernommen worden (Friedberg 1995: 306). Mit diesem Konzept sollten später chronische bürokratische Missstände untersucht werden. Fehlentwicklungen in Organisationen als Handlungsfolgen zu begreifen sollte sich als eine wissenschaftlich erfolgreiche Zuschreibung erweisen.

Schließlich ist die Systemtheorie als eine der amerikanischen Entdeckungen zu würdigen, welche von Crozier und Friedberg ebenfalls in Abwandlung übernommen worden sind. Ihnen kommt das Verdienst zu, die Theorie sozialer Systeme (Friedberg 1995: 337) mit derjenigen von erfinderischen und nischenbewussten Akteuren zu verbinden. Sie entwerfen eine »subjektbezogene Systemlehre des Sozialen«, für die sich erst später ein theoretisches Bewusstsein im großen Stil entwickeln sollte (vgl. Hennen 1990: 269). Crozier und Friedberg ist zugute zu halten, dass ihre wissenschaftliche Leistung in einer ungewöhnlichen und originären Kombination der unterschiedlichen Theorieentwürfe bestanden und damit eine wissenschaftliche Innovation ins Leben gerufen hat, die bis heute Achtung abverlangt, ob man nun diese Leistung als französisch, europäisch oder international bewerten mag.

III. Bürokratie- und Gesellschaftskritik Croziers 1956 – 1977

Die frühen Arbeiten von Crozier gruppieren sich um mehrere empirische Untersuchungen in großen französischen Organisationen. Sie basieren auf umfangreichem Interviewmaterial, das immer wieder unter wechselnden Themenstellungen ausgeschlachtet worden ist. Die Ausdeutungen erfolgen in einem theoretischen Rahmen, der geeignet ist, unproduktive Zentralisierungen, unsinnig detaillierte Vorschriften und mechanisierte, unpersönliche Regelwerke aufzudecken und sozusagen zu überführen. Die Analyse ist erhellend, die Verallgemeinerung der Befunde besticht jedoch eher durch Plausibilität denn durch eine differenzierte und offen gelegte Untersuchungsanlage.[6]

Drei Untersuchungen sind hier hervorzuheben und kurz zu charakterisieren, indem wir auf die typischen Konfliktstellen besonders aufmerksam machen (vgl. Crozier 1966: 92 ff.). Die erste hat eine große öffentliche, vorwiegend von Frauen getragene Verwaltung zum Gegenstand, bei der es um sehr einfache technische Vorgänge der Abwicklung geht. Entsprechend paramilitärisch sind die Anweisungs- und Überwachungsvorgänge. Das Betriebsklima ist schlecht, die Anpassung an die Nachfrage ist denkbar unsensibel. Der Leitung sind die Probleme nicht unbekannt, aber sie macht fälschlicherweise dafür die subalternen Tätigkeiten und eine damit verbundene natürliche Unzufriedenheit verantwortlich. Die Direktoren sind vom ausführenden Personal und seinen Arbeitsbedingungen zu weit entfernt und zu wenig vorbereitet, um für sinnvolle Eingriffe gerüstet zu sein. Die direkten Vorgesetzten sind selbst Untergebene der Direktoren und nicht in der Lage, die Arbeitsbedingungen entscheidend zu beeinflussen. Durch das schlechte soziale Klima ist die Fluktuation des einfachen Personals sehr hoch, dadurch sinkt die Quote der erfahrenen Beamtinnen und die Unzufriedenheit steigert sich. Ausschlaggebend ist, dass

6 Es handelt sich um die ersten Untersuchungen dieser Art in Frankreich (vgl. Crozier 1956: 10).

die Entscheidungsbefugnisse oder die Machtverteilung, wie Crozier es nennt, völlig problemlösungsinadäquat sind. Insofern sind die Dilemmata auch nicht Personen zuzurechnen, sondern einer Struktur, die ein anderes Handeln der Beteiligten nicht belohnt, sondern bestraft. Alle, auch die Direktoren, sind Gefangene eines Systems und blockiert (Crozier 1961 b: 69, 76 ff.).

In der zweiten Studie handelt es sich um die Beziehungen zwischen den Direktionsmitgliedern einer staatlichen industriellen Monopolverwaltung, die sich über ganz Frankreich verteilt (vgl. Crozier 1966: 96 ff.). Die permanenten Konflikte spielen sich zwischen den Direktoren und ihren Stellvertretern (directeurs adjoints) ab, die als Techniker für die Durchführung der örtlichen Arbeiten verantwortlich sind, während sich die Direktoren als Absolventen der polytechnischen Elitehochschule als Theoretiker verstehen. Die Techniker haben keine Möglichkeit des Aufstiegs in die Riege *(le corps)* der Direktoren, obwohl diesen die Autorität gegenüber den Einschätzungen der praktischen Probleme vor Ort fehlt. Dort bestimmen »Zonen der Unsicherheit« und entsprechende Entscheidungsnotwendigkeiten die Arbeit, ohne Spielräume zu gewähren. Die privilegierten Direktoren verfügen über das notwendige theoretische Rüstzeug für technische Neuerungen, müssen aber die Rolle der konservativen Bremser übernehmen, um nicht das Gesicht zu verlieren.

In der dritten Untersuchung haben wir es mit einem staatlichen Industriebetrieb mit öffentlichen Funktionen zu tun (Crozier 1961a: 29 ff.). Auch hier war die Effizienz reduziert, und zwar besonders drastisch. Es gibt keine Aufstiegsmöglichkeiten innerhalb der Hierarchie. Die Arbeitsanweisungen sind extrem rigide und unelastisch. Die Besetzung der leitenden Funktionen erfolgt extern nach einem so genannten Concours-System, das in Frankreich national eine Rangfolge der besten Absolventen der bedeutenden Hochschulen festlegt und entsprechende Berufungen regelt. Auch hier kann es keine Verzahnung von Kenntnis der Betriebsbedingungen, von Verantwortung und Leitung geben. Ein solches System zerstört sich selbst; Bürokratie sei keine Steuerungslösung, lautet die zusammenfassende Diagnose Croziers.

Er macht dafür in Anlehnung an Merton so genannte Teufelskreise (cercles vicieux) als Zirkel der Desorganisation verantwortlich. Ein einfaches Beispiel sieht so aus: Eine bürokratische Organisation erzeugt systematisch schlechte Ergebnisse, die zu Frustrationen in der Belegschaft führen und infolgedessen zu weiteren Verschlechterungen. Das erhöht unsensible Pressionen der Leitung usw. (Crozier 1966: 105 f.). In allen Fällen gibt es keine wirkliche Kooperation in Fragen der Verständigung und Problemlösung. Es gibt keine angemessenen Kommunikationen, die als geglückte Formen der interpersonellen Rückkoppelung über realistische Chancen der Bewältigung von Problemen zu bezeichnen wären. Besonders eklatant ist dies zwischen Ministerien mit Weisungsbefugnissen und den Geschäftsführungen, die wie blinde Passagiere *(clandestins)* lavieren müssen (Crozier 1956: 24).

Ein solcher Zusammenbruch der Kommunikation führt zu Möglichkeiten der systematischen Erpressung mit neuen Machtfigurationen, aber auch zu einer Erniedrigung der Menschen zu Maschinen *(robotisation de l'homme).* Crozier spricht hiermit das Problem der Mikro-Makro-Vermittlung in den Sozialwissenschaften an, das erst später an theoretischer Bedeutung gewinnen sollte (Crozier 1971b: 172 ff.). Das Machtkonzept ist für ihn ein Schlüssel, auf den im Folgenden noch einzugehen sein wird.

Diese Kritik an den internen Organisationsvorgängen weitet Crozier zu einer allgemeinen Bürokratie- und Gesellschaftskritik aus, die sich in ‚*Le phénomène bureaucratique* von 1963 und in *La société bloquée* (1970) wiederfindet. Besonders Croziers Buch über die Bürokratie hat seinen internationalen Ruhm begründet.

Crozier hebt darin die Bedeutung der Zahl und Größe der heutigen Organisationen in den modernen Gesellschaften hervor. Beinahe alle Menschen seien direkt oder indirekt vom Wachstum des »bürokratischen Phänomens« betroffen. Dabei hätten sich zu Recht Befürchtungen entwickelt, die mit Bürokratie als einer pathologischen Erscheinung zusammenhingen. Diese negative Assoziation, die sich mit modernen Organisationen verbinde und die man auch als Bürokratisierung (bureaucratisation) bezeichne, ist Gegenstand dieser Untersuchung. Sie gilt der Schwerfälligkeit, der Kompliziertheit von Verfahren, den unangemessenen Routinen, der Frustration von Organisationsmitgliedern wie Kunden, kurzum der verfehlten und unangepassten Problemlösung (Crozier 1963: 13 f., 17 f., 20).

Die Pathologien, die Crozier geißeln will, werden anhand des bereits bekannten Untersuchungsmaterials beschrieben. Der Text ist mit typischen Auskünften der Befragten unterlegt sowie mit Tabellen einfachster deskriptiver Statistik. Um das Geschehen in Organisationen, deren Dynamik und deren Pathologien interpretieren zu können, sei eine theoretische Annahme unverzichtbar, es gebe nämlich »keine Organisation, die nicht ein Machtproblem hätte und in der nicht Konflikte auftauchten, die durch den Kampf um Macht herbeigeführt würden, und es gibt ebenfalls keine, in der diese Konflikte ihrerseits nicht durch eine wie auch immer geartete Form der ›sozialen Kontrolle‹ kontrolliert und begrenzt würde« (Crozier 1963: 184; Übers. d. Verf.). Diese Machtkämpfe und deren Strukturierung führen zu einem vielschichtigen Machtgleichgewicht *(équilibre complexe de pouvoir),* das nicht mit einem Kompromiss verwechselt werden darf, sondern eine Dauerauseinandersetzung darstellt.

Crozier liefert auch an dieser Stelle eine kurze Geschichte der Organisationstheorien seit den zwanziger Jahren des 20. Jahrhunderts, die er allesamt für unzureichend und einseitig hält. Besonders die so genannte klassische rationalistische Theorie hält er als abschreckende Vorlage für ein zentrales Missverständnis der sozialen Machtbeziehungen. Dabei herrsche die Vorstellung vor, menschliches Verhalten in Organisationen folge einem Entwurf mit anschließender Kontrolle (Crozier 1963: 194). Erst der Übergang zu einer Theorie des Handelns wird von Crozier als entscheidende Wende in der Organisationssoziologie angesehen. Wichtig sei hierbei zu verstehen, dass menschliche Aktivitäten nicht einfach durch einen wie auch immer gearteten direkten Einfluss zu manipulieren seien (Crozier 1963: 195 f.).

Crozier beruft sich mit Nachdruck auf Parsons und dessen Einlassung, dass eine Theorie der Organisation von zwei Formen menschlicher Rationalität auszugehen habe (Crozier 1963: 201).

Die eine bestehe in einem utilitaristischen Kalkül *(rationalité utilitaire)* auf allen Ebenen des Entscheidens und Fühlens, die andere in einem Umgang mit Begrenzungen und Zwängen in allen Bereichen der Affekte bis zu technischen Vollzügen. Diese beiden Ebenen durchdringen sich gegenseitig zutiefst (profondément interpénétrés). Die Form der Motivation, die aus der Verbindung der Teilrationalitäten hervorgeht, stellt zwar eine begrenzte Rationalität dar, aber sie unterstellt trotz aller Beschränkungen und Knappheiten den Handelnden Freiheitsgrade, die ihnen Möglichkeiten der schöpferischen Anpassung eröffnen (Crozier 1963: 202). Neben dem Zwang spielt also der Wille zur Situationsverbesserung, der »gute Wille«, wie Crozier sagt, immer eine motivationale Rolle. Ohne die Auflage einiger strenger Bedingungen könnte keine große Organisation auskommen (Crozier 1963: 243); jedoch Bestrafung und Erzwingung von Konformität gehen in der modernen Welt zurück (Crozier 1963: 244).

Croziers Aktualität liegt in seiner Ansicht, heutige Organisationen könnten ohne ständige Anpassungs- und Änderungsprozesse (changement) nicht auskommen, Flexibilität (souplesse) sei gefordert, es müsse in Organisationen die Chance bestehen, aus Fehlern zu lernen (Crozier 1963: 246). Beziehungen von anerkannter Abhängigkeit und Aushandlungsbereitschaft müssten sich durchsetzen. Der Dienst nach Vorschrift (grève du zèle) habe die Augen dafür geöffnet, dass strenge Vorschriften als Mechanismus der Steuerung von Organisationen chancenlos seien.[7]

Dort, wo diese Umstellung nicht gelingen kann, liegt für Crozier die Pathologie der Bürokratie vor, und er hält diese Blockade für eine Art Kastenerscheinung (Grands Corps), die eine französische Eigenart darstelle und für die französische Kultur typisch sei (Crozier 1963: 260 f., 275 ff.). »Die Franzosen sind nicht feindlich gegenüber Veränderungen eingestellt, aber sie fürchten die Unordnung, die Konflikte, das alles kann ambivalente oder unkontrollierbare Situationen und explosive Beziehungen herbei-

7 Crozier benutzt ausdrücklich den Begriff, wie er auch im Amerikanischen verwendet wird: *gouvernement* (vgl. Crozier 1963: 242).

führen. Wie blockierte Spieler in einer festgefahrenen Situation oder wie Feinde in einem Stellungskrieg erwarten und bezweifeln sie gleichzeitig eine Öffnung.« (Crozier 1963: 294; Übers. d. Verf.) Verantwortlich seien das Bedürfnis nach Sicherheit, Harmonie, Unabhängigkeit, Abneigung gegen offene Konflikte und Abhängigkeiten, die Schwierigkeit, mehrdeutige Situationen zu ertragen, und schließlich ein Ideal der selbstgefälligen Unabhängigkeit (bon plaisir) (Crozier 1963: 294).

Dieses Thema wird in *La société bloquée* (1970) fortgesetzt. Crozier spricht hier noch direkter und vehementer von der französischen Krankheit, einem Erschöpfungszustand der Gesellschaft und einem kranken System (Crozier 1984 [1970]: 94, 127, 227). Auch fast 15 Jahre nach Erscheinen der ersten Auflage habe sich trotz vieler Versuche aus unterschiedlichen politischen Lagern nichts geändert (Crozier 1984 [1970]: 3 ff.). Diese Fehlfunktionen erklärten sich aus einem falsch verstandenen Verwaltungsstil, einem Paternalismus, aus Zentralismus und Schichtungssystem sowie der Trennung von Karrierewegen und den Funktionen in Organisationen (Crozier 1984 [1970]: 104, 106 f.). Croziers Diagnosen lesen sich wie eine Analyse des Aufstiegs und Niedergangs von Nationen, um einen berühmten Titel eines Buches über das Schicksal von Gesellschaften zu bemühen (Olson 1985, vgl. Crozier 1984 [1970]: 186). Tatsächlich handelt es sich um eine Systembilanz, bei der es keine Schurken und Geprellte gibt, sondern jeder ist Opfer und Komplize zugleich (Crozier 1984 [1970]: 99). Wenn eine Haltung für diese Fehlentwicklungen verantwortlich gemacht werden kann, ist es keine individuelle, sondern eher eine allgemein menschliche: das Bedürfnis nach Sicherheit, der Wunsch, ein »Spiel der Verteidigung« zu spielen und Unsicherheit nach Möglichkeit zu kontrollieren (Crozier 1984 [1970]: 37, 58, 143).

Was könnte eine Wende herbeiführen? Crozier glaubt nicht an Managementtheorien à l'américaine als ein Allheilmittel, das wäre eine Fortsetzung eines Zentralprogramms (Crozier 1984 [1970]: 224). Er setzt vielmehr auf das, was nach heutiger Mode »Organisationslernen« genannt wird. Er spricht freilich von einer institutionellen Lehrerfahrung (apprentissage instututionel), die allerdings anders als individuelles Lernen aussehen müsse (Crozier 1984 [1970]: 120, 138 141). Crozier geht es um eine Änderung der Mentalitäten (Crozier 1984 [1970]: 6). Dies schließt eine Transformation der menschlichen Beziehungen ein. Er spricht von einer »intellektuellen Methode«, welche Toleranz gegenüber der Regelanwendung in Organisationen und Kollektiven walten lässt; das wäre eine notwendige Demokratisierung anderer Art (Crozier 1984 [1970]: 110 f., 215, 230). »Die intellektuelle Methode, mit der wir uns so schwer tun, das ist die Methode, die uns erlauben würde, die Schlüsselpunkte dieser Systeme derart zu entdecken, dass hier die freien Ressourcen der Gesellschaft oder ihrer verschiedenen autonomen Teile konzentriert werden könnten, fähig in Handeln umgesetzt zu werden.« (Crozier 1984 [1970]: 197; Übers. d. Verf.)

Crozier exemplifiziert seine Diagnose an den bereits hier vorgestellten Beispielen sowie an der Lage der höheren Bildung in Frankreich. Bildung habe in einer modernen postindustriellen Gesellschaft die erste Investition zu sein (Crozier 1984 [1970]: 216), dem entspreche aber nicht das französische System der Universitäten und vor allem der Grandes Ecoles; die Offenheit des Austauschs und die Fähigkeit der Schulung im Problemlösen falle beispielsweise hinter die Leistungen der Eliteuniversitäten der USA zurück (Crozier 1984 [1970]: 145 ff., 216).

Man mag fragen – und Crozier hat sich diese Frage selbst wiederholt gestellt –, ob diese Missstände wirklich allein den Franzosen angekreidet werden müssen oder ob es sich nicht um ein weiter zu fassendes Problem handelt, das vielen, wenn nicht allen modernen Gesellschaften eigen ist. Crozier hat beiden Auffassungen zugestimmt und ist dabei nach unserer Einschätzung unentschieden geblieben.

IV. Das gemeinsame »Handbuch« *L'acteur et le système* und seine Fortsetzung in Friedbergs *Le pouvoir et la règle*

Mit *L'acteur et le système* legten Crozier und Friedberg 1977 eine Schrift vor, die ohne Zweifel als zentraler Teil ihres Gesamtwerkes zu bezeichnen ist. Zunächst ins Deutsche übersetzt unter dem Titel *Macht und Organisation. Die Zwänge kollektiven Handelns* folgte 1993 eine identische Neuausgabe unter dem Titel *Die Zwänge kollektiven Handelns. Über Macht und Organisation.* Das ist als eine irritierende Publikationspraxis zu bewerten. 1993 nimmt Friedberg das gleiche Thema der theoretischen Systematisierung nochmals auf unter dem französischen Titel *Le pouvoir et la règle.* Auch hier verwundert, dass er im Titel der deutschen Übersetzung, 1995 erscheint, eine Umkehrung und Änderung der beiden Begriffe vorgenommen wird; das Buch heißt jetzt *Ordnung und Macht.*

Crozier und Friedberg entwickeln in *L'acteur et le système* entlang der Betrachtung der Organisation als Problem die zentralen Begriffe »Macht«, »Spiel« und »Regeln« mit Bezug auf ihre organisationssoziologische Relevanz. Ihnen geht es dabei um weitaus mehr als um die Frage von Machtbeziehungen oder Machtgefügen in konkreten Organisationen. Vielmehr rekurrieren sie auf die Frage der Organisation, weil diese »aufgrund ihrer relativen Strukturiertheit exemplarisch ist für soziale Phänomene und die Frage nach der Zusammenarbeit und der gegenseitigen Abhängigkeit von Akteuren, die divergierende, wenn nicht widersprüchliche Interessen verfolgen« (Crozier/Friedberg 1979: 11).[8] Sie gelangen daher zu ganz grundsätzlichen Fragestellungen, welche kennzeichnend sind für eine Soziologie, die sich um die Erklärung von Vergesellschaftung bei gleichzeitiger Anerkennung individueller Interessenlagen bemüht; in den Worten Croziers

8 Verwiesen sei an dieser Stelle darauf, dass Friedberg den Begriff des Agenten äquivalent zu jenem des Akteurs verwendet (vgl. Friedberg 1995: 204 f., 215, 225).

und Friedbergs lässt sich als zentrale Fragestellung dieser Arbeit formulieren: »Unter welchen Bedingungen und verbunden mit welchen Zwängen ist kollektives, d. h. organisiertes Handeln der Menschen möglich?« (Crozier/Friedberg 1979: 7) Organisiertes Handeln lässt sich als komplexes Wechselspiel zwischen individuellen Präferenzen und kollektiven Zwängen interpretieren, wobei kollektive Zwänge zugleich Voraussetzung und Ergebnis organisierten Handelns sind.

Was lässt sich nach Crozier und Friedberg unter Organisation verstehen? Kollektives Handeln und Organisation sind als komplementär, als die »untrennbaren Seiten ein und desselben Problems, nämlich der Strukturierung der Handlungsfelder« (Crozier/Friedberg 1979: 10) zu sehen. Organisationen sind insofern spezifisch, als sie die »sichtbarste und formalisierteste Form« (Crozier/Friedberg 1979: 11) von Handlungsfeldern darstellen. Daher bieten sie sich als »Experimentalmodell« für die Analyse von kollektivem Handeln insgesamt an, womit sich Organisation als ein »Sonderfall eines allgemeinen Phänomens« (Crozier/Friedberg 1979: 132), nämlich jenes menschlicher Systeme, definieren lässt.

Organisationen sind mithin keine quasiobjektiven Gebilde, keine »natürliche, in ihrem Vorhandensein selbstverständliche Gegebenheit« (Crozier/Friedberg 1979: 11) und nicht unabhängig von ihr angehörenden Personen denkbar. Die Organisation steht Individuen nicht als bloßer Rahmen ihrer Handlungen gegenüber, sondern sie ist die Folge bzw. das Produkt von Handlungen und »nichts anderes als die immer spezifischen Lösungen, die relativ autonome Akteure mit ihren jeweiligen Ressourcen und Fähigkeiten geschaffen, erfunden und eingesetzt haben, um die Probleme kollektiven Handelns zu lösen« (Crozier/Friedberg 1979: 7). In diesem Sinne lassen sich Organisationen als »Konstrukte« der Leistungszusammenführung bezeichnen. Ein solches Verständnis von Organisationen hat weitere Implikationen. Wenn Handlungen in Organisationen in erster Linie situationsangemessene Lösungen von spontanen Problemen darstellen, so sind die Möglichkeiten ihrer Steuerung eingeschränkt. Die Frage nach der Planbarkeit von Handlungen sowohl auf der Ebene der Individuen als auch auf jener der Organisation wird dabei von Crozier und Friedberg unter verschiedenen Perspektiven behandelt. Auf der Ebene der Personen verfügen Handlungen immer über Freiheitsgrade, doch legt jede Handlung zugleich durch die Wahl ihrer Mittel neue Restriktionen fest. Akteure handeln somit rational in den Grenzen ihrer gewählten Entwürfe – es ließe sich auch sagen: im Rahmen ihrer eingegangenen Bindungen an Programme bzw. mit den Worten Friedbergs: ihrer Repertoires (Friedberg 1995: 234) – und sind »Gefangene der Mittel« (Crozier/Friedberg 1979: 10), die sich im Rahmen kollektiven Handelns vollziehen. Handlungen sind demzufolge nur selten mit klaren Zielen versehen, sondern sie sind »vielfältig, mehr oder weniger vieldeutig, explizit und widersprüchlich« (Crozier/Friedberg 1979: 33). Über den Sinn von Handlungen kann in Abwägung der Handlungsfolgen und ihrer Korrekturen zudem erst nachträglich entschieden werden. Dies bedeutet allerdings nicht, dass Handlungen irrational wären. Zwar können Handlungen nicht langfristiger Planung unterworfen werden, wohl aber sind sie rational in Bezug auf »Handlungsgelegenheiten« unter Berücksichtigung des Verhaltens anderer Akteure und sonstiger sie umgebender Bedingungen.

Crozier und Friedberg bezeichnen diese Leistung mit dem Begriff der Strategie, der von Friedberg richtigerweise in den Zusammenhang eines erweiterten Utilitarismus gestellt wird, weil dieser sich nicht auf eine a-priori-Nutzenvorstellung kapriziert, sondern an Situationen anknüpft (Friedberg 1995: 223). Sie verwenden ihn in einem analytischen Sinne: Auch wenn Akteure nicht langfristigen Plänen folgen, so lässt sich doch ihr Verhalten, sei es affektiv oder rational gesteuert, immer auf Regelmäßigkeiten, auf Strategien hin durchleuchten, auch wenn diese ihnen selbst gar nicht bewusst sein sollten.

Hierin sehen Crozier und Friedberg ein Instrument, das die ihrer Auffassung nach vorzufindenden Schwächen organisationssoziologischer Betrachtungsweisen zu überwinden hilft, die entweder auf die Ebene des Akteurs oder diejenige der Organisation abstellen, ohne eine angemessene Verknüpfung herzustellen. Der Begriff Strategie hingegen könne beide Perspektiven vereinen und dazu beitragen, Organisation und Akteur als keine voneinander unabhängigen Handlungsebenen zu verstehen, sondern »die Rationalität des Akteurs im organisatorischen Kontext zu suchen und das organisatorische Konstrukt im Erleben des Akteurs zu verstehen« (Crozier/Friedberg 1979: 34). Diese Rationalität der Akteure ist durch die Gleichzeitigkeit geprägt, »auf *die anderen Mitglieder* der Organisation *Zwang auszuüben,* um seine eigenen Forderungen durchzusetzen [...] und *ihrem Zwang* durch den systematischen Schutz seines eigenen Spielraums zu entgehen« (Crozier/Friedberg 1979: 56).

Wie nun gestalten sich Beziehungen in Organisationen bzw. wodurch wird organisiertes, das heißt kollektives, Handeln getragen? Die Antwort Croziers und Friedbergs hierauf kennen wir bereits: Macht ist konstitutiv für kollektives Handeln. Macht ist stets gebunden an soziale Beziehungen. Sie ist kein Attribut der Akteure, sondern nur relevant in sozialen Beziehungen und durch sie; denn Macht lässt sich nach Crozier und Friedberg ganz allgemein als die »bestimmten Individuen oder Gruppen verfügbare Möglichkeit, auf andere Individuen oder Gruppen einzuwirken« (Crozier/Friedberg 1979: 39) definieren. Diese Möglichkeit findet sich in Beziehungen, in denen persönliche Interessen auf Austausch und gegenseitige Anpassung verwiesen sind und sie konstituiert sich durch Verhandlungen. In diesem Sinne ist Macht »eine Tausch- und also eine Verhandlungsbeziehung« (Crozier/Friedberg 1979: 40).[9] Diese Interpretation des Machtbegriffes wiederum lässt darauf schließen, dass Macht keine konstante Zuschreibung zu einzelnen Personen oder gar die völlige und dauerhafte Unterwerfung bedeutet. Auch wenn Tauschbeziehungen oder Verhandlungen in der Regel einen der Akteure begüns-

9 Auf die weitere Spezifizierung des Machtbegriffes nach instrumenteller, nichttransitiver und gegenseitiger, aber unausgewogener Beziehung soll an dieser Stelle nicht weiter eingegangen werden, da sie für die weiteren Überlegungen nicht zwingend ist.

tigen, handelt es sich doch stets um ein Kräfteverhältnis, das jeweils neu austariert werden muss.

Kommen wir zurück zur Organisation, so stellt sich die Frage, in welcher Weise Macht in Organisationen wirkt, und vor allem, was die Voraussetzungen dafür sind, dass Macht in Organisationen auf allen Ebenen eine Tausch- und Verhandlungsbeziehung ist. Organisationen sind keine Orte ausschließlich standardisierter Machtbeziehungen, die quasi mechanisch die ihr angehörenden Personen steuern. »Die ihnen angehörenden individuellen oder kollektiven Akteure können nicht auf abstrakte und fleischlose Funktionen reduziert werden.« (Crozier/Friedberg 1979: 132) So wenig, wie die Handlungen einzelner Akteure langfristigen Plänen folgen, ist dies bei kollektivem Handeln und mithin bei Organisationen der Fall, wenn auch im Einzelfall Kohärenzen zwischen Zielen festzustellen sind. Dies liegt zum einen daran, dass Organisationen arbeitsteilig agieren und die einzelnen Akteure die »Welt« ihrer partiellen Ziele als herausragend gegenüber möglichen Organisationszielen sehen. Zum anderen konkurrieren die einzelnen Akteure unter der Prämisse von begrenzten Ressourcen um die von der Organisation erzielten Gewinne, sodass ihre Ziele – oder besser: ihre Interessen – per definitionem nicht übereinstimmen und zu übergreifenden Zielen der Organisation werden können. Organisationen weisen trotz mannigfaltiger Regelungsversuche Ungewissheitszonen auf, die von den Akteuren für ihre Spiele genutzt werden.

Was ist hierunter zu verstehen? Crozier und Friedberg führen den Begriff des Spiels in Abgrenzung zum soziologischen, in diesem Falle vor allem zu einem strukturfunktionalistisch geprägten Rollenverständnis ein. Dieser Begriff erlaubt es, beide Perspektiven miteinander zu verbinden. Während einerseits Spiele durch Spielregeln bestimmt sind, erlauben sie andererseits Interpretationen des Spiels und eigene Strategien der Akteure, die sie benötigen, um das Spiel zu gewinnen. »Der Spieler bleibt frei, muß aber, wenn er gewinnen will, eine rationale Strategie verfolgen, die der Beschaffenheit des Spiels entspricht, und muß dessen Regeln beachten.« (Crozier/Friedberg 1979: 132) Wesentlich bei diesem von der Idee einer Gleichzeitigkeit von Freiheit und Zwang geprägten Vorstellung scheint zu sein, dass Spieler nicht nur in den bestehenden Regeln zu spielen wissen, sondern auch dazu in der Lage sind, durch ihre jeweilige Strategie und die damit verbundenen Interpretationen das Spiel und seine Regeln selbst zu verändern. Gewendet auf die Frage der Organisation bedeutet dies, dass die aufgrund des konstruktiven Charakters von Organisationen entstandenen Ungewissheitszonen den Spielern Raum geben zur Anwendung ihrer jeweiligen »mikropolitischen« Strategie. Zeigen sich diese Strategien als erfolgreich, gewinnen sie – auch bei partieller Abweichung von den Spielregeln – an Relevanz und ziehen eine Veränderung der Organisationsstruktur – oder allgemeiner gefasst: sozialen Wandel – nach sich.

V. Das Verständnis von Empirie, Methoden- und Verfahrensfragen einschließlich einiger Ergebnisse von Friedberg und anderen

Crozier und Friedberg sind nicht als empirische Forscher im engeren Sinne und nach heutigem Verständnis anzusehen. Dazu fehlt es an allem: Zunächst an der Formulierung einer operationalisierbaren Fragestellung und deren Umsetzung in einzelne Konzeptionen und Schritte. Wir kennen allenfalls Auflistungen allgemeiner Themen der Befragung, denen kaum der Charakter eines handhabbaren Leitfadens zugesprochen werden kann. Wir erfahren von der Bevorzugung quantitativer Methoden und offener Interviews, aber erhalten keinerlei Hinweise auf nähere Umstände der Befragungen, wie Zeiträume, Orte, Auswahl der Befragten, geschweige denn auf irgendwelche Aussagen über Häufungen. Lediglich einige in die Publikationen eingebaute Tabellen geben höchst undetaillierte Angaben preis. Noch schwerer wiegt die Tatsache, dass die verschiedenen Untersuchungen, die immer wieder für die wissenschaftlichen Feststellungen als Belege herangezogen werden, auch für den Eingeweihten nur schwer zu identifizieren sind. Man fragt sich immer wieder, um welche Untersuchung es sich mit welcher Teilauswertung handelt.

Friedbergs vergleichende Analysen über das französische und deutsche Hochschulsystem, die sich in mehreren Büchern niedergeschlagen haben (Friedberg/Musselin 1989, Friedberg/Musselin 1992), stellen ein besonders abschreckendes Beispiel dar. Zwei nationale Hochschulsysteme werden am Beispiel von vier Hochschulen verglichen, bei denen wir uns fassungslos fragen, um welche repräsentativen deutschen Universitäten es sich im Fall von Teuflingen und Stahlberg handeln soll (Friedberg/Musselin 1989: 27). Die aufgeführten Aussagen von Ministerialbeamten klingen zum Teil wie Karikaturen der tatsächlichen Abläufe zwischen Ministerium und Universitäten. Auch hier fehlt jede Art von Kontrollinstrument. Wir haben uns deshalb entschlossen, diese empirischen Arbeiten von Friedberg nicht gesondert zu referieren.

Es ist wichtig zu verstehen, dass Crozier und Friedberg eine Art Organisationsberatung betreiben möchten, die den Beteiligten und vor allem den beteiligten Verantwortlichen den Spiegel einer von ihnen verkannten oder missachteten Realität vorhält. Die Inhaber der verschiedensten Funktionsstellen in Organisationen oder Verwaltungen sollen in Ansicht der Fakten gezwungen werden, ihren Prinzipien abzuschwören und im Realitätsprinzip die einzig mögliche Chance der Veränderung zu erblicken. »Das so erzeugte Wissen kann seine Rolle aber nur übernehmen, wenn es von den Beteiligten selbst und in erster Linie vom Kreis der ›Entscheider‹ geteilt und akzeptiert wird. Diese müssen es in ihr Verständnis des Feldes und damit in ihre Entscheidungsprämissen integrieren. [...] Tatsächlich ist das *Feedback* der Ergebnisse keine einfache Darstellung der ›Fakten‹: Es ist immer auch eine Inszenierung dieser Fakten.« (Friedberg 1995: 377)

Es handelt sich hierbei um ein Verfahren, das an Beratung und vor allem an Organisationsentwicklung erinnert. Um das leisten zu können, muss der beratende Forscher zum Forscherberater werden. Crozier und Friedberg bevorzugen deshalb die Begriffe »klinische Untersuchungsmethode« und »Vor-Ort-Kenntnisse«. »Daraus folgt eine allgemeine Haltung zugunsten einer klinischen

Untersuchungsmethode. Denn es geht ihm darum zu verstehen, wie jeweils vor Ort, d. h. dank welcher besonderen Vereinbarungen und Mechanismen, die Kooperation zwischen empirischen Akteuren entsteht und aufrechterhalten wird. […] Will man jedoch diese allgemeine Haltung einnehmen, dann muß man einen Umweg über die Innerlichkeit der jeweiligen Akteure machen, was die zumindest vorübergehende Aufhebung der Distanz zwischen dem Analytiker und seinem Untersuchungsfeld voraussetzt.« (Friedberg 1995: 301)

Eine »klinische Analyse« beruhe, so Friedberg, auf Monographien mit »lokaler Gültigkeit« deren Vertiefung könne allenfalls durch systematischen Vergleich zu einer »Erhöhung des Gültigkeitsanspruches dieser Modelle« führen (vgl. insbesondere Friedberg 1995: 12 f., aber auch 157, 159, 161, 169 ff., 181, 316). Abgesehen davon, dass es hier lokal-zeitlich heißen müsste, wird deutlich, dass das empirische Verständnis auf Intervention beruhen soll, welche der Aufdeckung von Pathologien folgt, die »keinem simplen Empirismus« verpflichtet sein sollen (Friedberg 1995: 303). »Heimliche Arrangements« und Praktiken und Dimensionen »heimlichen Managements« sollen offen gelegt werden (Friedberg 1995: 355). Das ist die Sondersprache einer Aktionsforschung, die keiner weiteren Erörterungen bedarf.

Zum Verständnis der Empirie unserer Autoren sei daran erinnert, dass Crozier für das von ihm bevorzugte Soziologieverständnis besonders auf den Zusammenhang von paradoxen Effekten *(effets pervers)* und dem, was Max Weber »Veralltäglichung« genannt hat, (quotidienneté) hinsteuert (Crozier 1985: 287 f.). Erst die Veralltäglichung klärt über die Transformation von Sozialentwürfen in die Niederungen alltäglichen Handelns auf. An eben dieser Stelle hat die Beschreibung der heimlichen Mechanismen der tatsächlichen Reproduktion von sozialen Systemen anzusetzen. Paradoxe Entwicklungen können erst entzaubert werden, wenn es gelingt, sie als Folgen alltäglicher Handlungen darzustellen, in denen sich das Schicksal rationaler Entwürfe vollzieht (vgl. Hennen 1990: 224 ff.). Das Alltagskonzept schließt mithin eine Strategie zur Gewinnung klinischer Daten über Organisationspathologien ein. Auch das ist im weiteren Sinne eine empirische Selbstverpflichtung.

Schließlich möchten wir auf ein Verfahren zur Datengewinnung und zur Ermittlung des faktischen Verhaltens vor Ort zu sprechen kommen, das für Crozier und Friedberg von besonderer methodischer Bedeutung ist. Crozier hat weitere Untersuchungen über Organisationen in einem Buch veröffentlicht, das den Namen dieser Methode trägt: *L'entreprise de l'écoute* (1989). Auch in dieser Arbeit soll ein zentraler Fehlschluss aufgedeckt werden, nämlich die falsche Vermutung der interviewten Führungskräfte hinsichtlich der fraglosen Umsetzung ihrer eigenen Grundsätze vor Ort. Crozier spricht vom bereits erwähnten Centre de Sociologie des Organisations (CSO) als einem Ort, an dem der *empirism de l'écoute* als »research design« intensiv gelehrt und praktiziert werde, um die Freiheit des *écoute* zu wahren. Auf diese Weise soll es möglich sein, die Tiefenstrukturen der Aushandlungsprozesse und der daraus hervorgehenden Machtbeziehungen offen zu legen (Crozier 1961c: 333). Nun ist es nicht leicht *l'écoute* im Zusammenhang einer Methode zu übersetzen. Die Autoren halten sich leider in der genaueren Beschreibung des Verfahrens bedeckt. Man könnte an eine Methode des Zuhörens denken, wenn das nicht trivial zu erscheinen drohte. Wir haben oben bereits von den beiden Leidenschaften gesprochen, die Crozier nach seinem eigenen Verständnis zum Soziologen gemacht haben. Es geht um die Empathie des Zuhörens und die Auflösung von aus Beziehungsproblemen hervorgehenden Blockaden (Crozier 1961c: 328 f.). Fassen wir diese beiden *passions* zusammen und verbinden sie mit der erklärten Bevorzugung von qualitativen und weitgehend unstrukturierten Befragungsverfahren, so lässt sich die Methode des *écoute* als eine Methode von Tiefeninterviews interpretieren. Die betonte Nähe der Methoden zur Erforschung von Organisationen zur Psychoanalyse spricht ebenfalls für eine solche Deutung.

Zu den empirischen Arbeiten Friedbergs gehören zwei vergleichende, gemeinsam mit Musselin veröffentlichte Studien über die französischen und deutschen Universitäten unter den Titeln

Le gouvernement des universités (Friedberg/Musselin 1992)[10] und *En quête d'universités*. Eine andere Studie, die Friedberg zusammen mit d'Angelo, Urfalino und Mazoyer über die staatliche Kulturpolitik verfasst hat, *Les politiques culturelles des villes et leurs administrateurs* (1989), weist wie keine andere Studie von Crozier und Friedberg umfangreiches Material in Form von Tabellen, Schaubildern und ausführlichen Belegen aus Interviews aus. Allerdings handelt es sich auch hier um einfachste deskriptive Statistiken. Zwei weitere von Friedberg für 2003 angekündigte Arbeiten sind bis zum Zeitpunkt der Fertigstellung des Manuskriptes (Januar 2004) noch nicht erschienen.

VI. Kontinuität und Wiederholungen bei Crozier

In diesem abschließenden Kapitel werden vor allem vier Monographien behandelt. Daneben existieren zahlreiche Artikel und Beiträge mit ähnlichen Inhalten. Stark ausgeprägt ist auch die Beschäftigung mit der eigenen Biographie, bei der im Rückblick vieles einleuchtender und souveräner in Lebens- und Politikzusammenhänge gestellt wird. Diese persönlichen Aufschlüsse verdanken wir besonders dem Buch *Ma belle Epoque. Mémoires 1947–1969.*

Beginnen möchten wir aber mit dem programmatischen Titel *On ne change pas la société par décret* (Man verändert die Gesellschaft nicht durch Verordnung) von 1979. In diesem Buch spricht Crozier vieles direkter und klarer aus als früher. »Paradoxerweise erschien die alte Welt mit ihren Zersplitterungen geordnet, während die aktuelle Welt in ihrer Konzentration und Interdependenz viel ungeordneter zu sein scheint. Unser wahres Problem ist tatsächlich das der Verworrenheit und der Komplexi-

10 Das Buch ist aus einem Kolloquium hervorgegangen und besteht aus Beiträgen unterschiedlicher Autoren. Zwei substanzielle Beiträge stammen von den Herausgebern Friedberg und Musselin.

tät, nicht das der Unterdrückung. Unsere Handlungen zeitigen keine Ergebnisse. Im Gegenteil, die paradoxen Effekte scheinen sich zu vervielfachen. Wir verstehen nicht mehr die Mechanismen des Gemeinschaftslebens. [...] Unser Problem besteht deshalb darin, einen neuen Modus der Regulierung und der Steuerung zu entwickeln, der an die Stelle der traditionellen Mittel treten könnte.« (Crozier 1979: 19; Übers. d. Verf.)

Die Eliten, die Hierarchien und vor allem die Kommunikationslosigkeit von oben nach unten sind verantwortlich für diesen Zustand der Blockade (Crozier 1979: 42 f.). Crozier geht streng mit den beiden französischen Elitehochschulen ins Gericht: der Ecole Nationale d'Administration (ENA), der die Ausbildung für hohe Staatsämter obliegt, und der Ecole Polytechnique, die französische Spitzeningenieure produziert. Es handele sich um Systeme mit Korpsgeist, die besonders durch das Concours-Verfahren weltfremd geworden seien, weil die Konzentration auf eine objektive Rangfolge der Absolventen und Skalierung ihrer Leistungen einer offenen und problemorientierten Stoffvermittlung entgegenstehe, welche allein Innovationen hervorbringen könne (Crozier 1979: 148–164). Nur eine Mobilisierung auf unterschiedlichsten Ebenen könnte, so Crozier, Abhilfe leisten: Intensivierung des Austauschs von Menschen und Ideen, Kooperationen zwischen Verwaltungen, Universitäten und Industrien, die Stärkung von Empirie und Faktenkenntnis (Crozier 1979: 184 ff.). Wer möchte dem widersprechen oder sich gar gegenüber diesen Forderungen verschließen wollen? Aber ist das ein alltagsfähiges Vorhaben für eine neu zu koordinierende Welt?

Das nächste Buch von Crozier aus dem Jahr 1995, dem wir uns zuwenden, hat den Titel *La crise de l'intelligence. Essai sur l'impuissance des élites à se réformer.* Die Unfähigkeit der Eliten entlässt in diesem Werk die französische Gesellschaft aus ihrer Gesamthaftung, die von Crozier bis dahin aufrechterhalten worden war. Erstmalig werden in aller Offenheit auch Hintergründe des Engagements und der soziologischen Analyse preisgegeben, die sehr aufschlussreich sind. 1958 war in Frankreich von ehemaligen Mitgliedern der Résistance (der antifaschistischen und antideutschen Widerstandsbewegung), darunter Jean Moulin, ein Club mit dessen Namen gegründet worden, der sich zum Ziel gesetzt hatte, die Gesellschaft in Frankreich zu reformieren und neu zu ordnen im Sinne einer Gesellschaft jenseits von Sozialismus und Kapitalismus. Es sollte eine Gesellschaft der Integration von wissenschaftlicher und technischer Intelligenz sein, eine Gesellschaft der neutralen Experten aller Art und der Intellektuellen. Die brachliegenden menschlichen Ressourcen gelte es zu mobilisieren. Crozier verstand sich als einer ihrer Aktiven. Sein Buch *La société bloquée* sei geschrieben worden im Sinne der Visionen John F. Kennedys für eine neue Gesellschaft (Crozier/Tillette 1995: 17–19). Eine nachindustrielle Gesellschaft könne nicht mehr allein auf ökonomisches Wachstum sowie auf Massenproduktion und Massenkonsum setzen. Die menschliche Ressource sei das, worauf es ankomme.

Im zweiten Teil des Buches stellt Tillette Fragen, auf die Crozier antwortet. Wenn man die Ausführungen zur herrschaftsfreien *écoute,* der Zusammenführung von Perspektiven jenseits aller verkrusteten und defensiven Austauschrituale verfolgt, möchte man denken, dass es sich hierbei um eine Art moralischen Dekretes handele, mit dem man die Gesellschaft eben nicht verändern könne. Darüber hat uns ja Crozier zu Recht belehrt. Aber in diesem Interviewteil des Buches berichtet Crozier von seiner Tätigkeit als Berater und Moderator großer Unternehmen, die in erhebliche ökonomische und soziale Krisen geraten waren. Dazu gehörten beispielsweise die französischen Staatsbahnen (SNCF) und die Air France. Crozier wechselt hier den Ton. Er spricht nicht mehr von der *écoute,* sondern von einer intellektuellen Reorganisation, von einer Evaluation, von arrangierten Treffen unterschiedlicher Führungsebenen, von Methoden, Vertrauen herzustellen innerhalb der großen Belegschaften und ihrer Führer, von Auditverfahren usw. (Crozier/Tillette 1995: 107 f., 114, 119, 134). Mit einem Wort, hier werden das Zuhören und die blockadefreie Verständigung zu einem Verfahren der Vermittlung und Beratung gemacht. Offensichtlich sind dabei die Erfolge von Crozier und seinen Mitarbeitern außerordentlich groß. Es verdichtet sich hier wie an anderer Stelle der Eindruck, Crozier und Friedberg hätten eine Theorie der Beratung und der Evaluation von Organisationen und Politikbereichen avisiert, ohne dies beim Namen zu nennen.

Der Titel von Croziers und Tillettes Buch *Quand la France s'ouvrira...* von 2000 klingt wie ein Hilfe- oder Verzweiflungsruf. Tatsächlich wird hier die Kritik an der Unfähigkeit Frankreichs zu einer Modernisierung wiederholt und – was die Sache nicht einfacher macht – ergänzt um die Kritik etlicher Entwicklungen und Strategien, die ebenfalls zu Recht verworfen werden. Dazu gehören die Arbeitslosigkeit, Search of Excellence, Downsizing, Personalentlassungen, Reengineering, Urbanitätsprobleme und Rechtsradikalismus (Crozier/Tillette 2000: 13, 17 f., 19, 21). Das alles fügt der bisherigen Analyse kaum etwas hinzu. Wir möchten als bemerkenswert lediglich hervorheben, dass der Begriff der Evaluation – der im Französischen allerdings nicht nur in dem hierzulande engen technischen Sinn verwandt wird – jetzt einen größeren Raum einnimmt (Crozier/Tillette 2000: 100 f., 118, 127, 131 f., 200).

Croziers 2002 erschienene Autobiographie über die Jahre 1947–1969 gibt entgegen der Ankündigung wenig Aufschluss über die Anlage und die Architektur des Werkes und seiner Ideen. Wir empfehlen es aber allen, die über den Werdegang eines mit Zweifeln, Hürden und Kulturkämpfen groß gewordenen Wissenschaftlers Aufschluss finden wollen. Eine sehr existenzielle Passage, mit der Crozier sich selbst beschreibt, sei zum Abschluss zitiert: »Zu wählen, was morgen sein wird, geht über unsere Kräfte, denn was wir jetzt wissen, wird uns ändern, genauer: die Konsequenzen unserer Entscheidungen werden uns verändert haben. Wir können nicht wissen, wie wir reagieren werden. Alle Entscheidungen sind ein Spiel mit dem Zufall. Um damit umzugehen, entzieht sich der normale Mensch der Wirklichkeit oder verweigert sich, sie anzuerkennen.« (Crozier 2002: 282 f., Übers. d. Verf.)

Literatur

Axelrod, R., 1988: Die Evolution der Kooperation (aus d. Amerik.), München.

Crozier, M., 1956: Pour une sociologie de l'Administration publique, Wiederabdr. in: Crozier 2000, Bd. 2, S. 10 – 31.

Crozier, M., 1961a: De la bureaucratie comme système d'organisation, Wiederabdr. in: Crozier 2000, Bd. 1, S. 29 – 65.

Crozier, M., 1961b: Les relations humaines au sein de la direction bureaucratique, Wiederabdr. in: Crozier 2000, Bd. 1, S. 61 – 107.

Crozier, M., 1961c: Comment je me suis découvert sociologue, Wiederabdr. in: Crozier 2000, Bd. 2, S. 327 – 350.

Crozier, M., 1963: Le phénomène bureaucratique, Paris.

Crozier, M., 1966: Pour une théorie sociologique de l'action administrative, Wiederabdr. in: Crozier 2000, Bd. 2, S. 86 – 117.

Crozier, M., 1971a [1968]: Der bürokratische Circulus vitiosus und das Problem des Wandels, in: R. Mayntz (Hrsg.), Bürokratische Organisation, 2. Aufl., Köln/Berlin, S. 277 – 288.

Crozier, M., 1971b: Sentiments, organisations et systèmes, Wiederabdr. in: Crozier 2000, Bd. 1, S. 162 – 178.

Crozier, M., 1979: On ne change pas la société par décret, Paris.

Crozier, M., 1984 [1970]: La société bloquée, 2. Aufl. mit neuem Vorwort, Paris.

Crozier, M., 1985: L'utilisation de la sociologie dans les affaires publiques et privées, Wiederabdr. in: Crozier 2000, Bd. 2, S. 275 – 291.

Crozier, M., 1989: L'entreprise à l'écoute. Paris.

Crozier, M., 2000: A quoi sert la sociologie des organisations?, 2 Bde., Paris.

Crozier, M., 2002: Ma belle époque. Mémoires 1947 – 1969, Paris.

Crozier, M./Friedberg, E., 1979: Macht und Organisation. Die Zwänge kollektiven Handelns, Königstein (Neuausg. u. d. Titel Die Zwänge kollektiven Handelns. Über Macht und Organisation, Frankfurt am Main 1993).

Crozier, M./Friedberg. E., 1995: Organisations et action collective. Notre contribution à l'analyse des organisations, Wiederabdr. in: Crozier 2000, Bd. 1, S. 130 – 160.

Crozier, M./Tillette, B., 1995: La crise de l'intelligence. Essai sur l'impuissance des élites à se réformer, Paris.

Crozier, M./Tillette, B., 2000: Quand la France s'ouvrira…, Paris.

D'Angelo, M./Friedberg, E./Urfalino, P. 1989: Les politiques culturelles des villes et leurs administrateurs, unter Mitarb. von M.-A. Mazoyer, Paris.

Friedberg, E., 1995: Ordnung und Macht, Frankfurt am Main/New York.

Friedberg, E./Musselin, C., 1989: En quête d'universités. Etude comparée des universités en France et en RFA, Paris.

Friedberg, E./Musselin, C. (Hrsg.), 1992: Le gouvernement des universités, Paris.

Hennen, M., 1990: Soziale Motivation und paradoxe Handlungsfolgen, Opladen.

Kieser, A./Kubicek, H., 1978: Organisationstheorien, Bd. 2, Stuttgart u. a.

Kliemt, H., 1986: Antagonistische Kooperation, Freiburg/München.

Lindenberg, S., 1990: Rationalität und Kultur, in: H. Haferkamp (Hrsg.), Sozialstruktur und Kultur, Frankfurt am Main, S. 249 – 287.

Mayntz, R./Ziegler, R., 1977: Soziologie der Organisation, in: R. Mayntz/K. Roghmann/R. Ziegler (Hrsg.): Handbuch der empirischen Sozialforschung, Bd. 9: Organisation, Militär, 2., völlig neubearb. Aufl., Stuttgart, S. 1 – 141.

Olson, M., 1985: Aufstieg und Niedergang von Nationen (aus d. Amerik.), Tübingen (2. Aufl. 1991).

ANDREA MAURER / MICHAEL SCHMID

Ein Vertreter der erklärenden Soziologie: Raymond Boudon

I. Wissenschaft als Beruf

Raymond Boudon (geb. 1934) ist ein profilierter Vertreter der französischen Nachkriegssoziologie, der den klassischen Weg französischer Intellektueller ging: Gymnasium in Paris, Ecole Normale Supérieure (1954), Agrégation in Philosophie an der Universität Paris-Sorbonne (1958). Bereits 1964 erhielt er seinen ersten Ruf an die Universität Bordeaux, auf den 1967 der Ruf auf den ehemaligen Durkheim-Lehrstuhl an der Universität Paris-Sorbonne folgte. Verschiedentlich verbrachte er Studien- und Forschungsaufenthalte in den USA (unter anderem an der Columbia University, New York, und der Stanford University) oder in der Schweiz (Genf) und hatte immer wieder verschiedene Leitungsfunktionen in renommierten Forschungseinrichtungen inne (vgl. Internationales Soziologenlexikon ^{2}1984: 95 f., Wippler 1979). Dem deutschen Publikum ist er nicht erst seit seinem Auftritt beim Internationalen Soziologiekongress 1992 in Bielefeld (Boudon 1993b) und dem Deutschen Soziologiekongress 1998 in Freiburg bekannt (Boudon 1999), sondern schon durch seinen Aufsatzband *Widersprüche sozialen Handelns* (1979), die Einführung in die Denk- und Arbeitsweise der Soziologie *Die Logik des gesellschaftlichen Handelns* (1980a) – beide Werke sind auf Initiative Reinhard Wipplers und des Luchterhand Verlags schon kurz nach ihrem Erscheinen in Frankreich ins Deutsche übersetzt worden – sowie durch das bis heute gern und viel konsultierte, gemeinsam mit François Bourricaud verfasste Handbuch *Soziologische Stichworte* (1992).

In Frankreich gilt Raymond Boudon neben dem 2002 verstorbenen Pierre Bourdieu und Alain Touraine als einer der einflussreichsten zeitgenössischen Soziologen. Er steht für eine empirisch orientierte Soziologie, die sich von den durch die heimische Philosophie beeinflussten Richtungen des Poststrukturalismus und des Dekonstruktivismus absetzt. Boudon hat ein umfangreiches Werk verfasst (vgl. Tab. 1), dessen systematische Erschließung zumindest in Deutschland indes noch aussteht.

Tabelle 1: Ausgewählte Monographien

Französisch	Deutsch	Englisch	Titel	Forschungsgebiet
1970	1973		*Mathematische Modelle und Methoden (Modèles et méthodes mathématiques)*	Formale Methoden und Modellbildung
1971		1974	*The Logic of Sociological Explanation (Les mathématiques en sociologie)*	Formale Grundlagen und Methodologie der Soziologie
1971, 1975	1979	1977	*Widersprüche sozialen Handelns (La crise de la sociologie. Effets pervers et ordre social, Theory and Decisions)*	Krise der Soziologie, Epistemologie und Methodologie, paradoxe Effekte
1973		1974	*Education, Opportunity, and Social Inequality (L'inégalité des chances)*	Bildung und soziale Mobilität
1978	1980	1981	*Die Logik gesellschaftlichen Handelns (La logique du social)*	Was ist Soziologie?, Klassiker, Analyse von Interaktionssystemen
1984		1986	*Theories of Social Change (La place du désordre)*	Theorien sozialen Wandels
1986	1988		*Ideologie (L'idéologie, ou l'origine des ideés reçues)*	Bedeutung und Erkenntniswert von Ideologien
1990		1994	*The Art of Self-Persuasion (L'art de se persuader)*	Theorie der rationalen Selbstüberzeugung

Französisch	Deutsch	Englisch	Titel	Forschungsgebiet
1995			*Le juste et le vrai*	Werte- und Erkenntnissoziologie, cognitive sociology
1999		2001	*The Origins of Values*	Werte und Glaubensvorstellungen
2003			*Raison, bonnes raisons*	Subjektive Rationalität

Forschungsthemen und Arbeitsphasen[1]

Trotz des beeindruckenden Umfangs ist in seinem Schaffen ein harter Kern ebenso auszumachen wie eine immanente Entwicklungslinie.

1. In den ersten Jahren galt seine Aufmerksamkeit vornehmlich der Anwendbarkeit *formaler Modelle* und *mathematischer Verfahren* in den Sozialwissenschaften und der Übertragbarkeit naturwissenschaftlicher Erkenntnismethoden auf die Soziologie. Nach dem einschlägigen Urteil seiner Kollegen hat Boudon, der durch seinen frühen Studienaufenthalt in den USA an der Columbia University bei Paul Lazarsfeld geprägt war, das amerikanische Verständnis einer empirisch orientierten, realwissenschaftlich ausgerichteten Soziologie nach Frankreich mitgebracht (vgl. Bourdieu/Passeron 1981). Folgerichtig hat er sich immer wieder mit den Fragen beschäftigt, ob die Soziologie als eine exakte Wissenschaft zu betreiben sei und inwiefern formale Methoden in der Soziologie adäquat einzusetzen wären. Ausdruck dafür ist die frühe Arbeit zur *Analyse mathématique des faits sociaux* (1967), das von der UNESCO unterstützte Werk *Mathematische Modelle und Methoden* (1973b) sowie die Arbeit *The Logic of Sociological Explanation* (1974a). In den siebziger Jahren, unter dem Einfluss der von der 68er Studentenbewegung reklamierten Ungleichheiten und Mängel im Bil-

1 Ein Überblick über das Schaffen Boudons findet sich unter http://www.cess.paris4.sorbonne.fr/dossierhtml/pubrb.html.

dungssystem, hat Boudon – parallel zu den Arbeiten seiner beiden prominenten Kollegen Pierre Bourdieu und Alain Touraine – den Zusammenhang von Bildungschancen und sozialer Mobilität modellhaft beschrieben und in strenger Übereinstimung mit seinen methodologischen Vorarbeiten empirisch untersucht. Für diese bildungssoziologische Forschungsphase sei exemplarisch auf die viel beachtete Studie *Education, Opportunity, and Social Inequality* hingewiesen (1974b, vgl. auch die Ergebniszusammenfassung in Boudon 1980a: 169 ff.).[2]

2. Eine Ausarbeitung der erkenntnistheoretischen Probleme und Grundlagen der Soziologie als empirisch-theoretischer Realwissenschaft findet sich in den Werken der achtziger Jahre (vgl. Boudon 1979, 1980a), insbesondere in seinen *Theories of Social Change* (1986). In den Arbeiten dieser mittleren Schaffensperiode entwickelt Boudon ein *Modell soziologischen Erklärens* (vgl. Abschnitt III), in dem er sich als ein Verteidiger struktur-individualistischer Erklärungen zu erkennen gibt und das ihn weit über Frankreich hinaus bekannt gemacht hat (vgl. Esser 2000). Boudon gilt heute neben Michael Hechter und James Coleman (in den USA), Siegwart Lindenberg und Reinhard Wippler (in Holland), Hartmut Esser und Karl-Dieter Opp (in Deutschland) als unstrittiger Mitbegründer des Makro-Mikro-Makro-Modells (vgl. Müller-Benedict 1999, Esser 2000, Maurer 2004) und wird immer dann zitiert, wenn es darauf hinzuweisen gilt, dass soziale Phänomene als *nicht intendierte,* bisweilen auch *paradoxe Effekte* eines individuell intentionalen Handelns vieler Einzelner erklärt werden müssen (vgl. Merton 1936).[3] Entsprechend hat Boudon bis heute nicht nachgelassen, die Soziologie als eine Realwissenschaft zu definieren, welche die aus den individuellen Handlungen re-

2 Fragen schulischer Ungleichheiten interessieren Boudon bis in die jüngste Zeit (vgl. Boudon/Bulle/Cherkauoi 2002 [2001]).

3 Bunge (1996: 77) spricht deshalb zur Bezeichnung dieses Modells vom »Boudon-Coleman-Diagramm«.

sultierenden sozialen Prozesse und Strukturen beschreiben *und* erklären kann.

3. Seit den achtziger Jahren konzentriert er sich zu diesem Zweck auf die auch international wahrgenommene Weiterentwicklung der von ihm bereits sehr früh dargelegten Probleme der soziologischen Theoriebildung: die Entwicklung einer allgemeinen soziologischen Handlungstheorie und die Verbindung von Handlungs- und Strukturebene (1986, 1988a). Die Frage nach der für soziologische Erklärungen und Analysen adäquaten Handlungstheorie gehört zu den zentralen Konfliktlinien innerhalb der Soziologie (vgl. etwa Maurer/Schmid 2002, Schmid 2004) und dient Boudon dazu, die Soziologie – gegenüber der Ökonomie wie der Geschichtswissenschaft – als eigenständige Disziplin abzugrenzen (vgl. Boudon 1989b, 1995a). In verschiedenen Aufsätzen (1994b, 1996, 1998a) und einschlägigen Monographien (1994a, 2001, 2003b) bemüht er sich zu diesem Zweck verstärkt um eine kritische Aufarbeitung der Rational-Choice-Theorie und um die Entwicklung einer erweiterten soziologischen Handlungstheorie, mit deren Hilfe die Informationsmängel der Handelnden, aber auch deren Wertbindungen bearbeitet werden können, und die den Hiatus zwischen ökonomischen und soziologischen Handlungstheorien zu überwinden gestattet (1998d, 2001, 2003a [2002]). Bereits zuvor und parallel dazu hatte Boudon in den achtziger Jahren auch die internationale Theoriendiskussion durch seine Kritik an reduktionistischen Mikro- bzw. deterministischen Makrotheorien entscheidend inspiriert und in Anlehnung an seine älteren Arbeiten (1979, 1980a, 1980b) weiterführende Vorschläge zur Verbindung von Handlungs- und Strukturebene vorgelegt (Boudon 1983a, 1986, 1994b), die an internationale Entwicklungen anschließen und das uneingeschränkte Interesse der Disziplin verdienen. Der dahinter stehende Bezug zu seinen Rekonstruktionen der Klassiker, unter anderen Alexis de Tocqueville, Karl Marx, Emile Durkheim und Max Weber (Boudon 1980a, 1998d, 2000), wird dabei leider zumeist übersehen. Sein kompetentes Interesse an

der soziologischen Theorietradition dokumentieren auch die von ihm (mit-)herausgegebenen Klassikerbände (vgl. Boudon/Cherkaoui/Alexander 1997, Boudon 2000, Boudon/Cherkaoui 2000).

Wir wollen Raymond Boudon im Folgenden als einen *modernen Klassiker* nicht nur der französischen Soziologie vorstellen, dessen Werk tief greifende Einblicke in die soziologische Denk- und Arbeitsweise (Abschnitt II) bietet und ein ausgereiftes Erklärungsmodell enthält, das die Klärung verschiedener Probleme der soziologischer Theoriebildung verspricht (Abschnitt III)

II. Die soziologische Denk- und Arbeitsweise

Was kann die Soziologie?

Nur wenige Soziologinnen und Soziologen haben sich so intensiv mit den erkenntnistheoretischen Grundlagen, der Methodologie und dem Gegenstandsbereich ihrer Disziplin auseinander gesetzt wie Raymond Boudon.[4] Ausgangspunkt seiner Überlegungen war eine von ihm seit Beginn der siebziger Jahre diagnostizierte *Krise der Soziologie* (vgl. Boudon 1979, 1980a, 1980b), die er ausdrücklich und gegen die Vertreter der kritischen Theorie nicht auf eine Krise der Gesellschaft, sondern in erster Linie auf die *epistemologischen Besonderheiten und Unsicherheiten* der Soziologie und erst in zweiter Linie auf externe soziale Faktoren zurückgeführt hat (vgl. Boudon 1988b, 1993b, 1995a). Boudon war sicher nicht der erste und wird auch nicht der letzte Soziologe sein, der die Krisenhaftigkeit der Soziologie wahrnimmt und deren Bedeutungsverlust behauptet; wohl aber ist ihm das Verdienst zuzusprechen, die epistemologische Unsicherheit der Soziologie analysiert und ein erkenntnistheoretisch begründetes Argument für seinen Befund vorgelegt zu haben, das ihm zudem erlaubt, die

4 Dies äußert sich auch in umfangreichen Lehrbüchern (vgl. Boudon 1980a, 1992, 2002 [1969]).

beunruhigende Unübersichtlichkeit des Fachs zu begreifen (vgl. Boudon 1977) und dessen vielgestaltiges Erscheinungsbild kritisch zu kommentieren: »Je nachdem tritt die Soziologie in der Form eines brillanten Essays auf, als Erhebung, die einerseits deskriptiv, andererseits soweit als möglich vermittels standardisierter Verfahren der Datenerhebung gegen Elemente der Subjektivität abgeschirmt ist, als prinzipiell überprüfbare analytische Theorie oder als spekulative Theorie, die zwar interessante Interpretations- und Orientierungsmöglichkeiten eröffnet, jedoch eine strenge Überprüfung nicht zuläßt.« (Boudon 1979: 20)

Grundfragen und epistemologische Unsicherheit der Soziologie

Die Krise der Soziologie ist für Boudon ganz wesentlich von der mangelnden Reflexion und der vorherrschenden Unklarheit hinsichtlich des zu vertretenden Erkenntnisanspruchs, der Methodologie und des praktischen Stellenwerts soziologischer Analysen bestimmt,[5] die eine systematische Forschungsarbeit und eine akkumulative Theoriebildung verhindern. Mit dieser Diagnose will er kein Einheitsparadigma verteidigen (Boudon 1991a), wohl aber vorschlagen, die unterschiedlichen Paradigmen auf ihren Erklärungsgehalt und Anwendungsbereich hin kritisch zu untersuchen und zu bewerten. Drei Grundfragen sind dafür konstitutiv:

1. Kann die Soziologie allgemein gültige, *objektive Erkenntnisse* liefern und die Methoden der Naturwissenschaften einsetzen, oder kann sie nur ein kontextabhängiges, relatives und entsprechend *subjektives Wissen* vorlegen?

5 Er nennt verschiedentlich auch persönliche (Weltanschauungen), institutionelle (Arbeitsteilung, Konzentration auf Daten) und soziale Faktoren (gesellschaftliche Probleme und Diskussionen) als Grund für die Krise der Soziologie. Spezifische Schwierigkeiten sieht er zudem in der unpräzisen Sprache – Boudon reklamiert zum Beispiel immer wieder die Konfusion über den Theoriebegriff –, dem relativ weiten und unbestimmten Gegen-standsbereich sowie der Skepsis gegenüber mathematischen Verfahren und der Modellbildung begründet (vgl. Boudon 1979, 1988b, 1995a).

2. Liegt der Primat der Soziologie beim individuellen Handeln oder bei sozialen Strukturen und Systemeigenschaften, das heißt, ist ein *methodologischer Individualismus* oder ein *Holismus* zu präferieren?
3. Welches Rationalitätskonzept und welche Handlungstheorie sind für die Soziologie adäquat?

Zur *Objektivität* soziologischer Aussagen: Sowohl im ersten Methodenstreit gegen Ende des 19. Jahrhunderts (ausgetragen zwischen Gustav Schmoller und Carl Menger) als auch im Positivismusstreit der siebziger Jahre des 20. Jahrhunderts (ausgetragen zwischen Vertretern der kritischen Theorie – Theodor W. Adorno, Jürgen Habermas – und des kritischen Rationalismus – Hans Albert) stehen sich zwei Positionen gegenüber, die darüber uneins sind, ob die Geistes- und Sozialwissenschaften wie die Naturwissenschaften nach *allgemeinen* Gesetzen und Aussagen streben und dazu exakte Methoden zur Anwendung bringen sollten. Während die eine Seite proklamiert, dass sich die soziale Welt durch sinnhafte Subjekte konstituiert und sich von der Natur unterscheidet, weshalb ihre Untersuchung eine eigenständige sozialwissenschaftliche Methodologie verlangt, postuliert die andere, dass nicht nur Naturereignisse, sondern auch soziale Phänomene und Prozesse mithilfe allgemeiner Prinzipien kausal erklärt werden könnten. Boudon bietet in dieser Frage einen Mittelweg an, wenn er davon ausgeht, dass einerseits allgemeine soziologische Aussagen möglich sind (er verweist dazu auf seine eigenen Arbeiten zum Zusammenhang von Bildungschancen und sozialer Mobilität), wenn es um die Erklärung verallgemeinerungsfähiger Prozesse und Strukturzusammenhänge geht und solange die Anwendungsbedingungen der dazu benötigten allgemeinen Annahmen bekannt und benennbar sind.[6] Auf der anderen Seite allerdings können strikt »singuläre Phänomene« (Boudon 1986: 41) wie etwa die Studentenunruhen in den späten sechziger Jahren nur in ihrem konkreten

6 Für diesen Fall will sich Boudon an der von Karl Popper vorgegebenen »Logik der Forschung« orientieren und verlangt, dass sich Theorien durch die Konfrontation mit empirischen Daten bewähren und den gängigen Gütekriterien stellen müssen (vgl. Boudon/Bourricaud 1992).

Umfeld mithilfe eines kontextuellen Wissens über die Umstände und Beweggründe der Handelnden erschlossen und verstanden werden – »Gesetze« über solche »Singularitäten« (Boudon 1980a: 51 ff., 1983a: 11) gibt es nicht. Anhand der Rekonstruktion bekannter soziologischer Studien, etwa Durkheims *Der Selbstmord*, Marx' *Der achtzehnte Brumaire des Louis Bonaparte* , Tocquevilles *Der alte Staat und die Revolution* oder Webers *Die protestantische Ethik und der Geist des Kapitalismus*, stellt Boudon dar, dass gute soziologische Erklärungen in jedem Fall die Form von *Strukturmodellen* haben sollten (vgl. Abschnitt III), die ausgehend von einfachen handlungstheoretischen Annahmen die Strukturbedingungen klären sollen, angesichts derer die Akteure interagieren, und die über die Spezifikation einzelner Faktoren so erweitert werden können, dass sie verschiedene soziale Phänomene als Spezialfälle des allgemeinen, im Modell dargestellten Zusammenhangs erklären können (vgl. Boudon 1980a, 1986, 1998a).

Zum *methodologischen Individualismus:* Auch die Divergenzen über die Frage, ob das individuelle Handeln oder aber Strukturen und Systemeigenschaften im Mittelpunkt der Erklärungsbemühungen stehen sollen (vgl. besonders Boudon 1987), hat für manche Unklarheit gesorgt und die Entwicklung der Soziologie zu ihrem Nachteil beeinflusst. Boudon beklagt auf der einen Seite die starke Prägung zumal der französischen Soziologie durch den Strukturalismus von Comte und Durkheim, der den Handlungen der Akteure keine erklärende Rolle zuweist (vgl. Boudon 1973a), und auf der anderen Seite die vorherrschende Mikroperspektive in der deutschen und amerikanischen, von Weber und Berger/Luckmann geprägten, phänomenologischen Soziologie, die Strukturen aus dem Blick zu verlieren scheint (vgl. Boudon 1987). Den Einseitigkeiten der beiden Forschungstraditionen stellt Boudon einen eigenständigen Vorschlag gegenüber, der Entwicklungstendenzen in der soziologischen Theoriebildung aufgreift (vgl. Boudon 1986, 1987). Sein Erklärungsmodell, das – wie angedeutet – von individuellen Akteuren ausgeht, die in spezifischen sozialen Situationen handeln müssen, in denen sie aufeinander treffen, richtet das Augenmerk vor allem auf *para-*

doxe Effekte, die sich aus ihrem kollektiven Handeln ergeben und die von den Einzelnen in der Regel weder beabsichtigt noch gewollt sind. Soziale Phänomene und Prozesse, so die methodologische Grundforderung, werden aus den aggregierten Folgen des Handelns einzelner Akteure unter bestimmten sozialen Bedingungen abgeleitet (vgl. Boudon 1986: 29 ff., 1988b: 753).

Zum *Rationalitätskonzept:* Sowohl in der individualistischen wie in der kollektivistischen Theorietradition werden Bilder des Menschen und Annahmen über das individuelle Handeln verwendet, wobei es zu unterscheiden gilt zwischen einem Handlungsverständnis, das von einem *rationalen,* und das heißt gleichermaßen intentionalen wie interessengeleiteten *Handeln* ausgehen möchte (Marx, Weber, Simon), und jenem, das der Soziologie explizit anrät, *irrationales, nichtlogisches* Handeln zum Gegenstand der Untersuchung zu machen (Pareto, Durkheim, Lévi-Strauss), was auch den Fall einschließt, dass die Menschen unbewusst und entgegen ihren Zielen handeln (vgl. Boudon 1993a). Dieser zuletzt genannten Auffassung zufolge kann ein sozialer Tatbestand nicht unter Rekurs auf das absichtsgeleitete Handeln der Akteure erklärt werden, sondern muss – einer berühmten Formel von Durkheim folgend – unter Verweis auf die »sozialen Phänomene« erklärt werden, »die ihm vorausgehen« (Durkheim 1961 [1895]: 193).[7] Boudon hält beide Ansätze für verfehlt und rät der Soziologie deshalb an, nach einem erweiterten Handlungsmodell – einem *supermodèle,* wie er an einer Stelle sagt (Boudon 1988c: 241) – zu suchen, das seiner Vorstellung nach die »guten Gründe« angeben muss, die Akteure in bestimmten Handlungssituationen zum Handeln bewegen und die auch dann Überzeugungskraft für sie besitzen, wenn sie falsche Theorien verfolgen und mit unabsehbaren Folgen handeln müssen

7 Rationales Handeln im weiteren Sinne (Pareto) ist ein den individuellen Zwecken adäquates Tun. In der (neoklassischen) Ökonomie wird dies in der Tradition des Utilitarismus dahingehend spezifiziert, dass rational Handelnde unter allen Handlungsmöglichkeiten diejenige wählen, die ihre Präferenzen (bewertete und geordnete Interessen) am besten zu realisieren verspricht. In der Soziologie wird in Anlehnung an Weber auch das an Werten orientierte Handeln als rational verstanden (vgl. Boudon 1997).

(vgl. Boudon 1988a, 1995b, 1996, 2003b). So rekonstruiert Boudon mit wahrer Leidenschaft Theorien magischer Vorstellungen und zeigt beispielhaft anhand der Arbeiten von Durkheim, dass die Mitglieder primitiver Gesellschaften trotz ihrer in unseren Augen freilich fehlerhaften Theorien gute Gründe dafür haben, an die Wirksamkeit ihres Regenzaubers zu glauben, und insoweit durchaus rational handeln; auch in modernen Gesellschaften halten Akteure vielfach an falschen Glaubensvorstellungen und Ideologien fest, weil sie anders nicht handeln könnten (vgl. Boudon 1988a, 1989b: 189 ff., 1994a: 12 ff.).

Mithilfe einer derartigen Theorie »guter Gründe« kann Boudon die auch in der deutschen Soziologie heftig geführte Diskussion um die »richtige« Theorie rationaler Handlungswahl bzw. um die Frage, wie eine allgemeine soziologische Handlungstheorie aussehen könnte, moderieren: Bei näherem Hinsehen erweist sich die aus der neoklassischen Ökonomie bekannte Rationalitätskonzeption, wie auch deren Erweiterung um Informationsprobleme und -kosten, als ein Spezial- und Grenzfall der Theorie guter Gründe (vgl. Boudon 1998a, 1998b, 2003b: 49 ff.). Boudon argumentiert, dass eine strenge Rationalitätskonzeption, wie sie dem *homo oeconomicus* zugeschrieben wird, nur dann anwendbar ist, wenn tatsächlich eine endliche Zahl von bekannten Mitteln gegeben ist, die Ziele unzweideutig bewertet und in eine konsistente Reihenfolge gebracht werden können, und den Akteuren ein eindeutiges Kriterium für die Wahl der Mittel zur Erreichung der Ziele zur Verfügung steht. Deshalb plädiert Boudon für eine Erweiterung des Rationalitätskonzepts in all jenen Fällen, in denen – wie die Spieltheorie beeindruckend belegt hat – im Gefolge von Unsicherheit und strategischen Interdependenzsituationen (vor allem des Gefangenendilemmas) individuell zweckrationale Handlungen zu Widersprüchen, unerwünschten Handlungsfolgen, ungeplanten Nebenfolgen: mithin zu paradoxen oder, wie Boudon anfangs formuliert, »perversen« Effekten führen (Boudon 1979). Wo-raus gefolgert wird: »Der Rationalitätsbegriff muß also relativ, das heißt abhängig von der Struktur der Situationen eingeführt werden.« (Boudon/Bourricaud 1992: 415)

Als ebenso beschränkt erweist sich die Konzeption eines *homo sociologicus,* der ohne Überlegung, ausschließlich gewohnheitsmäßig und rollengebunden handelt. Boudon hält diese Auffassung aus zwei Gründen für wenig überzeugend: Zum einen betrachtet er den Verweis auf »blinde Gewohnheiten« als eine aufklärungsbedürftige »black box« (vgl. Boudon 1998b), die man durch die Angabe der jeweiligen Handlungsgründe, aus denen sich die Absichten und Vorhaben eines Akteurs speisen, erhellen muss, und zum anderen übersieht eine solche Auffassung, dass Akteure sich in vielen Fällen nicht nur deshalb an vorgegebene Rollen halten, weil sie auf diesem Wege Zustimmung und Anerkennung erhalten können, sondern weil sie eine »axiologische Rationalität« (Boudon 2001: 93 ff., 2003b: 99 ff.) verfolgen, die sie dazu anhält, sich an normative Prinzipien und Wertüberzeugungen zu halten, deren Charakter Boudon mithilfe der weberschen Konzeption der »Wertrationalität« zu umreißen versucht (vgl. Boudon 1997).[8]

Folgerungen für die Soziologie

Boudon hat bereits sehr früh festgehalten, dass sich in der Soziologie – im Unterschied zur Ökonomie – kein Leitparadigma herausgebildet hat, sondern dass die verschiedenen Antwortkombinationen auf die drei epistemologischen Grundfragen bis heute miteinander konkurrieren und drei variantenreiche soziologische Paradigmen haben entstehen lassen (vgl. Boudon 1977, 1988b: 749 f.). Die Soziologie stellt sich demnach als eine Disziplin dar, in der erhebliche Unsicherheiten und Unterschiede über den Erklärungsanspruch, die Methodologie und den Gegenstandsbereich bestehen.[9] Boudon hält zwar die verschiedenen »Paradig-

8 In jüngster Zeit hat sich Boudon auch an der Debatte über die Möglichkeit einer eigenständigen soziologischen Erklärung von Normen beteiligt (vgl. Boudon/Demeulenaere/ Viale 2001).

9 Die weberianische Soziologie etwa wäre dem obigen Problemkatalog folgend als ein Denken einzuordnen, das objektive Erkenntnisse für möglich hält, eine methodologisch-individualistische Position vertritt und soziologischen Erklärungen ein sinnhaft erweitertes Rationalitätskonzept zugrunde legt; der

men« je nach Forschungsfrage für berechtigt und relevant, neigt indes in seinen eigenen Arbeiten dazu, verallgemeinerbare Erkenntnisse anzustreben, die strengen Methoden der Naturwissenschaften – Modellbildung, Formalisierung, Theorie- und Hypothesenprüfung – anzuwenden und einem methodologischen Individualismus zu folgen, der Erklärungen »sozialer Phänomene« nur insoweit akzeptiert, als sie auf einer allgemeinen Handlungstheorie beruhen (vgl. Boudon 1987). Aus seiner kritischen, erkenntnistheoretisch angelegten Aufarbeitung der Krise der Soziologie lassen sich zwei Empfehlungen folgern: Zum einen sollte sich die Soziologie um die Entwicklung von *Strukturmodellen* bemühen und zum anderen sollte sie sich um die Erklärung scheinbar *paradoxer Phänomene* und Erscheinungen kümmern. Es gilt: »Establishing sociology as a scientific discipline, i.e., as a discipline following the same basic objectives and procedures as the natural sciences: Solving *puzzles*, preferably *important* and *interesting* ones, with the help of internally and externally valid *generative models*.« (Boudon 1993b: 38; Hervorh. d. Verf.)

III. Das Modell soziologischen Erklärens

Boudon fordert die Soziologie demnach dazu auf, »rätselhafte«, auf den ersten Zugriff unverständliche »makrosoziologische Phänomene« (Boudon 1979: 188, 1980a: 99) zu erklären: Weshalb zum Beispiel nimmt die religiöse Orientierung in den USA während des 19. Jahrhunderts zu, obgleich die Entwicklung moderner Gesellschaften einen Verlust an Religiosität erwarten lässt? (Weber); weshalb floriert die britische Landwirtschaft des aus-

Marxismus hingegen muss eher als Befürworter eines zwar objektivistischen, gleichwohl holistischen Forschungsprogramms gelten, dessen Erklärungspraxis sich an einem ökonomisch-rationalen Handlungsmodell orientiert. Rational-Choice-Theorien wären dagegen durch das Streben nach objektiven Aussagen, einen methodologischen Individualismus und eine enge Rationalitätskonzeption zu kennzeichnen.

gehenden 18. Jahrhunderts, während die französische stagniert? (Tocqueville); weshalb akzeptiert die französische Bauernschaft den Staatsstreich eines Louis Bonaparte? (Marx); weshalb führt die Erhöhung der Bildungsausgaben zu keinem Mobilitätseffekt? (Boudon); weshalb nimmt die Zahl der Selbstmorde auch in Zeiten zunehmender gesellschaftlicher Prosperität zu? (Durkheim); weshalb gibt es in Vereinigten Staaten keinen Sozialismus? (Sombart).

Das Erklärungsmodell

Die Aufgabe solche »Rätsel« zu bearbeiten, enthält allerdings eine Schwierigkeit, deren Lösung den Ausgangspunkt des boudonschen Erklärungsmodells bildet. Dem gängigen Verständnis der Wissenschaftstheorie folgend, bedeutet »einen Sachverhalt zu erklären«, den singulären Satz, der ihn beschreibt (das so genannte Explanandum), aus einer Menge von Prämissen (dem Explanans) logisch abzuleiten, die zum einen allgemeine Gesetze und zum anderen deren Anwendungsbedingungen enthält. Aber gibt es soziologische Gesetze? Boudon verneint dies mit Nachdruck (Boudon 1983b, 1986: 9 ff.): Empirische Trends, die einen bestimmten Entwicklungsgang behaupten, ohne dessen Ursachen anzugeben, stellen ebenso wenig nomologische Annahmen dar, wie so genannte konditionale Gesetze; diese benennen zwar einige der Bedingungen, angesichts deren ein bestimmter Sachverhalt erwartet werden kann, kaum aber alle, sodass sie in aller Regel unvollständig und damit falsch sind. Falsch sind aber auch »formale« Gesetze wie die Dialektik, der zufolge soziale Phänomene durchweg die Konsequenz von »Widersprüchen« darstellen, oder makrostrukturelle »Kausalgesetze«, deren Verteidiger sich in der Regel nicht darüber einig sind, welche Art von Ursachen Erklärungscharakter haben, ob sie notwendig oder hinreichend sind und wie viele davon eine erfolgreiche Erklärung angeben muss.

Boudon schlägt deshalb vor, statt nach (deterministischen) »Gesetzen« über makrostrukturelle Zusammenhänge und Entwicklungen zu suchen, die »sozialen« oder »generativen Mechanismen«[10] anzugeben, mit deren Hilfe die Akteure ihr Handeln (unter variablen Bedingungen) aufeinander abstimmen und die zu den fraglichen »sozialen Phänomenen« führen (vgl. Boudon 1998b: 172). Ein solcher »sozialer Mechanismus« liegt dann vor, wenn die folgenden Bedingungen erfüllt sind: Das zu erklärende soziale Phänomen M (eine Verteilungsstruktur, eine Organisationsform, ein Interaktionsverhältnis, eine kollektive Aktion oder was immer) muss als Funktion $M(m_i)$ der Handlungen m_i von individuellen Akteuren behandelt werden, wobei diese Handlungen wiederum als Funktion $m_i(S_i)$ der Situation S_i beschrieben werden müssen, in der sich die Akteure befinden, die ihrerseits durch eine vorgelagerte (Handlungs-)Struktur M' bedingt ist. Das heißt formal: M{m[S(M')]} (Boudon 1986: 30, ähnlich 1987: 46). »Verbally, we can say that phenomenon M is a function of actions m, which are dependent on situation S of the actor, which situation is itself affected by macrosocial actions M'.« (Boudon 1986: 30)

Diese Auffassung hat zwei gewichtige Implikationen: Die erste ist die, dass M als *kollektiver Effekt* des situationsabhängigen Handelns einer Menge individueller Akteure erklärt werden muss, das heißt, die Funktion $M(m_i)$ sollte sich als Aggregations- oder Kompositionseffekt verstehen lassen, der sich aus dem Handeln einer Vielzahl von Akteuren ergibt (Boudon 1977: 271, 1980a, 1986: 56 ff.) und den die Akteure in aller Regel weder vorweg kennen, beabsichtigen noch wünschen. Da sich ein solcher nicht intendierter Effekt aus dem Zusammenspiel von m_i und S_i (bzw. aufgrund der Funktion $m_i(S_i)$) »errechnet«, benötigt man offenbar eine »verallgemeinerte« oder »komplexe« Theorie des individuellen Handelns (vgl. Boudon 1980a: 27 f., 118), die dazu in der Lage ist, die Handlungssituation zu berücksichtigen, in der ein Akteur agiert. Boudon geht deshalb davon aus, dass eine solche Theorie als eine Theorie des individuellen Wahl- oder Entscheidungshandelns konzipiert werden muss, die sowohl Annah-

10 Letzteres ist der Ausdruck von Thomas J. Fararo (1989: 39 ff.), der sich zur Entwicklung des von ihm verteidigten Erklärungsmodells ausdrücklich auf Boudon bezieht (vgl. Fararo 1989: 144). Auch Boudon verwendet ihn (vgl. 1993a: 15, 1993b: 38).

men über die Beweggründe des individuellen Handelns als auch Annahmen über die Handlungssituation des Akteurs enthält. Zu den *Handlungsannahmen* zählt zum einen, dass ein Akteur motiviert bzw. absichtsgeleitet handelt, um bestimmte Ziele zu erreichen. Um diese Ziele festlegen und die Erfolgsaussichten seines Handelns abschätzen zu können, muss er darüber hinaus über »Wert-« und »Glaubensüberzeugungen« (vgl. Boudon 1995b: 189 ff.) verfügen, deren Herkunft, Geltung und Folgewirkungen er indessen nicht vollständig kennt; gleichwohl reichen diese Wert- und Glaubensüberzeugungen in aller Regel aus, um ihm die »guten Gründe« zur Verfügung zu stellen (vgl. Boudon 1993a, 1996, 2003b), mit deren Hilfe er eine »begründete Entscheidung« fällen kann (Boudon 1980a: 118). Zugleich bleibt vorausgesetzt, dass der Akteur versuchen wird, seine Entscheidungen *optimal* zu gestalten (Boudon 1980a: 25, 49).

Dies gelingt allerdings nur, solange der Akteur die »Zwänge« (Boudon 1980a: 30) und Restriktionen beachtet, welche die *Situation* seinem Handeln auferlegt, worunter zum einen seine begrenzten Fähigkeiten zählen, zum anderen aber auch die externen Hindernisse, die sich ihrerseits entweder als Folge knapper materieller Ressourcen ergeben oder daraus resultieren, dass Mitakteure eine Rolle zu spielen beginnen, die seinen Handlungserfolg mit bedingen. Unter solchen Verhältnissen geraten die Akteure in ein »strategisches Interaktionsfeld« (Boudon 1980a: 59), wie es die Spieltheorie beschreibt und in dessen Gefolge die Akteure immer wieder damit konfrontiert sind, dass ihre gemeinsamen Optimierungsbemühungen scheitern, ohne dass sie dies verhindern könnten. Boudon unterscheidet in diesem Zusammenhang zwei Situationstypen: »Interaktionssituationen« (oder »funktionale Systeme« wie Organisationen), in denen die wechselseitige Orientierung des Handelns auf Absprachen und Erwartungen in Form von Rollen zurückgreifen kann, und »Interdependenzsituationen«, in denen dies nicht der Fall ist (vgl. auch Hennen 1990: 157). Da ein Handeln in beiden Fällen als eine bewusste, wenn auch fehlerbehaftete *Anpassung* (vgl. Boudon 1986: 55) an die »Gegebenheiten« (Boudon 1980a: 30) der Handlungssituation zu verstehen ist, spricht Boudon davon, dass Akteure einer *rationalité située* (Boudon 1988c: 242) folgen bzw. einer »kontextabhängigen« und entsprechend »begrenzten« Rationalität (Boudon 1986: 46 ff., 1987: 63 ff.). Die jeweils interessierenden Kompositionseffekte erklären sich demnach als kollektive Folge begrenzt rational agierender Akteure, deren Interaktions- bzw. Interdependenzverhältnisse durch eine Reihe »grundlegender Mechanismen« (Boudon 1980a: 22) gekennzeichnet werden können, in deren Gefolge sie ihre Handlungsentscheidungen – direkt oder indirekt – wechselwirksam fällen. Diese These impliziert: Je nach Situationsvorgabe und Mechanismus ergeben sich bei konstant gehaltenen Annahmen über die Rationalität der Akteure *unterschiedliche* Emergenz- oder Kompositionseffekte (vgl. für deren Vielzahl Boudon 1980a). Unterschiedliche Strukturmodelle lassen sich folglich danach unterscheiden, welche Situationsvorgaben und welche Mechanismen sie untersuchen wollen.

Eine zweite Implikation der anfangs genannten Erklärungsformel besteht in der Einsicht, dass Bestand und Wandel derartiger Interaktions- und Interdependenzsysteme nur dann als erklärt gelten können, wenn man die betreffenden Systemzustände bzw. Form und Verlauf ihrer Entwicklung desgleichen als einen Kompositionseffekt des Handelns vieler eigeninteressiert agierender Akteure erklären kann. Zu diesem Zweck muss das Erklärungsmodell durch die Berücksichtigung von »Rückwirkungseffekten« (Boudon 1980a: 149) dynamisiert werden; dies bedeutet, dass eine Modellanalyse nicht darin ihren Abschluss findet, ein »singuläres Phänomen« bzw. einen einmaligen, historisch einzigartigen Struktureffekt zu erklären, sondern sich darum kümmern muss, in welcher Weise sich ein zur Zeit t_1 feststellbarer Kompositionseffekt auf die Erfolgsbedingungen des weiteren Handelns der betreffenden Akteure und damit auf die aus ihrem neuerlichen Handeln resultierenden Effekte zum Zeitpunkt $t_2 \ldots t_n$ auswirkt. Unter derartigen Umständen ist die Stabilität eines Systems folglich nur dann zu erwarten, wenn die Handlungen der Akteure über die Zeit derart miteinander verwoben sind, dass keiner von ihnen einen Anreiz oder die Möglichkeit besitzt, sein Handeln zu verändern, und solange (gerade deshalb) keine kollektiven Handlungsfolgen eintreten können, welche die Reproduktion der überkommenen Beziehungsverhältnisse behindern (vgl. Boudon 1980a: 22 ff., 113 ff.). Ob dies gelingt oder nicht, wird zusätzlich von bestimmten, prinzipiell unabzählbaren Umweltbedingungen abhängen, die das von Boudon favorisierte Erklärungsmodell deshalb (zunächst) zu parametrisieren vorschlägt (vgl. Boudon 1986: 219).

In anderen Fällen indessen liegen keine *forced-choice-situations* vor (Boudon 1986: 164), in denen sich die Akteure wechselseitig blockieren; dann können sie erfolgreich versuchen, ihrem Handeln eine andere Richtung zu geben, was – je nach Art des Mechanismus, mit dessen Hilfe sie ihr Handeln aufeinander beziehen – zu einer Reihe ganz unterschiedlicher, in jedem Fall aber *nicht-statischer* Kompositionseffekte führen wird: Zu oszillativen Zustandsfolgen (oder Zyklen), zu sich selbstverstärkenden Kumulations- oder Steigerungsprozessen oder aber zu »Transformationen«, die Umweltveränderungen provozieren, die die Akteure dazu zwingen, in Folge unabsehbare Innovationen vorzunehmen (vgl. Boudon 1986: 166 ff.) und am Ende den bisherigen Abstimmungsmechanismus umzugestalten oder gar aufzugeben (vgl. Boudon 1980a: 139 ff.). Je vielgestaltiger die Handlungsoptionen der Akteure dabei sind, desto weniger lassen sich neue Systemzustände aus den bisherigen prognostizieren, sodass in zahllosen Fällen nicht davon ausgegangen werden kann, dass das Systemverhalten auf ein geordnetes Gleichgewicht hin tendiert (Boudon 1980a: 162); ganz im Gegenteil dazu sollten Modellbildner sich darauf einstellen, auf nicht-lineare Effekte, ergebnisoffene, zufallsgesteuerte Entwicklungen (Boudon 1986: 156 f., 175) und »kaskadenartige Veränderungen« (Boudon 1980a: 164) zu treffen, was heißt, dass soziologische Erklärungen sich bemühen müssen, der »Unordnung einen angemessenen Platz« zu verschaffen (vgl. Boudon 1986: 180 ff.).

Die Heuristik des Modells

Dieses Erklärungsmodell hat mehrere Vorteile, die man zur Integration und zum Ausbau verschiedener, augenscheinlich unvereinbarer soziologischer Erklärungsansätze nutzen kann: Zum einen versieht es die Erklärung makrosozialer Phänomene mit einer erweiterungsfähigen, mikrofundierenden Handlungstheorie, die das Handeln von Akteuren als ziel- und überzeugungsgesteuert zu rekonstruieren vermag und es dabei als bedingt rationales, mit guten Gründen versehenes Handeln zu *verstehen* erlaubt (vgl. Boudon 1980a: 182)[11]. Verständlich werden diese rationalen Gründe nicht zuletzt mithilfe eines Blicks auf die jeweiligen Handlungsmechanismen des Interaktions- oder Interdependenzsystems, in dem die Akteure agieren müssen, und auf die dort vorherrschenden situativen Zwänge. Den gängigen Anforderungen interpretativer Ansätze wird damit Rechnung getragen.

Auf der anderen Seite erlaubt das Modell, unter Verweis auf kausal wirksame Mechanismen und unter Beachtung der aggregierten Handlungsfolgen jener Akteure, die unter derartigen strukturellen Restriktionen gehandelt haben, Kompositionseffekte objektiv als eine *kollektive Folge ihres gemeinsamen Handelns* zu *erklären.* Gleichzeitig kann es deren Rückwirkungen auf weitere Entscheidungen dazu nutzen, die Dynamik von Beziehungsformen und der ihnen zugrunde liegenden Abstimmungsmechanismen – auch über den von Boudon behandelten Themenkreis hinaus – zu modellieren, ohne der Idee Kredit einzuräumen, dass Handlungssysteme gleichgewichtig funktionieren und dass einmal eingependelte Beziehungsformen kollektiv optimale Effekte haben müssen (vgl. Boudon 1986: 113). Daraus lässt sich schließen, dass man die soziologische Theoriebildung nicht mit der Auffassung zu belasten braucht, dass sich selbststabilisierende Handlungssysteme und deren Wandel mittels unterschiedlicher Modelllogiken erklärt werden müssten; dynamische Strukturmodelle

11 Das gilt auch für die Produktion von Wissenschaft (vgl. Boudon/Bouvier/Chazel 1999 [1997]).

sind nichts weiter als mithilfe von Rückkoppelungsmechanismen erweiterte statische Strukturmodelle.

Aus der doppelten Tatsache, dass sowohl die handlungstheoretischen Annahmen als auch die Strukturmodelle unvollständig (vgl. Boudon 1986: 208 über partielle Modelle) sind und nur unter idealisierenden Bedingungen gelten, und dass zumeist implizit gelassene Einflussgrößen als Parameter beurteilt werden dürfen (vgl. Boudon 1986: 211), folgt eine fest umrissene Methode der Theorieentwicklung. Die Forschung kann sich darauf konzentrieren, in jenen Fällen, in denen die Prüfung der Handlungstheorie bzw. der Strukturmodelle zu empirisch unzutreffenden Folgerungen führt, Theorie und Modelle durch die Erhellung bzw. die Entdeckung der im Hintergrund stehenden Annahmen zu revidieren und damit zu verbessern.[12] Wie jede struktur-individualistische Vorgehensweise (vgl. Schmid/Maurer 2003) bietet das boudonsche Erklärungsmodell damit zwei Möglichkeiten der Theorieverbesserung an: die Weiterentwicklung der Handlungstheorie oder den Ausbau der Situationsmodellierungen, und hält damit Anschluss an die Idee, dass Modelle und Theorien – um Gehör zu finden – zu ebenso unerwarteten wie bestätigungsfähigen Prognosen führen müssen, und dass Theorien – entgegen einer verbreiteten Einschätzung – ihrer Geltung und Reichweite entsprechend verglichen und bewertet werden können (vgl. Boudon 1986: 212 f.).

Unter Beachtung dieser Punkte kann Boudon ein soziologisches Erklärungsprogramm verteidigen, das Verstehen und Erklären, Makroverteilungen und Mikrohandlungen, sozialer Reproduktion wie sozialem Wandel in gleicher Weise gerecht wird, ohne die Vorgaben einer objektiven, prüfbaren und bisweilen auch technologisch verwertbaren Theoriebildung zu missachten.

12 Vgl. Boudon 1996, 1998b: 192 ff. für die Prüfung der Handlungstheorie und 1986: 208, 224 für die Modellüberprüfung.

IV. Die Rezeption in Deutschland

Das in den siebziger Jahren geäußerte Bedauern Reinhard Wipplers (1979), dass die Werke dieses bedeutenden französischen Soziologen in Deutschland weitgehend unbekannt geblieben seien, ist – vor allem dank der Rezeptionsarbeiten von Siegwart Lindenberg und Wippler selbst (vgl. Wippler 1978a, 1978b, Wippler/Lindenberg 1987, Lindenberg 1977, 1992) – so heute nicht mehr zu bestätigen; auf der anderen Seite weist gegenwärtig nur wenig auf eine Renaissance hin. Im Gegensatz zu Pierre Bourdieu, dessen Bücher fast alle auf Deutsch erschienen sind, hat sich nach den ersten Übersetzungen in den siebziger und achtziger Jahren kein Verlag und kein Institut mehr der Pflege des boudonschen Œuvres angenommen, worunter vornehmlich die Bereitschaft leidet, seine neueren und neuesten Arbeiten zur Revision der Rational- und Handlungstheorie zur Kenntnis zu nehmen (vgl. vor allem Boudon 1994a, 1996, 1997, 1998a, 2001, 2003a, 2003b). Kennzeichnend für diesen Rezeptionsmangel ist, dass man Boudon immer noch als einen Vertreter des strikten Rational-Choice-Ansatzes einstuft (vgl. Hill 2002). Unstrittig ist in Deutschland nur, dass er – zusammen mit James Coleman – als einer der wichtigen Vertreter des struktur-individualistischen Erklärungsprogramms genannt werden muss (vgl. Raub/Voss 1981, Raub 1984, Büschges/Abraham/Funk 1995, Esser 2000, Norkus 2001, Maurer 2004), dessen Arbeiten zeigen, wie ein Modell soziologischen Erklärens erfolgreich angewandt und systematisch erweitert werden kann (vgl. Wippler/Lindenberg 1987: 140, Esser 1989: 71 f., Albert 1998: 63). Die breitere Rezeption seines Werks scheint jedoch auf das Phänomen der paradoxen Effekte begrenzt zu sein[13], wie auch seine Kritik an radikal-strukturalistischen, mikro-reduktionistischen sowie an radikal-phänomenologischen, relativistischen und metaphysischen Denkströmungen (vgl. Boudon 1973a, 1977, 1988c, 1989a, 1991b, 1995a, Boudon/Clavelin 1994) und seine Hinweise auf deren ideologiekriti-

13 Das gilt auch für die amerikanische Szene (vgl. Alexander 1988: 90).

schen Implikationen (vgl. Boudon 1984, 1988c) in Deutschland bislang kaum auf Resonanz zu stoßen scheinen.

Dabei ist Boudon ohne Zweifel ein entdeckenswerter Soziologe, der auf zentrale epistemologische und methodologische Grundfragen der Soziologie bemerkenswerte Antworten gegeben hat, die durchaus als eine Art vermittelnder französischer Kommentar zum deutschen Positivismusstreit gelten dürfen. Boudon deckt mit einer für die Soziologie ungewohnten Klarheit deren epistemologische Besonderheiten und Unsicherheiten auf und könnte so helfen, die auch in Deutschland immer wieder aufkeimende Krisendiskussion in reflexive Bahnen zu lenken. Bedeutsam ist Boudons Werk aber auch und vor allem deshalb, weil es auf einem *Erklärungsprogramm* aufbaut, das *Handlungs- und Strukturebene* verknüpft und eine systematische Theoriearbeit anleitet, welche die Soziologie auf eine mit der Empirie vermittelte kritisch-systematische Theoriearbeit festlegt und so Erkenntnisfortschritte verspricht. Boudon hat dieses Forschungsprogramm nicht nur propagiert, sondern für seine eigenen Arbeiten zu nutzen gewusst und zur Ausformulierung seines Erklärungsmodells bzw. zur Systematisierung der Verbindung von Handlungs- und Strukturebene sowie bei seiner kritischen Aufarbeitung und Ausweitung der Rational-Choice-Theorie überzeugend unter Beweis gestellt. Seine Stärke ist sicherlich nicht die oftmals so medienträchtige und publikumswirksame Gesellschaftstheorie und auch nicht die Diagnose aktueller Entwicklungen, dafür aber bestechen seine Vorschläge zur Denk- und Arbeitsweise der Soziologie, das von ihm entwickelte Erklärungsmodell und nicht zuletzt auch seine davon angeleiteten Klassikerrekonstruktionen und seine zahlreichen Analysen spezifischer, mit auffälligen und rätselhaften Kompositionseffekten behafteter Interaktions- und Interdependenzsysteme.

Literatur

Albert, H., 1998: Marktsoziologie und Entscheidungslogik. Zur Kritik der reinen Ökonomie, Tübingen.

Alexander, J. C., 1988: The New Theoretical Movement, in: N. J. Smelser (Hrsg.), Handbook of Sociology, Newbury Park, S. 77 – 101.

Boudon, R., 1967: L'analyse mathématique des faits sociaux, Paris.

Boudon, R., 1973a: Strukturalismus – Methode und Kritik. Zur Theorie und Semantik eines aktuellen Themas, Düsseldorf (frz.: A quoi sert la notion des »structures«?, Paris 1968).

Boudon, R., 1973b: Mathematische Modelle und Methoden. Hauptströmungen der sozialwissenschaftlichen Forschung, Frankfurt am Main u. a. (frz.: Modèles et méthodes mathématiques, Paris/Den Haag 1970).

Boudon, R., 1974a: The Logic of Sociological Explanation, Harmondsworth (frz.: Les mathématiques en sociologie, Paris 1971).

Boudon, R., 1974b: Education, Opportunity, and Social Inequality, New York (frz.: L'inégalité des chances. La mobilité sociale dans les sociétés industrielles, Paris 1973).

Boudon, R., 1977: Soziale Bedingtheit und die Freiheit des Individuums – das Problem des homo sociologicus, in: K. Eichner/W. Habermehl (Hrsg.), Probleme der Erklärung sozialen Verhaltens, Meisenheim am Glan, S. 214 – 278.

Boudon, R., 1979: Widersprüche sozialen Handelns, Darmstadt/Neuwied (frz.: La crise de la sociologie. Effets pervers et ordre social, Genf/Paris 1971).

Boudon, R., 1980a: Die Logik gesellschaftlichen Handelns. Eine Einführung in die soziologische Denk- und Arbeitsweise, Darmstadt/Neuwied (frz.: La logique du social, Paris 1978).

Boudon, R., 1980b: The Crisis of Sociology. Problems of Sociological Epistemology, London/Basingstoke (frz.: La crise de la sociologie. Effets pervers et ordre social, Paris/Genf 1971).

Boudon, R., 1983a: Individual Action and Social Change, in: The British Journal of Sociology 34, S. 1 – 18.

Boudon, R., 1983b: Why the Theories of Social Change Fail, in: Public Opinion Quarterly 57, S. 143 – 160.

Boudon, R., 1984: Le phénomène idéologique. En marge d'une lecture de Pareto, in: L'année sociologique 34, S. 87 – 125.

Boudon, R., 1986: Theories of Social Change. A Critical Appraisal, Oxford (frz.: La place du désordre, Paris 1984).

Boudon, R., 1987: The Individualistic Tradition in Sociology, in: J. C. Alexander et al. (Hrsg.), The Micro-Macro-Link, Berkeley u. a., S. 45 – 70.

Boudon, R., 1988a: Ideologie. Geschichte und Kritik eines Begriffs, Reinbek bei Hamburg (frz.: L'idéologie, ou l'origine des idées reçues, Paris 1986).

Boudon, R., 1988b: Will Sociology Ever Be a »Normal Science«?, in: Theory and Society 17, S. 747 – 771.

Boudon, R., 1988c: L'acteur social est-il si irrationnel (et si conformiste) qu'on le dit?, in: F. Terré (Hrsg.), Individu et justice sociale. Autour de John Rawls, Paris, S. 219 – 244.

Boudon, R., 1989a: Why Do Social Scientists Tend to See the World as Over-Ordered, in: Philosophia 44, 2, S. 15 – 31.

Boudon, R., 1989b: Subjective Rationality and the Explanation of Social Behavior, in: Rationality and Society 1, S. 173 – 196.

Boudon, R., 1991a: What Middle Range Theories Are, in: Contemporary Sociology 20, S. 519 – 522.

Boudon, R., 1991b: Should We Believe in Relativism?, in: A. Bohnen/A. Musgrave (Hrsg.), Wege der Vernunft. Festschrift zum siebzigsten Geburtstag von Hans Albert, Tübingen, S. 113 – 129.

Boudon, R., 1992: Traité de sociologie, Paris.

Boudon, R., 1993a: Toward a Synthetic Theory of Rationality, in: International Studies in the Philosophy of Science 7, S. 5 – 19.

Boudon, R., 1993b: European Sociology: The Identity Lost?, in: B. Nedelmann/P. Sztompka (Hrsg.), Sociology in Europe. In Search of Identity, Berlin/New York, S. 25 – 44.

Boudon, R., 1994a: The Art of Self-Persuasion: The Social Explanation of False Beliefs, Cambridge (frz.: L'art de se persuader, Paris 1990).

Boudon, R., 1994b: Reconstruction Complex Systems Needs a Complex Theory of Rationality, in: H.-U. Derlien/U. Gerhardt/F. W. Scharpf (Hrsg.), Systemrationalität und Partialinteresse. Festschrift für Renate Mayntz, Baden-Baden, S. 167 – 188.

Boudon, R., 1995a: How Can Sociology »Make Sense« Again?, in: Schweizerische Zeitschrift für Soziologie 21, S. 233 – 241.

Boudon, R., 1995b: Le juste et le vrai. Etudes sur l'objectivité des valeurs et de la connaissance, Paris.

Boudon, R., 1996: The Rational Choice Model: A Particular Case of the Cognitive Model, in: Rationality and Society 8, S. 123 – 150.
Boudon, R., 1997: The Present Relevance of Max Weber's *Wertrationalität* (Value Raionality), in: P. Koslwoski (Hrsg.), Methodology of the Social Sciences, Ethics, and Economics in the Newer Historical School. From Max Weber and Rickert to Sombart and Rothacker, Berlin/Heidelberg, S. 3 – 29.
Boudon, R., 1998a: Limitations of Rational Choice Theory, in: American Journal of Sociology 104, S. 559 – 573.
Boudon, R., 1998b: Social Mechanisms without Black Boxes, in: P. Hedström/R. Swedberg (Hrsg.), Social Mechanisms. An Analytical Approach to Social Theory, Cambridge, S. 172 – 203.
Boudon, R., 1998d: Etudes sur les sociologues classiques, Bd. 1, Paris.
Boudon, R., 1999: Multiculturalism and Value Relativism, in: C. Honegger/S. Hradil/F. Traxler (Hrsg.): Grenzenlose Gesellschaft. Kongress für Soziologie, 14.-18. September 1998 in Freiburg, Bd. 1, Opladen, S. 97 – 118
Boudon, R., 2000: Etudes sur les sociologues classiques, Bd. 2, Paris.
Boudon, R., 2001: The Origin of Values: Essays in the Sociology and Philosophy of Beliefs, New Brunswick/London (frz.: Le sens de valeurs, Paris 1999).
Boudon, R., 2002 [1969]: Les méthodes en sociologie, 12. Aufl., Paris.
Boudon, R., 2003a [2002]: Déclin de la morale? Déclin des valeurs?, 2. Aufl., Paris.
Boudon, R., 2003b: Raison, bonnes raisons, Paris.
Boudon, R./Bourricaud, F., 1992: Soziologische Stichworte, Opladen (frz.: Dictionnaire critique de la sociologie, Paris 1982).
Boudon, R./Bouvier, A./Chazel, F., 1999 [1997]: Cognition et sciences sociales, 2. Aufl., Paris.
Boudon, R./Bulle, N./Cherkauoi, M., 2002 [2001]: Ecole et société. Les paradoxes de la démocratie, 2. Aufl., Paris.
Boudon, R./Cherkaoui, M./Alexander, J. C. (Hrsg.), 1997: The Classical Tradition in Sociology. The European Tradition, 4 Bde., London u. a.
Boudon, R./Cherkaoui, M. (Hrsg.), 2000: Central Trends in Social Theory. Contemporary Sociological Theory, 8 Bde., London u. a.
Boudon, R./Clavelin, M., 1994: Le relativisme est-il résistible? Regards sur la sociologie des sciences, Paris.
Boudon, R./Demeulenaere, P./Viale, R. (Hrsg.), 2001: L'explication des normes sociales, Paris.

Bourdieu, P./Passeron, J.-C., 1981: Soziologie und Philosophie in Frankreich seit 1945, in: W. Lepenies (Hrsg), Geschichte der Soziologie, Bd. 3, S. 496 – 551.

Büschges, G./Abraham, M./Funk, W., 1995: Grundzüge der Soziologie, München/Wien.

Bunge, M., 1996: Social Science Under Debate. A Philosophical Perspective, Toronto u. a.

Durkheim, E., 1961: Regeln der soziologischen Methode, hrsg. von R. König, Neuwied/Berlin (frz.: Les règles de la méthode sociologique, Paris 1895).

Esser, H., 1989: Verfällt die »soziologische Methode«?, in: Soziale Welt 40, S. 57 – 75.

Esser, H., 2000: Raymond Boudon, in: D. Kaesler/L. Vogt (Hrsg.), Hauptwerke der Soziologie, Stuttgart, S. 53 – 57.

Fararo, T. J., 1989: The Meaning of General Theoretical Sociology. Tradition and Formalization, Cambridge u. a.

Hennen, M., 1990: Soziale Motivation und paradoxe Handlungsfolgen, Opladen.

Hill, P. B., 2002: Rational-Choice-Theorie, Bielefeld.

Internationales Soziologenlexikon, ^{2}1984: Beiträge über lebende oder nach 1969 verstorbene Soziologen, hrsg. von W. Bernsdorf/H. Knospe, Stuttgart, S. 95 – 96.

Lindenberg, S., 1977: Individuelle Effekte, kollektive Phänomene und das Problem der Transformation, in: K. Eichner/W. Habermehl (Hrsg.), Probleme der Erklärung sozialen Verhaltens, Meisenheim am Glan, S. 46 – 84.

Lindenberg, S., 1992: The Method of Decreasing Abstraction, in: J. S. Coleman/T. J. Fararo (Hrsg.), Rational Choice Theory. Advocacy and Critique, Newbury Park u. a., S. 3 – 20.

Maurer, A., 2004: Herrschaftssoziologie. Eine Einführung, Frankfurt am Main/New York.

Maurer, A./Schmid, M., 2002: Die ökonomische Herausforderung der Soziologie?, in: A. Maurer/M. Schmid (Hrsg.), Neuer Institutionalismus. Zur soziologischen Erklärung von Organisation, Moral und Vertrauen, Frankfurt am Main/New York, S. 9 – 38.

Merton, R. K., 1936: The Unanticipated Consequences of Purposive Social Action, in: American Sociological Review 1, S. 894 – 904.

Müller-Benedict, V., 1999: Strukturelle Grenzen sozialer Mobilität. Ein Modell des Mikro-Makro-Übergangs nach Boudon, in: Kölner Zeitschrift für Soziologie und Sozialpsychologie 51, S. 313 – 338.

Norkus, Z., 2001: Max Weber und Rational Choice, Marburg.

Raub, W., 1984: Rationale Akteure, institutionelle Regelungen und Interdependenzen, Frankfurt am Main u. a.

Raub, W./Voss, T., 1981: Individuelles Handeln und gesellschaftliche Folgen. Das individualistische Programm in den Sozialwissenschaften, Darmstadt/Neuwied.

Schmid, M., 2004: Rationales Handeln und soziale Prozesse. Beiträge zur soziologischen Theoriebildung, Opladen.

Schmid, M./Maurer, A., 2003: Institution und Handeln, in: M. Schmid/A. Maurer (Hrsg.), Ökonomischer und soziologischer Individualismus, Marburg, S. 9 – 46.

Wippler, R., 1978a: Nichtintendierte soziale Folgen individueller Handlungen, in: Soziale Welt 29, S. 155 – 179.

Wippler, R., 1978b: The Structural-Individualistic Approach in Dutch Sociology. Towards an Explanatory Social Science, in: The Netherland Journal of Sociology 14, S. 135 – 155.

Wippler, R., 1979: Vorwort, in: R. Boudon, Widersprüche sozialen Handelns, Darmstadt/Neuwied, S. 7 – 10.

Wippler, R./Lindenberg, S., 1987: Collective Phenomena and Rational Choice, in: J. C. Alexander et al. (Hrsg.), The Mikro-Makro-Link, Berkeley u. a., S. 135 – 152.

Lothar Peter

Aktionalismus, Akteur und Subjekt: Alain Touraine

I. Industriearbeit und Arbeiterbewusstsein

Dem gehobenen bürgerlichen Milieu entstammend – der Vater war ein angesehener Pariser Mediziner – entwickelte sich der 1924 in Hermanville-sur-Mer (Calvados) geborene Alain Touraine gegen die Erwartungen seines Herkunftsmilieus zum Soziologen. Angeregt durch eigene Erfahrungen – er arbeitete nach dem Besuch der Elitehochschule Ecole Normale Supérieure ein Jahr lang im Bergbau (1947/48) – und beeinflusst durch Georges Friedmann, einen der bedeutendsten Vertreter der französischen Soziologie nach dem Zweiten Weltkrieg und Begründer der französischen Industriesoziologie, beschäftigte sich Touraine zunächst mit den Beziehungen zwischen industriellen Arbeitsbedingungen und subjektiven Einstellungen der Arbeiter zu ihrer Arbeit. Arbeit wurde für Touraine zur grundlegenden Kategorie seines soziologischen Denkens. Dabei ist die Rezeption von Marx ebenso unverkennbar wie die Einbeziehung von Aspekten des sartreschen Praxisbegriffs, aber auch – in scheinbarem Widerspruch zu diesem – der Anthropologie von Claude Lévi-Strauss (vgl. Touraine 1974: 46 ff.). Charakteristisch für Touraines frühe Auffassung von Arbeit war, dass er, anknüpfend an Marx, Arbeit als Austauschprozess zwischen Mensch und Natur betrachtete, aber im Unterschied zu Marx gleichzeitig betonte, dass Arbeit als Handeln nicht unabhängig von dem Sinn existiere, den ihr die Subjekte zuschreiben.

Schon in der Anfangsphase seiner soziologischen Studien hielt er eine gewisse Distanz zu einem kollektivistischen Verständnis von Arbeiterklasse, das die Existenz dieser Klasse aus ihrer objektiven ökonomischen Stellung in den kapitalistischen Produktionsverhältnissen ableitete und die übergreifenden Gemeinsamkeiten des Proletariats in den Vordergrund stellte. Eine solche Vorstellung von Arbeiterklasse dominierte seinerzeit Politik und Strategie der sich auf eine Massenbasis in der Arbeiterschaft stützenden französischen Kommunistischen Partei (PCF) und kennzeichnete ihre Neigung zum »Ouvrierismus« *(ouvrierisme),* also zu einer die gesellschaftliche Zentralität der Arbeiterklasse ideologisch überhöhenden Sichtweise, die in der Arbeiterschaft der Kohlegruben, Stahlwerke, Metall verarbeitenden Fabriken und großen Häfen ihre empirische Grundlage hatte. Statt einer einheitlichen Konzeption von Arbeiterklasse bevorzugte Touraine eine durch empirische Analyse der Arbeitsbedingungen vermittelte Annäherung an die Frage nach Differenzierungen des Arbeiterbewusstseins. Wo der Kommunistischen Partei nahe stehende Intellektuelle die einheitlichen Momente des Klassenbewusstseins hervorhoben, wofür sie ihrerseits durchaus relevante Gründe wie den eines relativ geschlossenen proletarischen Arbeits- und Lebensmilieus anführen konnten, richtete Touraine die Aufmerksamkeit auf die konkrete Arbeitssituation, die betriebliche Produktionstechnik, die erworbenen und tatsächlich abgerufenen Qualifikationen, das Berufsverständnis und die Arbeitseinstellung vor allem der Industriearbeiter, aber auch der Landarbeiter (vgl. Touraine 1961). Diese Orientierung schlug sich erstmalig in der Studie über den Wandel von Industriearbeit am Beispiel der Renault-Werke nieder (1955), in der Touraine sein später bekannt gewordenes Phasenschema der Industriearbeit, genauer der Beziehungen zwischen Produktionsorganisation und -technik zum einen und dem Bewusstsein der Arbeiter zum anderen, entwickelte. Mit diesem Schema versuchte er, die Differenzierungen des Arbeiterbewusstseins soziologisch zu erfassen und die damit einhergehenden Veränderungen der Handlungsdispositionen und gesellschaftlichen Auffassungen der Arbeiter zu beschreiben. Er unterteilte den Prozess der Industrialisierung in drei Hauptphasen, denen jeweils ein bestimmter Typ kollektiven Arbeiterbewusstseins zugeordnet wurde. Die gemeinsame Achse aller drei Phasen bildete der Zusammenhang zwischen objektiven Arbeitsbedingungen, betrieblicher Herrschaft und den Vorstellungen darüber, wer über die Ergebnisse der Arbeit verfügen solle (vgl. Touraine 1955).

Die Phase A kennzeichnet die Anfangsperiode der industriellen Produktion. Es waren hier vor allem die handwerklich qualifizierten, beruflich erfahrenen Arbeiter, die dem Produktionsprozess ihren Stempel aufdrückten. Die Produktion wurde noch nicht oder nur ansatzweise maschinell betrieben und war weitgehend abhängig von tradiertem Berufswissen der Arbeiter. Die eigene Produktivität als Ursache des gesellschaftlichen Reichtums stand im Zentrum des Arbeiterbewusstseins. Berufsstolz, Arbeitsautonomie und Produzentenbewusstsein schufen die Legitimation für den Anspruch, nicht nur die Organisation der Arbeit, sondern auch die Verteilung ihrer Resultate zu kontrollieren. Diese Phase fand ihren Ausdruck in der Entstehung von Berufsgewerkschaften und der Idee des Syndikalismus, der den Betrieb als die entscheidende Arena des Kampfes um die Kontrolle der gesellschaftlichen Arbeit betrachtete.

In der Phase B zerfiel die traditionelle handwerkliche Industriearbeit unter dem Druck maschineller Großproduktion und arbeitsteiliger Fabrikarbeit. Der Typus des handwerklich qualifizierten Arbeiters verschwand zwar nicht abrupt, wurde aber an die Peripherie des industriellen Produktionsprozesses gedrängt, der zunehmend von der repetitiven Teilarbeit der un- und angelernten Massenarbeiter geprägt war. Ihr Bewusstsein war durch die Erfahrung beherrscht, aller kreativen Möglichkeiten in der Arbeit beraubt zu sein, ständig durch effektivere Maschinen ersetzt zu werden und die Schließung der Fabrik befürchten zu müssen. Aus der Beziehung der Arbeiter zur maschinellen Massenproduktion und tayloristischen Arbeitsorganisation entstand ein Typ des Arbeiterbewusstseins, der die Ausbeutung in der Fabrik durch steigende Löhne und Hebung des Lebensstandards zu kompensieren versuchte. Die Erfahrung des Ausschlusses von der Kontrolle über die Arbeitsbedingungen sowie der Unterordnung unter den bürokratisierten Apparat betrieblicher Herrschaft beantworteten die entqualifizierten Arbeiter mit der Ausbildung eines kollektiven Oppositionsbewusstseins, das sich in der Entwicklung von Massengewerkschaften mit hauptsächlich ökonomischer Zielsetzung artikulierte.

Die Phase C stand im Zeichen fortschreitender Automation und der Übertragung sowohl körperlicher als auch mehr und mehr geistiger Arbeitsfunktionen auf maschinelle Aggregate. Automatisch regulierte Produktionsprozesse erforderten technisch hoch qualifizierte Arbeitskräfte und ermöglichten so eine Aufhebung der in der Phase B ihren Höhepunkt erreichenden Arbeitsentfremdung. Die Rückgewinnung von Arbeitskompetenz zur Steuerung komplexer Arbeitsabläufe löste einen Bewusstseinswandel bei den hoch qualifizierten Schichten der Arbeiterschaft aus, der vor allem im Interesse an einer rationalen Kontrolle über die betriebliche Organisation der Arbeit zum Ausdruck kam. Demgegenüber verlor die politische revolutionäre Dimension des Arbeiterbewusstseins an Bedeutung. Gewerkschaftliches Engagement der hoch qualifizierten Industriearbeiter und technischen Angestellten erstreckte sich hauptsächlich auf eine betriebsbezogene Strategie der Kontrolle über die Gestaltung und Organisation der Arbeit *(syndicalisme de contrôle).*

Mit seinen Studien über die *conscience ouvrière,* das Arbeiterbewusstsein, erweiterte Touraine seine Analyse der Zusammenhänge zwischen technischem Fortschritt, sozialem Wandel und dem Bewusstsein der Lohnabhängigen (Touraine 1966). Er untersuchte hier die Einstellungen und Deutungsmuster von Beschäftigten des Bergbaus, des Baugewerbes, der Eisen schaffenden Industrie, der Metallverarbeitung, der Gas- und Elektrizitätserzeugung und der Petrochemie. Anknüpfend an sein Drei-Phasen-Schema der Renault-Studie, interpretierte er die empirischen Daten in *La conscience ouvrière* als Beleg für die These, dass das moderne Arbeiterbewusstsein sich weder auf ein Berufsbewusstsein reduziere noch auf die proletarische Erfahrung von Entfremdung und sozialer Exklusion beschränke, sondern sich mehr und mehr auf die Ebene der Organisation, Steuerung und Planung des Arbeitsprozesses verlagere. Da aber Rationalisierung und Steuerung der Produktion auf eine allgemeine, nicht nur in den Betrieben feststellbare Tendenz moderner industrieller Gesellschaften verwiesen, veränderten sich auch die Formen und Forderungen der Arbeiterbewegung. Während die Arbeiter früher ihre berufliche Autonomie verteidigten, weiteten sich in der Gegenwart die Interessen der Arbeiterbewegung zu Aktionen aus, die sich auf Probleme technokratischer Herrschaft in allen gesellschaftlichen Bereichen richteten. Infolgedessen verlagere sich das traditionelle oppositionelle Arbeiterbewusstsein auf eine neue Stufe offensiven Handelns der Arbeiter: »Die Bruchpunkte haben sich in der industriellen Organisation verschoben. Die Fortschritte der technischen und wirtschaftlichen Organisation haben die Isolierung der Werktätigen in ihren Berufen und auf dem Arbeitsmarkt stark verringert, aber sie haben diejenigen Probleme verschärft, die mit der organisatorischen Dichotomie des Betriebs und dem Produktionsrhythmus verbunden sind. In der nun folgenden Etappe tendieren Automation und Planung in verschiedenen Formen dahin, die Schwere dieser Probleme auf der Ebene der Organisation zu mildern, aber in wachsender Schärfe die Probleme in Erscheinung treten zu lassen, die mit der Leitung der Unternehmen und der Wirtschaft verknüpft sind« (Touraine 1966: 351; Übers. d. Verf.). In dem Maße, wie die industriellen Gesellschaften sich zunehmend die Forderungen nach Verbesserung der Arbeitsbedingungen und Erhöhung der Löhne zu Eigen machten, verlören die Forderungen nach revolutionären Veränderungen an Dynamik. Es sei verfehlt, so argumentierte Touraine, eine revolutionäre proletarische Theorie einer »integrationistischen Theorie« *(théorie intégratrice)* gegenüberzustellen, denn beide verhielten sich nicht antagonistisch zueinander, sondern entsprächen jeweils einer bestimmten Entwicklungsstufe der industriellen Gesellschaft. Je entwickelter die Industriegesellschaft sei, umso mehr würden sich ihr Wertesystem, insbesondere Wachstum und Demokratie, und die Orientierungen des Arbeiterbewusstseins annähern. Daraus zog Touraine die Schlussfolgerung, dass modernes Klassenbewusstsein auf keinen Fall mit einem proletarischen Ausbeutungs- und Entfremdungsbewusstsein verwechselt werden dürfe: »aber unsere Untersuchung hat durchgängig gezeigt, dass es [das Klassenbewusstsein] niemals mit einem proletarischen Bewusstsein durcheinander geworfen werden darf und dass es nicht bei denjenigen vorkommt, die, weil sie nichts als ihre Ketten zu verlieren haben, auch eines positiven Prinzips der Forderung und zu verteidigender oder zu erreichender Ziele beraubt sind« (Touraine 1966: 353; Übers. d. Verf.).

Das Denken Touraines, um die gesellschaftliche Bedeutung und Entwicklung von Arbeit zentriert, verwies zwar auf die Rezeption marxscher Begriffe, unterschied sich aber dennoch in wesentlichen Punkten von einer marxistischen Analyse. Das galt vor allem für das Fehlen einer systematischen Vorstellung davon, dass soziale, kulturelle und politische Prozesse stets durch die Bewegungsformen der Kapitalverwertung bedingt und vermittelt sind. Zwar hielt auch er daran fest, dass in der modernen Industriegesellschaft Herrschaft fortbesteht und zwischen den Machteliten und der Mehrheit der Beschäftigten Interessenkonflikte auftreten, aber diese Konflikte haben sich in seiner Soziologie von den Gesetzmäßigkeiten kapitalistischer Akkumulation abgelöst.

Wie bei anderen Vertretern von Theorien der Industriegesellschaft traten auch bei Touraine Gegensätze zwischen technokratischer Herrschaft und Erfordernissen einer rationalen Organisation wirtschaftlicher und sozialer Prozesse an die Stelle des strukturellen Widerspruchs zwischen kollektiver Produktion und privater kapitalistischer Aneignung. Deshalb ersetzte Touraine den Antagonismus von Lohnarbeit und Kapital immer mehr durch Konflikte, die sich nicht mehr auf das Eigentum und die Verfügung über die materiellen Produktionsmittel bezogen, sondern dem Zugang zu und der Kontrolle von organisatorischer Macht, Information und Kommunikation Priorität einräumten. Die moderne Industriegesellschaft wurde nun von Touraine als ökonomisch krisenfrei gedacht – eine Illusion, die er mit anderen prominenten linken Theoretikern der Industriegesellschaft und Systemkonvergenz von Kapitalismus und Sozialismus wie Herbert Marcuse teilte. Die Aufgaben der Arbeiterbewegung, und das hieß für Touraine in erster Linie der Gewerkschaften, konzentrierten sich damit auf Aspekte rationaler Organisation und Steuerung der Industriegesellschaft, während ihm Klassenkampf und eine revolutionäre Strategie der Überwindung des Kapitalismus als historisch obsolet erschienen.

Den Bemühungen, ideologisch mystifizierte Klischees von Proletariat, Klassenbewusstsein und revolutionärer Aktion mit einer empirischen Analyse des Arbeiterbewusstseins zu konfrontieren und zu einer realistischen und zeitgemäßen Wahrnehmung der Probleme gesellschaftlicher Arbeit beizutragen, korrespondierte das Bedürfnis Touraines nach Ausarbeitung einer systematischen soziologischen Theorie, in der soziales Handeln im Zentrum stand. Der Schritt zur Verwirklichung dieses Bedürfnisses erfolgte mit der Studie *Sociologie de l'action* (1965, dt. 1974).

II. Arbeit als soziales Handeln und postindustrielle Gesellschaft

Den Begriff des sozialen Handelns konzipierte Touraine, wie weiter oben angedeutet, in der Perspektive von Arbeit als der für die menschliche Gattung konstitutiven Tätigkeit, als *condition historique* des Menschen (Touraine 1974: 14). Diese Prämisse liefert die Erklärung dafür, warum Touraine seine soziologische Theorie von nun an als »Aktionalismus« zu bezeichnen begann. Mit seinem Verständnis von sozialem Handeln als durch Arbeit konstituiert grenzte er sich von einer Soziologie ab, die, wie es Talcott Parsons in den USA forderte, soziales Handeln als wertgesteuertes funktionales Verhalten interpretierte. Stattdessen setzte Touraine die Idee einer im europäischen Diskurs verorteten gesellschaftlichen Zentralität von Arbeit fort. Arbeit avancierte zum Schlüsselbegriff der aktionalistischen Analyse, die seither eng mit dem Namen Touraines verbunden ist: »Diese Erfahrung, die in der Arbeit besteht, ist nicht sozialer Art, insofern sie erst die Gesellschaft konstituiert; sie ist aber auch sozialer Art, indem sie nicht auf die Bewußtwerdung von Naturgesetzen reduzierbar ist, die dem Bewußtsein angeblich durch die Arbeit aufgezwungen werden. Da die Arbeit aber eine menschliche Tätigkeit ist, verweist ihr Sinn auf nichts anderes als auf die Tätigkeit selbst, so daß ihre bloße Existenz ein partikulares System normativer Orientierungen des Handelns definiert.« (Touraine 1974: 115 f.) Trotz der Abgrenzung vom amerikanischen Strukturfunktionalismus verwarf Touraine dessen wissenschaftliche Relevanz keineswegs, sondern gestand ihm im Gegenteil (ebenso wie dem Strukturalismus) eine spezifische Existenzberechtigung zu. Seinen eigenen Ansatz verstand er als notwendige Ergänzung, nicht als Negation dieser beiden Theorien.

Den zentralen Bezugspunkt der aktionalistischen Analyse stellte das »historische Subjekt« dar. Dieser Begriff erhielt aber bei Touraine eine ganz andere Bedeutung als die, die man ihm im Allgemeinen beilegt, indem man zum Beispiel an eine revolutionäre Klasse oder Bewegung denkt. Wie viele andere Begriffe Touraines ist auch der des »historischen Subjekts« nicht ganz leicht zu entschlüsseln und nicht immer von anderen seiner Begriffe trennscharf zu unterscheiden. Am ehesten lässt sich das »historische Subjekt« als das durch Arbeit vermittelte Selbstverständnis der Gesellschaft begreifen, das der Praxis der gesellschaftlichen Akteure Sinn und Richtung gibt. Demzufolge ist das »historische Subjekt« keine empirische Kategorie, also weder eine Gruppe, Klasse oder soziale Bewegung noch das Individuum. Auf die industrielle Gesellschaft angewandt, soll die aktionalistische Analyse aufzeigen und erklären, wie das »historische Subjekt« dieser Gesellschaft, nämlich die Art und Weise, wie es sich selbst thematisiert und sich als »Einheits- und Bedeutungsprinzip eines historischen Handlungssystems« (Touraine 1974: 156) entfaltet, die »doppelte Forderung nach Entwicklung und Demokratie« (Touraine 1974: 307) zum entscheidenden Projekt der konkreten sozialen Akteure macht, auch wenn sie widersprüchliche Interessen an diesem Projekt vertreten. Das Ziel der aktionalistischen Analyse besteht also allgemein gesagt darin, durch die Untersuchung der beobachtbaren Institutionen, Akteure und Bewegungen den Sinn des »historischen Subjekts« zu rekonstruieren.

Dass die wissenschaftliche Beschäftigung mit Themen der Industriearbeit Touraine in Berührung mit der politischen Linken brachte, ist nicht erstaunlich. Eher überrascht es, dass er von Anfang an zur Kommunistischen Partei auf Distanz ging, obwohl diese Partei unbestreitbar – ganz im Unterschied zu zahlreichen anderen linken Organisationen und Zirkeln – in der französischen Arbeiterschaft fest verankert war. Touraines Intentionen deckten sich in wichtigen Punkten mit der *nouvelle gauche,* der neuen Linken, die sich während der fünfziger und sechziger Jahre weder mit der traditionellen sozialistischen Partei, der SFIO, noch mit der Kommunistischen Partei identifizieren wollte. Touraine hatte Kontakte zu der 1948 gegründeten, trotzkistisch inspirierten Gruppe Socialisme ou barbarie, ohne dort allerdings im Unterschied zu Cornelius Castoriadis und Claude Lefort eine führende Rolle zu spielen. Als diese Gruppe sich 1965 auflöste, sympathisierte Touraine mit Gruppierungen wie der aus einer Abspaltung von der SFIO entstandenen Partei PSU (Parti socialiste unifié), der unter anderem der frühere Ministerpräsident Pierre Mendès France angehörte. Zwar kam die Abspaltung des linken Flügels der christlichen Gewerkschaften 1964 den Bestrebungen der »neuen Linken« entgegen, aber ihr Einfluss in der politischen Arena blieb trotzdem gering. Nichtsdestoweniger gingen von ihr Diskussionsanstöße vor allem im intellektuellen und akademischen Milieu aus. Das galt beispielsweise für die Diskussion über die Entwicklung einer »neuen Arbeiterklasse« *(nouvelle classe ouvrière),* der neben Pierre Belleville und Serge Mallet auch Alain Touraine eine wachsende Bedeutung attestierte (vgl. Deppe/Lange/Peter 1970). Diese »neue Arbeiterklasse« war nicht mehr mit den Ideen eines revolutionären Systembruchs konnotiert, sondern wurde als Träger einer modernisierten demokratischen Industriegesellschaft identifiziert, beruhend auf weitgehenden Partizipations- und Mitbestimmungsrechten vornehmlich der hoch qualifizierten Beschäftigten in den modernen Schlüsselsektoren der Metall verarbeitenden, elektronischen und petrochemischen Industrie.

Während Touraine einerseits einen engen Bezug zu den vorrangigen Problemen der Arbeit und ihrer kollektiven Akteure, namentlich der Gewerkschaften suchte, bemühte er sich andererseits darum, die soziologische Arbeitsforschung als führende Disziplin auf dem akademischen Feld institutionell zu etablieren.

Nachdem er bereits 1950 auf Empfehlung von Georges Friedmann Mitarbeiter des Centre d'Etudes Sociologiques beim Nationalen wissenschaftlichen Forschungszentrum CNRS geworden war, setzte er seine wissenschaftliche Tätigkeit 1960 an der renommierten Hochschule Ecole Pratique des Hautes Etudes fort. Ein Jahr vorher hatte er die soziologische Fachzeitschrift *Sociologie du travail* (»Soziologie der Arbeit«) gegründet, die bis heute erscheint. Trotz seiner Publikationen über den Wandel der Industriearbeit und des Arbeiterbewusstseins und trotz seiner auf Resonanz stoßenden Promotion an der Sorbonne 1965 trat er in der akademischen Szene zunächst nicht sehr hervor. Das änderte sich allerdings in der zweiten Hälfte der sechziger Jahre, als er zum führenden Repräsentanten der französischen Soziologie aufstieg. Das 1958 unter seiner Mitwirkung entstandene »Laboratorium der Industriesoziologie« wurde 1970 in das »Zentrum zur Erforschung der sozialen Bewegungen« (CEMS) umgewandelt.

In diesem Vorgang spiegelte sich der Anfang eines wichtigen Entwicklungsabschnitts im Denken Touraines wider, der jedoch schon etwas früher begonnen hatte. Besaßen in der ersten Phase seiner soziologischen Aktivitäten Probleme der Arbeit, ihrer Akteure und Konflikte offenkundig einen Vorrang, so richtete sich sein Forschungsinteresse nun auf gesellschaftliche Bereiche jenseits des Produktionsprozesses.

Nicht mehr die Arbeiterbewegung repräsentierte den entscheidenden kollektiven Akteur und die entscheidenden gesellschaftlichen Konflikte entzündeten sich nicht mehr zwischen produktiver Arbeit und betrieblicher Herrschaft. Der Fokus richtete sich stattdessen auf die Bereiche der Kultur, des Wissens, der Information und der Ökologie. Den Anlass für diesen Perspektivenwechsel der soziologischen Analyse hatte nicht zuletzt die im Mai 1968 spontan entstandene Studentenbewegung geliefert. Nicht die wenig später folgenden Massenstreiks, an denen sich Millionen von Lohnabhängigen beteiligten, zogen bezeichnenderweise das Interesse Touraines auf sich, sondern die Studentenbewegung, die insofern einen neuen, zukunftsweisenden Typ sozialer Bewegung zu verkörpern schien, als ihre Forderungen vor allem auf eine Infragestellung der etablierten Kultur und des Systems technokratischer Herrschaft hinausliefen (vgl. Touraine 1968, Touraine et al. 1978a). Zwar hielt Touraine daran fest, das Handeln der neuen sozialen Bewegungen als »konfliktuelle Aktion von Akteuren sozialer Klassen« (Touraine 1973a: 347) zu definieren, aber der Begriff der sozialen Klasse hatte jetzt eine Bedeutung, die ihn weit von einer sozialökonomischen Bestimmung entfernte und ihn eher durch die von Akteuren gemeinsam geteilten Handlungsziele ersetzte. Es war deshalb durchaus plausibel, wenn Touraine seit Ende der sechziger Jahre seltener von der industriellen Gesellschaft sprach und mehr von einer »programmierten« und »postindustriellen« Gesellschaft, die den traditionellen Kapitalismus und die für ihn typischen Widersprüche abgelöst habe. Deshalb wandte er sich neben der Bewegung der Studenten auch der Anti-Atombewegung (Touraine et al. 1980) oder der regionalen occitanischen Autonomiebewegung in Südfrankreich zu (Touraine et al. 1981).

Die »programmierte« oder »postindustrielle« Gesellschaft kennzeichnet nach Touraine eine qualitative Veränderung im Vergleich zur traditionellen kapitalistischen Industriegesellschaft. Nicht mehr das »Bemühen um Akkumulation und Profitentnahme aus unmittelbar produktiver Arbeit« (Touraine 1972: 9) sei charakteristisch für den neuen Typ von Gesellschaft, sondern die »Fähigkeit der Gesellschaft, Kreativität zu schaffen« (Touraine 1972: 9). Ähnlich wie bei Daniel Bell (1975) avancieren Wissenschaft, Technik und Organisation zu den entscheidenden Ressourcen der postindustriellen Gesellschaft. Seine spezifische Aufgabe sieht Touraine in der Untersuchung, wie sich die Themen und Konflikte der postindustriellen Gesellschaft im Bewusstsein und Handeln ihrer Akteure entfalten. Weil die zentralen Konflikte der Gesellschaft nicht mehr durch den Gegensatz von Kapital und Arbeit determiniert seien, lasse sich nach Touraine auch Herrschaft nicht mehr als durch kapitalistisches Eigentum an den Produktionsmitteln bedingt erklären. Vielmehr äußert sich Herrschaft in der postindustriellen Gesellschaft primär als Monopol technokratischer Eliten an Entscheidungs-, Steuerungs- und Organisationsprozessen nicht nur des Produktionssystems, sondern des gesamten kulturellen Modells der neuen Gesellschaft, also als Herrschaft auch über Wissen, Information, Konsum und Freizeit. Mit dem Übergang von »Akkumulationsgesellschaften zu Programmierungsgesellschaften« (Touraine 1972: 77) wandeln sich Klassenstruktur, Klassenbeziehungen und Konfliktinhalte. Zwar verschwindet die traditionelle Arbeiterklasse nicht vollständig, aber neben ihr tauchen neue soziale Schichten und Akteure auf wie die »neue Arbeiterklasse« der hoch qualifizierten Schlüsselgruppen in den Zukunftsindustrien oder die Studenten als ein neuer kollektiver Akteur, der gleichzeitig zum Produkt und Agens gesellschaftlicher Modernisierung im wirtschaftlichen oder kulturellen Sektor wird. Das drängt die Gewerkschaften, mit deren Funktion und Möglichkeiten sich Touraine eingehend auseinander setzt, in ein Dilemma: konzentrieren sie sich auf die Ebene des Unternehmens, dann laufen sie Gefahr, integriert zu werden. Versuchen sie dagegen auf der politisch-staatlichen Ebene zu intervenieren, dann entsteht das Risiko, die Aufgaben der betrieblichen Einflussnahme aus den Augen zu verlieren (Touraine 1972: 198). Für das betriebliche Management gilt im Prinzip dasselbe. Deshalb zieht Touraine die Schlussfolgerung, dass die »Konfrontation von Unternehmensleitungen und Gewerkschaften« nicht mehr den Motor sozialen Wandels bildet. Diese Fähigkeit ist vielmehr auf den »neuen Konflikt zwischen Technokraten und Konsumenten« (Touraine 1972: 200) übergegangen. Wenn die traditionelle Arbeiterbewegung nicht mehr als Protagonist der Modernisierung in Frage kommt, muss man, wie Touraine empfiehlt, ihre Akteure auf den Feldern suchen, auf denen die Kämpfe um die entscheidenden »wirtschaftlichen, wissenschaftlichen und ethischen Patterns« (Touraine 1983: 144), also um die maßgeblichen Wertorientierungen und Entwicklungsmuster der Gesellschaft, ausgefochten werden.

Touraine entdeckte diese Akteure in den »neuen sozialen Bewegungen«, denen er seit Beginn der siebziger Jahre mehr als ein Jahrzehnt lang zahlreiche Analysen und Beiträge widmete, wobei er sich nicht auf Europa beschränkte (vgl. Touraine 1973b). Dem ging allerdings der Versuch voraus, die Theorie sozialen Handelns auf eine komplexere Grundlage zu stellen als es mit *Sociologie de l'action* gelungen war. Das Ergebnis fand seinen Niederschlag in *Production de la société* (1973a), das manchmal auch als Touraines Opus magnum bezeichnet wird. War der Aktionalismus in *Sociologie de l'action* noch auf Arbeit als Schlüsselkategorie fixiert und damit für den Zweck einer allgemeinen Theorie moderner Gesellschaft nicht ausreichend fundiert, so sollte *Production de la société* eine umfassende theoretische Analyse von Gesellschaft als Handlungsprozess ermöglichen. Begriffe wie »Handeln«, »Historizität« und »System des geschichtlichen Handelns«, die früher bereits angeklungen waren, erfuhren nun eine systematische Begründung und Vermittlung.

III. Theorie der modernen Gesellschaft und soziologische Intervention

Den zentralen Begriff stellt »Historizität« *(historicité)* dar. Damit knüpft Touraine an Überlegungen in *Sociologie de l'action* an, die dort mit dem Begriff des »historischen Subjekts« verbunden waren. Unter »Historizität« versteht Touraine die Fähigkeit der Gesellschaft, ihren spezifischen Bedingungen eine reflexive handlungsleitende Bedeutung und Orientierung zu geben. Dahinter steht die Vorstellung, dass Gesellschaften keine geschlossenen funktionalen Systeme, keine statischen Ordnungen oder Strukturen bilden, sondern sich als Prozess darstellen, in dem und durch den die Gesellschaft sich als Projekt ihrer selbst entwirft und verwirklicht: »Die Gesellschaft ist nicht das, was sie ist, sondern das, wozu sie sich macht« (Touraine 1973a: 10; Übers. d. Verf.). »Historizität« besteht in der Mobilisierung von drei konstitutiven Elementen: der Erkenntnisweise, dem Akkumulationsprozess und dem kulturellen Modell (Touraine 1973a: 28 ff.). Unter Erkenntnisweise *(mode de connaissance)* versteht Touraine so etwas wie die Selbstreflexion der Gesellschaft, also ihr Wissen im Verhältnis zur Natur und sich selbst. Dieses Wissen, die »Bearbeitung der Arbeit«

(le travail sur le travail), wie Touraine sagt, setzt seinerseits einen Prozess materieller Akkumulation voraus, der einen erheblichen Teil des akkumulierten Produkts in die Herstellung der Voraussetzungen gesellschaftlicher Arbeit investiert, ein Vorgang, der moderne von traditionellen Gesellschaften unterscheidet. Aber erst das kulturelle Modell erlaubt der Gesellschaft, ihre eigene Handlungsfähigkeit und Kreativität zu begreifen. Im Unterschied zu einer partikularen Ideologie, die einer bestimmten Klasse vorbehalten bleibt, umfasst das kulturelle Modell die Beziehungen auch gegensätzlicher Klassen, sofern sie sich, wenn auch mit unterschiedlichen Motiven und Zielen auf dieses Modell beziehen, wie es etwa der Fall ist, wenn sich sowohl die Klasse der kapitalistischen Unternehmer und Manager als auch die Arbeiterklasse auf den »Fortschritt der Produktivkräfte« berufen. Obwohl die herrschenden Klassen die Hegemonie über das kulturelle Modell besitzen, machen auch die beherrschten Klassen eben dieses Modell für sich geltend und kämpfen in seinem Namen. Deshalb ist Historizität stets umkämpft und durchdringt alle Konflikte der sozialen Klassen. Sie realisiert sich infolgedessen sowohl in einem »System der geschichtlichen Aktion« *(système d'action historique)* als auch in den Beziehungen zwischen den Klassen, wobei beide Momente gemeinsam das »Feld der Historizität« *(champ d'historicité)* bilden. Aus diesem »Feld der Historizität« gehen, als Ergebnis der Auswirkungen der Historizität auf die gesellschaftliche Praxis sowie der Beziehungen der sozialen Klassen, einerseits das institutionelle System der Gesellschaft, insbesondere der Staat, andererseits die soziale Organisation der Gesellschaft mit ihren Verwaltungen, ihren Unternehmen und kulturellen Einrichtungen, aber auch den Formen gesellschaftlicher Praxis – Revolte, Partizipation, Unterdrückung, Widerstand und Integration – hervor.

Ein besonderer Stellenwert kommt in diesem teilweise ziemlich umständlichen systematischen Aufbau dem »System der geschichtlichen Aktion« zu und zwar insofern, als dieses System gleichsam »Historizität« in gesellschaftliche Praxis »übersetzt« (vgl. Touraine 1973a: 82). Dabei erfüllt das kulturelle Modell als eines der drei konstitutiven Momente von »Historizität« eine entscheidende Funktion. Die konkreten Akteure auf dem »Feld der Historizität«, auf dem gleichsam Historizität und soziale Klassen aufeinander treffen, sind die sozialen Bewegungen. Ihr Handeln ist »eine kollektive Aktion, die auf die Kontrolle oder Transformation des Systems der geschichtlichen Aktion gerichtet ist« (Touraine 1973a: 226; Übers. d. Verf.). Zur Vereinfachung soll der Zusammenhang der erwähnten Begriffe noch einmal durch folgendes Schema wiedergegeben werden:

Begriffliches Schema in *Production de la société*

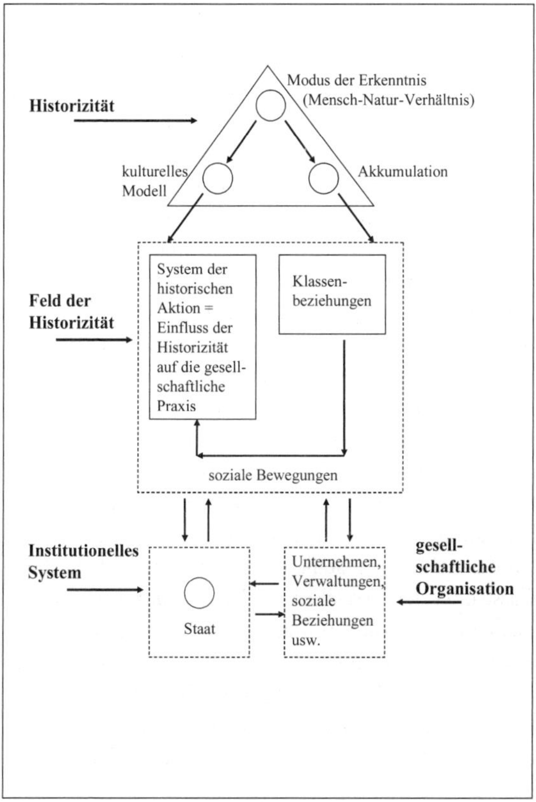

Während das kulturelle Modell, das die Gesellschaft von sich selbst entwirft, wesentlich das »System der geschichtlichen Aktion« bestimmt, bedingt der Prozess der materiellen Akkumulation, also die Erzeugung des gesellschaftlichen Reichtums, die Klassenbeziehungen. Klassenbeziehungen sind nach Touraine keine starren Gegensätze, sondern eine konfliktuelle Beziehung, die sich auf ein gemeinsames, aber von der herrschenden Klasse dominiertes kulturelles Modell (zum Beispiel auf den »gesellschaftlichen Fortschritt«) richtet, das die unterschiedlichen Klassen mit unterschiedlichen Bedeutungen und Erwartungen besetzen. So kontrolliert die herrschende Klasse in der postindustriellen Gesellschaft den technischen und administrativen Apparat der Gesellschaft, wohingegen die beherrschte Klasse diesen Apparat zwar aufrechterhält, aber von seiner Leitung ausgeschlossen ist (Touraine 1973 a: 146 ff.). Ihr Widerstand artikuliert sich als Infragestellung der gegebenen Klassenbeziehungen, indem sie als soziale Bewegung in Erscheinung tritt. Soziale Bewegungen sind Ausdruck des Verhaltens sozialer Klassen *(conduites sociales)* und damit gleichzeitig »eine kollektive Aktion, die auf die Kontrolle oder die Transformation des Systems der geschichtlichen Aktion gerichtet ist« (Touraine 1973a: 226; Übers. d. Verf.). Soziale Bewegungen, ausschlaggebende Träger der konfliktuellen Klassenbeziehungen, lassen sich durch drei Prinzipien charakterisieren: das Prinzip der Identität, das Prinzip der Opposition und das Prinzip der Totalität (Touraine 1973a: 360 ff.).

Das Prinzip der Identität begründet kollektives Selbstbewusstsein, das Prinzip der Opposition macht den Konflikt um die Historizität, insbesondere das kulturelle Modell, evident und das Prinzip der Totalität verweist auf ein Gegenprojekt der sozialen Bewegungen, das sich an die Stelle des gegebenen, von der herrschenden Klasse oder den herrschenden Klassen dominierten Systems der geschichtlichen Aktion und des sie prägenden kulturellen Modells setzen will. Touraines aktionalistischer, Gesellschaft als kollektive Selbstproduktion denkender Grundriss moderner Gesellschaften in *Production de la société* endet mit einigen zusammenfassenden Gedanken, die explizit die Aufgaben der Soziologie betreffen.

An den klassischen Werturteilsstreit in den deutschen Sozialwissenschaften vor dem Ersten Weltkrieg erinnernd, versucht Touraine die Position von Soziologen zwischen sozialen Bewegungen und wissenschaftlicher Erkenntnis zu umreißen. Während sich der Soziologe einerseits ebenso wie die sozialen Bewegungen gegen die Logik der Herrschaft wenden müsse, um eine unverzerrte Erkenntnis der Gesellschaft zu ermöglichen, dürfe er sich aber andererseits nicht mit der sozialen Bewegung identifizieren, weil er – im Gegensatz zur sozialen Bewegung – die unterschiedlichen Elemente nicht zur »Einheit des Gelebten« *(unité du vécu)* verschmelzen dürfe, sondern analytisch trennen müsse. Das die soziologische Arbeit damit unvermeidlich kennzeichnende Spannungsverhältnis resümierte Touraine in dem lapidaren Satz: »Er [der Soziologe] kann weder Parteigänger noch neutral sein« (Touraine 1973a: 515). Dieser Gedanke verweist auf jene Elemente seiner soziologischen Methode, die er zum Konzept der »soziologischen Intervention« *(intervention sociologique)* verarbeitete.

Als Methode der empirischen Sozialforschung verknüpft die »soziologische Intervention« das Instrument der teilnehmenden Beobachtung und das der Gruppendiskussion mit der historischen Methode der Rekonstruktion des Handelns konkreter sozialer Akteure (vgl. Touraine 1978b, Touraine et al. 1984a). Die »soziologische Intervention« bedient sich des Instruments der Gruppendiskussion, um die Reflexion der Befragten über ihr eigenes Handeln zu intensivieren und damit auch die Handlungsfähigkeit der Gruppe und ihrer Mitglieder zu erhöhen. Darin weist die Methode eine gewisse Parallele zur Aktionsforschung auf, unterscheidet sich aber insofern von dieser, als sie von einer strikten moralischen oder politischen Unabhängigkeit der Forscher von der Gruppe ausgeht. Im Prozess ihrer praktischen Anwendung durchläuft die »soziologische Intervention« zwei Phasen. In einer ersten Phase unterstützen die Forscher die Befragten in dem Bemühen, eine »Autoanalyse« *(auto-analyse)* durchzuführen und sich den Sinn ihres eigenen Handelns zu vergegenwärtigen. Dies kann auch geschehen, indem die Gruppe zusätzlich außen stehende Personen in die Diskussion einbezieht, seien es

Freunde, Gegner oder neutrale Zeugen ihres Handelns. Während der Phase der »Autoanalyse« entwickeln die Forscher gleichzeitig ihre Hypothesen, die sich sowohl auf die Gruppendiskussionen als auch andere Daten und Hilfsmittel stützen. Die Hypothesen haben die Funktion, die »weitgehendste mögliche Bedeutung des Handelns« *(la signification la plus élevée possible)* zu formulieren. (Hierbei ist zu berücksichtigen, dass sich die empirischen Untersuchungen Touraines und seiner Forschungsgruppen vor allem auf Zusammenhänge zwischen dem Handeln der Befragten und der Entwicklung sozialer Bewegungen bezogen.) In der zweiten Phase wird die Gruppe dann mit den Hypothesen konfrontiert und dazu aufgefordert, ihr Handeln im Lichte der Hypothesen zu analysieren und zu diskutieren. Den Übergang zur Analyse des Handelns durch die Gruppe in der Auseinandersetzung mit den Hypothesen der Forscher nennt Touraine »Konversion« *(conversion),* weil die Gruppe nun veranlasst wird, den Sinn des eigenen Handelns in der Auseinandersetzung mit den Hypothesen zu reflektieren und auf die Bedeutung der Gruppe für die soziale Bewegung zurückzubeziehen. Dabei müssen die Forscher darauf verzichten, ideologische Präferenzen ins Spiel zu bringen, andererseits dürfen sie aber auch nicht in die Rolle des unbeteiligten Beobachters verfallen. Vielmehr müssen sie den in den Hypothesen formulierten Sinn des Handelns und der sozialen Bewegung in der Gruppendiskussion durchgängig präsent halten. Die zweite Phase erfordert eine methodische Differenzierung zwischen den Aufgaben der Forscher, sowohl die Bedeutung und den Sinn des Handelns in der Gruppendiskussion bewusst zu halten als auch die Diskussion wissenschaftlich zu analysieren. Deshalb sieht die zweite Phase eine Arbeitsteilung zwischen zwei Forschern vor. Der eine begleitet die Autoanalyse und bleibt nahe an der Gruppe, indem er die Diskussion anregt und voranbringt, der andere bemüht sich darum, die Hypothesen in die Diskussion einzubringen. Die Validität der Hypothesen misst sich in erster Linie daran, inwieweit sie die Handlungsfähigkeit der befragten Akteure praktisch erhöht. An diesem Punkt wird die Überschneidung mit den Zielen der Aktionsforschung offensichtlich. Die methodischen Vorzüge der »soziologischen Intervention« hat Touraine am Ende einer Untersuchung über das gewerkschaftliche Engagement so genannter *militants* (aktiver Mitglieder) mit den folgenden Worten beschrieben: »Die Methode der soziologischen Intervention [...] versetzt die Akteure in eine Position, die die Dekonstruktion der Ideologie fördert. Sie erlaubt so eine Vielfalt von Bedeutungen auszulösen, die sich in der unmittelbaren sozialen Praxis vermengen und verwischen. Es wird dann möglich, die wichtigsten zu isolieren und Analysen zu produzieren, die die Handlungsfähigkeit der Teilnehmer nur anheben können. Das schließt ein, dass die Forscher selbst eine Haltung einnehmen, den aktiven Gewerkschaftern ihre Instrumente vorzuschlagen, und zwar Hypothesen, von denen ausgehend eine Reflexion gestaltet werden kann, die über die Kategorien der Praxis hinausgeht« (Touraine et al. 1984a: 389 f.; Übers. d. Verf.).

Die Methode der »soziologischen Intervention« hat aber nicht nur Zustimmung gefunden. Ihr wurde unter anderem vorgeworfen, dass die Forscher eine die Gruppe bevormundende Rolle spielten, indem sie – und nicht die Gruppe selbst – »Prozesse der Läuterung provozierten und kontrollierten« und den Sinn der erlebten Konflikte vorprogrammierten (Amiot 1980).

Die »soziologische Intervention« hatte für Touraine und seine Mitarbeiter nicht nur die Funktion einer empirischen Forschungsmethode, sondern erhielt eine darüber hinausgehende Bedeutung. In der »soziologischen Intervention« verdichtete sich eine Auffassung von Soziologie, die sich nicht mit dem Status neutraler wissenschaftlicher Beobachtung sozialer Fakten begnügt, sondern explizit die von ihr erforschten sozialen Akteure zu einem bewusst herrschaftskritischen Handeln veranlassen will. Der hohe Stellenwert, den die »soziologische Intervention« so im Selbstverständnis Touraines erhielt, fand 1981 eine institutionelle Bestätigung in der Gründung des »Zentrums für soziologische Aktion und Intervention« (CADIS), dem unter anderen François Dubet und Michel Wieviorka angehörten bzw. noch immer angehören. Das Zentrum zeichnet sich durch einen Arbeitsstil enger Kooperation seiner Mitglieder aus (vgl. Touraine 2002: 13).

Mit dem Rückgang des Einflusses der Arbeiterbewegung auf die gesellschaftliche und politische Entwicklung in Frankreich, der sich in einer politischen Erosion der Mitglieder- und Wählerbasis der Kommunistischen Partei, einem breiten Akzeptanzverlust der Gewerkschaften und einem prokapitalistischen Modernisierungskurs der Sozialistischen Partei widerspiegelte, aber auch mit dem dann bald folgenden Abebben der neuen sozialen Bewegungen seit Mitte der achtziger Jahre hat die Konzeption des Aktionalismus einen Wandel erfahren. Zwar bildeten die sozialen Bewegungen weiterhin einen wichtigen Forschungsgegenstand Touraines, doch traten die allgemeinen Probleme und Krisen moderner Gesellschaften deutlich in den Vordergrund. Der Begriff des Akteurs wurde nun weniger unter kollektivem Aspekt, also hinsichtlich des Selbstverständnisses und der Handlungsziele sozialer Klassen und Bewegungen interpretiert, sondern enger mit der Frage nach der Relevanz von Subjektivität verknüpft. Parallel dazu verlief eine weit reichende Revision der Idee der »Historizität«, die sich immer mehr von der Produktionssphäre entfernte, um sich primär auf die Ebene der Kultur, des Konsums, der Information und der Erziehung zu richten, wie Touraine am Ende der Gemeinschaftsstudie *Le mouvement ouvrier* betonte (Touraine et al. 1984a: 404 ff.).

IV. Akteur und Subjekt

Der sich im Denken Touraines abzeichnende Übergang von einem eher kollektivistischen Ideal sozialer Bewegungen, also primär der Arbeiterbewegung als revolutionäre Herausforderung des industriellen Kapitalismus, zu den seit Ende der sechziger Jahre aufkommenden neuen sozialen Bewegungen und schließlich die Hinwendung zum Thema des Subjekts in der Moderne, erfuhr eine exemplarische Verdichtung in *Le retour de l'acteur* (1984 b). Zwar bilden in diesem *Essai de sociologie* die neuen sozialen Bewegungen weiterhin den archimedischen Punkt der Zeitdiagnose Touraines, aber sie erscheinen in einem neuen Licht. Touraine geht davon aus, dass die unter unseren Augen entstehende, längst aber nicht vollständig entfaltete postindustrielle Gesellschaft, sich nicht als Totalität formiert, in der die einzelnen Elemente durch ein kohärentes zentrales Prinzip zusammengehalten werden, sondern dass sie durch eine wachsende Heterogenität sozialer und kultureller Konflikte gekennzeichnet ist. Weder die »klassische Soziologie« noch zahlreiche soziologische Konzepte der Gegenwart seien geeignet, den krisenhaften sozialen Wandel adäquat zu interpretieren. Die »klassische Soziologie« beruhte nach Touraine auf drei Prinzipien – erstens der Einheit von Gesellschaft und dem »Sinn der Geschichte«, zweitens der Identifizierung der Gesellschaft mit dem Nationalstaat und drittens dem Modell der Funktionalität des sozialen Systems –, die alle durch die Wirklichkeit dementiert worden seien (Touraine 1984b: 25). Die moderne Soziologie habe darauf mit einer »Spaltung von System und Akteur« *(séparation du système et de l'acteur)* reagiert, einer Spaltung, aus der allerdings ganz entgegengesetzte Schlussfolgerungen gezogen worden seien. Einerseits sei das Scheitern der klassischen Paradigmen mit der These des rational entscheidenden individualistischen Akteurs (zum Beispiel Herbert Alexander Simon, James G. March, Peter M. Blau, Michel Crozier), andererseits mit der These einer übermächtigen repressiven, die Autonomie jeglichen Handelns negierenden sozialen Ordnung (Herbert Marcuse, Michel Foucault, Louis Althusser, Pierre Bourdieu, Erving Goffman) beantwortet worden. Die moderne Soziologie hat so, wie Touraine meint, die Bedingungen und Perspektiven sozialen Handelns als Akt der Selbstreflexion und Selbstbestimmung aus dem sozialwissenschaftlichen Diskurs verbannt (Touraine 1984b: 107 ff.). Dagegen fordert Touraine die Soziologie auf, die moderne Gesellschaft als durch das Handeln sozialer Akteure sich selbst erzeugendes System zu begreifen und die Bedingungen zu erforschen, unter denen sich diese sozialen Akteure konstituieren können. Für ihn bleiben weiterhin die sozialen Bewegungen der bevorzugte Adressat einer Soziologie, die eine wissenschaftliche Analyse sozialer Akteure und ihrer Kämpfe um »Historizität« mit der gesellschaftlichen Praxis verbinden will:

»Aber es wird immer notwendiger, eine andere Soziologie zu verteidigen, indem man im Gegenteil der Idee der sozialen Bewegung eine zentrale Rolle gibt und eine neue professionelle Praxis schafft, die sich darum bemüht, den Akteur in dem Bewusstsein zu erfassen, das er von seinem eigenen Handeln hat« (Touraine 1984b: 297; Übers. d. Verf.). Die Bedeutung sozialer Bewegungen lässt sich aber nicht mehr allein durch ihre Kollektivität begründen, sondern bedarf, dem Charakter der »Historizität« moderner Gesellschaften entsprechend, um sich selbst hervorzubringen und zu gestalten, der Erweiterung durch die Idee des Subjekts: »Was ist das Subjekt, wenn nicht der soziale Akteur, der sich auf die kulturellen Modelle, auf die Historizität des gesellschaftlichen Typs bezieht, in den er hineingestellt ist? Allein der Bezug auf das Subjekt erlaubt es heute, zu einer Kultur überzugehen, die sich in Richtung auf die Herausbildung von Akteuren transformiert, die fähig sind, sie mit ihren Überzeugungen und Konflikten zu beleben.« (Touraine 1984b: 340)

Mit seiner *Critique de la modernité* (1992) nähert sich Touraine dem Thema des Subjekts noch mehr. Obwohl er die Rolle sozialer Bewegungen als Akteur nicht revidiert, bietet seine Diagnose der Moderne nun eine neue Perspektive: Soziale Akteure können sich nur konstituieren, wenn sie sich als Subjekt begründen. Vom Begriff des Subjekts her versucht Touraine, die Probleme der Modernität sowohl analytisch zu durchdringen als auch normativ zu ihrer Bewältigung beizutragen. Wie ist das zu verstehen? Von der Voraussetzung ausgehend, dass die Moderne von der Tendenz beherrscht wird, alle Bereiche des Lebens der instrumentellen Vernunft zu unterwerfen, wird die Gesellschaft in Touraines Deutung in einen Zustand allgemeiner Entzauberung *(désenchantement)* versetzt, wie er unter Anspielung auf die berühmte Formulierung Max Webers feststellt (Touraine 1992: 23). Die Macht der Rationalisierung, die nicht nur das wissenschaftliche Denken und den technischen Fortschritt ergreift, sondern auch die soziale Organisation der Gesellschaft, also die sozialen Beziehungen und Institutionen, macht mit allen Merkmalen traditionaler Gesellschaften Tabula rasa und versteht sich in diesem

Prozess selbst als »Revolution«. Weit ausholend rekapituliert Touraine die philosophische und sozialwissenschaftliche Reflexion des Siegeszuges der Moderne von den Ideen Descartes über Montaigne und Rousseau bis zu Comte, Marx und Weber. Touraines eigenes Ziel besteht nicht darin, die Moderne fundamentalistisch zu verwerfen, sondern ihre einzelnen Elemente zu analysieren; denn im Anschluss an Joseph A. Schumpeters Idee einer (auf den Kapitalismus bezogenen) »schöpferischen Zerstörung« sieht Touraine in der Moderne sowohl die Entfesselung destruktiver Kräfte als auch die Freisetzung schöpferischer Impulse und emanzipatorischer Bewegungen (Touraine 1992: 112). Allerdings entwickelten sich diese gegensätzlichen Momente der Modernität in einer krisenhaften Wechselbeziehung, die schließlich zum Zerfall *(décomposition)* von Modernität und zu einer problematischen Verselbständigung einzelner gesellschaftlicher Bereiche wie der Sexualität, des Konsums, der Organisation der Produktion und der Nation führte. Dem entspricht nach Touraine eine Spaltung zwischen persönlicher Ordnung (Sexualität, Konsum) und kollektiver Ordnung (Unternehmen, Nation). Die Erosion des gesellschaftlichen Ganzen, dessen Einheit die Philosophie der Aufklärung auf der Basis der Vernunft und des Universalismus verheißen hatte, wirft für Touraine die Frage auf, ob zukünftig die Prinzipien der Vernunft mit den Erfordernissen einer Gesellschaft, die sowohl Freiheit als auch Gerechtigkeit ermögliche, überhaupt noch vereinbar seien (Touraine 1992: 231). Er fragt also nach der Möglichkeit eines neuen Projekts von Modernität, das er als *retour à la modernité* bezeichnet (Touraine 1992: 235). Wenigstens drei Antworten auf diese Frage verwirft er als kontraproduktiv: erstens die Flucht in einen regressiven Antimodernismus, zweitens die Ideologie der *décollage,* also des rigorosen Bruchs mit der Tradition und des ungezügelten wirtschaftlichen Take-off (zum Beispiel in Japan und den »Tigerstaaten«) und drittens den Weg des Individualismus (Touraine 1992: 235 ff.). Stattdessen sieht er in der (Re-)Konstituierung des Subjekts den Schlüssel für eine produktive und kreative Neugestaltung der Moderne. Ihre Möglichkeit und Notwendigkeit leitet er aus der These ab, dass in der Moderne »Rationalisierung und Subjektivierung« *(rationalisation et subjectivation)* zunächst auseinander traten und dann nur noch unvermittelt nebeneinander existierten. Deshalb ist, so Touraines Annahme, die ebenso paradoxe wie fatale Situation eingetreten, dass die Moderne, indem sie die Errungenschaften der instrumentellen Vernunft verabsolutierte, das Subjekt und damit sich selbst bekämpft; denn das Subjekt ist nichts anderes als die komplementäre Seite der Vernunft. Touraine schreibt: »Das Drama unserer Modernität ist, dass sie sich entwickelt, indem sie die Hälfte ihrer selbst bekämpft, indem sie im Namen der Wissenschaft Jagd auf das Subjekt macht. [...] Während es Modernität nur durch die wachsende Interaktion von Subjekt und Vernunft geben kann, von Bewusstsein und Wissenschaft, wollte man uns die Idee aufzwingen, dass man auf die Idee des Subjekts verzichten müsste, um die Wissenschaft triumphieren zu lassen, dass man Gefühl und Vorstellungskraft ersticken müsste, um die Vernunft zu befreien.« (Touraine 1992: 241; Übers. d. Verf.).

Um seinen Begriff von Subjekt zu entfalten, greift Touraine auf Nietzsche und vor allem Freud zurück, die er als entschiedene Repräsentanten der Kritik an der Hegemonie der instrumentellen Vernunft über die subjektiven Triebkräfte des Menschen würdigt. Dabei bedient er sich in erster Linie der psychoanalytischen Konstruktion des Zusammenhangs von Lust- und Realitätsprinzips, also der Kategorien des Es, Ich und Über-Ich, die er in sein eigenes Konzept von Subjektivität umschreibt. Im Verlauf der Durchsetzung der Moderne hat diesem Konzept zufolge die Tendenz zur Subjektivierung das Gleichgewicht zwischen persönlichem Verhalten einerseits und den von der Gesellschaft zugewiesenen sozialen Rollen, das Ich *(Moi)*, zerstört. Das Ich zerfiel in das Subjekt und das Sich *(Soi)*, wobei Letzteres die dem Ich zugeschriebenen und von ihm verinnerlichten sozialen Rollen und normativen gesellschaftlichen Erwartungen meint. Das Subjekt bewegt sich seither im Spannungsfeld entgegengesetzter gesellschaftlicher Kräfte, vor allem zwischen der Tendenz zum narzisstischen Individualismus zum einen und zur totalen Vergesellschaftung und Integration zum anderen. Wie aber bestimmt Touraine das, was er Subjekt nennt, positiv? Er versteht darunter weder eine personale Kategorie noch das, was man im Allgemeinen mit Individualität verbindet, sondern das Subjekt ist der »Wille eines Individuums, als Akteur zu handeln und anerkannt zu werden« (Touraine 1992: 242) sowie ein »Konstruktionsmodus der sozialen Erfahrung« (Touraine 1992: 272). Da die Moderne vielfältige Zentrifugalkräfte freisetzt, die die Möglichkeiten des Subjekts bedrohen, muss es seinen Kampf an zwei Fronten führen: gegen den Druck des modernen Rationalismus und seine Fixierung auf das zweckrationale Nutzen maximierende Handeln ebenso wie gegen die Vereinnahmung der Individuen durch normative Zwänge, seien diese nun das Ergebnis sozialer Rollenzuweisungen oder eines kulturellen Integrismus, wie er sich im Erstarken fundamentalistischer kommunitärer Ideologien äußere. Wenn das Subjekt als Gegenentwurf sowohl zur Rationalisierung als auch zur Unterwerfung der Individuen unter eine funktionalistische Ordnung sozialer Sanktionen zu interpretieren ist, dann folgt für Touraine daraus, dass sich Subjektivierung als oppositioneller und emanzipatorischer kultureller Prozess entfaltet. Dieser Prozess richtet sich gleichermaßen gegen die sozialen Ordnungslogiken utilitaristischer oder funktionalistischer Provenienz. Es sind die neuen sozialen Bewegungen, namentlich die Frauenbewegung, in denen sich das Subjekt artikulieren kann. Das aber ist nur möglich, wenn das Subjekt sich nicht auf ein »Ich« zurückzieht, sondern sich durch die Anerkennung des Anderen im Sinne von Emmanuel Lévinas begreift (vgl. Moebius 2003).

Insofern bedeutet Subjekt zwar Widerstand gegen Rollenzwänge und normative Einbindung, nicht aber individualistische Verselbstständigung nach dem Muster des Liberalismus. In diesem Zusammenhang geht Touraine wiederholt auch auf andere sozialwissenschaftliche Diagnosen der Moderne wie die von Jürgen Habermas, Anthony Giddens oder Ulrich Beck ein. Von Habermas unterscheidet sich Touraine im Demokratieverständnis, da er den Schwerpunkt nicht auf Diskurs und Kommunikation, sondern auf Freiheit und Kreativität des Subjekts legt. Gegen

Giddens wendet er ein, dass er das Individuum als vom Vertrauen in andere abhängig betrachtet, anstatt es als Akteur von Freiheit und als Dissident etablierter Macht zu erkennen (Touraine 1992: 306). Touraine weiß, dass die fragmentierte Moderne nicht wieder mit sich selbst versöhnt und zu einem Zustand der Harmonie zurückgeführt werden kann, aber er begnügt sich nicht mit einer dem Gedanken der »unvollendeten Moderne« bei Habermas vergleichbaren »begrenzten Modernität« *(modernité limitée)*. Ihr stellt er die Perspektive einer »vollen Modernität« *(pleine modernité)* entgegen, indem er dazu auffordert, einen neuen Dialog zwischen Vernunft und Subjekt zu beginnen, der weder abreißt noch irgendwann beendet ist, sondern den »Weg der Freiheit« unablässig offen hält (Touraine 1992: 431).

V. Entmodernisierung

In *Pourrons-nous vivre ensemble?* (1997) hat Touraine das Thema des Subjekts auf den Prozess der Globalisierung und Multikulturalität ausgeweitet. Angesichts der Tatsache, dass »Milliarden von Individuen dieselben Fernsehprogramme sehen, dieselben Getränke trinken, dieselbe Kleidung tragen und sogar, um von einem zu einem anderen Lande zu kommunizieren, dieselbe Sprache benutzen« (Touraine 1997: 13; Übers. d. Verf.), stellt sich die nahe liegende Frage, ob und wie die Menschen zukünftig zusammenleben können. Ähnlich wie in *Critique de la modernité* geht Touraine von einer gesellschaftlichen Krise aus, deren Ausmaße und Tiefenwirkungen allerdings über die Erfahrung von Angst und »Entzauberung« (Touraine 1997: 33) weit hinausgehen. Diese Krise bezeichnet er als »Entmodernisierung« *(démodernisation)*, deren Wucht das »klassische Modell« der Moderne erschüttert habe. Wenn Modernisierung früher die Steuerung sowohl der rationalisierten Produktion als auch der Freiheit des Subjekts ermöglicht habe, so lässt die aktuelle Moderne persönliche Freiheit und gesellschaftliche Produktivität und technische Effizienz auseinander fallen. Anstatt aber die Erosion der Moderne als Postmoderne zu interpretieren und damit die Wirklichkeit durch die Fiktion völliger Atomisierung und durch eine Dominanz von Zeichensystemen zu ersetzen, schlägt Touraine den Begriff der Entmodernisierung vor, weil er besser als der der Postmoderne geeignet sei, die tatsächlichen Veränderungen zu erfassen. Entmodernisierung äußert sich ihm zufolge in vielfältigen Erscheinungsformen, unter denen er einige hervorhebt. »Desinstitutionalisierung« verweist auf den Verlust normativer Verbindlichkeit und gesetzlichen Schutzes, in der »Desozialisierung« spiegelt sich das Verschwinden der in der Lebenswelt *(monde vécu)* integrierenden Rollen, Normen und Werte wider (Touraine 1997: 57), und in der »Depolitisierung« kommen die Krise der repräsentativen Demokratie und kollektive Politikverdrossenheit zum Ausdruck. Den aktuellen Zustand der Gesellschaft beschreibt er als »niedere« oder genauer gesagt »niedergehende Modernität« *(basse modernité),* die den Stadien der »Hochmoderne« *(haute modernité)* und »mittleren Moderne« *(moyenne modernité)* gefolgt sei und das Gleichgewicht zwischen »System und Akteur« elementar zerstört habe. Der Krise der Entmodernisierung setzt Touraine sein Projekt der Subjektivierung und des Subjekts entgegen, dessen Umrisse schon in den vorangegangenen Arbeiten sichtbar wurden. Während er aber in *Critique de la modernité* noch eine eher optimistische Perspektive entwickelte, indem er eine neue Synthese zwischen instrumenteller Vernunft und Subjektivität für möglich hielt, erhält die Idee des Subjekts nun einen dramatischen Akzent. Das Subjekt erscheint als die einzige Kraft überhaupt, die noch in der Lage ist, die drohende Regression der Gesellschaft aufzuhalten. Dies gilt erst recht dann, wenn die Krise der Moderne mit dem Prozess der Globalisierung und der multikulturellen Heterogenisierung in einen Zusammenhang gestellt wird. Deshalb widmet sich der zweite Teil des Buches vor allem dem Kampf des Subjekts gegen die neoliberale Logik globalisierter Märkte einerseits, die Gefahr eines fundamentalistischen Kommunitarismus und repressiven Prinzips kultureller Identität andererseits (Touraine 1997: 196). Um in diesem Kampf zu bestehen, muss das Subjekt die Ebene politischer Routinen verlassen und das Politische ethisch neu begründen (Touraine 1997: 360). Das zentrale Ziel der Konstituierung des Subjekts als Akteur in einer Welt der Globalisierung und Entgrenzung wird, wie Touraine am Ende seines Buches noch einmal unterstreicht, in der Verknüpfung von instrumenteller Vernunft und gemeinschaftsbezogener Identität bestehen (Touraine 1997: 371). Das aber schließt den Respekt vor universellen Werten wie Menschenwürde und Toleranz ebenso ein wie einen kontinuierlichen Prozess der Demokratie als unhintergehbare Voraussetzungen der Subjektkonstituierung.

Wiederholt hat sich Touraine im Laufe seiner langjährigen wissenschaftlichen Tätigkeit mit den Aufgaben und Erfordernissen der Sozialwissenschaften im Allgemeinen und der Soziologie im Besonderen befasst (vgl. unter anderem Touraine 1974, 1976a, 1976b, 1984b). Auch in einer der letzten größeren Veröffentlichungen – es handelt sich um Gespräche mit Farhad Khosrokhavar, einem seiner engsten Mitarbeiter am CADIS –, geht er noch einmal ausführlich auf die wesentlichen Merkmale soziologischer Analyse ein und versucht, sein Verständnis von Soziologie auf den Punkt zu bringen. Dieses Verständnis impliziert unter anderem folgende Aspekte: Soziologie wird als interdisziplinäre Sozialwissenschaft gefasst (Touraine/Khosrokhavar 2001: 286). Ihre kritische Mission besteht darin, sowohl die Bewegung herauszuarbeiten, durch die sich die Gesellschaft selbst erzeugt, als auch die Beziehung zwischen System und Akteur wiederherzustellen (Touraine/Khosrokhavar 2001: 273). Indem Soziologie das Subjekt nicht auf soziale Bedingungen reduziert, sondern seine vorsoziale moralische Dignität anerkennt, erweist sie sich als »Anti-Soziologie« *(anti-sociologie)*. Damit will Touraine ebenso den nichtfunktionalistischen Charakter wie die handlungsorientierende, auf die emanzipatorische Praxis des Subjekts in der Moderne gerichtete Arbeit der Soziologie hervorheben.

Neben zahlreichen anregenden Aspekten und zutreffenden Befunden weisen Touraines Analysen der Moderne aber auch Mängel auf, von denen einige nicht nur punktueller, sondern struktureller Natur sind. So fällt erstens auf, dass die als widersprüchlich und krisenhaft beschriebenen Prozesse der Moderne analytisch von der ökonomischen Entwicklung des Kapitalismus abgekoppelt werden. Wenn überhaupt, so taucht der Begriff des Kapitalismus nur noch metaphorisch auf, spielt aber für die Erklärung der sozialen und kulturellen Krise keine systematische Rolle mehr. Zweitens wird der Begriff sozialer Klassen aufgegeben, ohne diesen Schritt überzeugend zu begründen. Aus der Tatsache, dass die Arbeiterklasse sich historisch nicht als »revolutionäres Subjekt« erwiesen hat, lässt sich nicht einfach, wie Touraine annimmt, ein Verschwinden von Klassengegensätzen und klassenspezifischen sozialen Ungleichheiten überhaupt ableiten. Drittens hält Touraine die von ihm konstatierte Verselbstständigung einzelner gesellschaftlicher Bereiche in der Moderne schon für einen Beweis dafür, dass Gesellschaft als zusammenhängendes, die Einzelmomente und unterschiedlichen Ebenen vermittelndes und so Vergesellschaftung überhaupt erst ermöglichendes System zu existieren aufgehört habe. Die unbestreitbare Tatsache krisenhafter Destabilisierung der modernen Gesellschaft wird so mit der Auflösung von Gesellschaft überhaupt verwechselt. Demgegenüber ist mit einem klugen Gedanken von Georg Lukács daran zu erinnern, dass erst die Krise, also die scheinbare Verselbstständigung der einzelnen Bestandteile der Gesellschaft, ihren Charakter als Gesellschaft, nämlich als komplexen, nicht zufälligen, systemhaften Zusammenhang offensichtlich macht. Viertens fordert Touraines Konzept der Subjektivierung und des Subjekts Kritik heraus. Der Begriff des Subjekts als Gegenkraft zur Krise der Moderne wird unvermittelt postuliert und entbehrt einer überzeugenden soziologischen Begründung. Wann, unter welchen Bedingungen und in welchen Situationen Subjektivität aufgebaut werden kann, wird weder gefragt noch beantwortet. Die zu erwartende Verknüpfung zwischen philosophischen, psychoanalytischen und soziologischen Bestimmungen von Subjektivität bleibt aus. Insbesondere klafft zwischen der empirischen Dimension von Subjektivität und ihrer starken normativen sozialphilosophischen Aufladung bei Touraine ein argumentativer Bruch. Er wird durch die zirkuläre Behauptung Touraines, dass sich Subjekt und soziale Bewegung wechselseitig bedingen, zwar verdeckt, aber nicht aufgehoben. Fünftens schließlich verblassen die realen Bedingungen, empirischen Formen und konkreten Folgen gesellschaftlicher Herrschaft, ihrer Institutionen und Handlungsweisen, ähnlich wie bei anderen oben erwähnten prominenten Modernisierungstheoretikern zu einem Problem des Diskurses und der Reflexivität.

Trotz dieser Einwände ist die Bedeutung Touraines für die französische Gegenwartssoziologie unbestritten. Sie liegt vor allem in den frühen empirischen Studien über Industriearbeit und Arbeiterbewusstsein, dem Versuch einer auf der Kategorie von Arbeit aufbauenden soziologischen Handlungstheorie und den zahlreichen konkreten Untersuchungen über die neuen sozialen Bewegungen als Akteure gesellschaftlicher Veränderung.

Literatur

Amiot, M., 1980: L'intervention sociologique, la science et la prophétie, in: Sociologie du travail 4, S. 415–424.

Bell, D., 1975: Die nachindustrielle Gesellschaft, Frankfurt am Main/New York (engl.: The Coming of the Post-Industrial Society. A Venture in Social Forecasting, New York 1973).

Deppe, F./Lange, H./Peter, L. (Hrsg.), 1970: Die neue Arbeiterklasse. Technische Intelligenz und Gewerkschaften im organisierten Kapitalismus, Frankfurt am Main.

Moebius, S., 2003: Die soziale Konstituierung des Anderen. Grundrisse einer poststrukturalistischen Sozialwissenschaft nach Lévinas und Derrida, Frankfurt am Main/New York.

Touraine, A., 1955: L'évolution du travail ouvrier aux Usines Renault, Paris.

Touraine, A., 1961: Ouvriers d'origine agricole, unter Mitarb. von O. Ragazzi, Paris.

Touraine, A., 1966: La conscience ouvrière, Paris.

Touraine, A., 1968: Le mouvement de Mai ou le communisme utopique, Paris.

Touraine, A., 1972: Die postindustrielle Gesellschaft, Frankfurt am Main (frz.: La société post-industrielle, Paris 1969).

Touraine, A., 1973a: Production de la société, Paris.

Touraine, A., 1973b: Vie et mort du Chili populaire, Paris.

Touraine, A., 1974: Soziologie als Handlungswissenschaft, Darmstadt/Neuwied (frz.: Sociologie de l'action, Paris 1965).
Touraine, A., 1976a: Briefe an eine Studentin. Verfall und Wiederaufbau der Gesellschaft, München (frz.: Lettres à une étudiante, Paris 1974).
Touraine, A., 1976b: Was nützt die Soziologie?, Frankfurt am Main (frz.: Pour la sociologie, Paris 1974).
Touraine, A. et al., 1978a: Lutte étudiante, Paris.
Touraine, A., 1978b: La voix et le regard, Paris.
Touraine, A. et al., 1980: La prophétie antinucléaire, Paris.
Touraine, A. et al, 1981: Le pays contre l'État, Paris.
Touraine, A., 1983: Soziale Bewegungen. Spezialgebiet oder zentrales Problem soziologischer Analyse?, in: Soziale Welt 3, S. 143 – 152.
Touraine, A. et al, 1984a: Le mouvement ouvrier, Paris.
Touraine, A., 1984b: Le retour de l'acteur. Essai de sociologie, Paris.
Touraine, A., 1992: Critique de la modernité, Paris.
Touraine, A., 1997: Pourrons-nous vivre ensemble? Égaux et différents, Paris.
Touraine, A./Khosrokhavar, F., 2001: La recherche de soi. Dialogue sur le sujet, Paris.
Touraine, A., 2002: Le parcours d'un sociologue, Paris (Savoir et mémoire 8).

Beate Krais

Soziologie als teilnehmende Objektivierung der sozialen Welt: Pierre Bourdieu

I. Eine erste Orientierung

In Deutschland ist Pierre Bourdieu vor allem mit der Veröffentlichung *Die feinen Unterschiede* (1982) bekannt geworden, einer Studie, die zeigt, dass die alltägliche Lebensführung und der Geschmack der Individuen zutiefst von ihrer Klassenlage geprägt sind. Mit seinen politischen Stellungnahmen aus den neunziger Jahren hat er über die Soziologie hinaus auch ein breiteres, politisch interessiertes Publikum erreicht. Sein Werk ist jedoch weit umfangreicher und vielfältiger, als aus diesen beiden Linien seiner Arbeit ersichtlich wird. Die Spannbreite der Themen, mit denen sich Bourdieu beschäftigt hat, reicht von Studien über den Wandel bäuerlicher Lebensverhältnisse in Algerien und in Südwest-Frankreich über Untersuchungen zum Bildungswesen, zur Photographie, zum Museumsbesuch, zur Philosophie Heideggers, zur männlichen Herrschaft, zu den Herrschaftsaspekten der Sprache, zu den Klassenstrukturen moderner Gesellschaften, zur Welt der Literatur bis hin zu Veröffentlichungen über soziale Ausgrenzung im Zuge der Modernisierung. Immer wieder gibt es darüber hinaus Arbeiten, die der methodischen Reflexion, der Selbst-Vergewisserung über die eigene wissenschaftliche Arbeit dienen, und von dem Moment an, in dem Bourdieu die Soziologie zu seinem Beruf machte, trat er auch mit Stellungnahmen zum politischen Geschehen an die Öffentlichkeit.

Diese Aufzählung ist keineswegs vollständig. Die komplette Bibliographie der Werke Bourdieus umfasst viele Seiten, und in seinem Nachlass findet sich eine Fülle von Aufsätzen, aus denen einmal ausgearbeitete Veröffentlichungen werden sollten. Die meisten Arbeiten liegen auch in deutscher Übersetzung vor, allerdings sind sie oft in großem zeitlichem Abstand zur – meist französischen – Erstveröffentlichung erschienen. Inzwischen gibt es auch eine lebhafte Diskussion über Bourdieus Werke in der deutschen Soziologie, vor allem in der jüngeren Generation (vgl. Bittlingmeyer et al. 2002, Ebrecht/Hillebrandt 2002, Rehbein/Saalmann/Schwengel 2003, Engler/Krais 2004), und einen Eintrag über Bourdieu in den *Klassikern der Soziologie* (Bohn/Hahn 2000).

Wer sich mit Bourdieu beschäftigt, wird feststellen, dass er in die gängigen Schubladen nicht passt, mit denen die akademische Welt Ordnung zu schaffen sucht im Durcheinander des Denkens über Gesellschaft, gesellschaftliche Beziehungen und das Verhältnis von Individuum und Gesellschaft. Ist er nun Marxist oder doch eher Weberianer, geht es ihm eher um Strukturen oder um soziales Handeln, macht er Kultursoziologie oder Klassentheorie, Makro- oder Mikrosoziologie, und ist er überhaupt Soziologe oder doch eher Philosoph? Gibt es irgendeinen Ismus, den Strukturalismus vielleicht, unter dem man ihn ablegen kann? Ich will versuchen, einleitend einige Charakteristika seines Denkens zu skizzieren, um eine vorläufige Orientierung zu ermöglichen.

Dem soziologischen Common sense zufolge ist ein Soziologe entweder Theoretiker oder Empiriker oder handelt wenigstens, wenn er schon beides betreibt, Theorie und Empirie in säuberlich getrennten Werken ab, vorzugsweise in der Form, dass er zuerst eine systematische Theorie mit einer Abfolge allgemeiner Sätze erarbeitet und diese dann »auf die Empirie anwendet«. Charakteristisch für Bourdieu ist nun, erstens, die Verknüpfung von empirischer Untersuchung und Theorie-Entwicklung – womit er sich im Übrigen in guter Gesellschaft mit soziologischen Klassikern wie Karl Marx, Max Weber und Emile Durkheim befindet. Obgleich er die Soziologie gerade in theoretischer Hinsicht ungeheuer bereichert hat, ihr neue Fenster zur sozialen Welt aufgestoßen hat, wird man unter seinen Werken keine Abhandlung finden, in der er »seine Theorie des Habitus« oder »seine Theorie des sozialen Raums« oder gar eine »allgemeine Theorie der Gesellschaft« entwickelt hätte. Seine Arbeiten sind immer zugleich empirisch und theoretisch, das heißt, sie behandeln einen konkreten, räumlich und zeitlich bestimmbaren Gegenstand, beispielsweise die Klassenverhältnisse im Frankreich der sechziger Jahre des 20. Jahrhunderts, verwenden dazu empirisches Material unterschiedlichster Art wie zum Beispiel Statistiken, Dokumente, Photographien, ethnographische Beschreibungen und enthalten doch immer auch theoretische Überlegungen und Auseinandersetzungen.

Theorie-Entwicklung ist für Bourdieu die Entwicklung neuer analytischer Konzepte und Kategorien, und so spricht er dann auch nicht von »seiner Theorie«, sondern, mit explizitem Bezug auf Kant, von »Erkenntniswerkzeugen«. Neue Erkenntniswerkzeuge allerdings findet man nicht passend vor, sie müssen mühsam erarbeitet werden, und zwar in aller Regel dann, wenn man mit den vorhandenen Mitteln und Instrumenten – wissenschaftlichen ebenso wie vorwissenschaftlichen Sichtweisen, Begriffen und Konzepten – bei der Analyse eines konkreten Problems nicht mehr weiterkommt. So »erfand« Bourdieu das Konzept vom sozialen Raum und, als Ergänzung zur Kategorie des ökonomischen Kapitals, die Kategorien des kulturellen und sozialen Kapitals, als er sich in *Die feinen Unterschiede* (1982) mit den Klassenverhältnissen in Frankreich beschäftigte und dabei feststellte, dass das in der marxistischen Tradition entwickelte Verständnis von sozialen Klassen die Praxis der Individuen, ihre lebensweltlichen Zusammenhänge und ihr Alltagshandeln, ausblendete.

Dieses Verständnis von Theorie hat zur Folge, dass Bourdieu in seinen Untersuchungen an den verschiedenen Erkenntniswerkzeugen weiterarbeitet, sie weiterentwickelt, spezifiziert, differenziert, dass er ausprobiert, wie weit man damit kommt. Sie sind niemals »fertig« im Sinne von überhistorisch gültigen Modellen oder Denksystemen; sie sind tatsächlich eher »Konzepte« im Wortsinne, das heißt vorläufige, wenn auch gut überlegte, analytische Konstrukte, die in der wissenschaftlichen Praxis entstehen und sich in ihr bewähren müssen. Der Buchtitel *Skizze einer Theorie der Praxis, eingeleitet durch drei Studien zur kabylischen*

Ethnologie (1976)[1] gibt dieses Unabgeschlossene in Bourdieus Verständnis von wissenschaftlicher Arbeit recht gut wieder. Das hat zur Folge, dass Bourdieus Überlegungen zu den zentralen analytischen Konzepten Habitus, sozialer Raum und soziales Feld über sein gesamtes Werk verstreut sind.

Ein zweites Charakteristikum der Soziologie Bourdieus hängt mit der Verknüpfung von empirischer Untersuchung und theoretischer Innovation zusammen: Seine Arbeiten sind immer auch eine Auseinandersetzung mit vorfindlichen Sichtweisen und analytischen Konstrukten der Soziologie, aber auch der weiter gefassten wissenschaftlichen Tradition überhaupt. Allerdings finden sich die Bezüge zu bestimmten soziologischen Vorstellungen und Konzepten vielfach eher beiläufig in Bourdieus Arbeiten, in Fußnoten, in einleitenden Bemerkungen oder auch ganz am Ende, in einer Art bilanzierender Betrachtung der Ergebnisse einer bestimmten Untersuchung. *Die feinen Unterschiede* (1982) sind ein gutes Beispiel hierfür: Im Vorwort zur deutschen Ausgabe erwähnt Bourdieu das von Norbert Elias vorgestellte Modell der höfischen Gesellschaft als immer noch relevant für Frankreich, geht kurz auf den von Max Weber herausgearbeiteten Gegensatz von Klasse und Stand ein, um dann über mehrere hundert Seiten hinweg Daten zum klassenspezifischen Geschmack vorzutragen, sich dabei mit der Ästhetik Kants auseinander zu setzen und außerdem noch sein Konzept des sozialen Raums und der Lebensstile zu entwickeln. Ganz am Ende, ab S. 727, diskutiert er die Konsequenzen, die sich für die soziologische Arbeit daraus ergeben, dass nicht nur die Soziologen, sondern auch die sozialen Akteure sich selbst, die anderen Akteure und deren Handeln klassifizieren und bei dieser Klassifikation immer zugleich um ihre Position im sozialen Raum kämpfen. Das Buch ist gespickt mit Verweisen auf philosophische und soziologische Positionen, mit kritischen Bemerkungen und Abgrenzungen von gängigen Sichtweisen ebenso wie mit Überlegungen zur eigenen soziologischen

1 So lautet der Titel der Originalausgabe, *Esquisse d'une théorie de la pratique, précédée de trois études d'ethnologie kabyle*, in wörtlicher Übersetzung.

Methode – all dies ist jedoch integriert in die Darstellung des Gegenstands, um den es ihm geht.

Diese Art des Denkens und Schreibens in ständiger Auseinandersetzung mit dem Universum der existierenden wissenschaftlichen Positionen schließt darüber hinaus, und dies ist ein drittes Charakteristikum von Bourdieus Soziologie, immer auch Selbst-Reflexion mit ein. Was macht der Soziologe eigentlich, wenn er Soziologie betreibt? Was mache ich, Pierre Bourdieu, wenn ich mich mit den vorkapitalistischen Verhältnissen der Bauern in Algerien beschäftige, wenn ich die Klassenbeziehungen in Frankreich untersuche?

Die Soziologie ist eine schwierige Wissenschaft, ist doch der Soziologe selbst Teil des Geschehens, das er analysiert – er befindet sich im gleichen sozialen Raum, in dem die anderen Akteure sind, und er steht immer auch in einer sozialen Beziehung zu seinem Gegenstand und damit zu den anderen Akteuren. Es gibt für die soziologische Analyse keinen Ort außerhalb des sozialen Geschehens. Dies ist einerseits eine Voraussetzung soziologischer Analyse, macht sie jedoch auch besonders schwierig: Man versteht das soziale Geschehen, weil man Teil dieses Geschehens ist, weil man selbst eine Geschichte hat, Erfahrungen mit der sozialen Welt gemacht hat. Man geht daher an seinen Forschungsgegenstand mit Vorkenntnissen und Vorannahmen heran, mit Vorurteilen, sowohl mit gelehrten als auch mit alltagsweltlichen Vorurteilen – was jedoch ist zu tun, um Erkenntnisse über die soziale Welt hervorzubringen, die von ganz anderer Qualität sind als subjektive Urteile? Wie gelingt es dem Soziologen und der Soziologin, den Forschungsgegenstand zu objektivieren?

Bourdieu war ein methodisch sehr bewusster und reflektierter Soziologe. So finden sich, in breiter zeitlicher Streuung, unter seinen Veröffentlichungen immer wieder Studien, die sich explizit mit der Frage auseinander setzen, wie die »teilnehmende Objektivierung der sozialen Welt« durch den Soziologen möglich ist, welche Fallen ihm die wissenschaftliche Tradition stellt und wie er möglichst gute wissenschaftliche Arbeit leistet. Hierzu gehören vor allem die Werke *Soziologie als Beruf* (Bourdieu/Chamboredon/Passeron 1991), *Entwurf einer Theorie der Praxis* (Bourdieu 1976), *Sozialer Sinn* (Bourdieu 1987), *Reflexive Anthropologie* (Bourdieu/Wacquant 1996) und *Meditationen* (Bourdieu 2001). Aber auch in den Untersuchungen, die bestimmte Aspekte der sozialen Welt zum Gegenstand haben wie beispielsweise die Rolle des Bildungswesens bei der Reproduktion sozialer Ungleichheit, die Klassenstruktur in Frankreich oder das Geschlechterverhältnis, ist diese Selbst-Befragung und Selbst-Reflexion immer präsent.

Schließlich soll hier noch ein viertes Charakteristikum der Soziologie Bourdieus genannt werden: Es ist eine eminent politische Soziologie. Die Vernunft, sagt Bourdieu, ist eine historische Errungenschaft, und zu den gesellschaftlichen Bedingungen der Vernunft-Entwicklung gehört die Wissenschaft. Die Absicht der Aufklärung, der Gesellschaftskritik und auch der Wissenschaftskritik in Bourdieus Werk ist unverkennbar, und am Ursprung seiner Untersuchungen steht immer die Kritik, oft die Empörung über bestimmte gesellschaftliche Verhältnisse. Die Reflexion seiner Arbeit als Soziologe, die in allen seinen Texten steckt, impliziert für Bourdieu, dass er seine eigene politische Position bewusst macht und nach den politischen Aspekten seiner wissenschaftlichen Arbeit fragt. Ein Wissenschafts-Guru allerdings, der dem nach Orientierung heischenden Publikum klar macht, »wo's lang geht«, etwa indem er einen »dritten Weg« zwischen Sozialismus und Kapitalismus aufzeigt, war Bourdieu nie. Der Versuchung der Prophetie vom Katheder aus hat er immer widerstanden – er hat versucht, mit seiner wissenschaftlichen Arbeit gesellschaftliches Handeln und die daraus erwachsene soziale Ordnung transparent zu machen, und er hat sich engagiert in die politischen Kontroversen seiner Zeit eingemischt (vgl. Bourdieu 2004a).

Bourdieus Texte gelten als kompliziert und schwer verständlich. Zum Teil hat dies unmittelbar mit den genannten Charakteristika zu tun: Seine Veröffentlichungen sind Zwischenprodukte eines laufenden Forschungsprozesses, die daher immer auf mehreren Ebenen argumentieren, auf der Ebene der Darstellung des Forschungsgegenstands, das heißt einer historisch und räumlich zu verortenden Thematik, auf der Ebene der Reflexion und Auseinandersetzung mit vorfindlichen wissenschaftlichen Sichtweisen und Konzepten und schließlich auf der Ebene der Selbst-Reflexion. Das macht die Texte nicht einfach – um so weniger, als Bourdieu ein philosophisch außerordentlich gebildeter Soziologe war, so dass dem durchschnittlichen deutschen Soziologen die Verweise auf theoretische Debatten durchaus nicht immer etwas sagen.

Es kommt hinzu, dass er die Möglichkeiten der französischen Sprache voll ausschöpfte, Wortspiele liebte und damit die deutschen Übersetzerinnen und Übersetzer vor große Probleme stellt. So spielt er ganz bewusst mit dem weiten und schillernden Bedeutungsgehalt des französischen Wortes *agent,* für das sich in den deutschen Übersetzungen Wörter wie »Akteur«, »handelndes Individuum«, »soziales Subjekt« finden. Bourdieu hat sich verschiedentlich gegen den Begriff *acteur* ausgesprochen, der im Französischen zunächst den »Schauspieler« meint, und auch gegen den Begriff »soziales Subjekt«, der ihm zu stark mit der Subjekt-Philosophie und mit der Diskussion über die »Arbeiterklasse als historisches Subjekt« verbunden war, gegen die er sich ausdrücklich wandte. *Agent* dagegen meint zunächst einfach den/die Handelnde(n), aber auch den Agenten im Sinne unseres früher gebräuchlichen »Handelsagenten« oder des »Geheimagenten«, also des für eine Organisation oder (fremde) Macht Handelnden. Bourdieus *agent* ist immer ein bestimmtes Individuum, niemals ein »kollektiver Akteur«, doch impliziert das Wort *agent,* dass das Individuum nicht nur für sich, sondern zugleich als »Agent« der Gesellschaft handelt. Wir haben im Deutschen kein Wort, das diesem französischen Begriff mit seinem spezifischen Assoziationsraum vergleichbar wäre.

Auch der französische Satzbau und die französische Rhetorik sind ins Deutsche nicht einfach zu übertragen, und so lesen sich manche Übersetzungen recht schwerfällig. Sie quälen das deutschsprachige Publikum mit langen, holprigen Schachtelsätzen, was dem Duktus des subtilen, fließenden französischen Originals keineswegs entspricht. Manchmal tragen die Übersetzungen auch

Komplikationen in die Texte hinein, die im Original nicht vorhanden sind. Dies gilt beispielsweise für die in der deutschen Philosophie gebräuchliche und theoretisch hoch aufgeladene Unterscheidung von Körper und Leib, die Bourdieu ausdrücklich nicht aufgenommen hat; er verwendet den französischen Ausdruck *corps,* was im Deutschen mit »Körper« zu übersetzen ist. Irreführend ist auch der in der Übersetzung oft zu findende Begriff »Habitusformen« als Plural für das aus dem Lateinischen stammende Wort »Habitus«. Wer sich an seinen Lateinunterricht erinnert, weiß, dass der Plural von *habitus* ebenfalls *habitus* heißt, gesprochen mit einem langen u – und genau diesen Plural verwendet Bourdieu in seinen Texten; so ist er auch zu verwenden, wenn man dieses lateinische Wort ins Deutsche übernimmt.

Im Folgenden sollen zunächst Leben und Werk Bourdieus in ihren wichtigsten Stationen vorgestellt werden. Dass in diesem knappen Beitrag auch der soziale Kontext skizziert wird, der Bourdieus wissenschaftliche Arbeit geprägt hat, ist nicht nur eine – gewiss nützliche – akademische Konvention. Bourdieu hat immer darauf hingewiesen, dass das Denken und Handeln der Akteure, auch das der wissenschaftlichen Akteure, nur von den sozialen Bedingungen ihrer Entstehung her aufgeschlossen werden können. Sein eigenes wissenschaftliches Denken und Handeln ist davon nicht ausgenommen. Ein weiteres Kapitel umreißt die zentrale Thematik, mit der sich Bourdieu in seinem Werk auseinander gesetzt hat: Herrschaft und symbolische Ordnung. Im Anschluss daran werden die analytischen Konzepte Habitus, sozialer Raum und soziales Feld erläutert. Einige Bemerkungen zu Bourdieus wissenschaftlichen Grund-Überzeugungen, aus denen heraus er seine Sicht auf die soziale Welt entwickelt hat, schließen die Darstellung ab.

II. Biographische Notiz

Pierre Bourdieu wurde am 1. August 1930 in Denguin, einem kleinen Ort am Fuße der Pyrenäen, geboren. Sein Vater stammte aus einer Familie landloser Bauern *(métayer)*, und auch seine Mutter war bäuerlicher Herkunft. Der Vater war Briefträger, später Vorsteher des Dorf-Postamts. Bourdieu besuchte das Gymnasium in der 20 km entfernten Bezirkshauptstadt Pau und das diesem angegliederte Internat. Internatsschüler blieb er auch im weiteren Verlauf seines Bildungsweges. Nach dem Abitur wechselte er an das Pariser Gymnasium Louis le Grand, um sich auf die Aufnahmeprüfung zur Ecole Normale Supérieure vorzubereiten.[2] Er gehörte zu den bis heute ganz wenigen Schülern, die den Sprung von einem Provinz-Gymnasium an eine der französischen Grandes Ecoles schaffen. 1955 schloss Bourdieu als Bester seines

2 Das zentralisierte französische Bildungssystem kennt, anders als das deutsche, mit den Grandes Ecoles klar identifizierbare und fraglos als solche anerkannte Spitzen-Hochschulen. Die ersten dieser Grandes Ecoles wurden unter Napoleon gegründet; es handelt sich um die Ecole Polytechnique, die Ecole des Mines und die Ecole des Ponts et Chaussées (Hochschulen der Ingenieurausbildung für militärische Aufgaben, Bergbau und Brücken- und Straßenbau), aber auch um die Ecole Normale Supérieure, die Hochschule für die Lehrerausbildung. Später kamen weitere Hochschulen hinzu; sie sind bis heute überwiegend staatliche Einrichtungen. Diese kennen keine Studiengebühren; die Studierenden sind für die Dauer ihres Studiums Angestellte des Staates und beziehen ein Gehalt, das dem in Deutschland üblichen Beamtenanwärter-Gehalt bei der Ausbildung an einer verwaltungsinternen Fachhochschule vergleichbar ist. Dafür sind die Absolventen verpflichtet, nach Abschluss ihres Studiums zehn Jahre im Staatsdienst tätig zu sein.
Um an einer Grande Ecole aufgenommen zu werden, muss man eine Aufnahmeprüfung ablegen. Zur Vorbereitung auf diese Aufnahmeprüfung gibt es Vorbereitungsklassen an einigen ausgewählten Gymnasien; zwei staatliche Pariser Gymnasien sind hier von größter Bedeutung. Zu diesen Gymnasien, aber auch zu den traditionsreichen Grandes Ecoles in Paris gehören Internate, sodass die Studierenden in einem für Deutschland unvorstellbaren Maße in ihrer eigenen, strikt auf die Ecole bezogenen Welt leben. Der darauf sich gründende Korpsgeist, den Bourdieu vehement attackierte, ist eine wesentliche Voraussetzung für das elitäre Bewusstsein ebenso wie für den beruflichen Erfolg der Absolventen dieser Hochschulen. Wer eine Grande Ecole besucht hat, hat bis heute praktisch eine Garantie auf eine Spitzenposition in der Wirtschaft oder im Staatsdienst.

Jahrgangs sein Studium an der Ecole Normale Supérieure mit der Agrégation[3] in Philosophie ab.

Die Ecole Normale Supérieure hat praktisch alle herausragenden Intellektuellen ausgebildet, die Frankreich im 20. Jahrhundert hervorgebracht hat. So haben nicht nur Jean-Paul Sartre und Raymond Aron dort studiert, sondern auch Michel Foucault und Louis Althusser, die einige Jahre älter waren als Bourdieu, und im gleichen Jahrgang beispielsweise Jacques Derrida, Louis Marin und der Historiker Emmanuel LeRoy Ladurie. Akademische Lehrer, die für Bourdieus intellektuelle Entwicklung eine herausragende Rolle spielten, waren neben Jules Vuillemin, einem durch die Strenge seiner Argumentation beeindruckenden Kantianer, vor allem Gaston Bachelard und Georges Canguilhem – Philosophen, die bereits in den vierziger und fünfziger Jahren Überlegungen zur wissenschaftlichen Methode vortrugen, die, später dann mit dem Etikett der konstruktivistischen Wissenschaftsphilosophie versehen, das Verständnis von wissenschaftlicher Erkenntnis revolutionierten. Von Bachelard vor allem hat Bourdieu den Gedanken übernommen, dass es bei der Weiterentwicklung der wissenschaftlichen Methode nicht so sehr darum gehen kann, allgemeine Sätze zum idealen wissenschaftlichen Vorgehen zu formulieren, sondern dass es darauf ankommt, die Irrtümer und Fallstricke der wissenschaftlichen Praxis am konkreten Fall zu identifizieren, um zu lernen, wie man sie vermeidet.

Der Bildungsweg, der Bourdieu aus der tiefsten französischen Provinz in die Metropole Paris, aus einfachsten ländlichen Verhältnissen an die Spitze des französischen Bildungssystems geführt hat, ist außergewöhnlich. Bourdieus Erfahrungen und Konflikte auf diesem Weg, insbesondere die Erfahrung der tiefen Kluft zwischen seiner Herkunft und seiner Ausbildung an einer Hochschule, die als Bildungsstätte der »geistigen Elite« gilt, sah Bourdieu als prägend für seine wissenschaftliche Arbeit an (vgl. Bourdieu 2002). In seinen autobiographischen Aufzeichnungen

3 Die Agrégation ist ein vom Rang her unserem Universitätsdiplom, Staats- oder Magisterexamen vergleichbarer Hochschulabschluss.

schreibt er von seiner tiefen »Zwiespältigkeit gegenüber der intellektuellen Welt«, die dazu führte, dass er zugleich hohe theoretische Ansprüche an seine wissenschaftliche Arbeit stellte und doch empirische Genauigkeit schätzte, aber vor allem einen Widerwillen gegen die »Schwindeleien der intellektuellen Anmaßung« und die »Posen des ›großen Stils‹« entwickelte (Bourdieu 2002: 81, 118)

Im Anschluss an das Studium fand Bourdieu eine Anstellung als Lehrer am Gymnasium in Moulins. Er wurde jedoch bald zum Wehrdienst einberufen, den er in Algerien ableistete, einem Land, das damals noch als Teil Frankreichs galt, in dem jedoch bereits ein verheerender Befreiungskrieg tobte. An der Universität von Algier, wo er mit algerischen und französischen Kollegen einen Studiengang für Soziologie aufbaute, hatte er dann seine erste akademische Stelle. 1961 kehrte er nach Frankreich zurück, wo er an der Sorbonne in Paris und an der Universität von Lille unterrichtete. Claude Lévi-Strauss, eine der herausragenden Figuren im akademischen Paris der fünfziger Jahre, ermutigte den jungen Wissenschaftler, auf dem einmal eingeschlagenen Weg der sozialwissenschaftlichen Forschung weiter zu gehen – obgleich er, wie Bourdieu schreibt, als Vertreter eines objektivistischen Strukturalismus für Bourdieus Arbeiten kaum Verständnis aufbringen konnte (vgl. Bourdieu 2002: 52 ff.). Mit der Berufung (1964) zum Forschungsdirektor an die Ecole Pratique des Hautes Etudes (später Ecole des Hautes Etudes en Sciences Sociales – abgekürzt EHESS)[4], schlug Bourdieu eine Laufbahn als Forscher ein, nicht die in Frankreich traditionelle akademische Laufbahn als Hochschullehrer an einer Universität. Raymond Aron förderte den jungen Soziologen und betraute ihn mit der Co-Direktion seines Forschungsinstituts. In den Auseinandersetzungen von 1968 kam es zum Bruch zwischen den beiden; Bourdieu gründete sein eige-

4 Die Ecole Pratique bzw. ihre Nachfolge-Hochschule hat den Status einer Grande Ecole; sie ist im Wesentlichen eine Forschungs-Hochschule, die ausschließlich Studierende in Aufbau- bzw. Promotionsstudiengängen ausbildet.

nes Institut, das Centre de Sociologie Européenne, und einige Jahre später (1975) auch seine eigene Zeitschrift, die *Actes de la recherche en sciences sociales*. Mit dieser stark interdisziplinär orientierten Zeitschrift ebenso wie mit seiner Veröffentlichungsreihe »Le sens commun« bei dem Pariser Verlag Minuit, einem zur Zeit der deutschen Besetzung Frankreichs gegründeten, der Résistance verbundenen Verlag, erweiterte Bourdieu das »unsichtbare Kolleg« kritischer Geistes- und Sozialwissenschaftler in Frankreich um Autoren wie Erving Goffman, Norbert Elias, Emile Benveniste, Ernst Cassirer und die auch in ihrer Heimat nahezu vergessenen Sozialwissenschaftler Marcel Mauss und Maurice Halbwachs. Unbedingt erwähnt werden müssen in diesem Zusammenhang auch Bourdieus Bemühungen um eine »Internationale der Intellektuellen«, der er mit seiner Zeitschrift *Liber* und der 1997 begründeten Publikationsreihe »Raisons d'agir« eine Diskussionsplattform gab (vgl. Steinrücke 2004).

Spätestens gegen Ende der siebziger Jahre war Bourdieu in Frankreich als Erneuerer der Soziologie und als herausragender Wissenschaftler anerkannt, auch wenn es immer Kontroversen um seine Arbeiten und seine Person gab. 1981 wurde er auf den Lehrstuhl für Soziologie am Collège de France berufen, der Spitzen-Institution der französischen Wissenschaftslandschaft.[5] Das Centre National de Recherche Scientifique (CNRS), das französische Pendant zur Deutschen Forschungsgemeinschaft in der Wissenschaftsförderung, ehrte ihn 1993 mit der Goldmedaille, der höchsten Auszeichnung des CNRS. Die internationale Anerkennung zeigt sich unter anderem daran, dass Bourdieu 1989 die Ehrendoktorwürde der Freien Universität Berlin, 1996 die Ehrendoktorwürde der Johann Wolfgang Goethe-Universität Frankfurt

5 Das Collège de France wurde 1530 im Namen der Wissenschaftsfreiheit als Gegenmodell zur Sorbonne gegründet, die damals von der Kirche kontrolliert wurde. Seine Mitglieder genießen außerordentliche Freiheiten bei der Wahl ihrer Forschungsgegenstände, sind an keinen Lehrplan gebunden und werden ohne Rücksicht auf akademische Titel frei kooptiert, das heißt unabhängig von staatlichen Instanzen von den Mitgliedern selbst berufen – was in Frankreich sehr ungewöhnlich ist.

und im Jahr 2000 die Huxley Medal des Royal Anthropological Institute in London verliehen bekam.

Pierre Bourdieu starb am 23. Januar 2002 nach kurzer Krankheit in Paris.

III. Zentrale Themen: Herrschaft und symbolische Ordnungen

Bourdieus früheste Untersuchungen handeln von den vorkapitalistischen Strukturen und der Modernisierung Algeriens (Bourdieu 1958, 2000a, Bourdieu/Sayad 1964[6]). Bereits in diesen Untersuchungen entwickelte er das Habitus-Konzept in seinen Grundzügen, da er mit den aus der Philosophie übernommenen Denkweisen zum sozialen Handeln an der algerischen Wirklichkeit scheiterte. Um zu verstehen, was um ihn herum geschah, und auch, »um sich nützlich zu machen«, wie er sagte, beschäftigte er sich in der Zeit seines Wehrdienstes und in den Jahren danach, in denen er als Dozent an der Universität Algier arbeitete, intensiv mit den sozialen Verhältnissen in Algerien. Er photographierte, machte Interviews, statistische Erhebungen, teilnehmende Beobachtungen, ließ sich soziologische Bücher aus Frankreich schicken und entwickelte sich in diesem Forschungsprozess, der zugleich ein autodidaktischer Qualifizierungsprozess war, vom Philosophen zum Soziologen (vgl. Schultheis 2004). Der Methoden-Mix, mit dem er in Algerien arbeitete, blieb zeitlebens ein Charakteristikum seiner Forschung.

Zurück im eigenen Land, richtete Bourdieu den soziologisch geschärften Blick auf die französische Gesellschaft. War ihm in Algerien die Vertrautheit mit ländlichen Lebensverhältnissen und Denkweisen zugute gekommen, als es darum ging, das Handeln und Denken der kabylischen Bauern zu verstehen, so brachte ihn die algerische Erfahrung dazu, auch in Frankreich eine Gesell-

6 Die zuletzt genannte Veröffentlichung geht – wie viele andere Bücher Bourdieus – auf Zeitschriften-Artikel zurück, die sehr viel früher erschienen sind.

schaft im Wandel zu sehen. Auch wenn im heimatlichen Béarn vormoderne Traditionen noch lebendig waren, machten sich die Umbrüche in der Landwirtschaft bereits in den bäuerlichen Lebensverhältnissen bemerkbar: Die Kinder besuchten weiterführende Schulen, wanderten in die Städte ab, und die jungen Bauern fanden keine Frau mehr für ihren Hof (Bourdieu 1962).

An der modernen Gesellschaft, auf die sich die Aufmerksamkeit des Soziologen Bourdieu von nun an richtete, waren ihm vor allem die ausgeprägten Ungleichheitsstrukturen bemerkenswert. Sein besonderes Interesse galt zunächst der Rolle der Schule bei der Reproduktion der Klassenstruktur.[7] Das Thema beschäftigte ihn zeit seines Lebens, angefangen von den gemeinsam mit Jean-Claude Passeron verfassten Untersuchungen (1964, 1970, 1971) bis zur Studie über die Grandes Ecoles (Bourdieu 2004b), aber auch mit Vorschlägen für eine Schulreform, die einer »expliziten« oder »rationalen« Pädagogik verpflichtet ist und auf diese Weise dazu beiträgt, Bildungsungleichheiten abzubauen (Collège de France 1985).

Die französische Idee der »republikanischen Schule« mit ihrem hohen Anspruch auf soziale Gleichheit geht bis in das 19. Jahrhundert zurück.[8] In einem gestuften, bis in die Ebene der Ausbildungsstätten für gesellschaftliche Spitzenpositionen reichenden staatlichen Bildungswesen sollte Gleichheit durch ein System von Prüfungen *(concours),* vor allem Eingangsprüfungen zum Übertritt in die nächsthöhere Stufe, garantiert werden, unterstützt durch die Möglichkeit der Unterbringung im Internat und staatliche Stipendien. Früher als in Deutschland hatte in Frankreich nach dem Zweiten Weltkrieg eine starke Bildungsexpansion eingesetzt. Dennoch blieben Bildungswege wie der von Bourdieu die große Ausnahme – die formale Gleichheit im Bildungswesen ver-

---

7 Wenn Bourdieu von der »Schule« spricht, so schließt dies, dem französischen Sprachgebrauch entsprechend, die Hochschule immer mit ein.

8 An der Konzeption der »republikanischen Schule«, die gegen die bis dahin in Frankreich dominierende katholische Schule entwickelt wurde und den Ideen von Freiheit, Gleichheit und Brüderlichkeit verpflichtete Staatsbürgerinnen und Staatsbürger ausbilden sollte, war der Soziologe Emile Durkheim maßgeblich beteiligt.

mochte die Wirkung des ungleichen »kulturellen Erbes«, das Schülerinnen und Schüler unterschiedlicher sozialer Herkunft in die Schule einbringen, nicht außer Kraft zu setzen.

Zusammen mit Jean-Claude Passeron zeigte Bourdieu, dass die Schule in der modernen Gesellschaft nicht einfach eine autonome Welt der Bildung ist, sondern die zentrale gesellschaftliche Institution zur Vermittlung der legitimen Kultur (Bourdieu/Passeron 1964, 1970, 1971). Sie ist damit auch die Institution, die die Fundamente für symbolische Herrschaft auf- und ausbaut, eine Form der Herrschaft, die sich auf Herrschenden und Beherrschten gemeinsame Sichtweisen der Welt und symbolische Ordnungen stützt. Solange die gesellschaftlichen Bezüge der Schule aus dem Bewusstsein ausgeblendet bleiben, erscheinen die Verhältnisse der Schule, auch die Bildungsungleichheiten nach der sozialen Herkunft, als unabänderlich und selbstverständlich, als »natürlich«. Dass die Schule zugleich Klassenstrukturen in individuelle Begabungen und Bemühungen umwandelt, gerät dabei aus dem Blick – gerade weil die Schule, so argumentieren Bourdieu/Passeron, soziale Ungleichheiten und damit gesellschaftlich bedingte Unterschiede in den Voraussetzungen ihrer Schülerinnen und Schüler nicht zur Kenntnis nimmt.

Soziale Ungleichheit und Herrschaft stehen im Zentrum von Bourdieus Soziologie. Schon seine frühesten Arbeiten machen deutlich, dass es ihm vor allem um jene Form der Herrschaft – und der Gewalt – geht, die er »symbolische Herrschaft« bzw. »symbolische Gewalt« nennt. Als solche bezeichnet er Formen und Modi der Herrschaft, die über Kultur, das heißt über die Sichtweisen der Welt, über die Selbstverständlichkeiten unseres Denkens vermittelt sind. Symbolische Herrschaft und symbolische Gewalt finden sich in allen Gesellschaften. Bourdieu schließt hier an Max Weber an, der gezeigt hat, dass es keine Gesellschaft gibt, in der Herrschaft allein mit den Mitteln des Zwangs und der physischen Gewalt ausgeübt wird. Doch ist symbolische Gewalt insofern ein ausgesprochen moderner Modus der Herrschaftsausübung, als die moderne, auf Märkte und demokratisch verfasste Staatlichkeit gegründete Gesellschaft in hohem Maße auf die

»Herrschaft über die Köpfe und Herzen« angewiesen, also über symbolische Ordnungen vermittelt ist. Herrschaft nutzt damit vorrangig jene Institutionen, die Kultur produzieren bzw. als deren gesellschaftliche Wächter und Interpreten fungieren. In der modernen westlichen Gesellschaft gehören zu diesen Institutionen zunächst das öffentliche Bildungswesen, nach wie vor auch die christlichen Kirchen als Hüter von Grundwerten, Moral und Sitte, die Parlamente als Institutionen der Gesetzgebung und die Institutionen der Rechtsprechung, vor allem aber der inzwischen weit aufgefächerte, bunte, wachsende Bereich der Medien, des Literatur- und Kunstbetriebs, der Wissenschaft, der Theater, der Konzertagenturen und Musikproduzenten, der Filmproduktion, der »Denkfabriken«, der informellen Gesprächskreise von Politik, Wissenschaft und Wirtschaft usw.

Der Bereich der kulturellen Produktion, der Kulturvermittlung und -interpretation gilt vielen als »zweckfrei«, gar als »herrschaftsfrei«, als eine von den Machtverhältnissen und Konflikten der Gesellschaft unberührte Welt des »reinen Geistes«. Das Spannungsverhältnis zwischen der Eigenlogik kultureller Produktion einerseits, zum Beispiel bei künstlerischen und wissenschaftlichen Tätigkeiten, und ihrer gleichwohl existierenden gesellschaftlichen Einbindung andererseits bildete das Ausgangsproblem, zu dessen Lösung Bourdieu das Konzept des sozialen Feldes entwickelte. Mit seinen herrschaftskritischen Untersuchungen der »Sphäre des Geistes«, die sich auf dieses Konzept stützen, erschütterte Bourdieu Selbstverständlichkeiten und Traditionen des Denkens gerade bei seinesgleichen, das heißt den Intellektuellen, den Kulturproduzenten und -vermittlern. Zu nennen sind hier die Untersuchungen über die Photographie (Bourdieu et al. 1981), über den Museumsbesuch (Bourdieu/Darbel/Schnapper 1966), über das religiöse Feld (Bourdieu 2000b), über die akademische Welt (Bourdieu 1988), über die Justiz (Bourdieu 1986) und schließlich über die Entstehungsbedingungen des Feldes der Literatur (Bourdieu 1999). Besondere Aufmerksamkeit widmete er auch der Sprache, einem mächtigen Medium symbolischer Herrschaft: Auch die Wörter leisten einen »Beitrag zur Konstruktion des Sozialen« (Bourdieu 1990: 71), zur Etablierung und Aufrechterhaltung von Herrschaft.[9] Ebenso wie in der sprachlichen Alltags-Interaktion wird in der legitimen Sprache immer auch die soziale Ordnung wirksam.

In den Zusammenhang seiner Untersuchungen zur symbolischen Herrschaft gehören auch Bourdieus Veröffentlichungen zum Geschlechterverhältnis. Bourdieu hat sich erstmals 1990 (dt. 1997) mit seinem Aufsatz über die männliche Herrschaft in der soziologischen Diskussion um das Geschlechterverhältnis zu Wort gemeldet. Schon der Titel seines Aufsatzes, *Die männliche Herrschaft,* macht deutlich, dass es ihm nicht um bloße Differenz und deren Herstellung in der sozialen Praxis geht, es geht vielmehr um das Geschlechterverhältnis als Herrschaftsverhältnis, um die Frage, wie die männliche Herrschaft zustande kommt und wie sie funktioniert. Diese gilt ihm als das Beispiel par excellence für symbolische Gewalt, die er auch als »sanfte« Gewalt charakterisiert. Bourdieu war damit einer der ganz wenigen männlichen Soziologen, die durch einen eigenen Beitrag zeigten, dass sie die Diskussion um das Geschlechterverhältnis ernst nehmen. Dies ist andererseits nicht verwunderlich, setzte er sich doch bereits in seinen frühesten Arbeiten über Algerien und über die ländliche Gesellschaft des Béarn mit den Beziehungen der Geschlechter und mit spezifischen Differenzen in den Lebensverhältnissen und sozialen Praktiken von Männern und Frauen auseinander. Geschlechtsblindheit, ein verbreitetes Defizit soziologischer Untersuchungen, kann man Bourdieu keinesfalls vorwerfen. Obgleich er mit seinen Überlegungen zum Geschlechterverhältnis, die vor allem das Habitus-Konzept nutzen, eine scharfe analytische Waffe zur Kritik der männlichen Herrschaft liefert, ist Bourdieu doch in der feministischen Debatte kaum zur Kenntnis genommen worden (vgl. dagegen Dölling 2004, Engler 2003, Frerichs/Steinrücke 1993, Krais 1993, 2001) – vielleicht gerade, weil er so scharf analysiert und damit immer auch den letzten Rest an Illusionen zerstört.

9 Ein eindrucksvolles deutsches Beispiel für Sprachkritik als Herrschaftskritik liefert die Studie von Victor Klemperer zur Sprache der Nationalsozialisten (1957).

Die große Untersuchung über die Klassenstruktur Frankreichs, die in Deutschland unter dem Titel *Die feinen Unterschiede* (1982)[10] erschienen ist, setzt symbolische Herrschaft – über den von der legitimen Kultur geprägten dominanten Geschmack – in Beziehung zur Sozialstruktur der Gesellschaft. Hier stellt Bourdieu, in kritischer Anknüpfung an Marx und dessen Vorstellung von der modernen Gesellschaft als einer Klassengesellschaft, sein Konzept vom sozialen Raum vor. Dazu greift er Überlegungen Max Webers zur Bedeutung der Lebensführung für die soziale Differenzierung auf, indem er detailliert auf die Unterschiede in der Lebensführung der verschiedenen Klassen eingeht, insbesondere auf deren soziale Praxis im Umgang mit Kultur und Bildung. Was vorher »kulturelles Erbe« hieß, wird jetzt eine mit dem ökonomischen Kapital rivalisierende oder, je nach sozialer Klasse, sich mit diesem verbindende Form des Kapitals, nämlich »kulturelles Kapital«, zu dem sich schließlich noch eine dritte Kapitalsorte gesellt, das »soziale Kapital«. Mit dieser Studie öffnet Bourdieu den Blick für die Beziehung von Lebensführung, Geschmack und Klassenlage und macht damit der soziologischen Analyse bislang als außergesellschaftlich und »rein persönlich« angesehene Bereiche des Handelns und Urteilens zugänglich.

Bourdieus politische Stellungnahmen, von denen man in Deutschland in erster Linie die Äußerungen aus den neunziger Jahren kennt, müssen als integraler Bestandteil seiner Auseinandersetzung mit den Herrschaftsmechanismen der Moderne angesehen werden. Angefangen von der Kritik am Kolonialkrieg Frankreichs in Algerien aus dem Jahre 1961 bis zu den globalisierungs- und medienkritischen Artikeln der neunziger Jahre können sie als Zuspitzungen, Stellungnahmen aus aktuellem politischem Anlass gelesen werden, die immer auf seiner Arbeit der

10 Der französische Titel *La distinction* verwendet einen jener schwer übersetzbaren Begriffe mit einem weiten und schillernden Bedeutungsgehalt: *distinction* bedeutet im Französischen nicht nur »Unterschied, Unterscheidung« (im Sinn von »Unterschiede machen«), sondern auch »Vornehmheit, Distinguiertheit, Auszeichnung«. Der deutsche Titel klingt gut, verengt jedoch die Sicht, da das Buch keineswegs nur von feinen Unterschieden handelt.

Sozio-Analyse gründen. Wenn, wie es Bourdieus tiefe Überzeugung war, die Soziologie dazu da ist, den Menschen die Wieder-Aneignung ihrer sozialen Verhältnisse zu ermöglichen, dann ist die Kritik der herrschenden – und damit der Herrschaft stabilisierenden – Sichtweisen, im Zusammenhang mit der Globalisierung vor allem der neoliberalen Ideologie, ein wesentliches Element dieser Sozio-Analyse.

Mit der unter seiner Leitung entstandenen Untersuchung über das *Elend der Welt* (Bourdieu et al. 1998a) hat Bourdieu ein Thema wieder aufgenommen, das am Anfang seiner Arbeit als Soziologe stand: Wie eine Gesellschaft im Umbruch die sozialen Zusammenhänge und damit den sozialen Raum zerstört, in dem ihre Bürgerinnen und Bürger ihren Ort, ihre Identität und ihre Würde gefunden haben. Diese Untersuchung hat ebenso wie viele politische Stellungnahmen Bourdieus zu heftigen Angriffen nicht nur auf die Untersuchung, sondern auf die Person Bourdieu geführt. Was sie so anstößig macht, ist wohl nicht nur, dass sie Herrschaftsmechanismen bloßlegen, sondern auch, dass hier statt auf die »Sachgesetzlichkeiten« der wirtschaftlichen und damit der gesellschaftlichen Entwicklung auf konkrete Interessen und Verantwortlichkeiten verwiesen wird (vgl. zum Beispiel Bourdieu 1997b).

IV. Die analytischen Konzepte: Habitus, sozialer Raum und soziales Feld

Habitus

Das Konzept des Habitus ist unauflösbar verbunden mit Bourdieus Eintritt in die Soziologie. In Algerien war Bourdieu damit konfrontiert, dass zwei Welten aufeinander prallten: die vorkapitalistische Welt der kabylischen Bauern und die ihnen durch die Kolonalisierung aufgezwungene Welt der modernen Ökonomie mit ihren Vorstellungen von rationalem Handeln. Diese Bauern dachten und handelten nicht auf der Grundlage der »modernen

Wirtschaftsgesinnung«, von der Max Weber spricht, sie hatten kein modernes Verständnis von Rationalität. Statt jedoch wie die französischen Kolonialherren und ihre Ökonomen schlicht zu konstatieren, dass diese Menschen eben unmodern, unfähig und unvernünftig seien, wollte Bourdieu verstehen, weshalb sie so handelten, wie sie handelten. Er stellte fest, dass das so genannte nicht-rationale Handeln, das er beobachtet hatte, eine eigene Logik und Kohärenz oder eine eigene Rationalität hatte. Diese Logik wiederum und die dazu gehörende Sicht der Welt »passte« zu den sozialen Verhältnissen und Strukturen, die die vorkapitalistische Welt der Kabylen charakterisierten, das heißt, die Art, wie die kabylischen Bauern dachten und handelten – ihr Habitus, wie Bourdieu dann sagte –, war Produkt der Erfahrungen, die sie mit ihrer Welt gemacht hatten.

In gleicher Weise ruht auch das moderne Verständnis von ökonomisch rationalem und von rationalem Handeln überhaupt auf bestimmten sozialen Voraussetzungen, auf einem spezifischen, aus anderen Lebenssphären ausgegliederten Wirtschaftssystem nämlich, aber auch auf spezifischen Institutionen wie dem modernen Staat und auf einer bestimmten Sichtweise der Welt. Mit dieser Einsicht, dass eine bestimmte Denkweise – die Wirtschaftsgesinnung, von der Max Weber spricht – keineswegs universell ist, sondern ihrerseits angebbare soziale Voraussetzungen hat, entfernte Bourdieu sich von der Philosophie und wandte sich der Soziologie zu, um eben diese sozialen Voraussetzungen zu untersuchen.

Die Auseinandersetzung mit der kabylischen Welt führte zu einer weiteren Einsicht, die für Bourdieus Soziologie von entscheidender Bedeutung war. Die seit Descartes das wissenschaftliche Denken prägende Vorstellung von Rationalität und die für die kapitalistische Produktionsweise charakteristische Form ökonomischer Rationalität sind identisch: Die Zurechenbarkeit von Ursachen und Folgen, Zweck-Mittel-Rationalität, Berechenbarkeit, Handeln nach dem Modell des Regel-Befolgens sind einige Stichworte hierzu. Dass die Logik des wissenschaftlichen Beobachters mit der Logik der Akteure zusammenfällt, ist jedoch keineswegs universell gültig, es ist sogar nur ein ganz außergewöhnlicher Sonderfall des Möglichen. Die Logik des Sozialwissenschaftlers, der – als Beobachter von außen – Regelmäßigkeiten im Handeln der beobachteten Akteure feststellt und daraus ein Regelsystem konstruiert, ist normalerweise nicht die Logik der Akteure – weder in der Kabylei noch in der modernen westlichen Gesellschaft. So sind etwa die Regeln, die aus Verwandtschaftssystemen folgen, einem beliebten Gegenstand der Ethnologie, keineswegs identisch mit den Überlegungen und Motiven, die das praktische Handeln der Akteure anleiten: »Der Anthropologe, der eine Genealogie konstruiert, hat zur ›Verwandtschaft‹ ein Verhältnis, das nicht das geringste mit dem eines kabylischen Vaters gemein hat, der dringend ein praktisches Problem lösen muß, nämlich eine passende Frau für seinen Sohn zu finden.« (Bourdieu/Wacquant 1996: 100) Die Logik der Praxis ist nicht nur komplexer, da sie eine Vielzahl von Dimensionen der Realität einbezieht, vor allem die je nach der aktuellen Situation unterschiedliche Relevanz und die Stellung der verschiedenen Gruppen zueinander, sie ist auch kreativer und innovativer – und inkonsistenter – als das Regelsystem des externen Beobachters.

Es gilt daher, eine Vorstellung vom sozialen Handeln zu entwickeln, die der Logik der Praxis gerecht wird, eine Vorstellung, die das Historische, Gewordene der handlungsleitenden Prinzipien ebenso aufnimmt wie das kreative, innovative Moment des sozialen Handelns und gleichzeitig der allen Gesellschaften eigenen, charakteristischen inneren Kohärenz der verschiedensten Handlungen der Akteure Rechnung trägt. Diese Vorstellung, dieses analytische Konzept ist der Habitus.

Mit dem Begriff des Habitus bezeichnet Bourdieu eine Instanz im Individuum, in die Denk- und Sichtweisen, Wahrnehmungsschemata, Prinzipien des Urteilens und Bewertens eingelagert sind, die unser Handeln, alle unsere expressiven, sprachlichen, praktischen Äußerungen strukturiert. Der Habitus ist etwas Gewordenes, *opus operatum;* er ist geronnene Erfahrung, Produkt der Geschichte eines Individuums, inkorporierte, zur Natur gewordene Geschichte. In ihm wirkt, wie Bourdieu sagt, die ganze

Vergangenheit, die ihn hervorgebracht hat, in der Gegenwart fort. Der Entstehungszusammenhang des Habitus allerdings, damit auch das Bewusstsein vom Gewordensein dieser »zweiten Natur«, ist in der Selbstverständlichkeit der von ihm erzeugten Praxis untergegangen.[11] Zugleich ist er *modus operandi,* ein generierendes Prinzip jener regelhaften Improvisationen, die man auch gesellschaftliche Praxis nennen kann. Einmal im Habitus eingelagert, funktionieren die inkorporierten Wahrnehmungs- und Klassifikationsschemata nach einer dem lebenden Organismus eigenen, das heißt einer flexiblen, nicht mechanistischen Logik: Der Habitus ist kreativ, erfindungsreich; er ist in der Lage, in neuen Situationen neue Verhaltensweisen hervorzubringen; er hat das Potenzial einer *ars inveniendi,* einer Erfindungskunst.

Das Konzept des Habitus ist als wissenschaftliches Konstrukt vergleichbar dem der sozialen Rolle, das bis heute die soziologische Vorstellung von sozialem Handeln dominiert (vgl. Krais/Gebauer 2002). Anders als dieses thematisiert es jedoch die Einheit der Person und die Kohärenz ihres Handelns, das heißt aber die Identität des sozialen Akteurs, nicht sein situationsspezifisches Auseinanderfallen in unterschiedliche Rollen. Der Habitus ist das vereinigende Prinzip, das den verschiedenen Handlungen des Individuums ihre Systematik, ihren Zusammenhang gibt. Bourdieu veranschaulicht diese Kohärenz der Praktiken eines Akteurs am Beispiel der persönlichen Handschrift: Es gibt bei jedem Individuum eine spezifische, erworbene Disposition, Buchstaben in einzigartiger Manier zu schreiben, eine Disposition, die »immer die gleiche Schrift hervor[bringt], d. h. Schriftzeichen, die trotz aller Unterschiede in der Größe, in der stofflichen Beschaffenheit oder in der Farbe – bedingt durch den Schriftträger, Papier oder Tafel, oder das Instrument, Füller oder Kreide –, trotz der Unterschiede also im jeweils situationsbedingten Bewegungsablauf und im ganzen Bewegungszusammenhang eine sogleich augenfällige stilistische Affinität, eine ›Familienähnlichkeit‹ aufweisen« (Bour-

11 Zur Bezeichnung dieser fraglosen Selbstverständlichkeit einer als »natürlich« erscheinenden Praxis verwendet Bourdieu Husserls Begriff der *doxa.*

dieu 1981: 198). Die Kohärenz des Handelns bezieht sich, wie Bourdieu mit dem von Wittgenstein übernommenen Begriff der »Familienähnlichkeit« deutlich macht, auf Gemeinsamkeiten in der Praxis eines Individuums, die nicht als vollkommene Identität von Handlungen oder Handlungselementen beschreibbar sind, sondern ein Netz von Ähnlichkeiten und Affinitäten bilden, die sich überkreuzen und einander übergreifen.

Ein zweiter, wesentlicher Unterschied des Habitus-Konzepts zu allen Vorstellungen von sozialem Handeln, die, wie das Konzept der sozialen Rolle, nach dem Modell des Regelfolgens konstruiert sind, ist darin zu sehen, dass erst mit dem Habitus die spezifische Körperlichkeit sozialen Handelns berücksichtigt wird. Gesellschaftliches Handeln im Kontext der Rollentheorie spielt sich vor allem in den Köpfen der Akteure ab; die handelnden Individuen sind als Geistwesen konzipiert, als Akteure, die ohne Körper agieren. Die damit verbundene Entgegensetzung von Körper und Geist ist uns vertraut und dem europäischen Denken seit langem geläufig. Mit dem Habitus-Konzept wird sie explizit über Bord geworfen: Der Habitus ist, wie Bourdieu schreibt, inkorporierte Geschichte, »das Körper gewordene Soziale« (Bourdieu/Wacquant 1996: 161), und dies ist keineswegs eine bloße Metapher. Der Habitus als inkorporierte Erfahrung des Individuums mit der sozialen Welt schlägt sich also nicht nur im Körper nieder, manifestiert sich in den Gesten, in der Körperhaltung und im Körpergebrauch, und der Körper fungiert auch nicht nur als ein Medium, in dem sich der Habitus *ausdrückt;* vielmehr *ist* der Körper als Speicher sozialer Erfahrung wesentlicher Bestandteil des Habitus.

Die Bedeutung, die dem Körper damit zukommt, hat auch Folgen für das Verständnis vom In-der-Welt-Sein der sozialen Subjekte: Die Regelhaftigkeit der Gesellschaft und der sozialen Subjekte entsteht im Handeln, das immer auch körperliches Handeln ist, und so ist auch das Soziale in der körperlichen Interaktion wahrnehmbar, im eigentlichen Sinne erfahrbar, nämlich mit den Sinnen – die Welt ist voller sozial bedeutsamer Gerüche, Bilder, Laute, Tastempfindungen (vgl. dazu weiterführend Gebauer/Wulf 1998). Die »Eleganz« eines Menschen machen wir an seinem Erscheinungsbild fest, das wir mit den Augen erfassen, und manche Gerüche in Hausfluren lösen Fluchtreaktionen in uns aus, weil wir sie als »Arme-Leute-Gerüche« identifizieren, weil sie Erinnerungen in uns hervorrufen, die wir hinter uns lassen wollen.

Nun gehört der Habitus zwar immer, da er an die körperliche Existenz eines ganz bestimmten, lebenden Menschen gebunden ist, zu einer bestimmten Person, und diese hat *einen* Habitus, nicht mehrere.[12] Dennoch existiert der Habitus einer Person nicht »für sich«, er ist vielmehr immer bezogen auf den sozialen Kontext. Es gibt, wie Bourdieu schreibt, zwei Formen, in denen sich Geschichte objektiviert, die Objektivierung in den Institutionen und die Objektivierung im Menschen, eben: als Habitus (Bourdieu 1987: 95). »Die soziale Realität existiert sozusagen zweimal, in den Sachen und in den Köpfen, in den Feldern und in den Habitus, innerhalb und außerhalb der Akteure« (Bourdieu/Wacquant 1996: 161). Erst die Existenz und Funktionsweise des Habitus, dieser zugleich »strukturierten und strukturierenden Struktur« in den Akteuren, erlaubt es, »die Institutionen zu bewohnen, sie sich praktisch anzueignen, um sie dadurch in Aktion, am Leben, bei Kräften zu erhalten, sie beständig dem Zustand toter Buchstaben, toter Sprache zu entreißen, den in ihnen niedergelegten Sinn wieder mit Leben zu erfüllen, aber nur, indem er [der Habitus, Anm. d. Verf.] ihnen Veränderungen und Umwandlungen aufzwingt, die das Gegenstück und die Bedingung ihrer Reaktivierung sind« (Bourdieu 1987: 107, Übers. d.

12 Die Trennung, die der Soziologe und die Soziologin vornehmen, wenn sie einmal vom Klassenhabitus, ein andermal vom geschlechtsspezifischen Habitus und ein drittes Mal vom Künstler-Habitus sprechen, ist nichts anderes als eine nachlässige Redeweise: Dabei wird jeweils eine Dimension des Sozialen herausgegriffen, analytisch abgetrennt und für sich betrachtet. Das Individuum selbst verkörpert jedoch die Gesamtheit des Sozialen, in dem es lebt und handelt. Mit dem Habitus sind wir in der Welt und haben die Welt in uns – und da die Welt, zumindest die moderne, voller Widersprüche und Konflikte ist, muss man sich den Habitus keineswegs konflikt- und widerspruchsfrei denken.

Verf.). Bourdieu hat das Wirken des Habitus vor allem in zwei institutionellen Kontexten oder sozialen Strukturen untersucht: im sozialen Raum und in den sozialen Feldern.

Sozialer Raum und Klassen

Im Vorwort zur deutschen Ausgabe der *Feinen Unterschiede* hat Bourdieu das Programm, das zur Entwicklung des sozialen Raums führen sollte, ganz knapp dadurch umrissen, dass er auf Marx und Weber verwies. Mit dem Konzept des sozialen Raums überwindet Bourdieu die herkömmliche eindimensionale Vorstellung von der sozialen Gliederung der Gesellschaft in ein mehr oder weniger differenziertes Oben und Unten, in eine Hierarchie von Positionen und Klassenlagen. Dieses Konzept ist in soziologischen Untersuchungen zur Entwicklung der Sozialstruktur moderner Gesellschaften produktiv genutzt worden; in Deutschland sind hier in erster Linie H.-P. Müller (1992) und M. Vester (Vester et al. 2001), zu nennen.

Wie Bourdieu sein Konzept des sozialen Raumes genau entwickelt, ist in seinen Schriften allerdings nicht ganz einfach nachzuvollziehen; vor allem in *Die feinen Unterschiede* ist die Argumentation recht komplex. Am besten lässt es sich von Bourdieus Kritik an Marx her rekonstruieren. Marx führte in einer Art Geniestreich Klassenlage und soziales Handeln zusammen: Ihm ging es darum, die Bedingungen dafür ausfindig zu machen, unter denen sich Individuen auf der Basis von Gemeinsamkeiten in der Klassenlage als Angehörige einer bestimmten Klasse sehen und schließlich als Klasse zu gemeinsamem politischem Handeln finden. Die Frage nach den Bedingungen der Entstehung von Klassenbewusstsein, auch die Vorstellung, die Verwendung des Klassenbegriffs als analytische Kategorie setze zwingend die Annahme von Klassenbewusstsein voraus, hat lange Zeit die Debatten um den Klassenbegriff bestimmt.

Bourdieu nun greift zwar die Marxsche Fragestellung auf, wirft diesem jedoch vor, er springe in einem »›Salto mortale‹ von der Existenz [der Klassen, Anm. d. Verf.] in der Theorie zur Existenz in der Praxis« (Bourdieu 1998b: 25). Die »Klassen auf dem Papier«, die Marx wie jeder andere Sozialwissenschaftler mehr oder weniger plausibel konstruiere, seien deshalb noch lange keine »Klassen in der Wirklichkeit«, das heißt soziale Formationen, die nicht nur in den Köpfen und in den Papieren der Soziologen, sondern im Handeln und im Bewusstsein der sozialen Akteure existieren. Welche Bedingungen müssen gegeben sein, damit es »Klassen in der Wirklichkeit« gibt?

Zunächst einmal konstatiert Bourdieu: »Es existieren keine sozialen Klassen [...]. Was existiert, ist ein sozialer Raum, ein Raum von Unterschieden« (Bourdieu 1998b: 26). Der soziale Raum ist ein »Ensemble von Positionen, [...] bestimmt durch ihr jeweiliges Verhältnis zu allen anderen« (Bourdieu 1998b: 18). Vom sozialen Raum ausgehend konstruiert der Soziologe, das heißt Bourdieu, in einem ersten Schritt Klassen, die er »theoretische« oder »objektive« Klassen nennt. Für diese »Klassen auf dem Papier« zieht er die Unterschiede in der Verfügung der Individuen über ökonomisches und kulturelles Kapital heran; sofern sich bei Gruppen von Individuen Gemeinsamkeiten in der Verfügung über Kapital feststellen lassen, kann man von einer Gemeinsamkeit in der Klassenlage oder auch von wahrscheinlichen bzw. objektiven Klassen sprechen.

Anzumerken ist an dieser Stelle, dass Bourdieu, obgleich er in vieler Beziehung an Marx anknüpft, nicht dessen relationalen Kapitalbegriff verwendet. »Kapital« ist bei ihm nichts anderes als eine produktive Ressource, eine Substanz, nicht aber ein gesellschaftliches Verhältnis (vgl. dazu Krais 1983). Dies ist insofern bemerkenswert, als Bourdieu sich sonst immer gegen das Denken in Substanzen wendet und, wie auch in dem oben angeführten Zitat deutlich wird, die soziale Realität als etwas Relationales begreift.

Für die Verortung der Individuen im sozialen Raum ist jedoch auch, und dies zu berücksichtigen ist der nächste Schritt der soziologischen Konstruktion von Klassen, die relative Stellung der Individuen und Gruppen zueinander bedeutsam. An dieser Stelle ist auf den »Raum der Lebensstile« einzugehen, in dem die Unterschiede in der Klassenlage für die Akteure erst wahrnehmbar werden: Die Differenzen in den materiellen Existenzbedingungen – der »Raum der Positionen« – sind als solche für die Akteure nicht erfahrbar; erst wenn sie sich in Unterschieden in der Lebensführung niederschlagen, das heißt aber im sozialen Handeln hergestellt werden, werden sie zu wirklichen Unterschieden, nämlich für die Individuen wahrnehmbaren und bewertbaren sozialen Unterschieden. Die unterschiedlichen Praktiken, Besitztümer, Meinungsäußerungen erhalten ihren sozialen Sinn nur insofern, als sie etwas anzeigen, soziale Unterschiede nämlich und damit die Zugehörigkeit zu der einen oder anderen sozialen Gruppe oder Klasse.

Das »Ensemble von Positionen«, das die Klassenlagen beschreibt, wird erst durch die von den Individuen wahrgenommenen sozialen Unterschiede in der Lebensführung zu jenem Raum der »Relationen von Nähe und Nachbarschaft«, der den sozialen Raum ausmacht (Bourdieu 1998b: 18). Der soziale Raum ist also nicht nur ein Raum von Unterschieden, sondern auch ein Raum von Beziehungen. Diese Beziehungen schließlich sind auch als dynamische zu denken: Relevant für die Bewertung durch die Akteure ist nicht nur die aktuelle soziale Position eines Individuums bzw. einer Gruppe von Individuen in ähnlicher Lage, sondern auch deren Vergangenheit und Zukunft, deren Flugbahn *(trajectoire)* im sozialen Raum, also die Frage, ob es sich um sozial aufsteigende oder absteigende Personen und Gruppen handelt.

In der Verknüpfung von Klassenlagen und Lebensführung ist Bourdieus zentraler Beitrag zur Klassendiskussion zu sehen. Genau hier, bei der Verknüpfung von Klassenlage und Lebensführung, kommen nun die Akteure und ihre soziale Praxis ins Spiel: Die Differenzen in den Positionen müssen in Unterschiede in der Lebensführung transformiert werden – und zwar in der Wirklichkeit, von den Akteuren selbst. Dies nicht berücksichtigt zu haben ist der theoretische »Salto mortale«, den Bourdieu an Marx kritisiert. Was die Soziologen »Lebensführung« nennen, ist eine soziale Praxis, die soziale Strukturen, in diesem Falle wirkliche, das heißt als solche auch wahrgenommene und im Handeln der Akteure hergestellte soziale Klassen produziert.

Die in der Lebensführung zu beobachtenden Unterschiede zwischen den Angehörigen der verschiedenen Klassen sind, so argumentiert Bourdieu, ohne das Habitus-Konzept nicht zu erklären. Der in der Argumentation von Marx enthaltene »Salto mortale« lässt sich nur vermeiden, wenn man den Habitus einführt, jenes generierende Prinzip, das die vielfältigen, differenzierten und spontanen Praktiken der handelnden Subjekte hervorbringt. In *Die feinen Unterschiede* zeigt Bourdieu, dass gerade das Vermögen des Geschmacks, ein von Kant übernommener Begriff, für den Zusammenhalt ebenso wie für die Abgrenzung sozialer Klassen voneinander eine zentrale Rolle spielt: Der Geschmack der Individuen – das sind die Prinzipien ihres ästhetischen Urteils – manifestiert sich in ihrer Lebensführung, in den »Lebensstilen«,[13] wie Bourdieu sagt, und wird so für andere sichtbar, die ihrerseits einen bestimmten Geschmack teilen oder ablehnen und sich damit einer Gruppe von Individuen zuordnen oder aber sich von ihr abgrenzen. Wo die Grenzlinien zwischen den Klassen im sozialen Raum verlaufen, ergibt sich daher nicht einfach aus der Klassenlage, sondern erst aus der sozialen Praxis der handelnden Individuen, das heißt aber daraus, wo die Akteure diese Grenzen ziehen. An diese in der Lebensführung, im Geschmack, in den Grenzziehungen der Akteure sich manifestierenden sozialen Unterschiede könnte schließlich die von Marx ins Auge gefasste politische Arbeit der Mobilisierung anknüpfen – mit welchem Erfolg, hinge nicht zuletzt von den historischen Gegebenheiten ab.

Weil sich im Habitus der Individuen ihre Erfahrungen mit der sozialen Welt niederschlagen, also auch die sozialen Verhältnisse,

13 Mit dem Begriff des »Lebensstils« bezieht sich Bourdieu explizit auf Max Webers »Lebensführung«, der meines Erachtens das Gemeinte genauer und prägnanter fasst als die Rede von den »Lebensstilen«, in der immer etwas Äußerliches, das »Eigentliche« nicht Berührendes mitschwingt. Die wörtliche Übersetzung von Webers Begriff ins Französische, etwa als *conduite de vie*, klingt jedoch fremd und eigenartig. Man kann daher annehmen, dass bei der Wahl des Worts *style de vie* auch sprachliche Gründe eine Rolle gespielt haben.

unter denen sie aufgewachsen sind, weil die Klassifikations- und Bewertungsschemata und der Geschmack, die sich unter diesen Verhältnissen ausgebildet haben, ihren Habitus und damit ihre soziale Praxis prägen, kann man von einem Klassenhabitus sprechen. Damit ist gemeint, dass das Individuum wesentliche Elemente seines Habitus mit dem seiner Klassengenossen gemeinsam hat, selbst dann, wenn es nicht »klassenbewusst« im Sinne von Marx handelt. Wer in der Wohlhabenheit, in ökonomischem und kulturellem Reichtum, in der damit gegebenen Sicherheit und Freiheit aufgewachsen ist, entwickelt nicht nur einen anderen Geschmack, sondern auch ein anderes Verhältnis zur Welt als jemand, der von frühester Kindheit an mit Not und Notwendigkeit, mit Distanz zu den Produkten der Hochkultur und zum Umgang mit ihnen, mit sozialer Unsicherheit ebenso wie mit der Notwendigkeit des Sich-Wegduckens und Stillhaltens gegenüber den Einflussreichen und Mächtigen konfrontiert war. Er oder sie entwickelt einen Habitus, in dem sich die frühen Erfahrungen des sozialen Orts, in den er/sie hineingeboren wurde, eingelagert haben; einen Habitus, der bestimmte Wünsche, Zeithorizonte, Aspirationen, Umgangsweisen mit der Welt eröffnet und andere ausschließt. Und indem im Habitus die Vergangenheit des Individuums fortwirkt, die den Habitus hervorgebracht und gestaltet hat, bringt er Orientierungen, Haltungen, Handlungsweisen hervor, die die Individuen an den ihrer Klasse vorgegebenen sozialen Ort zurückführen – sie bleiben ihrer Klasse verhaftet und reproduzieren sie in ihren Praktiken.

Soziale Felder und symbolische Kämpfe

Bei der Auseinandersetzung mit den Bereichen der Kultur stieß Bourdieu auf ein theoretisches Problem: Wie kann man theoretisch fassen, dass die Produktion kultureller Objekte – Werke der Literatur, der bildenden Kunst, der Religion, der Wissenschaft usw. – einerseits eine eigene innere Logik und Dynamik entfaltet, andererseits aber auch von ihren historischen Bedingungen oder sozialen Funktionen her verstanden werden kann? In den frühen Untersuchungen zum Bildungswesen tauchte dieses Problem in der Formulierung von der »relativen Autonomie« des Bildungswesens auf, fand aber erst mit dem Konzept des sozialen Feldes eine Lösung. Bourdieu hat an diesem »Erkenntniswerkzeug« lange gearbeitet. Den Anfang machte der zuerst 1966 erschienene Aufsatz *Künstlerische Konzeption und intellektuelles Kräftefeld* (dt. 1970); es folgte eine Auseinandersetzung mit Max Webers Theorie der religiösen Akteure, die ihm, wie er schreibt, eine große Hilfe war (Bourdieu 2000b). In der großen Studie über die Entstehung des literarischen Feldes (Bourdieu 1999), mit Flaubert als dem ersten Vertreter einer reinen Ästhetik in der französischen Literatur, stellte er schließlich das Konzept des sozialen Feldes an einem ausgearbeiteten Beispiel vor. Die Vorstellung von den sozialen Feldern reicht jedoch über den Bereich der Kultur, von dem ausgehend sie entwickelt wurde, weit hinaus; so hat Bourdieu auch den Bereich der Wirtschaft von diesem Konzept her ausgeleuchtet (Bourdieu 2000c). In der deutschen Soziologie ist damit bislang vor allem in empirischen Studien zum Bereich der kulturellen Produktion gearbeitet worden (vgl. zum Beispiel Engler 2001, Schmidt 2002, Beaufaÿs 2003), aber auch für die Literaturwissenschaft eröffnen sich damit offenkundig interessante Perspektiven (Jurt 2003). Mit der Vorstellung von verschiedenen, jeweils einer eigenen, spezifischen Logik folgenden sozialen Feldern hat Bourdieu eine neue Konzeption von der arbeitsteiligen Differenzierung moderner Gesellschaften formuliert.

Auch hier entwickelt Bourdieu, in diametralem Gegensatz zu der systemtheoretischen Vorstellung von der subjektfreien Funktionalität sozialer Strukturen und Prozesse, ein analytisches Konzept, das die sozialen Akteure und ihre Praxis in den Blick nimmt. Soziale Felder sind Kräftefelder, in denen es um etwas geht, und zwar jeweils um etwas Besonderes: die Kunst, die Wissenschaft, die Politik usw. (vgl. dazu ausführlicher Krais/Gebauer 2002). Und jedem Akteur geht es um seine Stellung, genauer: um die Vorrangstellung in dem Feld, in dem er oder sie agiert. Ein soziales Feld ist ein nach einer eigenen Logik funktionierendes Spiel um Macht und Einfluss des Akteurs, und damit verbunden auch um die Anerkennung der eigenen künstlerischen, wissenschaftlichen oder auch politischen Auffassung. Zusammenfassend formuliert Bourdieu, hier mit Bezug auf die Felder ästhetischer Produktion: »Jeder Autor nimmt eine Position in einem Raum ein, das heißt in einem [...] Kraftfeld, das auch ein Feld von Kämpfen um den Erhalt oder die Veränderung dieses Kraftfelds ist, und insofern existiert er und bestreitet er seine Existenz nur unter den strukturierten Zwängen des Felds [...]; zugleich aber vertritt er [...] seinen Standpunkt, verstanden als die Sichtweise, zu der man von einem bestimmten Standpunkt aus kommt, indem er eine der aktuell oder virtuell möglichen ästhetischen Positionen im Feld des Möglichen bezieht (und indem er auf diese Weise Position zu den anderen Positionen bezieht).« (Bourdieu 1998b: 65 f.)

Sofern die Felder der kulturellen Produktion betrachtet werden, die Bourdieu ja vor allem im Auge hatte, als er dieses Konzept entwickelte, geht es dabei also immer auch um symbolische Kämpfe, das heißt um Auseinandersetzungen um die »legitimen« oder »herrschenden« Sichtweisen der Welt. Welche Filme »Kunst« sind, welche »nur« als Unterhaltung gelten können, welche Romane zur »großen Literatur« zählen, die dann auch die Maßstäbe des ästhetischen Geschmacks für die gebildeten Schichten setzen, welcher Dirigent mit welchen Philharmonikern gerade die maßgebliche Interpretation der Beethoven-Sinfonien liefert – dies ist Gegenstand der Auseinandersetzungen in den Feldern der kulturellen Produktion. In den Feldern der Wissenschaft wiederum geht es um wissenschaftliche und sozialwissenschaftliche Positionen, um die Frage, welches die innovativste, interessanteste, »am weitesten vorne stehende« Forschung in der Biochemie oder in der Physik ist, oder um die Frage, ob wir in einer Klassengesellschaft leben oder doch eher in einer individualisierten Risikogesellschaft. Wissenschaftler sind, ihrem Selbstverständnis nach, der Neugier und der Wahrheit verpflichtet, Schriftsteller wollen den großen Roman schreiben. Ihre Auseinandersetzungen um die Geltung der eigenen Position im jeweiligen sozialen Feld bleiben jedoch nicht auf dieses beschränkt; sie geben die Richtung und die Maßstäbe vor für den »legitimen« Geschmack, für die Bedeutung wissenschaftlicher Fragestellungen und für dominante Sichtweisen auf gesellschaftliche Probleme und Konfliktlinien.

Zur Erläuterung dessen, was in einem sozialen Feld geschieht, verwendet Bourdieu gerne die Metapher des »Spiels«. Jedes soziale Feld gilt ihm als ein mit einer eigenen Logik ausgestattetes »Spiel«, vergleichbar etwa einem Fußballspiel. Allerdings ist das »Spiel« tiefster Ernst, geht es doch immer um die soziale Existenz der Akteure. Diese Metapher verweist darauf, dass das soziale Feld sich nicht über ein fixiertes Gerüst von Positionen konstituiert, sondern über die Praxis der Akteure. Wenn neue »Spieler« hinzukommen, verschieben sich die Gewichte im relationalen Gefüge, neue Konventionen bilden sich heraus, das »Spiel« wird anders gespielt.

Mit der Vorstellung vom Sozialen als einem Geschehen, das wie ein Spiel funktioniert, wendet sich Bourdieu gegen die traditionelle mechanistische Vorstellung von Gesellschaft, die implizit allen Modellen von sozialem Handeln als einem Regel-Befolgen unterliegt, gegen die Vorstellung von Gesellschaft als einem Räderwerk, in dem alle Rädchen und Stangen ineinander greifen, oder des gut eingerichteten Automaten, der zusammenbricht, wenn Materialien oder einzelne Bestandteile von der Norm abweichen. Deutlicher als bei anderen institutionellen Bezügen hebt Bourdieu mit der Metapher vom sozialen Feld als einem »Spiel« hervor, dass Gesellschaft und soziale Interaktion geschmeidiger, offener und flexibler zu denken sind, als wir dies mit der Konzeption eines von Werten und Normen geleiteten Handeln gewohnt sind. In der Analyse der Funktionsweise sozialer Felder zeigt er, dass er Gesellschaft als ein Miteinander und Gegeneinander von Akteuren fasst, die sich wechselseitig als Mitspieler anerkennen. Gesellschaft konstituiert sich über die Praxis der handelnden Subjekte, indem diese dem Möglichkeitsraum, den sie vorfinden, durch ihr Handeln – ihr soziales Spiel – eine konkrete Struktur und Gestalt geben.

V. Soziologische Theorie und das Prinzip der epistemologischen Wachsamkeit

Wenn man Bourdieus Texte aufmerksam liest, wird man feststellen, dass er nirgends auf eine systematische, umfassende, Gesellschaft »in ihrer Totalität« erfassende Theorie zielt. Mit theoretischer Bescheidenheit oder gar Anspruchslosigkeit hat dies nicht das Geringste zu tun; Bourdieu ist gerade in theoretischer Hinsicht außerordentlich anspruchsvoll. Er hält jedoch das Projekt einer systematischen und in sich geschlossenen Gesellschaftstheorie für nicht einlösbar. Dies zeigt sich auch in den Termini, die er zur Bezeichnung des Forschungsgegenstandes der Soziologie, der Gesellschaft, verwendet. Diese heben vor allem die Veränderlichkeit und Offenheit des Objekts soziologischer Betrachtung hervor: Es geht um soziale Praxis, um die soziale Welt oder das soziale Universum bzw. den gesellschaftlichen Kosmos, um den sozialen Raum, auch um das »Ensemble« von Relationen. Bourdieu spricht weder von sozialen Systemen noch von Gesellschaft als einem Ganzen und schon gar nicht von der gesellschaftlichen Totalität, und nur selten findet sich bei ihm das Wort »Gesellschaft«. Der Gegenstandsbereich, mit dem es die Soziologie zu tun hat, gilt ihm als einer, der ungemein vielfältig und zugleich historisch veränderbar ist. Das Soziale wird von Menschen gemacht, die mit Bewusstsein, mit Vorstellungen, Intentionen und Wünschen ausgestattet sind; das Soziale entsteht aus ihrer Interaktion, aus ihren Konflikten, Auseinandersetzungen und Kooperationen. Daher kann es auch keine universell gültige Theorie des Sozialen oder allgemeine Entwicklungsgesetze der Gesellschaft geben.

Was heißt dann »Theorie« in der Soziologie? Man bezeichnet Bourdieus Verständnis von Theorie wohl am besten als eine wissenschaftliche Praxis, die sich zunächst dadurch charakterisieren lässt, dass sie sich auf einen konkreten, räumlich und zeitlich bestimmbaren Gegenstand einlässt. In einem in Japan gehaltenen Vortrag, in dem er sein Konzept des sozialen Raums vorstellt, formuliert Bourdieu dies wie folgt: »Ich möchte über ein Land sprechen, das ich gut kenne, nicht weil ich in ihm geboren bin und seine Sprache spreche, sondern weil ich viel über es geforscht habe, nämlich Frankreich. Soll das nun heißen, daß ich über die Besonderheit einer einzelnen Gesellschaft nicht hinausgelangen und überhaupt nicht von Japan sprechen werde? Ich glaube nicht. […] Meine ganze wissenschaftliche Arbeit lebt nämlich von der Überzeugung, daß sich die innerste Logik der sozialen Welt nur erfassen läßt, wenn man ganz in die Besonderheit einer empirischen, in der Geschichte räumlich und zeitlich bestimmbaren Realität eindringt.« (Bourdieu 1998b: 13 f.)

Zu dieser wissenschaftlichen Praxis, die »Theorie-Arbeit« heißt, gehört darüber hinaus, dass in der Auseinandersetzung mit der »räumlich und zeitlich bestimmbaren Realität« die verfügbaren Erkenntnismittel immer wieder selbst zum Gegenstand der Erkenntnis gemacht, das heißt überprüft und kritisiert werden, und dass schließlich neue Erkenntnisinstrumente entwickelt werden. Die drei wichtigsten neuen Erkenntnisinstrumente Bourdieus sind oben vorgestellt worden. Gaston Bachelard, der große Lehrer Bourdieus, hat diese kritische Arbeit als Tätigkeit der »polemischen Vernunft« bezeichnet. Bei dieser Arbeit ist der Soziologe oder die Soziologin nicht allein auf sich gestellt: Es gibt eine Art virtuellen Raum der Soziologie, in dem wir uns bewegen, einen Raum, der Fixpunkte enthält, auf die wir uns bei unserer wissenschaftlichen Praxis beziehen: »Es ist der relativ zeitlose und völlig internationale Raum all derer – und dazu gehören Marx und Weber, Durkheim und Mauss, Husserl und Wittgenstein, Bachelard und Cassirer ebenso wie Goffman, Elias oder Cicourel –, die zur Produktion der Problematik beigetragen haben, mit der der Forscher sich konfrontiert sieht.« (Bourdieu/Wacquant 1996: 218 f.)

Mit diesem Hinweis auf den virtuellen Raum der Soziologie, der ein Raum der soziologischen Akteure und damit auch ihrer wissenschaftlichen Positionen ist, macht Bourdieu deutlich, dass wir unsere Bezüge und Anknüpfungspunkte im Lichte der Problematik, mit der wir uns auseinander setzen, immer wieder neu herstellen müssen – es geht nicht um die Pflege und Fortschreibung von ein für alle Mal feststehenden Wahrheiten. Die Frage, ob jemand Weberianer oder Marxist ist oder es doch lieber mit Simmel hält, wird bei dieser Vorstellung von einem nicht mehr an Raum und Zeit gebundenen Diskurs unter Wissenschaftlern allerdings hinfällig: Je nachdem, welcher Fragestellung wir nachgehen, sind immer mehrere, jedoch keineswegs immer die gleichen Wissenschaftler in den Diskurs einbezogen. So sind auch die »Fixpunkte«, die Bourdieu genannt hat, durchaus um weitere Namen zu ergänzen. Ausgehend von bestimmten Fragestellungen konstruieren wir auf diese Weise, unter einem jeweils besonderen Blickwinkel und mithilfe einer spezifischen Methode, unterschiedliche wissenschaftliche Objekte bzw. wir klären, um mit Durkheim zu sprechen, verschiedene »soziale Tatbestände« auf. Das heißt aber auch, dass die eigene Arbeit weder bei null beginnt noch jeweils für sich das »Ganze« der Soziologie ausmacht; sie bedarf der Anknüpfung und der Ergänzung.

Der fachliche Diskurs in diesem »relativ zeitlosen und völlig internationalen Raum« der Soziologie gilt nicht nur der Arbeit an neuen Erkenntnisinstrumenten. In diesem Diskurs können wir auch lernen, *wie* man Soziologie macht, welche Fehler es gibt, und wie man sie vermeiden kann. Die Aufmerksamkeit für die Irrtümer und Fallstricke der wissenschaftlichen Praxis hat Bachelard »epistemologische Wachsamkeit« genannt. Einer der zentralen Fallstricke in der Soziologie, mit dem sich Bourdieu immer wieder auseinander gesetzt hat, ist das Problem des wissenschaftlichen Blicks oder der »scholastischen Sicht«. Es ist oben bereits angesprochen worden, als die »Erfindung« des Habitus-Konzepts skizziert wurde. Der mit der scholastischen Sicht verbundene Irrtum besteht darin, »die Modelle, die der Wissenschaftler konstruieren muß, um die Praktiken zu erklären, in das Bewußtsein der Akteure zu verlegen«, das heißt aber auch, »so zu tun, als ob die Konstruktionen, die der Wissenschaftler produzieren muß, um die Praktiken zu verstehen, [...] das bestimmende Prinzip dieser Praktiken wären« (Bourdieu 1998b: 210). Als Beispiel für diesen »scholastischen Epistemozentrozismus« verweist Bourdieu auf den Linguisten Noam Chomsky, der so tut, »als wären die Sprecher Grammatiker« (Bourdieu 1998b: 207).

Dabei wird ausgeklammert, dass die Konstruktionen des Wissenschaftlers unter bestimmten sozialen Voraussetzungen zustande kommen, unter der Voraussetzung der Muße nämlich. Die Wissenschaftlerin, die sich mit der Reproduktion sozialer Ungleichheit im Bildungswesen auseinander setzt, hat das soziale Privileg und die Muße, genau dieses zu tun; sie steht dabei nicht in der Handlungs- und Entscheidungssituation von Eltern, die herausfinden wollen, welche Schule ihrem Kind die besten Entwicklungsmöglichkeiten bietet. Wenn sie dabei vergisst, dass die Welt, in der man nachdenkt, nicht die Welt ist, in der man lebt, und vor allem, dass die Welt, in der sie lebt, eine andere Welt ist als die, in der die meisten Eltern leben, wird sie die praktische Logik der Eltern nicht verstehen. Sie verallgemeinert nicht nur ein auf einer Meta-Ebene des Handelns entwickeltes Modell, sie verallgemeinert auch ihre eigene soziale Situation.

In den *Meditationen* kommt Bourdieu ausführlich auf das Problem der scholastischen Sicht zurück, das am Anfang seiner Wandlung vom Philosophen zum Soziologen stand. Will man die praktische Logik der Akteure verstehen, so geht es nicht darum, diese einfach zu übernehmen, vielmehr ist die praktische Logik theoretisch zu rekonstruieren. Das bedeutet nichts anderes, als »die Kluft zwischen praktischer und theoretischer Logik [...] in die Theorie selbst zu integrieren« (Bourdieu 2001: 67 f.) Gegen die Irrtümer der scholastischen Sicht hilft nur die Selbst-Reflexion, die Frage nach den sozialen Bedingungen der Arbeit, die diese Sicht hervorbringt.

Literatur

Beaufaÿs, S., 2003: Wie werden Wissenschaftler gemacht? Beobachtungen zur wechselseitigen Konstitution von Geschlecht und Wissenschaft, Bielefeld.

Bittlingmeyer, U. et al. (Hrsg.), 2002: Theorie als Kampf? Zur politischen Soziologie Pierre Bourdieus, Opladen.

Bohn, C./Hahn, A., 2000: Pierre Bourdieu, in: D. Kaesler (Hrsg.), Klassiker der Soziologie, Bd. 2: Von Talcott Parsons bis Pierre Bourdieu, München, S. 252–271.

Bourdieu, P., 1958: Sociologie de l'Algérie, Paris.

Bourdieu, P., 1962: Célibat et condition paysanne, in: Etudes rurales 5/6, S. 32–136.

Bourdieu, P., 1970: Künstlerische Konzeption und intellektuelles Kräftefeld, in: P. Bourdieu, Zur Soziologie der symbolischen Formen, Frankfurt am Main, S. 75–124 (frz.: Champ intellectuel et projet créateur, in: Les temps modernes, 246, 1966, S. 865–906).

Bourdieu, P., 1976: Entwurf einer Theorie der Praxis auf der Grundlage der kabylischen Gesellschaft, Frankfurt am Main (frz.: Esquisse d'une théorie de la pratique, précédée de trois études d'ethnologie kabyle, Genf 1972).

Bourdieu, P., 1981: Klassenschicksal, individuelles Handeln und das Gesetz der Wahrscheinlichkeit, in: P. Bourdieu et al., Titel und Stelle. Über die Reproduktion sozialer Macht, Frankfurt am Main, S. 169–226 (frz.: Avenir de classe et causalité du probable, in: Revue française de sociologie 15, 1, 1974, S. 3–42).

Bourdieu, P. et al., 1981: Eine illegitime Kunst. Die sozialen Gebrauchsweisen der Photographie, Frankfurt am Main (frz.: Un art moyen. Essai sur les usages sociaux de la photographie, Paris 1965).

Bourdieu, P., 1982: Die feinen Unterschiede. Kritik der gesellschaftlichen Urteilskraft, Frankfurt am Main (frz.: La distinction. Critique sociale du jugement, Paris 1979).

Bourdieu, P., 1986: La force du droit, in: Actes de la recherche en sciences sociales 64, S. 5–19.

Bourdieu, P., 1987: Sozialer Sinn. Kritik der theoretischen Vernunft, Frankfurt am Main (frz.: Le sens pratique, Paris 1980).

Bourdieu, P., 1988: Homo academicus, Frankfurt am Main (frz.: Homo academicus, Paris 1984).

Bourdieu, P., 1990: Was heißt sprechen? Die Ökonomie des sprachlichen Tausches, Wien (frz.: Ce que parler veut dire. L'économie des échanges linguistiques Paris 1982).

Bourdieu, P., 1997a: Die männliche Herrschaft, in: I. Dölling/B. Krais (Hrsg.), Ein alltägliches Spiel. Geschlechterkonstruktion in der sozialen Praxis, Frankfurt am Main, S. 153–217 (frz.: La domination masculine, in: Actes de la recherche en sciences sociales 84, 1990, S. 2–31).

Bourdieu, P., 1997b: Warnung vor dem Modell Tietmeyer, in: P. Bourdieu, Der Tote packt den Lebenden, Hamburg, S. 171 – 177 (zuerst erschienen in: Die Zeit vom 1.11.1996).

Bourdieu, P. et al., 1998a: Das Elend der Welt. Zeugnisse und Diagnosen alltäglichen Leidens an der Gesellschaft, Konstanz (frz.: La misère du monde, Paris 1993).

Bourdieu, P., 1998b: Praktische Vernunft. Zur Theorie des Handelns Frankfurt am Main (frz.: Raisons pratiques. Sur la théorie de l'action, Paris 1994).

Bourdieu, P., 1999: Die Regeln der Kunst. Genese und Struktur des literarischen Feldes Frankfurt am Main (frz.: Les règles de l'art. Genèse et structure du champ littéraire, Paris 1992).

Bourdieu, P., 2000a: Die zwei Gesichter der Arbeit. Interdependenzen von Zeit- und Wirtschaftsstrukturen am Beispiel einer Ethnologie der algerischen Übergangsgesellschaft, Konstanz (frz.: Algérie 60. Structures économiques et structures temporelles, Paris 1977).

Bourdieu, P., 2000b: Genese und Struktur des religiösen Feldes, in: P. Bourdieu, Das religiöse Feld. Texte zur Ökonomie des Heilsgeschehens Konstanz, S. 39 – 110 (frz.: Genèse et structure du champ religieux, in: Revue de sociologie française 12, 3, 1971, S. 295 – 334).

Bourdieu, P., 2000c: Les structures sociales de l'économie, Paris.

Bourdieu, P., 2001: Meditationen. Zur Kritik der scholastischen Vernunft, Frankfurt am Main (frz.: Méditations pascaliennes, Paris 1997).

Bourdieu, P., 2002: Ein soziologischer Selbstversuch, Frankfurt am Main (Erstveröffentlichung deutsch).

Bourdieu, P., 2004a: Interventionen 1961 – 2001, Hamburg (frz. Interventions, 1961 – 2001. Science sociale et action politique, Paris 2001).

Bourdieu, P., 2004b: Der Staatsadel, Konstanz (frz.: La noblesse d'état. Grandes écoles et esprit de corps, Paris 1989).

Bourdieu, P./Chamboredon, J.-C./Passeron, J.-C., 1991: Soziologie als Beruf. Wissenschaftstheoretische Voraussetzungen soziologischer Erkenntnis, Berlin (frz.: Le métier de sociologue. Préalables épistémologiques, Den Haag, Paris 1968).

Bourdieu, P./Darbel, A./Schnapper, D., 1966: L'amour de l'art. Les musées d'art européens et leur public, Paris.

Bourdieu, P./Passeron, J.-C., 1964: Les héritiers. Les étudiants et la culture, Paris.

Bourdieu, P./Passeron, J.-C., 1970: La reproduction. Eléments pour une théorie du système d'enseignement, Paris.

Bourdieu, P./Passeron, J.-C., 1971: Die Illusion der Chancengleichheit, Stuttgart (enthält Teile von Bourdieu/Passeron 1964, 1970).

Bourdieu, P./Sayad, A., 1964: Le déracinement. La crise de l'agriculture traditionnelle en Algérie, Paris.

Bourdieu, P./Wacquant, L., 1996: Reflexive Anthropologie, Frankfurt am Main (frz.: Réponses. Pour une anthropologie réflexive, Paris 1992).

Collège de France, 1985: Propositions pour l'enseignement de l'avenir. Elaborées à la demande de M. le Président de la République par les Professeurs du Collège de France, Paris (dt. gekürzt in: Neue Sammlung 25, 1985, 3, S. 395–402).

Dölling, I., 2004: Männliche Herrschaft als paradigmatische Form der symbolischen Gewalt, in: M. Steinrücke (Hrsg.), Pierre Bourdieu. Politisches Forschen, Denken und Eingreifen, Hamburg, S. 74–90.

Ebrecht, J./Hillebrandt, F. (Hrsg.), 2002: Bourdieus Theorie der Praxis. Erklärungskraft – Anwendung – Perspektiven, Wiesbaden.

Engler, S., 2001: »In Einsamkeit und Freiheit«? Zur Konstruktion der wissenschaftlichen Persönlichkeit auf dem Weg zur Professur, Konstanz.

Engler, S., 2003: Habitus, Feld und sozialer Raum. Zur Nutzung der Konzepte Pierre Bourdieus in der Frauen- und Geschlechterforschung, in: Rehbein/Saalmann/Schwengel 2003, S. 231–250.

Engler, S./Krais, B. (Hrsg.) 2004: Das kulturelle Kapital und die Macht der Klassenstrukturen. Sozialstrukturelle Verschiebungen und Wandlungsprozesse des Habitus, Weinheim.

Frerichs, P./Steinrücke, M. (Hrsg.) 1993: Soziale Ungleichheit und Geschlechterverhältnisse, Opladen.

Gebauer, G./Wulf, C., 1998: Spiel – Ritual – Geste. Das Mimetische in der sozialen Welt, Reinbek bei Hamburg.

Jurt, J., 2003: Autonomie der Literatur und sozialgeschichtliche Perspektive, in: Rehbein/ Saalmann/Schwengel 2003, S. 97–115.

Klemperer, V., 1957: LTI, Halle.

Krais, B., 1983: Bildung als Kapital – neue Perspektiven für die Analyse der Sozialstruktur, in: R. Kreckel (Hrsg.): Soziale Ungleichheiten, Soziale Welt, Sonderbd. 2, S. 199–220.

Krais, B., 1993: Geschlechterverhältnis und symbolische Gewalt, in: G. Gebauer/C. Wulf (Hrsg.), Praxis und Ästhetik. Neue Perspektiven im Denken Pierre Bourdieus, Reinbek bei Hamburg, S. 208 – 250.

Krais, B., 2001: Die feministische Debatte und die Soziologie Pierre Bourdieus: Eine Wahlverwandtschaft, in: G.-A. Knapp/A. Wetterer (Hrsg.), Soziale Verortung der Geschlechter. Gesellschaftstheorie und feministische Kritik 1, Münster, S. 317 – 338.

Krais, B./Gebauer, G., 2002: Habitus, Bielefeld.

Müller, H.-P., 1992: Sozialstruktur und Lebensstile. Der neuere theoretische Diskurs über soziale Ungleichheit, Frankfurt am Main.

Rehbein, B./Saalmann, G./Schwengel, H. (Hrsg.), 2003: Pierre Bourdieus Theorie des Sozialen. Probleme und Perspektiven, Konstanz.

Schmidt, R., 2002: Pop – Sport – Kultur. Praxisformen körperlicher Aufführungen, Konstanz.

Schultheis, F., 2004: Algerien 1960: Zur Genese der Bourdieuschen Theorie der gesellschaftlichen Welt, in: M. Steinrücke (Hrsg.), Pierre Bourdieu. Politisches Forschen, Denken und Eingreifen, Hamburg, S. 14 – 33.

Steinrücke, M., 2004: Bourdieus politisches Eingreifen 1: Algerienkrieg, Kritik des Bildungssystems, Konstitution eines kollektiven Intellektuellen, in: M. Steinrücke (Hrsg.), Pierre Bourdieu. Politisches Forschen, Denken und Eingreifen, Hamburg, S. 108 – 120.

Vester, M. et al., 2001: Soziale Milieus im gesellschaftlichen Strukturwandel. Zwischen Integration und Ausgrenzung, Frankfurt am Main.

Einflussreiche »Grenzgänger«

Christian Giordano

Jenseits von Emile Durkheims Erbschaft: Die dynamische Soziologie und Anthropologie Georges Balandiers

I. Einleitung: Zur Biographie Georges Balandiers

Georges Balandier wurde am 21. 12. 1920 in Aillervillers (Haute-Saône) geboren. 1942 schloss er seine Studien an dem von Marcel Mauss, Lucien Lévy-Bruhl und Paul Rivet im Jahre 1925 gegründeten Institut d'Ethnologie der Universität Paris-Sorbonne) mit dem Diplom ab. 1945 war er als Mitarbeiter von Michel Leiris und vom damals berühmtesten Afrikanisten Marcel Griaule am Musée de l'Homme tätig. Zwischen 1946 und 1947 arbeitete er am Institut Français d'Afrique Noire in Dakar (Senegal); danach leitete er die Abteilung für Soziologie und Ethnologie des Institut d'Etudes Centralafricaines in Brazzaville (damals Französisch-Äquatorialafrika, heute Kongo-Brazzaville). Während dieser Zeit führte er mehrere Forschungsreisen nach Mauretanien, Guinea, Senegal, in den Mittleren Kongo, Gabun und Südkamerun durch. 1952/53 war er als Forscher am von Georges Gurvitch ins Leben gerufenen Centre d'Etudes Sociologiques (CES) in Paris angestellt. 1954 habilitierte er sich an der Sorbonne. 1962 wurde er als Professor zunächst an der Ecole Normale Supérieure und etwas später an der Sorbonne ernannt. Zurzeit ist er emeritierter Professor an der Universität Paris Sorbonne und Studiendirektor an der Ecole des Hautes Etudes en Sciences Sociales (EHESS). Zwischen 1952 und 1961 war Georges Balandier Mitglied des renommierten Institut d'Etudes Politiques. Er ist Herausgeber der Zeitschrift *Cahiers Internationaux de Sociologie.*

II. Die Erfahrungen als Afrikanist und die Grundlegung der theoretischen Richtlinien

Wie sich der biographischen Notiz bereits entnehmen lässt, beginnt die akademische Karriere Georges Balandiers im Rahmen der ethnologisch orientierten Afrikaforschung. Es war zweifelsohne die Kooperation mit zwei so prominenten Ethnologen wie Michel Leiris und Marcel Griaule, die das Interesse des jungen, frisch diplomierten Wissenschaftlers für die Gesellschaften und Kulturen des Schwarzen Kontinents erweckten. Als Resultat der intensiven Felduntersuchungen, die wohlgemerkt noch während der kolonialen Herrschaft Frankreichs vor allem im westlichen und äquatorialen Afrika durchgeführt wurden, veröffentlichte Balandier zwei grundlegende Monographien, die noch immer als Modelle ethno-soziologischer Studien gelten. Dabei handelt es sich um *Sociologie des Brazzavilles noires* (1955) und *La vie quotidienne au Royaume de Kongo du XVIe au XVIIIe siècle* (1965).

Auf den ersten Blick scheinen beide Werke sehr unterschiedlich voneinander zu sein. Das erste Werk ist eindeutig soziologisch und gegenwartsbezogen, das zweite besitzt einen ethno-historischen Charakter und befasst sich in erster Linie mit der Vergangenheit eines politischen Großgebildes des äquatorialen Afrikas. Trotz der nahe liegenden Differenzen, die vor allem perspektivischer Natur sind, wäre es jedoch irreführend zu meinen, diese Studien hätten nichts miteinander zu tun: Die beiden Bücher Balandiers verursachten regelrecht eine kopernikanische Wende im Feld der französischen Ethno-Soziologie. Diese Feststellung soll in der Folge deutlicher erörtert werden.

Bis zum Zeitpunkt der Forschungen Balandiers war die französische ethnologische Schule, obwohl weltbekannte Namen wie beispielsweise Lucien Lévy-Bruhl zu ihr zählten, durch theoretische Positionen gekennzeichnet, die eng mit einer kolonialen Vision der unterworfenen Völker und Gesellschaften verbunden war. Balandier hat in den genannten Werken vor allem zwei als selbstverständlich geltende und daher fast dogmenartige Vorstellungen des »afrikanischen Primitiven« gründlich in Frage gestellt und schließlich widerlegt.

Schwarzafrika galt zu jener Zeit als das Reich der Stämme und der Ethnien. Solche sozialen Entitäten, die, wie Jean-Loup Amselle im Buch *Au cœur de l'ethnie* zeigt, eine Produktion kolonialer Verwaltungen waren (Amselle 1985: 11 ff.), wurden meistens als kleine, einfach strukturierte und akephale, das heißt staatenlose Aggregate dargestellt. Diese kolonialen Repräsentationen, die zweifelsohne von ethnologischen Quellen genährt wurden, lassen sich aus heutiger Sicht als ethnozentrische Bilder des »afrikanischen Anderen« definieren, in denen die Gesellschaften südlich der Sahara samt und sonders als geschichtslose, in einem ewigen natürlichen Urzustand lebende und politisch fast anarchische Gebilde *sans roi ni loi* (ohne König und ohne Gesetz) betrachtet werden.

Aus fachgeschichtlicher Perspektive lassen sich diese »ethnisierten« Repräsentationen Afrikas auf die soziologischen Konzeptualisierungen Durkheims zurückführen. Dieser Autor hatte in Zusammenhang mit dem Begriff der »mechanischen Solidarität« zugleich auch den Typus der sowohl sozial und politisch segmentären als auch ökonomisch »subsistenzorientierten« Gesellschaft (das heißt ein eher kleines, einfaches Sozialgebilde ohne Arbeitsteilung, Klassenstruktur, Markt, Herrschaft, Staat) geschaffen, der von Ethnologen und Kolonialverwaltern immer wieder zur Charakterisierung fast sämtlicher afrikanischer Kulturen herangezogen wurde (Durkheim 1965, 1977). Man darf dabei auch nicht vergessen, dass Durkheim in Anlehnung an den typischen Ethnozentrismus seiner Epoche Gesellschaften mit mechanischer Solidarität als »niedrigere Organisationsformen« betrachtete, wie auch aus dem Untertitel seines Buches *Über soziale Arbeitsteilung* indirekt, aber deutlich zu entnehmen ist (Durkheim 1977).

Balandier versucht in den beiden bereits genannten Werken, diesen imposanten Komplex von Stereotypen, Vorurteilen und irreführenden Vorstellungen in Bezug auf Afrika zu entkräften. In seinem Buch *La vie quotidienne au Royaume de Kongo du XVIe au XVIIIe siècle* treten vor allem zwei Aspekte deutlich hervor:

1. Afrika ist – entgegen dem Bild, das französische Sozialwissenschaftler und Administratoren allzu häufig entwarfen – nicht ausschließlich eine chaotische Ansammlung von segmentären Sozialgebilden mit tribalem Charakter. Neben dem »Schwarzen Kontinent der Stämme und Ethnien«, der von den Kolonialherren imaginiert und gezeichnet wurde, gibt es auch ein Afrika der hoch komplex organisierten Großreiche mit sehr differenzierten Wirtschafts- und Herrschaftssystemen. Die gewaltige Region südlich der Sahara lässt sich also nicht nur als ein fast anarchisches Sammelsurium archaischer, akephaler, in einer unendlichen Abfolge von blutigen Konflikten verstrickte Gesellschaften betrachten, wie manche Politikwissenschaftler das noch heute bisweilen zu tun pflegen. Indem Balandier auf ein »anderes Afrika« verweist, gehört er zusammen mit den britischen Sozialanthropologen Meyer Fortes und Edward Evans-Pritchard zu den ersten Sozialwissenschaftlern, die die für okzidentale Betrachter bequeme und politisch opportune Tribalismus-Hypothese mit Nachdruck in Frage gestellt haben (Fortes/Evans-Pritchard 1940).
2. Afrika ist kein wandlungsfreier und unveränderlicher Kontinent. Die westliche Vorstellung eines »ewigen Afrikas«, die vom Schriftsteller Joseph Conrad in seinem Roman *Heart of Darkness* (1902) in geradezu genialer Weise literarisch aufgearbeitet wurde, geht von der weitgehend unhinterfragten Annahme aus, dass der Schwarze Kontinent prinzipiell geschichtslos sei, weil man über keine schriftlichen geschichtlichen Quellen verfügt. Balandiers Rekonstruktion des Alltagslebens im Königreich Kongo zwischen dem 16. und dem 18. Jahrhundert zeigt dagegen deutlich, dass auch afrikanische Gesellschaften ihre eigene Geschichte haben, die nicht erst mit der Kolonialzeit und mit der Ankunft der Europäer vor allem während des 19. Jahrhunderts beginnt. Wenn man aber von Geschichte spricht, dann kann man auch die Existenz dynamischer Prozesse, die wiederum gesellschaftlichen Wandel mit sich bringen, nicht verleugnen. Balandier widerlegt also die Vorstellung, dass Afrika, wie noch der belgische König Leo-

pold II. in einer berühmten Rede vom 1876 verkündete, einen vom Westen kommenden »zivilisatorischen Impuls« brauchte, welcher in der Lage war, »die Dunkelheit, die ganze Bevölkerungen einhüllt, zu zerreißen« (Schmitt 1974: 273).

In *Sociologie des Brazzaville noires* greift Balandier dagegen gegenwartsbezogene Aspekte des sozialen Wandels in afrikanischen Gesellschaften auf. Dabei werden vornehmlich folgende Sachverhalte hervorgehoben:

Der bereits angesprochene ethnisierende Blick der westlichen Afrikaforscher hat den ruralen Charakter des Schwarzen Kontinents unterstrichen und überbetont. Dadurch ist ein sowohl nostalgisches als auch exotisierendes Bild entstanden, das die real existierenden Gegebenheiten zum großen Teil verdeckt und die Dimension der Wandlungsprozesse bisweilen sogar absichtlich missachtet. Balandier bemüht sich hingegen, die Relevanz der Urbanität als Erzeugnis der vom Kolonialismus verursachten Dynamik aufzuzeigen. In dieser Hinsicht stellen die *Brazzavilles noires* mit ihren rasanten, widersprüchlichen und bisweilen unübersichtlichen Veränderungen und Umbrüchen sozioökonomischer Natur keinen Sonderfall dar. Sie lassen sich eher als die Metapher des neuen Afrikas betrachten, in dem massive Immigrationsbewegungen vornehmlich vom Lande zu einer Verstädterung führen, die die soziale und kulturelle Landschaft des Kontinents neu gestalten. Dazu schreibt Balandier in der Einleitung zur zweiten Auflage: »La fabrique de la nouvelle Afrique c'est la ville, pour le meilleur et pour le pire. L'explosion urbaine accompagne la décolonisation, elle s'intensifie avec les entreprises ou les essais de développement, elle en est le révélateur.« (Balandier 1985 [1955]: VII)

Als Balandier die *Sociologie des Brazzavilles noires* schrieb, war das Interesse der Forscher an einer urbanen Soziologie/Anthropologie afrikanischer Gesellschaften noch recht gering. Lediglich die von Max Gluckman geleitete Schule von Manchester befasste sich zur damaligen Zeit mit dem sozialen Leben in den afrikanischen Städten. Parallel zur Untersuchung von Balandier wurden von dieser Forschergruppe, zu der prominente Sozialanthropologen wie J. Clyde Mitchell und Arnold L. Epstein gehörten, die Studien im neu urbanisierten Gebiet des Copperbelt im heutigen Sambia durchgeführt (Hannerz 1980).

Afrika kann als Paradebeispiel dafür gelten, dass sozialer Wandel – und eben auch Geschichte – richtungslos und unberechenbar verläuft. Hiermit wendet sich Balandier gegen die damals populären Paradigmen der Entwicklungssoziologie, die für die so genannte Dritte Welt eine unilineare Transition von der Tradition zur Moderne postulierten. Balandier kritisiert demnach grundlegend die Modernisierungstheorien, die eine allzu vereinfachende und daher unrealistische Betrachtung der tatsächlichen sozioökonomischen Prozesse vorschlagen. Am Beispiel der *Brazzavilles noires* zeigt Balandier, dass der fast automatische Übergang von einem Zustand A zu einem Zustand B, wie er von prominenten Ökonomen (Rostow 1967) und Sozialwissenschaftlern (Lerner 1958, Smelser 1964, Huntington 1968) vertreten wurde, weder evolutionär bzw. stufenmäßig verläuft noch im eigentlichen Sinne planbar ist, da gesellschaftliche Entwicklung durch ständige, nicht vorhersehbare Brüche, Diskontinuitäten und Ungleichzeitigkeiten geprägt ist. Die Idee, dass soziale Veränderungen bestimmten Leitbildern oder sogar einem Telos folgen, wird somit durch die zwar psychologisch beängstigende, jedoch soziologisch adäquatere Vorstellung der ungeordneten Bewegung ersetzt werden.

Diese Richtungslosigkeit sowie die Unberechenbarkeit des sozialen Wandels und des geschichtlichen Werdegangs, die in den *Brazzavilles noires* angesprochen werden, lassen sich als das vermutlich wichtigste Motiv der theoretischen Bemühungen Balandiers betrachten, das sich in fast allen Werken und vor allem in einigen seiner späten Bücher wie etwa in *Le détour* (1985), *Le désordre* (1988) und *Le dédale* (1994) wieder finden lässt.

Die genannten früheren Schriften Balandiers stellen mehr dar als zwei aufschlussreiche Monographien afrikanischer Gesellschaften. Zusammen mit dem Buch *Sociologie actuelle de l'Afrique Noire* (1955) dürfen sie als grundlegende Werke definiert werden, in denen Balandier bereits jene theoretischen Fragen formuliert, die in seinem gesamten späteren Œuvre und daher auch im innovativen Entwurf einer dynamischen Soziologie und Anthropologie einen wesentlichen Stellenwert einnehmen.

III. Die theoretischen Fundamente der dynamischen Soziologie und Anthropologie

Die Texte Balandiers vermitteln ein allgemeines Gefühl des Unbehagens, in dem sich die skeptische Haltung des französischen Soziologen und Anthropologen gegenüber einigen theoretischen Grundprämissen widerspiegelt, die in den meisten der herrschenden sozialwissenschaftlichen Richtungen der damaligen Zeit als selbstverständlich galten. Balandier formuliert dabei eine scharfe Kritik an Konzepten wie etwa Stabilität, Gleichgewicht, Kontinuität, Solidarität und nicht zuletzt Kohäsion. All diese Begriffe und Konzepte, die im Zentrum der Soziologie Emile Durkheims stehen, waren explizit oder implizit in Anlehnung an ihn von den wichtigsten soziologischen und anthropologischen Schulen des 20. Jahrhunderts in Frankreich, aber auch in vielen anderen Ländern Europas und in den Vereinigten Staaten, übernommen und weiterentwickelt worden. Durch seine theoretischen Bemühungen stellt Balandier in erster Linie die drei folgenden Paradigmen in Frage:

1. *Kritik des neo-evolutionistischen Paradigmas.* Balandier, der als Soziologe und Anthropologe der Moderne, wie er wiederholt betonte, erst über den Umweg der langjährigen Begegnung mit »fremden« und »fernen« Kulturen bei der Erforschung okzidentaler Gegenwartsgesellschaften angelangte, widersetzt sich der Vorstellung, dass die Entwicklung von traditionellen zu modernen Sozialordnungen nach dem Modell einer harmonischen Kontinuitätslinie verläuft. Die Idee des sanften, durch nahezu unbemerkte Übergänge charakterisierten Wandels erweckt nämlich den irreführenden Eindruck, dass es gesellschaftliche Prozesse ohne Spannungen und Konflikte gäbe. Zudem besitzen solch neo-evolutionistischen Repräsentatio-

nen einen deterministischen Charakter ahistorischer Natur, da sie auf der Fiktion beruhen, dass alle Gesellschaften die selben Phasen durchlaufen und den gleichen Zustand erreichen würden (Balandier 1971: 116 f.).

Beispielhaft in dieser Hinsicht sind vor allem die von der Entwicklungsökonomie und der Entwicklungssoziologie formulierten Modernisierungstheorien, die im Einklang mit dem Fortschrittsglauben die möglichst rasche Aufhebung der sozioökonomischen und kulturellen Differenzen zwischen dem Norden und dem Süden der Welt als einfach und problemlos betrachten. Um bestehende Unterschiede zu beseitigen, braucht man – so die Theorie – lediglich das westliche Modell flächendeckend zu verallgemeinern und es durch Nachahmungsstrategien, die nicht zuletzt durch Entwicklungshilfe vermittelt werden sollen, planetarisch auszudehnen.

Ferner gehen die neo-evolutionistischen Paradigmen und darunter die Modernisierungstheorien von der unhaltbaren Überzeugung aus, traditionelle Gesellschaften befänden sich auf einem zivilisatorischen Nullzustand, als dessen offenkundigste Erscheinung der anhaltende sozioökonomische und kulturelle Immobilismus gilt (Balandier 1971: 117). Die neoevulutionistischen Ansätze beruhen demnach auf einer irrtümlichen Defizitdoktrin, nach der traditionelle Gesellschaften durch ihre interne Unveränderlichkeit, sprich: strukturelle Wandlungsunfähigkeit, geprägt sind (Balandier 1971: 115). Die logische, wenn auch fehlerhafte, Konsequenz einer solchen Vorstellung lässt sich folgendermaßen zusammenfassen: Soziale und wirtschaftliche Entwicklung kann nur von außen kommen und muss daher aus dem Okzident »importiert« werden (Balandier 1971: 119).

2. *Kritik des strukturell-funktionalen Paradigmas.* Nach Balandier geht auch der Funktionalismus von einer irreführenden Grundprämisse aus, nämlich der soziologisch und anthropologisch nur scheinbar begründbaren Identifizierung von Gesellschaften und Lebewesen: Der Funktionalismus behauptet, dass ein Kollektiv genauso wie ein biologischer Organismus

funktioniert, bei dem jedes einzelne Teil durch seinen spezifischen Beitrag die Erhaltung des Ganzen gewährleistet. Diese direkt auf Durkheim zurückgehende Repräsentation der Gesellschaft, die später von britischen Sozialanthropologen wie Bronislaw Malinowski und Alfred Reginald Radcliffe-Brown sowie von amerikanischen Soziologen wie Talcott Parsons und Robert K. Merton übernommen und erweitert wurde (Malinowski 1969, Radcliffe-Brown 1971, Parsons 1951, Merton 1968), ist durch eine fast manische Suche nach den Bedingungen, die soziale Kohäsion, Stabilität und nicht zuletzt Kontinuität ermöglichen, gekennzeichnet.

Eine solche Blickrichtung favorisiert eindeutig die Überbetonung und nicht selten sogar die Übertreibung von Persistenzmomenten und Invarianztendenzen. Gleichzeitig werden Phänomene, die strukturelle Transformationen herbeiführen, grundlegend missachtet. Es entsteht somit ein zwar harmonisches, aber statisches Gesellschaftsbild, das die Bedeutung sozialer Prozesse unterschätzt oder im Extremfall sogar verneint. Die nachdrückliche Hervorhebung von Kohäsion und Stabilität sowie die gleichzeitige Ausschaltung der dynamischen Dimension evakuiert zudem auch die Problematik der sozialen Spannungen und Konflikte, die als Erscheinungen gebrandmarkt werden, welche die Existenz eines Kollektivs in gravierendem Maße gefährden (Balandier 1967: 225).

3. *Kritik des strukturalistischen Paradigmas.* Der Strukturalismus stellte zweifelsohne die theoretische Ausrichtung dar, die während ungefähr dreißig Jahren, das heißt zwischen 1950 und 1980, die Diskurse um die *sciences humaines* (Humanwissenschaften) in Frankreich bestimmte. In den Sozialwissenschaften gilt Claude Lévi-Strauss als der Hauptvertreter dieses Ansatzes (Lévi-Strauss 1958, 1968a). Dieser Autor geht von der Annahme aus, dass es jeder Gesellschaft ein gleicher, »harter Sockel« zugrunde liegt, der das Leben der Kollektive und das Funktionieren ihrer Beziehungen und Institutionen reguliert. Das Aufdecken dieses zentralen gesellschaftlichen Kernes, der wohlgemerkt aus einer Reihe von unsichtbaren, invarianten

Grundprinzipien besteht, gilt ihm als das eigentliche Ziel des sozialwissenschaftlichen Erkenntnisinteresses. Der Sozialforscher ähnelt demnach einem Astronomen, der sich um die Enthüllung allgemein gültiger, verborgener Gesetze bemüht. In dieser Hinsicht bilden Strukturen kein direkt beobachtbares soziales Gerüst, sondern sind unbewusste und zugleich konstante Regeln und Vorschriften elementarer Art, die von den Gesellschaftsmitgliedern nicht wahrgenommen werden. Auch der Strukturalist Lévi-Strauss setzt demnach ganz deutlich den Akzent – ganz in der Tradition Durkheims – auf Kohäsion, Stabilität und Beständigkeit.

Balandier hat niemals zum strukturalistischen Lager gehört und er hat sich vor allem als Kritiker der Lehren von Lévi-Strauss profiliert. Sein *projet dynamiste,* von dem in diesem Abschnitt noch die Rede sein wird, wurde eigentlich als Alternative zum damals in Frankreich dominanten Strukturalismus konzipiert. Balandier verleugnet nicht, dass die strukturalistische Perspektive theoretisch relevante Grundfragen des gesellschaftlichen Zusammenlebens aufgeworfen hat. Seine Kritik wendet sich gegen die Einseitigkeit und Starrheit des methodologischen Vorgangs, der lediglich die Bedeutung von wenigen transkulturellen Konstanten untersucht und diese dann überbetont. Die uneingeschränkte Suche nach einem aus unbewussten und unsichtbaren Grundprinzipien bestehenden »harten Sockel« reduziert die soziologische und anthropologische Analyse auf eine soziale Statik, die zur Erfassung komplexer gesellschaftlicher Gegebenheiten kaum geeignet ist.

Diese kritischen Vorbehalte gegenüber dem Neo-Evolutionismus, dem Funktionalismus und dem Strukturalismus stellen die wichtigsten Ansatzpunkte zur Präsentation des theoretischen Projekts Balandiers dar, das heutzutage unter den Namen »dynamische Soziologie« und »Anthropologie« bekannt ist. Will man die Position dieses Autors mit einer Formel charakterisieren, dann ist es sicherlich angebracht, von *éloge du mouvement* (Lob der Bewegung) zu sprechen (Balandier 1988). Das Leitmotiv seiner Kritik an den genannten sozialwissenschaftlichen Richtungen besteht darin, nachdrücklich auf deren mangelnde Sensibilität für Wandlungsprozesse zu verweisen. Der Vorschlag einer dynamischen Soziologie und Anthropologie soll demnach eine wesentliche Lücke füllen und die Modalitäten der gesellschaftlichen Mutationen in den Mittelpunkt der theoretischen Reflexion stellen.

Theorien des sozialen Wandels gibt es zweifelsohne seit der Entstehung der Sozialwissenschaften. Allerdings waren solche Konzepte meist durch die krasse dichotomische Trennung zwischen Tradition und Moderne gekennzeichnet, die als Gegenüberstellung von zwei inkompatiblen, sich voneinander scharf abgrenzenden Formen der Vergesellschaftung aufgefasst wurden. Dies wird beispielsweise bei Durkheim deutlich, der bekanntlich die Gegensätzlichkeit zwischen mechanischer und organischer Solidarität thematisierte (Durkheim 1965).

Balandier entwirft dagegen eine neue wissenschaftliche Repräsentation des Verhältnisses von Tradition und Moderne. Er entlarvt den trügerischen Charakter der genannten Opposition und setzt den Akzent auf die Bedeutung der permanenten Interaktionen, die zwischen diesen beiden gesellschaftlichen Ordnungsprinzipien bestehen. Beeinflusst von den Ideen seines Lehrers Georges Gurvitch, der sich für die notwendige Relation zwischen Beharrungskräften und revolutionären Schüben interessierte, und ausgehend von den empirischen Feldbeobachtungen in afrikanischen Kulturen entwickelte Balandier den Gedanken der unerschöpflichen und unauflösbaren Dialektik zwischen Tradition und Moderne, der als der theoretische Kern seiner dynamischen Soziologie und Anthropologie betrachtet werden kann (Gurvitch 1968, Balandier 1957, 1971, 1972). Damit keine Missverständnisse entstehen, sei hier darauf verwiesen, dass der Terminus »Dialektik« bei Balandier dem Begriff der »Wechselwirkung« bei Georg Simmel (1983 [1908]) entspricht.

Was beinhaltet aber konkret die Idee der unerschöpflichen und unauflösbaren Wechselwirkung zwischen Tradition und Moderne? Zunächst verweist sie darauf, dass sich Gesellschaften niemals en bloc verändern. Vielmehr gibt es Strukturelemente, soziale Institutionen und Beziehungsgefüge, die sich rasch wandeln, während sich andere Komponenten eines Kollektivs als wesentlich beharrlicher, ja als fast unbeweglich erweisen. Auch das modernste Kollektiv hat also seine sich weiterhin reproduzierenden traditionellen Bereiche, obwohl auch diese von permanenten Wandlungserscheinungen endogener Natur betroffen sind (Balandier 1971: 101 f.). Andererseits sind traditionelle Gesellschaften nicht von der Moderne abgekoppelt; auch in ihnen lassen sich daher zahlreiche Elemente beobachten, die mit der alten Sozialordnung kaum etwas zu tun haben (Balandier 1971: 103).

Die Wechselwirkung zwischen Tradition und Moderne verweist außerdem darauf, dass sich jede Vergesellschaftung in einem kontinuierlich »oszillierenden Gleichgewicht« befindet, das unkontrollierbar ist, weil sich seine Richtung nicht im Voraus bestimmen lässt (Balandier 1967: 221). Gesellschaftliche »Bewegung« ist also nicht ohne »Ungewissheit« zu denken, die ihrerseits – aus psychologischer Perspektive gesehen – eine ständige Quelle für individuelle und kollektive Besorgnisse und Befürchtungen darstellt (Balandier 1988: 11). Soziologisch und anthropologisch relevanter ist allerdings die Tatsache, dass das erwähnte »dialektische Oszillieren« zwischen Traditionsmomenten und Modernisierungsimpulsen Spannungen, Konflikte, Krisen, Brüche, Diskontinuitäten und Ungleichzeitigkeiten produziert, die für jegliche klassische »große Theorie« der sozialen Organisation, die nach Regeln der Harmonie, Kohäsion, Stabilität und Kontinuität sucht, eine kaum zu überwindende Herausforderung bilden (Balandier 1988: 63 f.). Zum Wesen menschlicher Kollektive gehört nach Balandier nicht nur Ordnung, sondern auch Chaos (in Form anomischer Zustände), welche durchgehend von komplexen Prozessen des Auf-, Ab- und Umbaus betroffen sind (Balandier 1988: 117 – 145).

Das oszillierende Gleichgewicht als Spezifikum der unerschöpflichen und unauflösbaren Dialektik gesellschaftlicher Bewegung beinhaltet aber auch die enge Wechselwirkung zwischen Modernisierung der Traditionen und der gleichzeitig verlaufenden Re-Traditionalisierung der Moderne. Solche auf den ersten

Blick paradox erscheinenden Phänomene hat Balandier vor allem in Afrika während des Zeitalters der Dekolonisierung beobachtet. Zahlreiche traditionelle Bräuche, Sitten, Konventionen und andere kulturelle Leitbilder sind im Zuge der aus dem Okzident importierten Modernisierungsstrategien nicht einfach verschwunden; sie wurden vielmehr modifiziert und in den neuen ›modernen‹ Kontext integriert. Die typischen Ideologien der Moderne, wie etwa der Nationalismus und der Sozialismus, haben sich dagegen mit traditionellen Werten und Mustern vermischt und vermengt (Balandier 1955b, 1971: 119). Man denke hier nur an die verschiedenen, nationalistisch und sozialistisch beeinflussten Nativismen, welche die neuen unabhängigen Staaten des Schwarzen Kontinents während der fünfziger und sechziger Jahre des 20. Jahrhunderts erschüttert haben. Solche politischen Bewegungen, die allerdings immer auch eine religiös geprägte, messianische Komponente besaßen, bestanden aus einer dynamischen und daher explosiven Kombination von modernisierter Tradition und re-traditionalisierter Moderne (Balandier 1967: 216 f.).

Dieser Punkt kann durchaus als der subtilste, originellste und aktuellste Beitrag der dynamischen Soziologie und Anthropologie Balandiers gelten. Die theoretischen Überlegungen des Autors erscheinen heute nahezu prophetisch; sie werden durch Beispiele belegt, die inzwischen Legion sind und alles deutet darauf hin, dass sich solche Fälle im Zeitalter der »reflexiven« bzw. »späten« Moderne erheblich vermehren. Die Globalisierung mit ihren planetarischen Vernetzungen führt demnach nicht zur sozialen und kulturellen Gleichschaltung bzw. zum eisernen Käfig der weltweiten McDonaldisierung (Ritzer 1996, 1998, Smart 1999), sondern begünstigt vielmehr die Wechselwirkung zwischen einer Modernisierung der Tradition und einer Re-Traditionalisierung der Moderne. Zur Illustration dieses Sachverhalts kann auf eine ganze Reihe von aktuellen Erscheinungen verwiesen werden, die manch aufklärerischen Geistern des »fortschrittlichen« Westens als obskurantistisch, rückständig und unzivilisiert vorkommen, wie etwa die so genannten ethnischen bzw. tribalen Kriege in Afrika, der islamische Fundamentalismus samt seiner terroristischen Version oder der Ethno-Nationalismus Ost- und speziell Südosteuropas.

Zum Abschluss dieses Abschnittes sei noch hinzugefügt, dass die klassischen Theorien des sozialen Wandels zu dem Zeitpunkt, als Balandier sein Programm der dynamischen Soziologie und Anthropologie formulierte, vor allem hinsichtlich Gesellschaften der so genannten Dritten Welt fast ausschließlich exogene (sprich: vom Westen importierte) Mutationsleitbilder berücksichtigte (Balandier 1971: 119). Der französische Soziologe und Anthropologe betrachtete diese Perspektive dagegen schon damals als ungenügend und irreführend. Er plädierte vielmehr dafür, auch die endogenen Veränderungsfähigkeiten der jeweiligen Kollektive und nichtokzidentaler Gesellschaften zu berücksichtigen. Er verweist damit auf die Notwendigkeit, Modernisierung und Entwicklung im Plural zu konzeptualisieren und antizipierte somit die derzeitig in den Sozial- und Kulturwissenschaften so populäre Repräsentation der *multiple modernities* (Eisenstadt 2002) um rund drei Jahrzehnte.

IV. Politische Soziologie und Anthropologie als dynamische Analyse sozialer Praktiken

Die von Balandier konzipierte politische Anthropologie bildet ein notwendiges Korrektiv gegen die stereotypischen Vorstellungen manch dominanter Richtung in der Soziologie und vor allem in der Politikwissenschaft. Solch ethnozentrische Repräsentationen beruhen im Endeffekt auf der als selbstverständlich geltenden Überzeugung, dass die politischen Organisationsmuster des Okzidents universell oder generalisierbar seien (Balandier 1999: VII). So erklären etwa die beiden Disziplinen – die sich zumindest unter den bereits erwähnten, tonangebenden Ansätzen, dem Funktionalismus und dem Strukturalismus, in erster Linie der Analyse des Staates und seiner Institutionen widmen – die Staatlichkeit bisweilen zum unvermeidbaren transkulturellen Prinzip einer jeglichen politisch organisierten Gesellschaft. Die politische

Anthropologie, die mit ihrem spezifischen Blick die Aufmerksamkeit auf andere, das heißt nichtokzidentale, Sozialgebilde lenkt, zeigt dagegen auf, dass Politik nicht notgedrungen mit dem Vorhandensein staatlicher Einrichtungen zusammenfällt.

Durch eine solche Perspektive besitzt die politische Anthropologie eine ganz eigene »subversive« Tendenz, denn sie stellt die Allmächtigkeit und Notwendigkeit von straffen Organisationsformen (wie etwa staatlichen Strukturen) für die Ausübung politischer Tätigkeiten in Frage (Balandier 1999: V). So konnten Anthropologen durch das Studium von segmentären Gesellschaften, die bekanntlich akephal und staatenlos sind, zum Beispiel nachweisen, dass auch in solch eher kleinen Kollektiven auf dem Niveau der Verwandtschaftsbeziehungen und des religiösen Lebens tagtäglich rege politisiert wird (Balandier 1967: 60 – 91 und 117—144, 1974: 63 – 105). Sie stellten auch fest – und dies sei nachdrücklich hinzugefügt –, dass segmentäre Gesellschaften keine egalitäre Sozialordnung kennen; vielmehr sind sie durch soziale Ungleichheiten und Schichtungsstrukturen geprägt, die Macht- und Herrschaftspositionen erzeugen, um welche mit kulturell spezifischen Mitteln des politischen Kampfes gerungen wird (Balandier 1974: 113). Diese Forschungserfahrungen der politischen Anthropologen in »fremden«, nichtokzidentalen Kulturkreisen lehren nach Balandier, dass eine Perspektive, die lediglich die institutionellen Dimensionen des Politischen erforscht, niemals befriedigend sein kann. Die deutlich »institutionalistisch« orientierten Richtungen, die seit jeher den Kern des soziologischen und politikwissenschaftlichen Mainstream bilden, sind somit kaum in der Lage, die Relevanz konkreter Verhaltensstrategien sowie alltäglicher Manipulationshandlungen zu begreifen, welche die strukturelle Architektur politischer Systeme ständig verändern, umkehren, aushöhlen und nicht zuletzt anfechten (Balandier 1999 XI [Angabe im Literaturverzeichnis nicht mehr notwendig,da, das Werk anthropologie politique zweite Auflage schon vorhanden]).

Eine dynamische Soziologie und Anthropologie der Politik sollte also die institutionalistische Zentrierung aufgeben und die Rolle der sozialen Praktiken in der politischen Sphäre viel stärker berücksichtigen. Es geht Balandier also weniger um die Erforschung der Funktionen und der Strukturen abstrakter und statischer Einrichtungen als vielmehr um die Rekonstruktion der reellen Performanzen individueller bzw. kollektiver Akteure. In dieser Hinsicht spürt man bei dem Soziologen und Anthropologen eindeutig sowohl den Einfluss Max Webers, der mit seiner Typologie der legitimen Herrschaft den Bereich des Politischen über die Staatlichkeit hinaus erweitert, als auch die Einwirkung von Karl Marx, die zweifelsohne seine Sensibilität für das enge Verhältnis zwischen Macht und Manipulation geprägt hat. Ausserdem hat die antiinstitutionalistische Haltung der politischen Anthropologie Balandiers klare, gewiss nicht zufällige Ähnlichkeiten mit den theoretischen Ideen der sozialanthropologischen Schule von Manchester. Dabei fallen vor allem die Affinitäten mit zwei prominenten Vertretern wie Victor Turner und J. Clyde Mitchell auf, die das Konzept der »Performanz« bzw. des »Netzwerkes« für die dynamische Analyse politischer Felder entwickelt haben (Turner 1986, Boissevain/Mitchell 1973).

So untersucht Balandier in *Le pouvoir sur scènes* (1980, 2. Aufl. 1992) eingehend die soziologische Bedeutung performativer Leistungen in der Politik. Das Werk, das wohlgemerkt Machiavellis *Principe* und seinen zahlreichen Epigonen und Nacheiferern aller Schattierungen gewidmet ist, stellt eine nüchterne und zugleich ironische Analyse der verschiedenen politischen Inszenierungsmöglichkeiten dar, die von den Machteliten zur Herrschaftsausübung in Gang gesetzt werden. Herrschaftssysteme lassen sich nach Balandier also generell als »Theatrokratien« bezeichnen: politische Akteure müssen tagtäglich ihren Tribut dramaturgischer Performanzkünste zahlen, die die Imagination der jeweiligen Anhänger, Vasallen, Klienten, Sklaven, Wähler usw. beeindrucken (Balandier 1980: 11). Ausgehend von den weberschen Begriffen der Legitimitätsgeltung und des Legitimitätsglaubens betont der französische Soziologe und Anthropologe, dass Herrschaft weder einzig auf brutaler Gewaltausübung noch auf reinen Vernunftdiskursen beruhen kann (Weber 1956: Bd. 1, 122 f.). Darüber schreibt er wörtlich: »Le pouvoir établi sur la seule force, ou sur la violence non domestiquée, aurait une existence constamment menacée; le pouvoir exposé sous le seul éclairage de la raison aurait peu de crédibilité. Il ne parvient à se maintenir ni par la domination brutale, ni par la justification rationnelle.« (Balandier 1980: 16)

Im Geiste Nicolò Machiavellis argumentiert Balandier, dass der *Principe* – heute ebenso wie in der Vergangenheit, im Okzident ebenso wie im Orient, in modernen ebenso wie in eher traditionellen Gesellschaften – stets öffentliche Darstellungen vollbringen muss, die meistens einen ausgeprägt spektakulären Charakter besitzen, um seine Machtposition zu rechtfertigen. In diesem Sinne sind politische Symbole, Rituale und Kulte sowie Ideologien und Programme nichts anders als »realisierte Illusionen« (Balandier 1980: 15), die bekanntlich von Robert Michels »ethische Ornamente« genannt wurden (Michels 1970: 17 f.).

Der große politische Akteur herrscht also über Individuen und Gruppen nicht so sehr dank perfekt funktionierender Institutionen, sondern vielmehr durch die geschickte Manipulation des Imaginären (Balandier 1980: 15). Der *big man* aus Neuguinea, der afrikanische Sakralkönig, der römische Kaiser, der Stammeshäuptling, der orientalische Despot, der mittelalterliche Feudalherr, der absolutistische Herrscher, der nationalistische Führer, der totalitäre Autokrat und nicht zuletzt auch die Leaders parlamentarischer Demokratien, die gegenwärtig immer häufiger unter der Tyrannei des Anscheins stehen, müssen, falls sie in ihren spezifischen politischen Arenen erfolgreich sein wollen, stets demonstrieren, dass sie die chamäleonartigen Künste begabter Komödianten bestens beherrschen. Sie müssen sich dabei des dynamischen Charakters der eigenen performativen Rollen gleichsam bewusst sein, um diese je nach Situation anpassen, umdenken, umgestalten und nicht selten sogar umkehren zu können.

In *Le pouvoir sur scènes* präsentiert Balandier somit anhand ethnographischer Materialien aus mehreren Epochen und aus allen Teilen der Welt ein beeindruckendes und ziemlich vollständiges Panorama der spezifischen dynamischen Prozesse, die sich in unterschiedlichen politischen Kontexten und Feldern bei Inszenierungen, Eskamotagen, Manipulationstechniken sowie anderen Performanzformen »theatrokratischer« Natur abspielen. Aber gerade diese imponierende Vielfalt von Versionen und Varianten, die wohlgemerkt häufig einen transkulturellen Charakter besitzen, beweist, welch wichtige und erfrischende Funktion die dynamische Performanzanalyse bei der notwendigen Korrektur des allzu abstrakten und nicht selten realitätsfremden soziologischen und politikwissenschaftlichen Institutionalismus einnehmen kann.

V. Hypermoderne Dynamik. Zur kritischen Diagnose gesellschaftlicher Globalisierung

In seinen späteren Werken und speziell in *Le grand système* (2001) ist bei Balandier ein wesentlicher Perspektivenwechsel zu vermerken. Seit den achtziger Jahren des 20. Jahrhunderts, und im Besonderen nach der Veröffentlichung der Trilogie *Le détour* (1985), *Le désordre* (1988) und *Le dédale* (1994), konzentriert sich die Aufmerksamkeit des französischen Soziologen und Anthropologen nicht mehr in erster Linie auf die soziokulturelle Dynamik in »fremden« Kollektiven nichtwestlicher Tradition, sondern auf die Globalisierungsprozesse, die aber vornehmlich die Kommunikationsgesellschaften des hoch technologisierten Okzidents (einschließlich selbstverständlich Japans und mancher asiatischer »Tigerstaaten« wie etwa Singapur, Hongkong, Taiwan und Südkorea) betreffen.

Schon bei seinen frühesten Beobachtungen und Reflexionen zur Globalisierungsproblematik, die zweifelsohne an die Idee einer dynamischen Soziologie und Anthropologie anknüpfen, ist die kritische Haltung Balandiers gegenüber den theoretischen Ansätzen, die den selbstsicheren »Zeitgeist« der achtziger und neunziger Jahre des 20. Jahrhunderts bestimmt haben, nicht zu übersehen. Er bemüht sich mit überzeugenden soziologischen und anthropologischen Argumenten, die damaligen utopischen Visionen zu entkräften, in denen die Globalisierung als eine heilbringende »Endzeit« vorgestellt wurde, die allen Menschen dank der neuen Techno-Ökonomie Sicherheit, Wohlstand und Gleichheit garantieren kann (Balandier 2001: 50–55). Der Titel seines Buches *Le grand système* ist dabei eindeutig ironisch zu verstehen, denn Balandier stellt die Vorstellung von der Globalisierung als eines kohärenten Ganzen oder als Anfang eines endzeitlichen Gleichgewichtszustandes, wie sie beispielsweise der amerikanische Politikwissenschaftler Francis Fukuyama entwirft, wenn er vom »Ende der Geschichte« spricht (Fukuyama 1992), nachdrücklich in Frage.

Die hypermoderne Dynamik, die man geläufig als Globalisierung bezeichnet, bringt weder das Paradies auf Erden, noch darf sie als ein neoliberales Inferno eingeschätzt werden. Nüchtern betrachtet, charakterisiert sie vielmehr eine Epoche der beschleunigten Bewegung, die im Grunde lediglich einige von der dynamischen Soziologie und Anthropologie bereits seit ihren Anfängen entwickelte Grundgedanken bestätigt. Gerade solche Zeiten der äußerst schnellen Mutationen eignen sich besonders gut, zu zeigen, dass sozioökonomischer und kultureller Wandel undurchsichtig und unkontrollierbar ist. In ihrer ersten Phase, so Balandier, hatte die hypermoderne Dynamik den fast generalisierten Eindruck erweckt, dass die Welt aufgrund des neuen technoökonomischen Wissens keine unlösbaren Geheimnisse bzw. verborgenen Dimensionen mehr hätte. Man war überzeugt, dass die vielen Besorgnis erregenden Bereiche der Lebenswelt für die Menschen immer transparenter sein würden und dass der Mensch sie entsprechend immer besser kontrollieren könnte (Balandier 2001: 13 ff.). Sehr bald musste man allerdings merken, dass die Globalisierung neue beunruhigende Szenarien produziert, die mit Sicherheit nicht das Ende der Geschichte ankündigen. Das nach dem Fall der Berliner Mauer und nach dem Zusammenbruch der bipolaren Ordnung erwartete Zeitalter des im Einklang funktionierenden *grand système* ist nicht eingetreten; vielmehr haben sich – in Übereinstimmung mit den Prinzipien der dynamischen Soziologie und Anthropologie – neue strukturelle Diskontinuitäten, historische Ungleichzeitigkeiten, sozioökonomische Diskrepanzen, kulturelle Fremdheiten, interethnische Spannungen und politische Konflikte ergeben. Die Globalisierungsgesellschaften lassen sich, in den Worten des polnischen Philosophen Zygmunt Bauman, immer mehr mit fliegenden Flugzeugen ohne Pilot vergleichen (Bauman 2002: 21). Dies bedeutet im Endeffekt aber nichts anderes, als dass die unerschöpfliche Dialektik zwischen Persistenzmomenten und Veränderungsimpulsen auch das wesentliche Charakteristikum der hypermodernen Dynamik ist, wobei diese unauflösbare Wechselwirkung gegenwärtig im Spannungsverhältnis zwischen Globalisierung und Lokalisierung vermutlich am deutlichsten zum Ausdruck kommt.

VI. Versuch einer kritischen Würdigung: Grenzen und Erträge der dynamischen Soziologie und Anthropologie Georges Balandiers

Georges Balandier gilt sowohl als Hauptvertreter der dynamischen Soziologie und Anthropologie französischer Provenienz als auch allmählich als Klassiker der französischen Sozialwissenschaften. Außerdem hat er sich auch jenseits akademischer Kreise einen Namen als Schriftsteller und als zivilisationskritischer Essayist gemacht. Dennoch wäre es nicht zutreffend, Balandier als einen großen Sozialtheoretiker zu bezeichnen. Will man eine rein hagiographische Darstellung seiner Leistungen vermeiden, dann muss man zugeben, dass sein Ansatz einer dynamischen Soziologie und Anthropologie bruchstückartig bleibt. Dazu fallen beim Textvergleich Inkohärenzen und widersprüchliche Aussagen auf, die manchmal die Lektüre erschweren. Sein dynamisches Paradigma ist alles andere als allumfassend und es kann daher keinesfalls als »große Theorie« aufgefasst werden. Die dynamische Soziologie und Anthropologie ist vielmehr eine zwar breite, jedoch bewusst willkürliche Selektion von theoretisch anregenden Intuitionen, ketzerischen Gedanken und glänzenden Ideen, die nicht unbedingt aufeinander bezogen sind. Man könnte Balandier demnach vorwerfen, er arbeite mit der spielerischen und eklektischen Methode des intellektuellen Bricolage (Bastelei), was seinen Kollegen und Erzrivalen Claude Lévi-Strauss dazu veranlassen würde, von »wildem Denken« zu sprechen (Lévi-Strauss 1968b: 29 f.).

Auch wenn sich solche Schwächen theoretischer Natur nicht verleugnen lassen, sollen doch zugleich einige originelle und innovative Elemente von Balandiers Ansatz nicht unerwähnt bleiben. Hierbei muss man vor allem folgende positive Aspekte hervorheben, die auch die aktuelle Relevanz seines theoretischen Paradigmas bestätigen:

1. Es ist sicherlich das größte theoretische Verdienst Balandiers, sozialen Wandel unteleologisch konzeptualisiert zu haben. Seine Idee der unerschöpflichen und unauflösbaren Dialektik zwischen Permanenz und Veränderung sowie zwischen Tradition und Modernität ist besonders bedeutungsvoll, weil sie deutlich macht, dass die Geschichtlichkeit einzelner Gesellschaften von der meist ahistorisch arbeitenden Soziologie und Anthropologie nicht länger missachtet werden kann. Dadurch können in der Zukunft allzu vereinfachende Reduktionismen und Schematismen vermieden werden.
2. Als weitere wichtige theoretische Anregung kann die begründete Annahme gelten, dass sozialer Wandel nur in unbefriedigender Weise anhand von Kontinuitätsmodellen interpretiert werden kann. Eine realitätsnahe Soziologie und Anthropologie der gesellschaftlichen Mutationen muss permanent die herausragende Rolle von Brüchen, Diskontinuitäten, Ungleichzeitigkeiten und Konflikten im Blickpunkt haben.
3. Bei dieser Aufzählung der positiven Aspekte darf die Kritik des soziologischen und politikwissenschaftlichen Institutionalismus nicht vergessen werden. Diese kritische Haltung hat Balandier dazu veranlasst, die Bedeutung der konkreten Performanzen kollektiver und individueller Akteure zu Recht hervorzuheben.

4. Zum Schluss soll die dezidierte interdisziplinäre Perspektive der dynamischen Soziologie und Anthropologie Balandiers als theoretische Bereicherung nachdrücklich betont werden. Wie Jean Copans richtig erkannt hat, wandert Balandier stets zwischen mehreren Disziplinen (Copans 1985: 293 f.). Seine theoretischen Ausführungen verraten durchgehend eine originelle Mischung aus Soziologie, Kultur- und Sozialanthropologie, Philosophie, Sozialpsychologie, Politikwissenschaft und Humangeographie. Georges Balandier erweist sich demnach weniger als ein Klassiker der akademischen Soziologie Frankreichs, sondern vielmehr als ein *maître à penser* im Einklang mit der intellektuellen Tradition dieses Landes.

Literatur

Amselle, J.-L., 1985: Ethnie et espaces: pour une anthropologie topologique, in: Amselle, J.-L./M'Bokolo, E. (Hrsg.): Au cœur de l'ethnie. Ethnies, tribalisme et état en Afrique, Paris, S. 11–48.

Apter, D., 1965: The Politics of Modernization, Chicago.

Balandier, G., 1955a: Sociologie des Brazzavilles noires, Paris (2. Aufl. 1985).

Balandier, G., 1955b: Sociologie actuelle de l'Afrique noire, Paris.

Balandier, G., 1957: Afrique ambiguë, Paris.

Balandier, G., 1965: La vie quotidienne au Royaume de Kongo du XVIe au XVIIIe siècle, Paris.

Balandier, G., 1967: Anthropologie politique, Paris.

Balandier, G., 1971: Sens et puissance. Les dynamiques sociales, Paris.

Balandier, G., 1972: Georges Gurvitch, sa vie, son œuvre, Paris.

Balandier, G., 1974: Anthropo-logiques, Paris.

Balandier, G., 1980: Le pouvoir sur scènes, Paris (2. Aufl. 1992).

Balandier, G., 1985: Le détour. Pouvoir et modernité, Paris.

Balandier, G., 1988: Le désordre. Eloge du mouvement, Paris.

Balandier, G., 1994: Le dédale. Pour en finir avec le XXe siècle. Paris.

Balandier, G., 1999 [1967]: Anthropologie politique, 4., um ein Vorw. erw. Aufl., Paris.

Balandier, G., 2001: Le grand système, Paris.

Bauman, Z., 2002: Local Order, Global Chaos. In: C. Giordano/A. Boscoboinik (Hrsg.), Constructing Risk, Threat, Catastrophe. Anthropological Perspectives, Fribourg, S. 19 – 27.

Boissevain, J./Mitchell, J. C. (Hrsg.), 1973: Networks Analysis. Studies in Human Interaction, Den Haag/Paris.

Conrad, J., 1988 [1902]: Heart of Darkness. New York/London.

Copans, J., 1985: Une relecture actuelle. A Passage to Brazzaville, in: G. Balandier, Sociologie des Brazzavilles noires, Paris, S. 281 – 295.

Durkheim, E., 1965: Die Regeln der soziologischen Methode, Darmstadt/Neuwied.

Durkheim, E., 1977: Über soziale Arbeitsteilung. Studie über die Organisation höherer Gesellschaften, Frankfurt am Main.

Eisenstadt, S. N. (Hrsg.), 2002: Multiple Modernities, New Brunswick (N. J.).

Fortes, M./Evans-Pritchard, E. E., 1940: African Political Systems, Oxford.

Fukuyama, F., 1992: The End of History and the Last Man, New York.

Gurvitch, G., 1968: La vocation actuelle de la sociologie, Paris.

Hannerz, U., 1980: Exploring the City. Inquiries Toward an Urban Anthropology, New York.

Huntington, S. P., 1968: Political Order in Changing Societies, New Haven/ London.

Lerner, D., 1958: The Passing of Traditional Society. Modernizing the Middle East, New York.

Lévi-Strauss, C., 1958: Anthropologie structurale, Paris.

Lévi-Strauss, C., 1968a [1949]: Les structures élémentaires de la parenté, 2. Aufl., Paris.

Lévi-Strauss, C., 1968b: Das wilde Denken, Frankfurt am Main.

Malinowski, B., 1969: A Scientific Theory of Culture and Other Essays, London/Oxford/New York.

Merton, R. K., 1968: Social Theory and Social Structure. Toward Codification of Theory and Research, New York.

Michels, R., 1970: Zur Soziologie des Parteiwesens in der modernen Demokratie. Untersuchungen über die oligarchischen Tendenzen des Gruppenlebens, Stuttgart.

Parsons, T., 1951: The Social System, New York.

Radcliffe-Brown, A. R., 1971: Structure and Function in Primitive Society, London.

Ritzer, G., 1996: The McDonaldization of Society. An Investigation into the Changing Character of Contemporary Social Life, London/Thousand Oaks/New Delhi.

Ritzer, G., 1998: The McDonaldization Thesis. Explorations and Extensions, London/Thousand Oaks/New Delhi.

Rostow, W. W., 1967 [1960]: Stadien wirtschaftlichen Wachstums, 2. Aufl., Göttingen.

Schmitt, C., 1974, Der Nomos der Erde im Völkerrecht des Jus Publicum Europaeum, Berlin.

Simmel, G., 1983 [1908]: Soziologie. Untersuchungen über die Formen der Vergesellschaftung, 6. Aufl., Berlin.

Smart, B. (Hrsg.), 1999: Resisting McDonaldization, London/Thousand Oaks/New Delhi.

Smelser, N., 1964: Toward a Theory of Modernization, in: A. EtzioniA./E. Etzioni-Halevy (Hrsg.), Social Change. Sources, Patterns, Consequences, New York, S. 268 – 284.

Turner, V., 1986: The Anthropology of Performance, New York.

Weber, M., 1956 [1922]: Wirtschaft und Gesellschaft, 4. Aufl., Tübingen.

Stephan Moebius

Bio-Anthropo-Soziologie: Edgar Morin

I. Einleitende Worte zu Leben und Werk

Errare humanum est. – »Der Mensch ist verrückt und weise«, so eine Grundannahme von Edgar Morin (1974: 135). »Die menschliche Ordnung enthält die Unordnung. Man muß sich jetzt fragen, ob die Fortschritte in Komplexität, Erfindung, Intelligenz und Gesellschaft *trotz* der Unordnung, des Irrtums und der Phantasie, *mit* ihnen oder *wegen* ihnen eingetreten sind. Und wir antworten darauf: zugleich *wegen* ihnen, *mit* ihnen und *trotz* ihnen, da die richtige Antwort nur komplex und widersprüchlich sein kann.« (Morin 1974: 135)

Edgar Morin gilt als ein Denker der Komplexität. Der Mensch, so eine seiner Thesen, gelangte im Laufe seiner sozialen und biologischen Entwicklung zu einer »Hyperkomplexität«. So vermag der Mensch nicht nur zu produzieren, zu konstruieren oder neuartige technische Dinge zu erfinden, er ist darüber hinaus auch fähig, lustvoll, ekstatisch, ängstlich oder erotisch zu sein und sich neben der realen Welt eine Vielzahl von imaginären Welten zu erschaffen. Das gesamte Werk von Morin zeugt von seinem Willen, die Komplexität dieser unterschiedlichen Welten zu erkunden, das komplexe Nebeneinander von Ordnung und Chaos zu erfassen sowie eine umfassende Wissenschaft vom Menschen, eine »Bio-Anthropo-Soziologie« zu begründen.

Zu Beginn seiner wissenschaftlichen Arbeit beschäftigte er sich mit Deutschland unmittelbar nach dem Zweiten Weltkrieg und ging der Frage nach, wie eines der kultiviertesten Völker zu dem größten Verbrechen der Menschheit fähig werden konnte (vgl. Morin 1994: 76). In seiner Studie über Deutschland im so genannten Jahr Null ging es Morin auch aus biographischen Gründen darum, die Komplexität der Verhaltensweisen der Deutschen zu begreifen. Da Morin selbst seine Studien immer eng mit seiner

Biographie in Verbindung bringt, liegt es nahe, hierüber kurz ein paar Worte zu verlieren.

Edgar Nahum (erst seit seiner Beteiligung an der Résistance nennt er sich Morin) wurde 1921 in Paris als einziger Sohn sephardischer Juden geboren.[1] Sein Vater Vidal Nahum, dessen Familie ursprünglich aus Livorno in Italien stammte, war im heutigen Griechenland geboren und wurde später Franzose (vgl. auch Morin 1994).[2] Seine Mutter Luna Beressi starb, als er neun Jahre alt war. Eigentlich sollte sie aufgrund eines Herzleidens keine Kinder bekommen. Scheinbar tot geboren kam Edgar zur Welt und erst nach einer halben Stunde schrie er das erste Mal. In seinem autobiographischen Text *Mes démons* schreibt er hierüber: »Je devais mourir pour qu'elle vive, elle devait mourir pour que je vive.« (Morin 1994: 60) Jahrelang begleiten Morin Schuldgefühle wegen des Todes seiner Mutter. Auch wenn die Inhalte und Motivationen seiner unterschiedlichen Studien nicht einzig und allein auf biographische Erlebnisse reduziert werden können, so kann man doch bestimmte prägende Einflüsse aus seinem Leben erkennen. Die Beschäftigung mit dem Tod, die er in den fünfziger Jahren in seinem Buch *L'Homme et la mort dans l'histoire* unternimmt, speist sich auch aus seiner eigenen Erfahrung mit dem Tod der Mutter, einer Erfahrung um die »Komplexität von Leben und Tod« (vgl. Morin 1994: 53). In den dreißiger Jahren helfen

1 Die biographischen Angaben entstammen unterschiedlichen Quellen: zum einen aus Morins Büchern *Mes démons* (1994) und *Autocritique* (1959), aus dem Text von Thomas Keller zu Nicolaus Sombart und Edgar Morin (vgl. Keller 2003), dem Intellektuellenlexikon von Julliard und Winock (1996) und zum anderen einer detaillierten biographischen Liste aus dem Internet: http://edgarmorin.sescsp.org.br/bio/listar.asp. An dieser Stelle sei Thomas Keller ganz herzlich dafür gedankt, dass er mir sein Manuskript zu Sombart und Morin zur Verfügung stellte.

2 Allerdings ist die Suche nach der wahren Identität des Vaters ebenfalls recht komplex, wie Morin schreibt: »Mon père, devenu français par naturalisation, était né en 1894 à Salonique, ville alors ottomane, d'une famille ›protégée consulaire‹, originaire de Livourne, reconnue italienne depuis 1860, tandis que Salonique était devenue grecque en 1911. Il parlait avec mes grands-mères le vieil espagnol des Séfarades.« (Morin 1994: 138)

ihm die Romane von Anatole France, Tolstoi, Dostojewski, Malraux oder Proust über das Schuldgefühl am Tod seiner Mutter hinweg. In den selben Jahren veranlassen ihn insbesondere der Spanische Bürgerkrieg und die Volksfront-Regierung in Frankreich, politisch aktiv zu werden (vgl. Morin 1994: 33). Ist er in den dreißiger Jahren noch in pazifistischen und antiparlamentarischen Bewegungen engagiert, so tritt Morin während des Krieges in die Kommunistische Partei ein und wird Mitglied der Résistance. Der Wille zur Veränderung der Gesellschaft und die Hoffnung auf eine bessere Welt lassen ihn Soziologe werden; er sei in die Spur von Auguste Comte, Karl Marx und Emile Durkheim getreten, da für diese der Wunsch nach einer anderen Gesellschaft eine Wissenschaft von der Gesellschaft notwendig gemacht habe (Morin 1994: 34).

Nach dem Krieg verfasst er sein Buch über Deutschland *L'An zéro de l'Allemagne*. Es folgt eine Studie über den Tod, mit der Morin seine interdisziplinär angelegten Forschungen beginnt und versucht, ein Thema in seiner gesamten Komplexität zu erfassen: Sowohl die Biologie, die Geographie, die Ethnologie, die Psychologie, die Geschichte als auch unterschiedliche Analysen von Mythologien sowie philosophie- und religionsgeschichtliche Aspekte werden in seiner Betrachtung des Todes zu Hilfe genommen (vgl. Morin 1994: 40). Im Zuge seiner Untersuchung entdeckt er für sich unter anderem die Werke von Sigmund Freud, Georges Bataille, Paul Ludwig Landsberg, Martin Heidegger, C. G. Jung, Otto Rank und Sándor Ferenczi. Obwohl Intellektuelle wie Georges Bataille, Maurice Nadeau oder Lucien Fèbvre das Werk lobten, erfuhr es im akademischen Milieu keine große Resonanz.

Dank der Unterstützung des Soziologen Georges Friedmann und der Philosophen Maurice Merleau-Ponty und Vladimir Jankelevitch bekommt er die Möglichkeit, am Centre National de la Recherche Scientifique (CNRS) als Soziologe zu arbeiten und verfasst Mitte der fünfziger Jahre Bücher über das Kino und über Stars. Bereits zu Beginn der dreißiger Jahre hatte sich Morin für das Kino begeistert und sich für alle Genres des Films interessiert.[3] Weitere Werke über die imaginären Welten des Menschen folgen: er publiziert im Zuge der Ausarbeitung einer »Soziologie der Gegenwart« beispielsweise ein Buch über den Zeitgeist und die Massenkultur sowie eine Studie über die Entstehung und Verbreitung von Gerüchten, in der er auf die enge Verbindung zwischen Sozialem und Imaginärem aufmerksam macht. Es passt in diese Zeit seiner Beschäftigungen mit dem Imaginären, dass er Bekanntschaft sowohl mit den Surrealisten André Breton, Benjamin Péret und Pierre Naville als auch mit Georges Bataille macht.

Anfang der fünfziger Jahre wird Morin wegen seiner antistalinistischen Haltung aus der Kommunistischen Partei ausgeschlossen und gründet 1954 ein Komitee gegen den Algerien-Krieg (vgl. Morin 1959). Ab Ende 1956 gibt er mit anderen Ex-Kommunisten die Zeitschrift *Arguments* (1956–1962) heraus, eine Zeitschrift, die einen Platz zwischen der linken, von Jean-Paul Sartre geprägten *Les Temps modernes* und der christlich-linken Zeitschrift *Esprit* einnimmt (vgl. Julliard/Winock 1996: 810).[4] Mitte der sechziger Jahre veröffentlicht er eine *Introduction à une politique de l'homme* und zusammen mit Claude Lefort und Cornelius Castoriadis ein Buch über den Mai 1968 mit dem Titel: *Mai 68: la brèche* (vgl. auch Morin 1994: 43).

Drei Theorien beeinflussen seit Ende der sechziger Jahre Morins Denken: »je m'initie aux ›trois théories‹ qui s'entrepénètrent et s'entrecomplètent de façon inséparable: la cybernétique (cette fois en lisant Wiener et Bateson), la théorie des systèmes et la théorie de l'information.« (Morin 1994: 46 f.) Von der Beschäftigung mit diesen drei Theorien und dem Versuch, eine umfassende, der menschlichen Komplexität gerecht werdende Bio-Anthropo-Soziologie zu konstituieren, zeugt auch sein in den siebziger Jahren publiziertes Buch *Le Paradigme perdu: la nature humaine* (1973): »J'ai voulu, dans *L'Homme et la mort* et *Le Paradigme per-*

3 Er schreibt: »[L]e cinéma était la grotte des mystères initiatiques pour ma génération. En nous mettant dans un état semi-hypnotique, il nous initiait à une vie supérieure, magique, sublime.« (Morin 1994: 18 f.)

4 Zu Morins Einflüssen der personalistischen Anthropologie, die er allerdings weitgehend leugnet, vgl. Thomas Keller (2001: 380).

du, lier les connaissances biologiques, anthropologiques et sociologiques, aspirant à une bio-anthropo-sociologie.« (Morin 1994: 54) Dabei versteht Morin den Begriff »Anthropologie« nicht im angelsächsischen Sinne als ethnologische Forschung, sondern in dem Sinne, wie ihn die soziologischen Klassiker und Begründer der philosophischen Anthropologie, Max Scheler und Helmuth Plessner, aufgefasst haben: als eine allgemeine Lehre vom Menschen (vgl. Morin 1994: 42).

Im Mittelpunkt seiner dort entwickelten Bio-Anthropo-Soziologie oder »komplexen Anthropologie« steht die Annahme, dass der Mensch nicht nur als ein *homo sapiens,* sondern auch als ein *homo demens* begriffen werden muss, er ist zugleich verrückt und weise, ein *homo sapiens demens,* wobei eben auch die dementen Anteile mitverantwortlich für die Fortschritte in Komplexität, Erfindung und Gesellschaft sind (vgl. Morin 1974: 135). Morins Denken ist hierbei auch geprägt von den Gründern des Collège de Sociologie: Bataille, Caillois, Leiris (vgl. unter anderem Morin 1974: 130).[5] Sie hoben Ende der dreißiger Jahre im Rahmen in der von ihnen begründeten »Sakralsoziologie« die wesentliche Bedeutung von selbst gewählten Vergemeinschaftungen und so genannten heterologisch-sakralen Bereichen wie zum Beispiel die Ekstase, die kollektive Efferveszenz, das Irrationale, das Fest, das Imaginäre, den Tod oder die Mythen für das menschliche Da- und Zusammensein hervor (vgl. Moebius 2004a).

Morin bezeichnet sich selbst als einen Denker der widersprüchlichen Komplexität, der diese Widersprüche aber auch selbst (er)lebt und in diesen Widersprüchen handelt: »J'ai à la fois

5 »Diese Autoren [Bataille, Leiris, Caillois] und deren Beschäftigung mit den spanischen Mystikern sowie die entsprechenden Interessen von Scheler und Landsberg, die in der ekstatischen Erfahrung der Mystiker eine individualisierende Seinsweise jenseits des transzendentalen Subjekts suchen, sprechen auch Morin an.« (Keller 2003: 21) Zum Erbe des Collège de Sociologie vgl. auch Patrick Tacussel (2000). Zu den spanischen Mystikern wie Johannes vom Kreuz siehe zum Beispiel Morin (1994: 328 f.): »Mon mysticisme est non seulement dans le sentiment du mystère, mais aussi dans ma relation à ce qui fait la poésie de la vie, *un mode de vivre dans la participation, l'amour, la ferveur, la communion, l'exaltation, la fête, l'ivresse, la liesse et qui culmine en extase.*« (Morin 1994: 330)

le sens de l'irréductibilité de la contradiction et le sens de la complémentarité des contraires. [...] d'une côté, je suis porté au ›réalisme‹, entendu au sens d'un pragmatisme prudent, et d'un autre côté, les appels messianiques à la rédemption de l'humanité me portent vers un révolutionnarisme libertaire, trotskisant et antistalien.« (Morin 1994: 59, 66)

Er beschäftigt sich in den siebziger Jahren viel mit dem Denken der Selbstorgansation und dem Prinzip des organisierenden Zufalls von Heinz von Foerster (vgl. Morin 1974: 13), liest Humberto R. Maturana, Michel Serres, Gaston Bachelard, Karl Popper, Paul Feyerabend, Kurt Gödel und Ludwig Wittgenstein. Schließlich wird er Co-Direktor des Centre d'Etudes Transdisciplinaires an der Ecole des Hautes Etudes en Sciences Sociales (EHESS), eine Stelle, die er bis 1989 innehaben wird. Gegen Ende der siebziger Jahre beginnt er sein mehrbändiges Werk *La Méthode* (5 Bände, seit 1977), das die verschiedenen Stränge seines Denkens wie beispielsweise das Denken über die Widersprüche, die Beschäftigung mit den »drei Theorien« und den Theorien über die Selbstorganisation und Autopoiesis, die Philosophie von Husserl und Heidegger sowie die epistemologischen Reflexionen über die wissenschaftlichen Revolutionen (Bachelard, Kuhn, Feyerabend) zusammenführt (vgl. Morin 1994: 321 f.).

Morin publiziert in den achtziger Jahren – neben seiner Arbeit an den Bänden der *Méthode* – unter dem Titel *Sociologie* (1984) eine Sammlung von Texten, die sich insbesondere mit soziologischen Diagnosen zeitgenössischer Phänomene wie beispielsweise des Autos, der Modernisierung einer französischen Kommune oder der Ökologie befassen und im Rahmen einer »Sociologie du Présent« anzusiedeln sind, wie sie Morin bereits in seinen Studien zum Kino und Gerücht praktizierte. Es folgen in den weiteren Jahren eine Vielzahl von Büchern, die sowohl autobiographisch als auch zeitdiagnostisch sind. Letztere widmen sich unter anderem dem Thema *Penser l'Europe* (1987) oder politischen Zukunftsvisionen. So plädiert er beispielsweise in seinem mit der Journalistin Anne Brigitte Kern verfassten Buch *Terre-Patrie* (1993) für eine Politik der Zivilisation, die wieder mehr die Lebensqualität anstelle des Wohlstands fördert und sich für eine Humanisierung der Städte und gegen die Entvölkerung der Landgebiete einsetzt: »Au moment où la planète se disloque, *Terre-Patrie* paraît pour affirmer la nécessité d'une conscience planétaire. Les ethnies, les nations, les religions se renferment et, à ces clôtures, s'ajoutent celles de la pensée compartimentée: partout l'hyper-spécialisation des techno-sciences rend incapable de contextualiser et globaliser.« (Morin 1994: 234) Aber, so fragt sich Morin, was kann man vom *homo sapiens demens* für die Zukunft erhoffen (vgl. Morin 1993: 214)?

In den letzten Jahren erhielt Morin zahlreiche Ehrendoktorwürden und andere Auszeichnungen; er ist »Commandeur dans l'Ordre de la Légion d'Honneur« und inzwischen emeritierter Direktor des CNRS. In einem Vergleich zwischen Nicolaus Sombart und Edgar Morin, beide Soziologen und autobiographische Schriftsteller, hat Thomas Keller Morins Position im soziologischen Feld folgendermaßen beschrieben (vgl. Keller 2003: 1 f.): Wie der Sohn des berühmten Soziologen und Ökonomen Werner Sombart sei auch Edgar Morin Kultursoziologe und -anthropologe; es zeichne ihn wie Nicolaus Sombart sowohl das Interdisziplinäre (Philosophie, Musik, Kino, Literatur) als auch die Einbeziehung des Autobiographischen aus. Morin sei zugleich Außenseiter und »Paradiesvogel« der Soziologie sowie Autodidakt. Erst relativ verspätet gelangte er in die *scientific community*. Sowohl Sombart als auch Morin müssten »mit Urteilen von der Sorte leben, sie seien unseriös, unwissenschaftlich. Dies rührt nicht zuletzt von der engen Verbindung von Wissen und Leben her, die beide so auf Joie stellen, daß Haltungen des Lebenskünstlers, des Bohémiens, für Sombart auch des Dandys den Habitus des Wissenschaftlers durchkreuzen und seinen eigenen Stil der Theoriebildung und Präsentation erzeugen.« (Keller 2003: 2) Morin selbst schreibt in seiner Autobiographie über seine abweichende Rolle in der Wissenschaft: »En réalité, je me sentais toujours en opposition aux idées et aux mœurs dominantes des catégories où l'on m'enfermait (›sociologue‹, ›professeur‹, ›intellectuel de gauche‹).« (Morin 1994: 9)

II. Das Jahr Null

Morins erstes Buch befasst sich mit Deutschland: 1946 veröffentlichte er *L'An zéro de l'Allemagne*. Auf Deutsch erschien das Buch unter dem Titel *Das Jahr Null. Ein Franzose sieht Deutschland* im Jahr 1948. Seine Texte über Deutschland sind über ihre soziologischen und politischen Analysen hinaus auch als Versuche zu lesen, die eigenen Kriegserfahrungen zu verarbeiten. In *Das Jahr Null* findet man sowohl Untersuchungen über die deutsche Jugend, die Parteien, die Mythen und Gerüchte, über die Industriestruktur als auch über die Kollektivverantwortung der Deutschen sowie über die Chancen der Nazigegner. Morin beginnt sein Buch mit folgender Beobachtung: »Als ich in Freiburg aus dem Wagen stieg und zum erstenmal den Fuß auf deutschen Boden setzte, zog ein Mann auf der Straße den Hut und rief mir fröhlich zu: ›Bonchour, monsieur‹. Später wohnte ich in Lindau bei einer alten Frau. Sie empfing mich inmitten zahlreicher Heiligenbilder mit breitem zahnlosen Lachen. ›Leben Sie allein?‹, fragte ich sie. Sie nickte zustimmend und fügte hinzu: ›Mein Mann kaputt. Mein Sohn kaputt. Mein zweiter Sohn kaputt.‹ Sie lachte. Es ist schwer, die Deutschen zu verstehen. Es ist leicht, sie zu etikettieren; ich erzählte dieses Erlebnis am nächsten Tag bei Tisch. Eine Antifaschistin rief aus: ›Sie haben alle kein Herz.‹ Ich glaube, daß es sich um etwas anderes handelte. Die Alte war nicht herzlos. Sie war auf dem Punkt angelangt, zu denken, daß es viele Dinge gibt, die nicht von ihr abhängen: der Tod, der Sohn, der Mann, der Blitz und das übrige…« (Morin 1948: 17)

Laut Morin befinden sich die Deutschen in einem gleichsam »verhexten« Zustand (vgl. Morin 1948: 18), der Nazismus habe mit dem Führerprinzip und der Rasse die Herrschaft der dunklen Mächte eingeführt: »›Manna‹ für die Primitiven« (Morin 1948: 19). Ausgehend von einer Begrifflichkeit des Ethnologen Lucien Lévy-Bruhl, auf den Morin zurückgreift, könne man die deutsche Mentalität mit einer *mentalité primitive* vergleichen. Der »groteske und absurde Naziglaube« sei jedoch kein gewaltsamer Ausbruch irrationaler Kräfte gewesen. Vielmehr erfüllten der Nazismus und seine Mythen »die festumrissene soziale Funktion, die in Deutschland bestehende soziale Ordnung zu retten und zu festigen: das kapitalistisch-imperialistische System« (Morin 1948: 19).

Morin macht in seinem Buch insbesondere auf den nach dem Krieg noch vorhandenen latenten Antisemitismus und das weit verbreitete Ressentiment der Deutschen aufmerksam: »Ein anderer protestiert nicht gegen die verantwortlichen Deutschen, sondern gegen die bösen Amerikaner. Er sieht die Juden von der Seite an, ›sie haben zuerst Wohnung gekriegt, diese Schmutzfinken‹; diejenigen, die aus den KZs kommen, werden unglaublich bevorzugt und so weiter … Sie verstehen nicht.« (Morin 1948: 24 f.)

Morin widmet sich darüber hinaus in seinem Buch den Gerüchten in Deutschland; Jahre später wird er ein Buch über antisemitische Gerüchte in der Stadt Orléans schreiben. Kurz nach dem Krieg werde die öffentliche Meinung in Deutschland nicht von den zahlreichen Zeitungen, sondern durch unterschiedliche Gerüchte gebildet. »In die Welt der Gerüchte vordringen heißt in die wahre deutsche Meinung vordringen«, meint Morin (1948: 29). Gerüchte lassen die Herzen höher schlagen, zeigen »unerfüllte Wünsche, Ängste, Groll und Erwartungen« (Morin 1948: 30). Gerüchte wecken Hoffnungen und Illusionen. »Die Gerüchte und Gespräche, die man in Deutschland hört, lassen uns sofort an die Geschichten von Wilden denken, die Lévy-Bruhl erzählt. Sie zeigen auch, daß die Deutschen nicht dahin gelangen, die gegenwärtige Lage zu durchdenken. […] Man stellt sich vor, daß die Wehrmacht wieder geschaffen ist, daß zahlreiche Divisionen aufgestellt werden (im englischen oder amerikanischen Lager), daß der neue Krieg alles in Ordnung bringen wird, und so weiter.« (Morin 1948: 30 f.) Oft handele es sich um Gerüchte, so Morin weiter, dass Kinder in die UdSSR verschleppt werden, dass es in Deutschland verboten werde, zu heiraten, dass die Franzosen das Gebiet von Baden räumen werden oder dass alte Parteiführer eine nazistische Widerstandsbewegung bilden (vgl. Morin 1948: 31 ff.). »Die Gerüchte sind also nicht Übersteigerung der Einbildungskraft auf dem Boden des gesunden Menschenverstandes. Sie sind dieser Boden selbst.« (Morin 1948: 33)

Morin geht nicht von einer Kollektivschuld der Deutschen aus, so habe auch die UdSSR immer zwischen dem deutschen Volk und dem Naziregime differenziert. »Es gibt für einen Kommunisten keine Rasse, die man für alle Sünden verantwortlich machen kann.« (Morin 1948: 79)

Und wie steht es kurz nach dem Krieg mit den Jugendlichen? Morin findet in unterschiedlichen Gesprächen mit Jugendlichen heraus, dass diese geneigt sind, die Lage zu verstehen. In der Jugend stecke die Hoffnung: »Sie wollen lernen, wissen, was wirklich geschehen ist.« (Morin 1948: 69)

Trotz dieser hoffnungsvollen Aussagen bleibt es ohne Frage, dass Morin keinerlei Mitleid mit den Deutschen aufkommen lässt (vgl. Morin 1948: 153); zu tief sind seine Verletzungen, die ihm als Jude widerfahren sind. Zu den Vergewaltigungen von Frauen bemerkt Morin, die Deutschen sollten sich glücklich schätzen, dass die »Revanche« nicht weiter gegangen sei. Thomas Keller schreibt zu diesen zweifelhaften Passagen in Morins Buch: »Es scheint offensichtlich, daß sich hinter Morins offiziellem Text, einer politischen Analyse der Situation Nachkriegsdeutschlands, ein anderer Text verbirgt. Morin hegt Gewaltphantasien, nicht zuletzt gegen deutsche Frauen. […] Hinter Morins Text der Gewaltphantasien steht ein zweiter und dritter Text. Er verknüpft verschiedene Traumata des Todes: Tod im Kampf gegen deutsche Besatzer, Tod in Deutschland, Tod in Familie, Tod als allgemeine conditio humana. Morin bezeichnet *L'An zéro de l'Allemagne* als anthropologische Lehrjahre und als Initialfunke für die Wahrnehmung von Widersprüchlichkeit und Komplexität: wie konnte das in seinen Augen kultivierteste Volk Europas diese Barbarei verüben?« (Keller 2003: 24) In späteren Texten verzichtet Morin auf seinen Hass und auf seine Gewaltphantasien, um sich nicht den Tätern anzugleichen.

III. Der Tod in der Geschichte des Menschen

1951 veröffentlicht Morin sein Buch über den Tod – *L'Homme et la mort dans l'histoire* –, in dem sowohl historische, biologische, ethnologische, anthropologische als auch soziologische Analysen über den Tod versammelt sind. Bereits hier entwirft Morin eine allgemeine Anthropologie, die diese unterschiedlichen Disziplinen berücksichtigt. Die Studie über den Tod markiert den Beginn seiner Konzeptionalisierung einer Sozio-Bio-Anthropologie: »C'est la production de ce livre qui m'a fait élaborer une conception anthropo-sociologique réservant leur part aux deux aspects négligés de l'anthropologie, et que le problème de la mort mettait en relief: d'une part, la réalité biologique de l'être humain qui est mortel comme tous les êtres vivants; d'autre part, la réalité humaine du mythe et de l'imaginaire qui partout échafaudent une vie au-delà de la mort.« (Morin 1994: 41)

Zwischen den kulturellen Mythen der Unsterblichkeit und dem biologischen Faktum des Todes bestehe ein Widerspruch, so Morin. In den meisten Kulturen werde der Tod wie eine Verlängerung des Lebens betrachtet, wie er mit Bezug auf ethnologische Forschungen von James Frazer bemerkt (vgl. Morin 1951: 14). Man spreche in diesen Kulturen vom Tod wie von einer Krankheit, einer Reise oder einem Unfall.

Der Widerspruch ergibt sich zweifelsohne daraus, dass der Tod – wie bereits der Durkheim-Schüler Robert Hertz betonte – nicht nur eine physische, sondern eben auch eine soziale Tatsache darstellt. Ein anderer Widerspruch besteht nach Morin darin, dass man einerseits einen Schrecken vor dem Tod habe und andererseits der Mensch dazu in der Lage sei, sein Leben zu riskieren oder gar einen anderen Menschen zu töten (Morin 1951: 55 ff.). Wie Hertz in seiner *Contribution à une étude sur la représentation collective de la mort* (1906) deutlich gemacht habe, lässt sich der Schrecken vor dem Tod nicht allein auf physische Dimensionen oder den Leichnam zurückführen, sondern auch auf soziokulturelle Vorstellungen (vgl. Morin 1951: 17 ff.). Das Töten wiederum gehe ebenso über eine reine, unkontrollierte und biologisch begründete Aggressivität hinaus. Es sei nicht nur die biologische Befriedigung eines Bedürfnisses zu töten, sondern die wesentlich soziosymbolische Befriedigung, einen anderen Menschen zu zerstören und sich somit selbst zu behaupten (Morin 1951: 57 ff.). Erinnert dies an den Kampf um Anerkennung zwischen Herr und Knecht in Hegels *Phänomenologie des Geistes*, so hat Morin zufolge Hegel in seiner Analyse jedoch die Folter vergessen – eine furchtbare Synthese zwischen dem Verlangen, den anderen zu negieren und zu erniedrigen (vgl. Morin 1951: 58). Die Erfahrungen in den Konzentrationslagern haben nach Morin gezeigt, dass die Deportierten durch das Grauen selbst gegen den Schrecken des Todes immunisiert waren, immunisiert gegen die unzähligen Leichen aufgrund der alltäglichen Nähe der Leichname. Der Kampf gegen die Zustimmung zum Tod sei hier heldenhaft gewesen, wie beispielsweise bei den Frauen von Ravensbrück, die sich die Haare färbten (Morin 1951: 59). Ohne die Grausamkeit des Faschismus herunterzuspielen, versucht Morin nicht nur, die gewöhnliche Abfolge von Geburt, Leben und Tod zu erfassen, sondern macht darüber hinaus darauf aufmerksam, inwiefern sowohl Hilflosigkeit als auch unmenschliche Grausamkeit als anthropologische Möglichkeiten in der Welt existent sind – wobei damit freilich noch nichts über die unterschiedlichen (sozialen, politischen, ökonomischen, kulturellen etc.) Mechanismen, die zur Aktualisierung und zum wirklichen Vollzug einer Grausamkeit führen können, gesagt ist.[6]

Eine andere These des Buches besagt, dass der Mensch ein weltoffenes Wesen sei (vgl. Morin 1951: 73 ff.). Ganz ähnlich wie die Begründer der philosophischen Anthropologie (Scheler, Plessner) versteht Morin den Menschen als ein undeterminiertes, weltoffenes Wesen, dessen Instinkte abgeschwächt sind (vgl. Morin 1951: 74). Er ist zugleich sozial und einsiedlerisch, sowohl fähig zu kollektiven Ekstasen als auch zu absoluter Einsamkeit (vgl.

6 Vgl. hierzu beispielsweise Zygmunt Baumans Studie *Dialektik der Ordnung. Die Moderne und der Holocaust* (1992).

Morin 1951: 76).[7] Aufgrund seiner wesentlichen Undeterminiertheit und Offenheit sei der Mensch fähig, alles nachzuahmen; dies gehe so weit, dass sich nicht nur Kinder gerne in Fabelwesen oder Tiere verwandelten, sondern auch in bestimmten so genannten archaischen Kulturen fänden sich in den Riten, Mythen und Totems Nachahmungen von Tieren und Pflanzen (vgl. Morin 1951: 77). Zur Bekräftigung seiner Thesen greift Morin hier wiederum auf die Studien von Lévy-Bruhl zurück, aber auch auf den Religionswissenschaftler Mircea Eliade sowie auf das Erstlingswerk von Roger Caillois, der gegen Ende der dreißiger Jahre in *Le Mythe et l'homme* den Mimetismus anhand der Gottesanbeterin untersuchte (vgl. Morin 1951: 78).[8] Die Spiele und Tänze der Menschen beispielsweise seien wahrhafte Nachahmungen des Kosmos, die die Erschaffung der Welt imitieren; der Tanz sei Ausdruck des *élan vital* (vgl. Morin 1951: 288).

IV. Versuche über die Massenkultur

Besondere Beachtung schenkt Morin in seinen weiteren Werken sowohl dem Phänomen der Massenkultur (vgl. Morin 1962, dt. 1965) als auch den verschiedenen Arten des Imaginären. Er spricht von einer zweiten Industrialisierung, die sich mittels der Phänomene der Massenkultur –Radio, Fernseher oder andere Informationsmedien – der Vorstellungen und Träume annimmt. Die zweite Industrialisierung sei eine Industrialisierung des Geistes, wobei die Technik nicht mehr nur der »äußeren Bequemlichkeit« diene, sondern in das Innenleben der Menschen eingedrun-

7 Zur Thematik der Ekstase und des Tanzes siehe auch Morin 1951: 288 ff. Dort verweist er sowohl auf Nietzsche und Bataille als auch auf Heidegger und Landsberg; bei Letzteren führe die Ekstase entweder in einen heideggerschen oder in einen christlichen Existentialismus. Zu Landsbergs Buch *Die Erfahrung des Todes* (1973 [1937]) vgl. auch Moebius 2004b. Zur Kultur- und Wissenssoziologie des Scheler-Schülers Landsberg vgl. Moebius 2003.

8 Siehe sowohl den Text »La mante religieuse« als auch »Mimétisme et psychasthénie légendaire« in: Caillois (1972 [1938]: 35 ff.).

gen sei; niemals zuvor habe der wirtschaftliche und industrielle Kreislauf die Kultur und das Privatleben so beherrscht (vgl. Morin 1965: 11). Die Probleme der Massenkultur sind laut Morin ein Partikel der so genannten dritten Probleme, zu denen die Dritte Welt, die dritte industrielle Revolution (nuklear, elektronisch) und die so genannten dritten Mächte (Bürokratie, technische Apparate) gehören. Hervorgegangen aus Presse, Kino, Radio und TV, konstituiert sich neben der religiösen oder humanistischen und der nationalen eine dritte Kultur: die von der amerikanischen Soziologie so genannte Massenkultur, wobei der Begriff der Masse laut Morin zu eng gegriffen ist und moderne Gesellschaften nicht nur als industriell oder auf Massen ausgerichtet charakterisiert werden können (vgl. Morin 1965: 13). Unter Kultur versteht Morin »ein aus Normen, Symbolen, Mythen und Bildern zusammengesetztes Ganzes«; Kultur habe die Möglichkeit, das »Innere des Individuums« zu durchdringen und seine Gefühle zu lenken: »Diese Durchdringung vollzieht sich nach den projizierenden und identifizierenden geistigen Einstellungen, die sich auf die Symbole, Mythen und Bilder der Kultur polarisieren und ebenso auf die mythischen oder wirklichen Persönlichkeiten, von denen diese Werte verkörpert werden (Vorfahren, Helden und Götter). Eine Kultur bietet dem praktischen Leben imaginäre Anhaltspunkte und dem imaginären Leben praktische Anhaltspunkte.« (Morin 1965: 13 f.) So biete die nationale Kultur Identifikations- bzw. Projektionsmöglichkeiten durch nationale Helden (wie zum Beispiel die Jungfrau von Orléans), die religiöse Kultur biete eine Identifikation mit dem rettenden Gott und die humanistische Kultur verschaffe durch literarische Werke ein Wissen und Empfindungsvermögen sowie ein System intellektueller und affektiver Einstellungen (Morin 1965: 14). Was hat jedoch die Massenkultur für Identifikations- oder Projektionsmuster anzubieten?

Die Massenkultur besteht auch aus Bildern, Symbolen und Mythen und bietet durch ihre eigenen imaginären Felder ebenfalls eine Identifikations- und Projektionsfläche. Sie löst dabei die anderen Kulturen nicht einfach ab, sondern gesellt sich ihnen vielmehr hinzu. Darum ist nach Morin die moderne Gesellschaft »polykulturell«: »Ein und dasselbe Individuum kann christlich sein in der Morgenmesse, französisch vor dem Gefallenendenkmal, anschließend den *Cid* im Fernsehen sehen und *France-Soir* und *Paris-Match* lesen.« (Morin 1965: 15). Die unterschiedlichen Kulturen stehen in einer konstitutiven Relation zueinander, sie sind nicht absolut autonom, sondern »befruchten« sich gegenseitig. Obgleich die Massenkultur nicht die einzige Kultur des 20. Jahrhunderst sei, bilde sie doch eine neue Massenströmung. Aus den USA kommend habe sie sich in Westeuropa »akklimatisiert« und einzelne Elemente haben sich über den Erdball verbreitet. Morin zufolge stellt uns das Phänomen der Massenkultur vor Probleme, »welche die erste universelle Kultur in der Geschichte der Menschheit aufwirft« (Morin 1965: 15).

Morin geht es nicht darum, die Massenkultur gegen die so genannte Hochkultur auszuspielen. Ähnlich wie die gegenwärtig in den Kulturwissenschaften diskutierten *cultural studies* problematisiert er die Trennung zwischen so genannter hoher Kultur und Massenkultur. Sein Ziel ist dabei weniger, die Massenkultur unkritisch zu loben, als vielmehr die so genannte kultivierte Kultur von ihrem »hohen Roß« herunterzuholen (Morin 1965: 20). Wie Morin im Weiteren ausführt, wurden die massenkulturellen oder – wie er selbst schreibt – »kulturindustriellen« Erfindungen zunächst von einem kapitalistischen Gewinnstreben vorangetrieben, wobei sie dann den Kapitalismus selber überschritten, sodass auch Lenin oder Trotzki beispielsweise die soziale Bedeutung des Films erkannten: »Die Kulturindustrie entwickelt sich unter allen Regimen, im staatlichen System ebenso wie im privatwirtschaftlichen.« (Morin 1965: 24)

Obgleich die Massenkultur stets auf neue Schöpfungen angewiesen ist, so ist sie doch industriell organisiert. Ihre »Tragödie« besteht darin, dass sie stets den Gegensatz zwischen »bürokratisch-standardisierter Struktur und Originalität« überwinden muss; die Möglichkeit einer bürokratisch-industriellen Form der Kultur gründet sich nach Morin auf einer *»Struktur des Imaginären«:* »Das Imaginäre baut sich nach bestimmten Urbildern auf:

Es gibt Modell-Vorstellungen des menschlichen Geistes, welche die Träume bestimmen, und besonders die rationalisierten Träume, und zwar die mythischen oder romanhaften Themen. Regeln, Konventionen, künstlerische Genres zwingen den Werken ihre äußere Struktur auf, während Situations-Typen und Personen-Typen die inneren Strukturen liefern. Die strukturelle Analyse zeigt uns, daß man die Mythen auf mathematische Strukturen zurückführen kann. Nun, jede konstante Struktur läßt sich mit der industriellen Norm in Einklang bringen.« (Morin 1965: 29) Praktisch kann man dies anhand der Standardisierung von Romansujets sehen, wenn beispielsweise »sentimentale Romane nach gewissen, einmal erkannten und rationalisierten Vorbildern am Fließband« hergestellt werden (Morin 1965: 30). Die Originalität besteht dann noch in der Variation der Standardteile.

Trotz der Standardisierung gilt für Morin aber, dass die kulturelle Schöpfung sich nicht vollkommen in ein industrielles Produktionssystem integrieren lässt und es eine »relative Autonomie der Schöpfung im Rahmen der Produktion« gibt (vgl. Morin 1965: 30). Die Massenkultur gleicht einem dialogischen Spiel (vgl. Morin 1994: 76) zwischen Kunst und Industrie, Schöpfung und Produktion, Standardisierung und Erfindung. Gerade die *Dynamik* und die Bewegung in der »Tragödie der Kultur« (Georg Simmel), der Tragödie zwischen Standardisierung und Schöpfung, verleihe der Massenkultur ihre Vitalität (vgl. Morin 1965: 33). Ebenso finde sich in der Massenkultur ein gewisses »Jenseits«, eine Hoffnung der Menschen auf mehr Güte, Freiheit und Mitleid; insbesondere verweise die Massenkultur aber darauf, dass sich der Mensch sowohl nach einer Verbindung mit dem gegenwärtigen Geist der Zeit als auch nach »Kommunikation mit anderen« sehnt (vgl. Morin 1965: 241 f.).

Eine zentrale Kategorie von Morins Denkens ist das Imaginäre, das er anhand verschiedener Forschungsobjekte analysiert. In seiner Studie zur Massenkultur geht er davon aus, dass diese ihre imaginären Felder erweitert, dass sie nach dem größtmöglichen Publikum sucht und sich allen sozialen Klassen und Altersgruppen anzupassen versucht. Zwischen allen Menschen sei trotz sozialstruktureller, generationsspezifischer oder nationaler Unterschiede ein »*gemeinsames imaginäres Feld möglich*« (Morin 1965: 108).

V. Das Imaginäre und das Gerücht von Orléans

Das Imaginäre untersucht Morin auch anhand latenter Symbole in Kinofilmen (vgl. Morin 1956) und legt anhand dessen dar, wie Symbole unsere Beziehung zur Welt organisieren, was man beispielsweise an dem menschlichen Bedürfnis nach Fiktionen erkennen kann.[9] Ein berühmtes Beispiel seiner Untersuchungen zum Imaginären stellt seine Studie zur Entstehung des Gerüchts dar (vgl. Morin 1969). Morin beschreibt darin die Transformation eines (antisemitischen) Phantasmas zu einem Gerücht. Im Mai 1969 kursiert in der französischen Stadt Orléans ein Gerücht, das bereits 1966 in Rouen und 1968 in Le Mans aufgetreten war: In den Umkleideräumen jüdischer Boutiquen würden Mädchen verschwinden und an Harems verkauft. Ihnen würden Drogen verabreicht, um sie dann Menschenhändlern zu übergeben. Zuerst verdächtigte man nur einen Modeladen, mit der Zeit wurden es gar sechs, die an der erzwungenen Prostitution beteiligt sein sollten (vgl. Morin 1969: 17) Man hat es hier mit einem reinen Gerücht zu tun, weil erstens niemand aus der Stadt verschwand und zweitens die Informationen nur von Mund zu Mund kursierten, weder Presse noch Flugblätter oder Graffitis stützten das Gerücht.

Die ersten, die das Gerücht verbreiteten, waren junge Schulmädchen der katholischen Collèges Saint-Paul und Saint-Charles (Morin 1969: 23). Die Schulklassen erscheinen Morin als besonders günstige Orte der Vermehrung von Phantasien: »d'une part parce que ces milieux clos constituent de véritables caisses de résonance et d'amplification, d'autre part parce que leur population

9 Zu einer allgemeinen Phänomenologie des Imaginären hatte in den dreißiger Jahren bereits Roger Caillois angeregt (vgl. Caillois 1974).

adolescente (15 – 18 ans) entourée du double cocon du lycée et de la famille, vit dans l'inexpérience du monde social« (Morin 1969: 23 f.). Dieses erste Stadium des Gerüchts bezeichnet Morin als die Phase der Inkubation. Auf die Inkubationszeit folgte die Phase der Ausbreitung. Das Gerücht gelangte nun aus der Welt der Teenager in die Erwachsenenwelt (vgl. Morin 1969: 25): Die Mädchen erzählten es den Jungs, die Schüler den Lehrern, die Töchter den Eltern, und schließlich wurden die Boutiquen zum Gesprächsthema in den Büros, Fabriken und auf dem Markt und waren in allen sozialen Klassen verstreut zu finden. Je mehr sich das Gerücht ausbreitete, desto mehr wuchs der Mythos: Die Zahl der verschwundenen Mädchen und der am Menschenhandel beteiligten Boutiquen stieg; man ging nun von über 60 Vermissten und einem halben Dutzend krimineller Modegeschäfte aus. Obgleich keine Tatsachen das Gerücht belegen konnten, begannen die Lehrer die Schülerinnen und die Mütter ihre Töchter vor den Boutiquen zu warnen. Gleichzeitig wuchs der Antisemitismus; bereits zu Beginn des Gerüchts wurde ein Zusammenhang zwischen dem angeblichen Verschwinden der Mädchen und dem jüdischen Glauben der unterschiedlichen Ladenbesitzer hergestellt: »En passant de l'adolescente à la femme adulte, en proliférant de Dorphé à cinq autre commerçants, dont quatre juifs, la virtualité antisémite du mythe commence à s'actualiser: ›Ah! Ces juifs!‹« (Morin 1969: 26)

Auf die Ausbreitung folgt die Phase der Metastase. Obwohl weder die inzwischen eingeschaltete Polizei noch irgendjemand anderes das Gerücht glaubhaft bestätigen konnte, wucherte das Gerücht in den Köpfen der Leute. Nun wurde behauptet, zwischen den Boutiquen gäbe es Tunnelverbindungen, die bis zur Loire verliefen, wo ein Schiff oder U-Boot seine »Fracht« aufnähme (vgl. Morin 1969: 27). In der Phase der Metastase ruft das eine Gerücht weitere hervor. Man fragte sich zunehmend, warum weder Polizei, Presse noch der Präfekt einschritten, um dem Menschenhandel ein Ende zu bereiten. Schnell wurde eine Erklärung gefunden: Sowohl die Polizei als auch die Presse und der Präfekt seien gekauft worden, und zwar: von »den Juden« (vgl. Morin 1969: 28).

Nach einigen Tagen veröffentlichten zwei Zeitungen Artikel über das Gerücht und dessen Antisemitismus. Nun entwickelte sich eine Phase der Gegenoffensive. Nachdem sich Mitglieder des Elternbeirats des Lycée in den Boutiquen und bei der Polizei von der Unwahrheit des Gerüchts überzeugt hatten, beteiligten auch sie sich an der Gegenoffensive, die von örtlichen Deportiertenverbänden, Résistance-Mitgliedern, linken Gruppierungen und Parteien ihren Ausgang nahm.

Obgleich das Gerücht widerlegt zu sein schien, fand Morin in seinen Interviews heraus, dass noch ein ganzer Schwarm von Mini-Mythen in Umlauf war (vgl. Morin 1969: 33). Ein Rest von Angst war besonders bei älteren Frauen auszumachen. In einigen nicht informierten Bevölkerungskreisen gelang dem Gerücht eine Art von Renaissance, und es wurde behauptet, der Schwager eines Ladenbesitzers sei wegen Menschenhandel verhaftet worden. Ein Pater war der festen Überzeugung, dass den Mädchen in den Geschäften Arbeitsverträge für *pseudo-carrières* in exotischen Ländern gegeben würden (vgl. Morin 1969: 34). Das alte Gerücht war nun ersetzt durch multiple kleine Gerüchte. Eine andere Auffassung war, dass hinter dem ursprünglichen antisemitischen Gerücht ein deutscher Nazi stecke. Oder es wurde vermutet, die Ladenbesitzer selbst hätten aus Rivalität das Gerücht in die Welt gesetzt, um ihren Konkurrenten zu schaden. Andere wiederum sahen hinter der Gegenoffensive eine Propaganda-Kampagne der Kommunisten und der Linken und drehten den Spieß einfach um: Sie verdächtigten die Gegenoffensive der Unwahrheit. Hierin sieht Morin die zuletzt verbliebene Verteidigung eines Gerüchts: »Ultime résistance, ultime ruse de la rumeur: elle dénonce l'anti-mythe comme s'il était le mythe, la démystification comme si elle était la mystification, l'antidote comme s'il était le poison.« (Morin 1969: 35)

Das Gerücht war nicht aus der Welt, was sich insbesondere durch zwei aphoristische Aussagen ausdrückte: »Irgendjemand verbirgt etwas vor uns« und »Es gibt keinen Rauch ohne Feuer« (vgl. Morin 1969: 35). Besonders die Verwender der zweiten Formulierung vermuten einen letzten Rest an Wahrheit hinter jedem

Gerücht: das Gerücht kann ja nicht einfach von allein in die Welt gekommen sein. Ausgehend von dieser Annnahme eines letzten wahrhaftigen Residuums können immer wieder neue Gerüchte entstehen. Laut Morin ist dieses Residuum das Alpha und Omega der Mythologie, »le stade final qui fait regresser à un nouveau commencement« (Morin 1969: 35).

Die Fragmentierung des Gerüchts in kleinere Gerüchte brachte laut Morin unterschiedliche Themen des kollektiven Bewusstseins zum Vorschein und gab ihnen neues Leben; die sich im kollektiven Bewusstsein verfestigten und nun wiederbelebten Themen waren beispielsweise, es gebe eine konspirative bzw. verlogene Presse oder undurchschaubare politische Manöver. Erinnerungen aus der Zeit der Besatzung, der Résistance sowie der pro- und antikommunistischen Kämpfe wurden wieder wach. Ein Gerücht ist darum laut Morin eng mit dem kollektiven Bewusstsein und dem kollektiven Gedächtnis verbunden: »Ainsi, la période de juin n'est pas une période de pure et simple résorption, mais une période où toute la memoire collective est extrêmement secouée, et s'efforce, dans la plus grande confusion, et de façon très diverse, de digérer et de déglutir, d'assimiler et de rejeter le mythe et l'anti-mythe.« (Morin 1969: 36)

VI. *Homo sapiens demens* und die Hyperkomplexität

Zu Morins Hauptwerken zählt ohne Zweifel sein Versuch zur »Grundlegung einer neuen Anthropologie«, so der deutsche Untertitel seines Werkes *Le Paradigme perdu: la nature humaine* (1973, dt. 1974). Implizit knüpft seine neue Anthropologie an die These von Helmuth Plessner an, dass der Unterschied des Menschen zum Tier in seiner Positionalität zu finden sei: Gehört die Positionalität zu allen Lebewesen und besitzt der menschliche Körper eine tierische Struktur zentrischer Positionalität, so ist das Mensch-Sein durch eine »exzentrische Positionalität« charakterisiert (vgl. Plessner 1981).[10] Der Mensch ist weltoffen, kann Abstand von seinem Körper nehmen, sich in andere Menschen versetzen und an transzendenten oder imaginären Dimensionen – sowohl im Fühlen als auch im Denken – teilhaben. Morin entwickelt in seinem Buch eine ähnliche Sichtweise des Menschen, wenn er ihn als *nature culturelle* bezeichnet und bemerkt, dass der Mensch von Natur aus ein Kulturwesen sei (Morin 1974: 105).

Morin bestreitet eine absolute Trennung zwischen biologischen und kulturellen Dimensionen im Kontext der Menschwerdung, wie sie häufig in sowohl natur- als auch geisteswissenschaftlichen Erklärungsmodellen anzutreffen ist. Vielmehr befinden sich biologische und kulturelle Evolution in einem komplementären Verhältnis; das alte Paradigma eine Gegensatzes zwischen Natur und Kultur zerbricht für ihn (vgl. Morin 1974: 107): »Von einem gewissen Stadium an können nämlich die Komplexität des Gehirns und die soziokulturelle Komplexität nur ineinandergreifen, und die weitere Entwicklung der generativen Potenzen des Gehirns kann sich nur durch eine gegebene soziokulturelle Komplexität äußern.« (Morin 1974: 105) Das Großhirn konnte sich nur in einer komplexen Kultur ausbilden.

Bei der Menschwerdung handelt es sich laut Morin um einen Prozess von Wechselwirkungen und Interferenzen. Ähnlich wie Niklas Luhmann, der vom Menschen als personalem »System« spricht, begreift Morin den Menschen als ein »genetisch-zerebral-sozial-kulturelles System«, das sich selbst organisiert (Morin 1974: 109); im Unterschied zu Luhmann, der zunächst zwischen personalen und sozialen Systemen strikt differenziert, bezeichnet Morin jedoch den Menschen als genetisch-zerebral-*sozial*-kulturelles System.

Im Zentrum von Morins Überlegungen steht die Annahme, der Mensch sei sowohl *sapiens* als auch *demens.* Bevor der Mensch zum *homo sapiens* wird, war er bereits ein *homo socius*, ein *homo faber* und ein *homo loquens* (vgl. Morin 1974: 115). Was macht also das Besondere am *sapiens* aus? Nach Morin liegt das Neue des

10 Vgl. hierzu auch den Aufsatz von Wolfgang Eßbach »Der Mittelpunkt außerhalb. Helmuth Plessners Philosophische Anthropologie« (1994).

homo sapiens darin, dass er sowohl seine Toten bestattet als auch sich künstlerisch betätigt. Das Todesbewusstsein bezeugt einen Erkenntnisfortschritt: Der Tod wird nicht mehr nur als Tatsache oder als Verlust begriffen, sondern in einem tieferen Sinne als »Verwandlung von einem Zustand in einen anderen aufgefasst« (Morin 1974: 116). Mit dieser Erkenntnis geht ein entwickeltes Zeitbewusstsein einher: »Nimmt man zusammen, dass Veränderungen, Zwänge und die Zeit ihm bewusst sind, so kann man daraus schließen, dass eine komplexere Stufe und eine neue Qualität der bewussten Erkenntnis bei *sapiens* auftritt.« (Morin 1974: 117)

An diesem Punkt des Bewusstseins von »Verwandlung« setzt für Morin auch die für ihn so bedeutende Kategorie des Imaginären in die Wahrnehmung der Wirklichkeit ein; mit dem Todes- und Zeitbewusstsein habe die Imaginationskraft und ihr Ausdruck im Mythos in die Vision der Welt Einzug gehalten: »Mythos und Magie werden von nun an zu Erzeugnissen und zugleich Miterzeugern des menschlichen Schicksals. Während das Grab uns die Gegenwart und Stärke des Mythos anzeigt, zeigt uns die Begräbniszeremonie Gegenwart und Stärke der Magie. Das Begräbnisritual trägt nämlich dazu bei, den Übergang ins andere Leben auf anständige Weise zu bewerkstelligen: Es schützt die Lebenden vor dem Zorn des Toten (vielleicht entsteht schon hier der Totenkult) und vor der Verwesung des Todes (vielleicht entsteht schon hier die Trauer, welche die Angehörigen von dem Verstorbenen isoliert). Es ist also ein richtiggehender mythologisch-magischer Apparat, der bei *sapiens* auftaucht und gegen den Tod mobilisiert wird.« (Morin 1974: 117) Morin geht genau wie der Scheler-Schüler Paul Ludwig Landsberg, dessen Studie über die Todeserfahrung Morin bereits in seinem Buch *L'Homme et la mort dans l'histoire* kurz streifte, von einer Beziehung zwischen der Entwicklung der Individualität und dem Todesbewusstsein aus (vgl. Morin 1974: 119).[11] Die Todesgewissheit wächst pro-

11 Vgl. Landsberg (1937). Zum Erbe von Landsberg bei Morin siehe Keller (2003). Zur soziologischen, philosophischen und anthropologischen Betrachtungsweise des Todes bei Landsberg vgl. meinen Aufsatz »Der Tod als

portional mit der Entwicklung eines Bewusstseins von der eigenen Individualität.

Zentral für Morins Konstitutierung seiner Bio-Anthropo-Soziologie ist die Zurückweisung einer so genannten rationalistischen Anthropologie, weil diese wesentliche Eigenschaften des *homo sapiens,* die jenseits einer rationalistisch erfassbaren Dimension liegen, nicht berücksichtige wie beispielsweise »seine Bereitschaft einerseits zur Lust, zum Rausch, zur Ekstase, andererseits zum Zorn, zur Wut, zum Haß. [...] Man kann die Lust, die *sapiens* nicht nur im Orgasmus, sondern in allen Bereichen sucht, nicht auf den Zustand der Befriedigung, nicht auf die Realisierung eines Verlangens, die Beseitigung einer Spannung verkürzen. Er sucht – über das bloße Vergnügen hinaus – die Lust in Erregungszuständen, die sein gesamtes Wesen erfassen [...].« (Morin 1974: 129 f.)

Morins Eintreten für eine Anthropologie, die auch den Exzess, den Rausch, die Ekstase und die Verausgabung als wesentliche Momente des Mensch-Seins betrachtet, geht zurück auf Überlegungen der Gründer des Ende der dreißiger Jahren in Paris existierenden Collège de Sociologie, insbesondere zitiert er Georges Bataille und Roger Caillois (vgl. Morin 1974: 130). Während Caillois Mitte der dreißiger Jahre an seiner »phénoménologie générale de l'imagination« arbeitete (vgl. Caillois 1974: 50), begann Bataille bereits in den zwanziger Jahren eine Konzeption einer »mythologischen Anthropologie« zu entwickeln (vgl. Bataille 1970: 414); die »mythologische Anthropologie« sollte nach Bataille auch die Triebe, den Körper, den Wahnsinn, das Sakrale und die Imagination erfassen. Im Gegensatz zu einer Anthropologie, die den Menschen hauptsächlich ausgehend von seiner »Servilität« (Arbeit, Sorge um die Zukunft, Prinzip der Notwendigkeit, Kosten-Nutzen-Erwägungen etc.) betrachtet, erhoffte sich Bataille durch die »mythologische Anthropologie« eine Überschreitung einer ökonomisch-rationalistisch argumentierenden

thematischer Knotenpunkt der Soziologie, Anthropologie und Philosophie« (Moebius 2004b).

Anthropologie, die den Menschen hauptsächlich als *homo oeconomicus* begreift. Bataille und Caillois setzten am Collège de Sociologie im Anschluss an das Denken von Durkheim, Freud, Nietzsche, Sade, Marcel Mauss, Marcel Granet, Robert Hertz sowie Georges Dumézil maßgebende Grundsteine für eine heterogene, mit dem mythischen Denken, dem Sakralen und dem Unbewussten korrelierende *allgemeine Wissenschaft,* auf die Morin zurückgreift: »Sehr selten ist – wie etwa bei Georges Bataille (1949) und Roger Caillois (1950)– gesehen worden, daß das ›Verzehrende‹, der Taumel, der Exzeß in der Wissenschaft vom Menschen eine zentrale Stellung beanspruchen dürfen. [...] Doch kann man sich keine Fundamentalanthropologie vorstellen, die nicht dem Fest, dem Tanz, dem Lachen, den Konvulsionen, den Tränen, der Lust, dem Rausch, der Ekstase ihren Platz einräumte.« (Morin 1974: 130)

Mit der Fähigkeit zum Exzess, zur Ekstase, zum Lachen und Weinen, zum Wahnsinn, zur Träumerei, Erotik, Affektivität und Gewaltsamkeit des *homo sapiens* kommt zugleich auch die Unordnung in die Welt (vgl. Morin 1974: 131). Unordnung ist ein wesentliches Charakteristikum des Menschen und ein konstitutives Element für den Fortschritt von Komplexität. Der Mensch ist laut Morin ein »Geschöpf von starker Affektivität, das lächelt, lacht und weint; ein ängstliches und verängstigtes Geschöpf; ein genießerisches, trunkenes, ekstatisches, heftiges, zorniges, liebendes Geschöpf; ein Geschöpf, das vom Imaginären heimgesucht wird; ein Geschöpf, das den Tod kennt und nicht daran glauben kann; ein Geschöpf, das den Mythos und die Magie absondert; ein Geschöpf, das von den Göttern und Geistern besessen ist; ein Geschöpf, das sich von Illusionen und Hirngespinsten nährt; ein subjektives Geschöpf, dessen Beziehungen zur objektiven Welt immer ungewiß sind; ein dem Irrtum und der Verirrung unterworfenes Geschöpf; ein hybrides Geschöpf, das Unordnung hervorbringt. Wenn nun Illusion, Maßlosigkeit, Labilität, Ungewissheit über Wirliches und Phantastisches, Verwechslung zwischen dem Subjektiven und dem Objektiven, Irrtum und Unordnung zusammenkommen und wir diese Verbindung als Wahn bezeichnen, dann sind wir gezwungen, im *homo sapiens* einen Wahnsinnigen, einen *homo demens* zu sehen.« (Morin 1974: 132 f.)

Für Morin ist es entscheidend, dass der Wahnsinn, die »Entfesselung des Imaginären«, die Mythen und Magien, die Irrtümer oder die Momente von Unordnung, die dem *homo sapiens demens* innewohnen, weniger seine Entwicklung hemmten, als vielmehr mit seinen Fortschritten in einem konstitutiven Zusammenhang stehen (vgl. Morin 1974: 134). Betrachte man lebende Systeme als Prozesse permanenter Selbstproduktion oder »Autopoiesis« (Maturana), so könne man sehen, dass gerade die Unordnung, der Irrtum bzw. das »Rauschen« eine »Innovation und ein Auftreten höherer Komplexität« bewirken (vgl. Morin 1974: 138 ff.), es entsteht *order from noise* (von Foerster). »Wandel und Innovation in der Ordnung des Lebenden können also nur als das Produkt einer Unordnung aufgefasst werden, die bereichernd wirkt, weil sie zur Quelle von Komplexität wird. Die geglückten Veränderungen in der Evolution können sich also nur aufgrund von Störungen, von ›Steuerungsgeräuschen‹, von ›Irrtümern‹ vollziehen, die gleichzeitig immer eine tödliche Gefahr für jegliche Selbstproduktion und jegliche Selbstorganisation bleiben.« (Morin 1974: 139) Die Unordnung löst eine neue Ordnung aus und führt zu größerer Komplexität der Ordnung: zu »Hyperkomplexität«.[12]

VII. Das damokleische Zeitalter

Ein Thema der aktuellen Schriften Morins bilden seine zeitdiagnostischen »Überlegungen für das 21. Jahrhundert«, so der deutsche Untertitel des Buches *Un nouveau commencement* (Morin et al. 1991, dt. 1992): Morin sieht dort die zukünftigen Aufgaben der Menschheit in der Rettung der Biosphäre und im Denken der Komplexität: Es geht für ihn um nichts weniger als darum, ein

12 In gewisser Weise erinnern Morins Ausführungen an die Systemtheorie von Niklas Luhmann, der ja ebenfalls auf Maturanas Theorie der »Autopoiesis« zurückgreift und davon ausgeht, dass Komplexität sich nur mit noch mehr Komplexität reduzieren lasse.

Bewusstsein für die Ambivalenz der wissenschaftlichen und technischen Prozesse zu entwickeln, »ein Bewußtsein für die Ungewißheit unseres Werdens. […] Wir müssen uns an einigen großen Leitgedanken orientieren, insbesondere dem dreifachen Ideal der Französischen Revolution: Freiheit – Gleichheit – Brüderlichkeit. So können wir das einzige große Vorhaben ins Auge fassen: die Zivilisierung der Erde.« (Morin 1992: 14) In seinen Gedanken zur Zukunft der Erde und des Menschen steht wieder ein Thema im Vordergrund, das die meisten seiner Schriften wie ein roter Faden durchzieht: der Tod. Laut Morin ist angesichts des überall gegenwärtigen Todes – des fatalen Selbstzerstörungspotenzials der Atombomben, des Risikos von Terroranschlägen, der Aufheizung und Zerstörung der Biosphäre etc. – zu begreifen, dass man das Bewusstsein des Todes stärker ins Leben integrieren müsse. Der Tod schwebt wie ein Damoklesschwert über der gesamten Menschheit und der Biosphäre: »Das Bewußtsein von dieser uns allen gemeinsamen Sterblichkeit müßte uns nicht nur als sterbliche Individuen, sondern auch als Subjekte einer Geschichte, eines Jahrhunderts, einer Zivilisation, einer Menschheit Grund genug sein, füreinander Solidarität und Erbarmen aufzubringen, jeder einzelne für jeden einzelnen, alle für alle. […] Freud sagte, es sei Zeit, daß der ewige Eros – Liebe, Freundschaft, Brüderlichkeit, Solidarität – seine Kräfte sammle, um gegen seinen ewigen Feind vorzugehen.« (Morin 1992: 189)

VIII. Warum Morin?

Morin als einen bedeutenden Vertreter und »modernen Klassiker« der Soziologie in Frankreich zu behandeln versteht sich vielleicht auf den ersten Blick nicht von selbst; überschreiten doch seine Studien das rein soziologische Feld und gehen Bündnisse und Verknüpfungen mit unterschiedlichen Disziplinen wie Biologie, Kybernetik, Geschichtswissenschaft, Politikwissenschaft, Philosophie, Anthropologie, Ethnologie oder Mythologie ein. Es ist darum schwierig, Morin allein mit dem Begriff »Soziologe« zu erfassen. Warum ihn dann als Soziologen in einen Band zur französischen Soziologie aufnehmen? Vielleicht fällt Morin aus dem gewöhnlichen Rahmen soziologischer Forschung. Gerade aber in der Bandbreite seines intellektuellen Schaffens und der Auswahl seiner Forschungsobjekte – man denke beispielsweise an seine Studien zum Gerücht, zum Tod oder zum Imaginären – könnte der Gewinn liegen, den eine Beschäftigung mit Morin für die Soziologie bereithält. Denn er macht in seinen Arbeiten anhand unterschiedlicher Themen darauf aufmerksam, dass die menschliche und soziale Komplexität nicht nur rationale und rational erfassbare Ebenen umfasst, sondern zu ihr im Wesentlichen auch die imaginären, fiktionalen, ekstatischen und phantasmatischen Dimensionen gehören, zu deren Erklärung man nicht nur auf soziologische Analysen, sondern auch auf interdisziplinäre Forschungen zurückgreifen sollte, will man die unterschiedlichen und komplexen »Welten« der Menschen hinreichend in den Blick bekommen.

Literatur

Bataille, G., 1949: La Part maudite, Paris.

Bataille, G., 1970: Œuvres complètes, Bd. 2: Ecrits posthumes 1922–1940, Paris.

Caillois, R., 1950: L'Homme et le sacré, Paris.

Caillois, R., 1972 [1938]: Le Mythe et l'homme, Paris.

Caillois, R., 1974: Approches de l'imaginaire, Paris.

Eßbach, W., 1994: Der Mittelpunkt außerhalb. Helmuth Plessners Philosophische Anthropologie, in: G. Dux/U. Wenzel (Hrsg.), Der Prozeß der Geistesgeschichte, Frankfurt am Main, S. 15–44.

Julliard, J./Winock, M., 1996: Dictionnaire des intellectuels français. Les personnes, les lieux, les moments, Paris.

Keller, T., 2001: Deutsch-französische Dritte-Weg-Diskurse. Personalistische Intellektuellendebatten in der Zwischenkriegszeit, München.

Keller, T., 2003: Sociologues de la joie – Edgar Morin und Nicolaus Sombart, Manuskript, erscheint 2004 in der Festschrift für Wolfgang Eßbach.

Landsberg, P. L., 1973 [1937]: Die Erfahrung des Todes, Frankfurt am Main.
Moebius, S., 2003: Paul Ludwig Landsberg – ein vergessener Soziologe? Zu Leben, Werk, Wissens- und Kultursoziologie Paul Ludwig Landsbergs, in: Sociologia Internationalis. Internationale Zeitschrift für Soziologie, Kommunikations- und Kulturforschung, hrsg. von E. Pankoke, J. Stagl, J. Weiß, M. Maffesoli, 41. Band, Heft 1/2003, S. 77 – 112.
Moebius, S., 2004a: Das Sakrale und die Heterologie. Das Collège de Sociologie (1937 – 1939), Georges Bataille und die Wirkungen auf Foucault, Lévinas und Derrida, in: C. Klingemann et al. (Hrsg.), Jahrbuch für Soziologiegeschichte, Wiesbaden, im Erscheinen.
Moebius, S., 2004b: Der Tod als thematischer Knotenpunkt der Soziologie, Anthropologie und Philosophie, in: Sociologia Internationalis. Internationale Zeitschrift für Soziologie, Kommunikations- und Kulturforschung, hrsg. von E. Pankoke, J. Stagl, J. Weiß, M. Maffesoli, im Erscheinen.
Morin, E., 1946: L'An zéro de l'Allemagne, Paris.
Morin, E. 1948: Das Jahr Null. Ein Franzose sieht Deutschland, Berlin.
Morin, E., 1951: L'Homme et la mort dans l'histoire, Paris.
Morin, E., 1956: Le Cinéma, ou l'Homme imaginaire, Paris.
Morin, E., 1959: Autocritique, Paris.
Morin, E., 1962: L'Esprit du temps. Essai sur la culture de masse, Paris.
Morin, E., 1965: Der Geist der Zeit. Versuch über die Massenkultur, Köln/Berlin.
Morin, E., 1969: La Rumeur d'Orléans, Paris.
Morin, E, 1973: Le Paradigme perdu: la nature humaine, Paris.
Morin, E., 1974: Das Rätsel des Humanen. Grundfragen einer neuen Anthropologie, München.
Morin, E., 1977 ff.: La Méthode, 5 Bde., Paris.
Morin, E., 1984: Sociologie, Paris.
Morin, E., 1987: Penser l'Europe, Paris.
Morin, E. et al., 1991: Un nouveau commencement, Paris.
Morin, E. et al., 1992: Einen neuen Anfang wagen. Überlegungen für das 21. Jahrhundert, Hamburg.
Morin, E./Kern, A. B., 1993: Terre-Patrie, Paris.
Morin, E., 1994: Mes démons, Paris.

Plessner, H., 1981: Die Stufen des Organischen und der Mensch, in: H. Plessner, Gesammelte Schriften, Bd. 4, hrsg. von G. Dux, O. Marquard und E. Ströker, Frankfurt am Main.

Tacussel, P., 2000: La sociologie interpretative. Un tournant postempiriste dans les sciences humaines en France, in: J.-M. Berthelot (Hrsg.), La sociologie française contemporaine, Paris, S. 117 – 125.

Aktuelle Konzepte und Schwerpunkte

Soziologie der Individualisierung und Pluralisierung

Michael Meuser

Der Alltag, die Familie und das Individuum: Jean-Claude Kaufmann

I. Einleitung

Jean-Claude Kaufmann ist einer der produktivsten zeitgenössischen Soziologen nicht nur Frankreichs. In den letzten 20 Jahren hat er im Schnitt alle zwei Jahre eine Monographie publiziert, von denen die jüngeren fast ausnahmslos mit kurzem zeitlichen Abstand in deutscher Übersetzung erschienen sind. Bei allen handelt es sich um empirische Studien. Die Themen sind vielfältig. Nach frühen stadtsoziologischen Untersuchungen (Kaufmann/Laigneau 1983) hat sich der Komplex Familie, Paarbeziehung, Geschlechterverhältnis als thematischer Kern herausgeschält. Kaufmann hat die Frage gestellt, wie es das Paar mit der schmutzigen Wäsche hält (1994a), wer welche Haushaltstätigkeiten mit welchem Engagement erledigt (1999a), wie weibliche Singles das Alleinleben erfahren (2002a), wie Paare sich finden (2002b), wie Männerblicke auf Frauenkörper gerichtet sind (1996a). Eine Fragestellung, die sich in Variationen durch all diese Studien hindurch zieht, ist die nach dem modernen Individuum (2001). In einem Interview beschreibt Kaufmann als Ziel seiner gesamten Arbeit, »herauszufinden und zu verstehen, was das moderne Individuum ist, woraus es sich zusammensetzt, wie es sich wandelt und wie es interagiert«.[1] Von dieser Fragestellung ausgehend verknüpft Kaufmann seine empirischen Analysen (der Haushaltstätigkeit, der Paarbeziehung usw.) mit theoretischen Überlegungen zum Verhältnis von Individuum und Gesellschaft. Er fragt nach der Bedeutung von Gewohnheiten und Inkorporierungen für soziales Handeln, nach dem Verhältnis von *agency* und

1 www.single-generation.de/frankreich/jean_claude_kaufmann_danach.htm #uvk (Abfrage: 16. 2. 2004).

structure in der (Re-)Produktion des Sozialen, nach den Modi gesellschaftlicher Modernisierung. Das geschieht in der Regel nicht so sehr in Form systematischer theoretischer Abhandlungen, sondern eingestreut in die empirischen Analysen. Es sind empirisch basierte, mithin gegenstandsbezogene theoretische Reflexionen, die zunächst einmal dem tieferen Verständnis der empirischen Phänomene dienen.

Dieser dem Modell der *grounded theory* (Glaser/Strauss 1967, Corbin 2003) verpflichteten Vorgehensweise entspricht ein Forschungsstil, den Kaufmann in einem Methodenbuch über *Das verstehende Interview* (1999b) ausführlich erläutert hat (s. Kap. VI). Im Fokus seiner Bemühungen um eine verstehende Rekonstruktion sozialen Handelns und sozialer Sinnwelten steht der Alltag. Kaufmann sucht in den vermeintlichen Banalitäten des Alltags, dem Bügeln, dem Wäschewaschen, der Essensbestellung beim Pizza-Service, dem ganzen »Haushaltskleinkram« (1999a: 19), den Schlüssel zum Verständnis sozialer Strukturen und gesellschaftlicher Entwicklungen. Kaufmanns Soziologie ist eine Soziologie des Alltags, vornehmlich des privaten Alltags in Beziehung und Familie.

II. Alltagsgegenstände und körperliche Routinen

»La vie ordinaire est un roman.« (Kaufmann 1989: 151) Dessen »Lektüre« erschließt, so Kaufmann (1999a: 12), ein Land, das gleichermaßen unbekannt und vertraut ist. Vertraut sind die alltäglichen Verrichtungen und Gewohnheiten, die Routinen der Zubereitung des Frühstücks, des Putzens, des Bügelns usw.,[2] unbekannt ist der soziale Sinn, der diesen Verrichtungen innewohnt. »Tag für Tag erschaffen sich Menschen mit diesen und tausend

2 Sie sind so vertraut, dass auch viele Soziologen sie vernachlässigen und ihre Relevanz für die soziologische Theoriebildung übersehen (Kaufmann 1999b: 31 f.).

anderen Gesten aufs neue die Grundlagen eines Systems von ungeheurer Komplexität, ein Ordnungs- und Klassifikationssystem, das jedem Ding seinen genauen Platz innerhalb einer größeren Ordnung zuweist, die, trotz ihrer scheinbar geringen Bedeutung, die Grundlage jeder Zivilisation bildet.« (Kaufmann 1999a: 19)

Ähnlich wie Alfred Schütz (1971) die Lebenswelt des Alltags als die »Vorzugswirklichkeit« begreift, auf der alle anderen Sinnwelten aufruhen, sieht Kaufmann im Alltäglichen »die Grundlage des Lebens« (1999a: 12). Sein Ziel ist es, die unsichtbare und nicht nur von anderen übersehene, sondern auch von den Akteuren selbst vergessene Konstruktionsarbeit, die den kleinen Dingen des Alltags zugrunde liegt (Kaufmann 1989: 151), zum Vorschein zu bringen. Hierzu nähert er sich den Alltagswelten in der Haltung des Ethnologen, »der sich aufmacht zu einem Eingeborenstamm und der zu verstehen versucht, was ihm dort begegnet«.[3] Kaufmann bringt dem (allzu) Vertrauten der eigenen Gesellschaft die Aufmerksamkeit entgegen, die der Ethnologe als Fremder notgedrungen aufbringen muss. Das »Abenteuer« liegt für ihn gleichsam »um die Ecke«. »Der normale Mensch ist Träger einer unbekannten Kultur, die fast so fremd und beinahe im gleichen Maße erst zu entdecken ist wie der Bororos.« (Kaufmann 1999b: 128)[4]

Zu den kleinen Dingen des Alltags, auf die Kaufmann seinen soziologisch-ethnologischen Blick lenkt, gehören die unscheinbaren Gegenstände des alltäglichen Lebens. So wie die Ethnologie die Dinge als Dokumente kultureller Aktivitäten betrachtet (Feest 2003), geht Kaufmann davon aus, dass in den Dingen ein Gedächtnis gespeichert ist, das je nachdem ein gesellschaftliches,

3 Interview (s. Anm. 1).

4 Hier zeigen sich deutliche Parallelen zu der in der Tradition von Alfred Schütz und Thomas Luckmann entwickelten »lebensweltlichen Ethnographie«. Dieses Forschungskonzept impliziert »grundsätzlich eine quasi-ethnologische Gesinnung des Soziologen gegenüber *›fremden‹* Kulturfeldern in seiner nächsten Nähe, d. h. die Bereitschaft, soziale Praktiken in den mannigfaltigen Sinnwelten moderner Gesellschaften so ›unverwandt‹ anzuschauen, als ginge es dabei um ›exotische‹ Sitten, Gebräuche und Weltanschauungen.« (Hitzler/Honer 2003: 113)

kulturelles, Familien- oder individuelles Gedächtnis ist (Kaufmann 1999a: 44). Oftmals ist es alles in einem. Soziologisch interessant sind die Gegenstände als Schnittstelle von kollektivem und individuellem Gedächtnis. Haushaltsgegenstände wie das Bett, der Esstisch, die Kleidung verweisen einerseits auf eine kulturelle Tradition, das heißt auf typische Weisen des Umgangs mit ihnen, und stehen andererseits in einer engen Beziehung zur individuellen Biographie des Menschen, der sie tagtäglich nutzt. Letztlich sind es nicht die Gegenstände selbst, sondern der Umgang mit ihnen, der die Soziologie interessiert. »Das sedimentierte Gedächtnis befindet sich nicht wirklich im Gegenstand selbst, sondern in der Beziehung zum Gegenstand.« (Kaufmann 1999a: 48)

Vor diesem Hintergrund ist die Auswahl der Untersuchungsgegenstände in den empirischen Arbeiten Kaufmanns zu sehen. Wenn er sich der »schmutzigen Wäsche« (Kaufmann 1994a) von Paaren zuwendet, dann tut er das, um an der Art und Weise, wie (junge) Paare es mit der schmutzigen Wäsche halten, zu zeigen, wie eine Paarbeziehung sich entwickelt. Kaufmann begreift den Umgang mit der schmutzigen Wäsche als Indikator für den Stand der Paarbeziehung. Die Konsolidierung als Gemeinschaft geht einher mit einer Veränderung der Praktiken des Wäschewaschens. Sammeln und waschen beide Partner zunächst, zu Beginn des Zusammenlebens, ihre schmutzige Wäsche separat und dokumentieren damit eine Unsicherheit, ob sie sich bereits als eine Gemeinschaft verstehen, so vollzieht sich mit dem Erwerb einer Waschmaschine und dem gemeinsamen Waschen der Wäsche beider Partner der Übergang zu einer festeren Paargemeinschaft; das Paar konsolidiert sich als ein »Wir«. In der Ausbildung gemeinsamer, auf die Gegenstände des Alltags bezogener Praktiken entwickelt sich in ganz entscheidendem Maße die Paargemeinschaft. »Die Dinge markieren eines nach dem anderen verschiedene Etappen des Familialen.« (Kaufmann 1999a: 71)

Mit der gleichen analytischen Perspektive betrachtet Kaufmann zum Beispiel die Einrichtung in Haushalten von weiblichen Singles (2002a: 116 ff.). Der für das Alleinleben charakteristische, ständig sich wiederholende Wechsel zwischen einer Öffnung nach außen und einem Rückzug nach innen spiegelt sich im Ambiente der Wohnung. »Sie ist groß, hell und geräumig, als ginge es darum, die Vorstellung zu bannen, man sei eingesperrt.« (Kaufmann 2002a: 116) Aber: »Die Helligkeit und Offenheit der Räume sollte nicht darüber hinwegtäuschen, dass es im Inneren Rückzugsgebiete unterschiedlichster Art gibt, die für Momente der Intimität und des Schutzes stehen.« (Kaufmann 2002a: 116 f.)[5]

An den Gegenständen lässt sich die Ordnung des Sozialen ablesen. Noch einmal zurück zur Wäsche. Kaufmann interessiert sich auch deshalb so stark für die Wäsche, weil es hier tief in den Gewohnheiten verankerte geschlechtstypische Differenzen des Umgangs mit der Wäsche zu beobachten gibt. »Frauen fassen Stoffe anders an als Männer.« (Kaufmann 1994a: 266) In dem über Generationen hinweg vermittelten Umgang mit der Wäsche ist ein Wissen gespeichert, das nicht nur eine kompetente, auf einer »Liebe zur Wäsche« beruhende Behandlung der Wäsche ermöglicht, sondern auch an den tradierten Ort der Frau in Haushalt und Familie erinnert, an ihre »Zuständigkeiten«. Aber auch der Wandel der Geschlechterverhältnisse lässt sich mit Bezug auf die Gegenstände beschreiben. Im Zuge der Technisierung des Haushalts (Waschmaschine, Trockner) wird den Männern zumindest ansatzweise ein Zugang zu dem Bereich der Wäsche möglich. »Die Pforten sind die Technik: Es sind die Haushaltsgeräte, die Distanz zur fortbestehenden weiblichen Prägung bestimmter Gegenstände schaffen und durch deren Vermittlung es paradoxerweise möglich wird, diese zu berühren.« (Kaufmann 1994a: 267 f.)[6]

5 Inwieweit derartige Interpretationen stichhaltig sind, soll an dieser Stelle nicht diskutiert werden (methodische Fragen werden unten genauer behandelt); hier geht es um eine Illustration der Kaufmannschen Perspektive auf die Gegenstände des Alltags.

6 Zur Konnotation von Technik und Männlichkeit vgl. Cockburn/Omrod 1997, Döge 2001, Wajcmann 1994.

Das Verhältnis der Handelnden zu den Gegenständen beschreibt Kaufmann als eines der körperlichen Gewöhnung. Der Gegenstand wird inkorporiert, »er erhält Einzug in das Reich der selbstverständlichen Gesten« (Kaufmann 1999a: 52). Kaufmann betrachtet den Körper nicht nur als Objekt kultureller Formung; indem er ihn in einem handlungstheoretischen Sinne als Agens begreift, das in seinen Bewegungen sozialen Sinn erzeugt, geht er über die in der rezenten Soziologie des Körpers übliche Perspektive hinaus.[7] Der Körper trägt »in sich selbst seine eigenen Orientierungen« (Kaufmann 1999a: 170), er besitzt eine eigene, vom rationalen Denken unterschiedene Intelligenz, die sich im »spontanen Impuls« äußert (Kaufmann 1999a: 245). Die Selbstverständlichkeit dieses Impulses vermag »den Körper ohne Bezug auf die Ratio in Bewegung zu versetzen« (Kaufmann 1999a: 160).

Die Vertrautheit der Alltagswelt basiert auf der vorreflexiven Selbstverständlichkeit der körperlichen Routinen. »Paradoxerweise scheinen die Gegenstände, die in der unsichtbaren Welt der körperlichen Routinen weilen, die uns vertraute Welt stärker zu strukturieren als diejenigen, die ganz offiziell auf der sichtbaren Bühne herumspazieren.« (Kaufmann 1999a: 56) Die ständige Wiederholung körperlicher Routinen formt einen Körper, der »mächtiger« ist als der rationale Verstand. Den Unwillen zahlreicher Frauen, Hausarbeit zu delegieren, obschon sie über die nötigen finanziellen Mittel verfügen, beschreibt Kaufmann als »Kraft der Gesten«, die den Wunsch, Hausarbeit abzugeben, verschwinden lässt (Kaufmann 1999a: 118). Auch die Realisierung egalitärer Werte und Einstellungen in Paarbeziehungen scheitert mit großer Regelmäßigkeit an der »Trägheit« des Körpers, das heißt an der Macht der inkorporierten Gewohnheiten. »Der Körper ist nicht so leicht mit der Theorie in Übereinstimmung zu bringen.« (Kaufmann 1994a: 159)

7 Kaufmann bemerkt zu Recht, dass die Rolle des Körpers in den soziologischen Handlungstheorien zumeist ignoriert wird (Kaufmann 1999a: 286 f., vgl. auch Meuser 2002).

Soziale Ordnungen sind in einem fundamentalen Sinne Körperordnungen. Sie basieren weitaus mehr auf einem Austausch der Gesten, als dass sie Ergebnis expliziter Aushandlungen sind. Das gilt sowohl, wie wir noch sehen werden, für die Ordnung des privaten Zusammenlebens in der Paargemeinschaft als auch für Interaktionsordnungen im öffentlichen Raum. In *Frauenkörper – Männerblicke* (1996a) beschreibt Kaufmann die Ordnung des Nacktbadens an öffentlichen Stränden. Die Studie handelt vom Wechselspiel der Körper und Blicke und zeigt das »Oben-Ohne« der Frauen als eine interaktiv erzeugte soziale Praxis. In zivilisationstheoretischer, an Norbert Elias orientierter Perspektive beschreibt Kaufmann die im Oben-Ohne vermeintlich weit vorangeschrittene Befreiung des weiblichen Körpers als eine Ersetzung äußerer physischer Zwänge durch flexiblere, verinnerlichte Modalitäten. Was die Frauen, die sich am Strand des Oberteils entledigen, als praktizierte Ungezwungenheit erleben, erscheint so als eine *Kultur der Natürlichkeit*. Eine Dimension dieser Kultur nennt Kaufmann »Banalisierung«. Die Banalisierung der Nacktheit geschieht durch die Art des Sehens. Der typische »Strandblick« ist ein neutraler Blick; die Männer und Frauen, die den Strand bevölkern, bilden eine spezifische Kompetenz aus: die »Kunst des Sehens ohne zu sehen« (Kaufmann 1996a: 163). Die Augen müssen »neutral bleiben und dürfen niemals auf einem nackten Busen zum Stillstand kommen« (Kaufmann 1996a: 164). Damit der Strandblick seine Wirksamkeit entfalten kann, bedarf es einiger Voraussetzungen. Zunächst der Anonymität des Geschehens. Sodann kennt die Interaktionsordnung des Strandes sowohl Altersgrenzen – nur in einer bestimmten Altersspanne, deren kritische Obergrenze bei ca. 40 Jahren liegt, wird die Nacktheit des Busens akzeptiert – als auch ästhetische Grenzen – der (zu) große Busen ist ebenso ausgeschlossen wie der nicht (mehr) straffe. Ferner gibt es »verhaltensmäßige Grenzen«. Toleriert ist die liegende Position, aufrecht Sitzen und Herumgehen in der Regel nicht (so zumindest in Frankreich). Schließlich ist der Bereich des Oben-Ohne geographisch markiert. Die Übergänge zwischen Strand und Ortschaft gelten als ungeeignet. All diesen Grenzziehungen ist gemeinsam, dass sie die Banalisierung der Nacktheit stützen. Das Überschreiten einer der Grenzen erzeugt Aufmerksamkeit, zieht die Blicke an. Kaufmann beschreibt dies als einen Automatismus, nicht als intentionalen Akt der Schauenden. »Das Individuum ist nicht Herr über das Verhalten seiner Augen (außer wenn es sie schließt): der Busen, der Regeln mißachtet, die einen ruhigen Blick und die Banalisierung ermöglichen würden, ist es, der die Blicke auf sich zieht.« (Kaufmann 1996a: 157)

Die Grenzen sind nirgendwo schriftlich fixiert, noch werden sie verbal formuliert. Es sind die Blicke, welche die Grenzen festlegen. Es ist eine völlig nonverbal hergestellte Ordnung, zugleich eine durch und durch ausgehandelte. Das Spiel der Blicke wird als eine soziale Realität sui generis sichtbar. Kaufmann beschreibt, wie die Frauen ihre Entscheidung, den Busen zu enthüllen oder ihn bekleidet zu lassen, im Rahmen dieser Interaktionsordnung fällen. In situ wird ausgehandelt, was tolerierbar ist und was nicht mehr geht. Die Studie zeigt eine Interaktionsordnung, die allein auf einer Interaktion der Körper, hier der Blicke, beruht.[8] An anderer Stelle sieht Kaufmann die Funktion und die Macht des Blickes darin, »die Übereinstimmung [des Gesehenen] mit dem inkorporierten Schema« zu beurteilen (Kaufmann 1999a: 163).

III. Die Ehe und die Konstruktion der Wirklichkeit – revisited

Wenn die Hausfrau »für die Familie bügelt, konstruiert sie beim Bügeln das Familiale« (Kaufmann 1999a: 64). Durch die Routinehandgriffe der Haushaltstätigkeit »wird Tag für Tag nichts anderes als die Existenzgrundlage der häuslichen Gemeinschaft geschaffen« (Kaufmann 1999a: 68). Kaufmanns Analysen der

8 Auch Georg Simmel (1993 [1907]: 279 f.), auf dessen Arbeiten Kaufmann mehrfach verweist, betont »die Verknüpfung und Wechselwirkung der Individuen, die in dem gegenseitigen Sich-Anblicken liegt. Vielleicht ist dies die unmittelbarste und reinste Wechselbeziehung, die überhaupt besteht.«

Paarbeziehung, der Familie und der Haushaltstätigkeit (1988, 1994a, 1999a) lassen sich lesen als eine empirische Ausarbeitung des von Peter L. Berger und Hansfried Kellner (1965) in ihrem wegweisenden Aufsatz über »Die Ehe und die Konstruktion der Wirklichkeit« formulierten Programms – mit dem einen, aber entscheidenden Unterschied, dass Kaufmann nicht das Gespräch zwischen den Partnern, sondern die Sedimentierung häuslicher Gewohnheiten als Basis der Paarintegration begreift.

Berger und Kellner (1965: 222) begreifen die Ehe als einen »dramatischen Vorgang, bei dem zwei Fremde aufeinandertreffen und sich neu definieren«. Die »Nomos-Bildung«, das heißt die Herstellung einer gemeinsamen Wirklichkeit, durch die aus zwei Individuen ein Paar wird, geschieht in einem »fortlaufenden Gespräch«. »Es kann gesagt werden, dass man sein Leben grundsätzlich im Gespräch führt.« (Berger/Kellner 1965: 222) Kaufmann übernimmt den sozialkonstruktivistischen Ansatz, entledigt sich aber der kognitivistisch-diskursiven Hypothek. An die Stelle des Gesprächs treten die alltäglichen Routinen des Haushaltens. Vor diesem Hintergrund interessiert sich Kaufmann für das Wäschewaschen, das Bügeln und all die anderen Verrichtungen des alltäglichen Lebens (siehe oben). Vermeintliche Petitessen wie die stillschweigende Festlegung, welches Trockentuch wozu benutzt wird, bestimmen mehr als explizite Verhandlungen, wie die gemeinsame Ordnung beschaffen ist (Kaufmann 1994a: 227). In dem Maße, in dem die Paarintegration voranschreitet, werden die Gewohnheiten anstelle der Gefühle zum zentralen »Bindemittel« der Paargemeinschaft (Kaufmann 1994a: 109). Auch den Gegenständen kommt eine große Integrationskraft zu. Die Entscheidung eines Paares, sich eine Waschmaschine anzuschaffen, verändert nicht nur die Praktiken des Wäschewaschens, sie ist verbunden mit einer neuen Perspektive auf das Zusammenleben. Die Partner »überkommt urplötzlich der schwerwiegende Gedanke an die Zukunft [...]. Nun sehen sie plötzlich ihre Gegenwart im Kontext einer Dauer« (Kaufmann 1999a: 73). Folgt man Kaufmanns Interpretation, dann ist der Kauf einer Waschmaschine nicht durch die gemeinsam getragene Entscheidung motiviert, die Paargemeinschaft dauerhaft zu konsolidieren, vielmehr zieht mit diesem neuen Haushaltsgegenstand gleichsam zwangsläufig eine neue Qualität des Zusammenlebens in die Wohnung ein. Des Weiteren bilden die Gegenstände auch insofern einen »Untergrund des partnerschaftschaftlichen Lebens«, als in ihnen gemeinsame Erinnerungen verkörpert sind (Kaufmann 1994a: 102); sie tragen »das Gedächtnis eines Paares in sich« (Kaufmann 1999a: 72).

Kaufmann selbst stellt die Differenz seines Verständnisses der Nomos-Bildung zu dem von Berger und Kellner formulierten Modell einer diskursiven Konstruktion der Paargemeinsamkeit nicht explizit heraus, doch erweist sich diese sehr deutlich, wenn er schreibt, »dass das Paar im Kern über das Schweigen funktioniert« (Kaufmann 1994a: 224)[9]. Gewiss reden die Partner über vieles, aber »sehr wenig über Themen, die ein Problem darstellen« (Kaufmann 1994a: 223). Die Stabilität einer Partnerschaft beruht geradezu darauf, zentrale Probleme nicht bewusst zu machen. Auch moderne Partnerschaften sind den Analysen Kaufmanns zufolge weitaus weniger von einem »Beziehungsdauerdiskurs« getragen, als dies zum Beispiel Ulrich Beck und Elisabeth Beck-Gernsheim (1990) oder Anthony Giddens (1993) annehmen. »Die Normalität des Beziehungslebens besteht aus einem […] Schweigen über das Wesentliche der Kommunikation.« (Kaufmann 1994a: 235) Gespräche über Beziehungsfragen finden weitgehend außerhalb der Paarbeziehung statt, zum Beispiel unter Freundinnen (Kaufmann 1994a: 232 f.).

An anderer Stelle interpretiert Kaufmann die Differenz zwischen dem kognitivistisch-diskursiven Verständnis der Nomos-Bildung und dem von ihm vorgeschlagenen habituellen modernisierungstheoretisch, indem er einen Wandel der Modalitäten der Nomos-Bildung annimmt, in dem sich die Unterschiede der Bedingungen geltend machen, unter denen Ehen zum Zeitpunkt der

9 Auch Hahn (1983: 213) weist auf die »enorme Riskiertheit« hin, »denen Beziehungen ausgesetzt wären, die tatsächlich durch Konversation eine neue Welt schaffen müssten«, und nimmt dies zum Anlass, daran zu zweifeln, ob das »›Konversationsmodell‹ der Ehe« ein empirisches Korrelat hat.

Erscheinens des Aufsatzes von Berger und Kellner und gegenwärtig geschlossen werden. Kaufmann zufolge impliziert eine Eheschließung heute nur »selten einen heftigen Bruch mit der Vergangenheit«, während in den sechziger Jahren die Heirat einen »relativ brüsken Eintritt in einen neuen Sozialisationsrahmen« bedeutete (Kaufmann 2000: 82 f.). Damit scheint die Eheschließung den Charakter eines »dramatischen Vorgangs« verloren zu haben. An die Stelle eines »nomischen Bruchs«, in dem »Wirklichkeits- und Eigendefinitionen« dramatisch verändert werden (Berger/Kellner 1965: 226), tritt eine Anhäufung kleinerer Entscheidungen (zu denen zum Beispiel die Regelung der Modalitäten des Wäschewaschens gehört). Auf diesem Wege bildet sich das Paar allmählich, ohne dass es sich dessen bewusst ist. Das macht es blind gegenüber den Mechanismen der gegenseitigen Neubestimmung. »Sie stellen sich vor […], als hätten sie alle möglichen Bereiche ausprobiert, um anschließend eine Wahl zu treffen. Diese Illusion der souveränen Entscheidung ist selbst wiederum verwurzelt in einer zweiten Illusion: derjenigen, man hätte sich nur sehr wenig verändert.« (Kaufmann 2000: 83)[10] Die Paarbildung, die sich über eine allmähliche Verwandlung der Gewohnheiten vollzieht, ist also weiterhin mit gravierenden Veränderungen der Lebensweisen verbunden, da aber die Eheschließung nicht mehr den Beginn des Zusammenlebens markiert, sondern dieses sich gewissermaßen »schleichend« entwickelt, fehlt die Zäsur, welche die Erfahrung eines nomischen Bruchs ermöglicht.

Die Heirat begründet nicht mehr das Paar, eher vollendet sie es. Für den Prozess der allmählichen Paarbildung hat sich eine neue Institution etabliert: das nicht eheliche Zusammenleben (*cohabitation*). Sie hat sich zu einer zentralen und legitimen Modalität des Eintritts in eine Paargemeinschaft entwickelt. Kaufmann begreift das nicht eheliche Zusammenleben nicht als eine Alterna-

10 Die Bedeutung von Illusionen und Fiktionen als Basis von Partnerschaften ist in verschiedenen familiensoziologischen Untersuchungen herausgearbeitet worden (Hahn 1983, Hochschild/Machung 1993, Koppetsch/Burkart 1999). Sie machen sich, wie noch zu zeigen sein wird, vor allem in der Regelung der Geschlechterbeziehungen im privaten Raum geltend.

tive zur Ehe, sondern als eine neue Sequenz im konjugalen Zyklus (Kaufmann 1994b: 11), welche die Funktion eines Moratoriums hat. »La cohabitation [...] offre la possibilité d'expérimenter l'intégration conjugale au rythme souhaité.« (Kaufmann 1994b: 15)

Kaufmanns familiensoziologisches Interesse gilt dem Verhältnis von Kontinuität und Wandel familialer Strukturen. Er konstatiert einen Wandel und eine Pluralisierung der äußeren Erscheinungsformen der Familie, die allerdings eines nicht verändert haben: dass die Paarbeziehung, auch wenn sie tief greifende Veränderungen erlebt hat, nach wie vor »*das* Modell für das Privatleben« bleibt (Kaufmann 2002a: 80). Die fortbestehende Macht dieses Modells wird, so Kaufmann, vor allem dort deutlich, wo ein Leben außerhalb dieses Modells geführt wird. In seiner Analyse der Situation von (weiblichen) Singles beschreibt er diese Macht vor allem als eine normative Macht: als »erhobenen Zeigefinger« (Kaufmann 2002a: 44), der (weibliche) Singles immer wieder daran erinnert, dass sie sich außerhalb des erwarteten (Familien-)Rahmens bewegen. Mit der Entscheidung, alleine zu leben, verstoßen sie gegen die an Frauen, nicht aber an Männer gerichtete Erwartung, »mit Leib und Seele der Familie ergeben« zu sein (Kaufmann 2002a: 12). Anders als bei Männern ist das Alleinleben für Frauen »zugleich eine private und eine öffentliche Angelegenheit«. »Sie stellen eine Grundstruktur der Gesellschaft (die Familie, die auf der Rolle der hingebungsvollen Frau beruht) in Frage und sind damit eine Bedrohung für das gesamte gesellschaftliche Gebäude.« (Kaufmann 2002a: 16)

Allerdings nimmt, nicht zuletzt aufgrund der wachsenden Integration von Frauen in den Arbeitsmarkt, die Zahl weiblicher Singles beständig zu (Kaufmann 1994c: 48), und das veranlasst Kaufmann dann doch zu der Feststellung, hier zeichneten sich »unvorstellbare Umwälzungen« ab. Diese Diagnose bezieht er insbesondere auf solche Singles, die sich bewusst und gewollt für das Alleinleben entschieden haben.[11] Damit werde die »familiale

11 Der Begriff des Singles bezeichnet keine homogene Kategorie. Kaufmann (1994c) unterscheidet verschiedene Typen des Alleinlebens, unter anderem

Ordnung [...] mehr und mehr auf den Kopf gestellt« (Kaufmann 2002a: 211). Während die Alleinlebenden in früheren Epochen marginalisiert wurden (was sich zum Beispiel in der Rede von der »alten Jungfer« dokumentiert), gehören sie heute zu den Bevölkerungsgruppen, die als innovativ gelten und im Zentrum des gesellschaftlichen Lebens stehen; sie leben in Großstädten, sind jung und verfügen über eine hohe Bildung. Diese Beobachtung veranlasst Kaufmann zu der These, dass die Familie »ihre Rolle als Dreh- und Angelpunkt (zugunsten des Individuums) zu verlieren« beginnt (Kaufmann 2002a: 215 f.). Allerdings revolutioniere die Familie sich selbst, »um ein möglichst starkes Bündnis mit dem Streben nach Autonomie eingehen zu können« (Kaufmann 2002a: 216). Kaufmann zufolge steht die Familie der Gegenwart gleichsam vor der Aufgabe, die Quadratur des Kreises zu bewerkstelligen: Solidarität der Gemeinschaft und individuelle Autonomie zugleich zu gewährleisten.

Hinsichtlich der Frage, ob die Veränderungen des Familienlebens als ein Gestaltwandel, der die Grundstrukturen der Familie unberührt lässt, oder als ein Bedeutungsverlust, der tendenziell zu einer Auflösung der Familie führen wird, zu beschreiben ist, scheint Kaufmann sich nicht ganz schlüssig zu sein. Während er einerseits – in *Schmutzige Wäsche* (1994a) und in *Mit Leib und Seele* (1999a) – das doch recht stabile Grundgerüst familialen Zusammenlebens analysiert, hat es andererseits – in *Singlefrau und Märchenprinz* (2002a) – den Anschein, als befänden sich zumindest junge Leute auf dem Weg zu einer »vollmobilen Single-Gesellschaft« (Beck/Beck-Gernsheim 1990). Aber möglicherweise sind hier nur zwei parallel verlaufende Entwicklungen beobachtet, die anzeigen, dass die Einheit *(holisme)* der alten Gesellschaft verloren ist (Kaufmann 1988: 180).

---

ein freiwilliges Alleinleben, ein erzwungenes bzw. »erlittenes« Alleinleben mit einem Rückzug auf sich selbst, eine Offenheit für breite Netzwerke.

IV. Geschlechterverhältnisse: Die Rhetorik der Gleichheit und die Praxis der Ungleichheit

Die Geschlechterverhältnisse sind ein durchgängiges Thema in den Arbeiten Kaufmanns. Sie werden, mit Ausnahme des Buches über die Interaktionsordnung des Strandes, in der Dimension des privaten Zusammenlebens von Mann und Frau behandelt. Die Interpretation der Lage weiblicher Singles erfolgt, wie schon erwähnt, vor dem Hintergrund geschlechtstypisch unterschiedlicher sozialer Erwartungen an Singles. Die Individualisierung der Frau, die mit der Single-Existenz, insbesondere der freiwilligen, verknüpft ist, ist »vergleichsweise einschneidender und subversiver als die des Mannes«, weil sie eine Kündigung der Rolle der sich für die Familie aufopfernden Frau impliziert und damit »die Gesellschaftsorganisation in ihren Grundlagen in Frage stellt« (Kaufmann 2002a: 218). Sie wird deshalb auch als bedrohlicher wahrgenommen als das Alleinleben von Männern. Mit der Familienordnung ist ein Grundpfeiler der Geschlechterordnung tangiert.

Der Grundtenor von Kaufmanns Ausführungen zum Geschlechterverhältnis ist aber nicht Veränderung, sondern das trotz aller Verschiebungen in den Relationen von Frauen und Männern erstaunliche Beharrungsvermögen tradierter Verhältnisse der Ungleichheit. Mit Blick auf die Organisation der Haushaltstätigkeiten zeigt Kaufmann, dass und wie »die Partner auch gegen ihren Willen dazu tendieren, eine ungleiche Aufgabenverteilung immer wieder zu reproduzieren« (Kaufmann 1994a: 11). Der Schlüssel hierzu liegt in den bereits skizzierten inkorporierten Gewohnheiten. Wie auch andere Autorinnen und Autoren (Hochschild/Machung 1993, Koppetsch/Burkart 1999) konstatiert Kaufmann eine Diskrepanz zwischen einem immer mehr an Bedeutung gewinnenden öffentlichen Diskurs der Gleichheit und einer Alltagspraxis der Ungleichheit, auch eine Ungleichzeitigkeit der Entwicklung der Geschlechterverhältnisse in den Sphären von Beruf und Familie. Der Anstieg der weiblichen Erwerbsquote hat die häuslichen Verhältnisse nicht erschüttern können. In der Familie sind die Blockaden gegenüber Veränderung weitaus hartnäckiger als im beruflichen Bereich. Die Familienarbeit erweist sich als in höherem Maße geschlechtstypisiert als die Berufsarbeit.

Der Gleichheitsgedanke entfaltet unaufhörlich seine Macht; in den Köpfen ist die Idee der Gleichheit allgegenwärtig (Kaufmann 1994a: 176). In den Interviews, die Kaufmann mit Paaren geführt hat, macht sich das sowohl in den Rechtfertigungen bemerkbar, mit denen die Männer ihr geringes Engagement im Haushalt verteidigen, als auch in den Schuldgefühlen von Frauen, welche die Hausarbeit alleine machen, obwohl sie der Idee der Gleichheit verpflichtet sind. Als »schlecht definiertes und nie erreichtes Ziel« ist die Gleichheit »gleichzeitig konkret unauffindbar und doch mächtig wirksam« (Kaufmann 1994a: 179). Die Lösungen, welche die Partner finden, um den in dieser Diskrepanz potenziell enthaltenen Sprengstoff zu entschärfen, sind vielfältig, laufen jedoch allesamt darauf hinaus, ein Verrechnen der individuell geleisteten Hausarbeiten zu vermeiden. Das hat den Effekt, dass die Paare »sich legitimiert sehen und sich dabei mit ihrer Zeit im reinen sowie als Gebieter über eine häusliche Effizienz fühlen, welche nicht zur herrschenden Moral (das heißt der Gleichheit) im Widerspruch steht« (Kaufmann 1994a: 181). Kaufmanns Analysen erinnern an die von Alois Hahn (1983) beschriebenen »Konsensfiktionen«. Das Paar einigt sich stillschweigend auf eine Interpretation, die sich für den außen stehenden Beobachter zwar nicht mit dem deckt, was er wahrnimmt, von deren Richtigkeit das Paar aber fest überzeugt ist. Regelungen, bei denen jeder das erledigt, was er gerne macht, können so, auch wenn der Zeitaufwand sehr ungleich ist, als mit der Gleichheitsnorm in Einklang stehend wahrgenommen werden.[12] »Die Wei-

12 Kaufmanns Analysen decken sich in diesem Punkt mit den Ergebnissen der Studien sowohl von Arlie Hochschild und Anne Machung (1993) als auch von Cornelia Koppetsch und Günter Burkart (1999). Auch diese Untersuchungen betonen die Bedeutung fiktionaler Lösungen als Weg, eine ungleiche Arbeitsteilung nicht als Verletzung der Gleichheitsnorm wahrzunehmen.

gerung, den Widerspruch wahrzunehmen, mag ein Hinweis darauf sein, dass das eigentliche Ziel bereits erreicht ist: eine vernünftige Ungleichheit« (1994a: 181), lautet Kaufmanns desillusionierendes Resümee. Kaufmanns Analyse des Geschlechterarrangements moderner Paarbeziehungen enthüllt die »Ohnmacht der Diskurse« (Wetterer 2003: 302).

Den Mechanismus, der der zuverlässigen Reproduktion der tradierten Arbeitsteilung zugrunde liegt, bezeichnet Kaufmann als »negatives Kapital« (1994a: 190 ff.). Unterschiedliche Anspruchniveaus der Partner hinsichtlich der häuslichen Verrichtungen drängen den Partner, der über größere Kompetenzen (bzw. ein größeres Kapital) verfügt, dazu, mehr zu tun als der andere, der wiederum, weil er weniger von diesem Kapital besitzt, dazu tendiert, die Anstrengungen des anderen nicht anzuerkennen. Auf diese Weise wird der Besitz von Kapital zu einem Negativposten, der die Ungleichheit zwischen den Partnern befestigt, zu »negativem Kapital«. Es ist nicht verwunderlich, dass unter den gegebenen Geschlechterverhältnissen, die Frau diejenige ist, die in Haushaltsdingen Besitzerin von Negativkapital ist. Kaufmann beschreibt diese Konstellation als die »Falle« der Frau (Kaufmann 1994a: 257 ff.). Sie besteht nicht darin, dass die Frauen mehr Hausarbeit leisten als die Männer, sondern darin, »dass die Frau selbst ein System von Praktiken verstärkt, welches sie im übrigen kritisiert« (Kaufmann 1994a: 257). Das Fatale an der Falle ist, dass sie zumindest zum Teil von den Frauen selbst errichtet ist. Kaufmann zufolge wird die familiale Geschlechterordnung heute nicht mehr über die traditionellen Geschlechterrollen reproduziert, die Falle ist der wichtigste soziale Mechanismus zur Reproduktion der geschlechtstypischen Arbeitsteilung. Sie »bildet sich in der Welt der Gesten, der Antriebe, im Schweigen der Gewohnheiten« und wird deshalb »von den Akteuren kaum wahrgenommen« (Kaufmann 1994a: 261), was ihre Wirkung verstärkt. Die Reproduktion der Grundlagen der Ungleichheitsordnung geschieht umso effektiver, als sie unbewusst erfolgt. Die Idee der Gleichheit, die gesellschaftlich machtvoll ist und auch von den meisten Frauen vertreten wird, wird so individuell unerreichbar.

Kaufmanns Beschreibung der auf der Basis negativen Kapitals errichteten Falle stellt eine subtile Analyse weiblicher »Mittäterschaft« (Thürmer-Rohr 1987) dar. Die Falle schnappt zu im Zuge der Haushaltsintegration. Weil die Frauen es gelernt haben und gewohnt sind, aufzuräumen, zu spülen, zu waschen, zu bügeln, können sie es besser und müheloser als die in diesen Dingen unbeholfenen Männer und tun es dann auch. Sie verfügen über einen Vorsprung an inkorporiertem Wissen. Eine Realisierung der Idee der Gleichheit in »Niederungen« der alltäglichen Haushaltsorganisation erforderte von den Individuen »vor allem gegen sich selbst zu kämpfen« (Kaufmann 1994a: 292). Die zentrale Ursache für das Scheitern der Gleichheitsidee im Alltag sieht Kaufmann im »Widerstand der Alltagsgesten, in denen eine lange Vergangenheit verinnerlichter Geschlechterpositionen aufbewahrt ist, eine Vergangenheit, die wieder auftaucht, sobald die Integration in einen gemeinsamen Haushalt fortschreitet« (Kaufmann 1994a: 293).

V. Das Individuum und die Ambivalenzen der Moderne

Die bisherigen Ausführungen lassen das handelnde Subjekt im Wesentlichen als einen in seinen Gewohnheiten gefangenen Akteur erscheinen. Diese Perspektive dominiert zweifelsohne in Kaufmanns empirischen Analysen, sein Konzept des Individuums ist aber vielschichtiger. Kaufmann versucht die unfruchtbare Alternative von gesellschaftlicher Determiniertheit und individueller Freiheit zugunsten eines Ansatzes zu vermeiden, der gleichermaßen danach fragt, wie die Gesellschaft die Individuen hervorbringt und wie sie von diesen hervorgebracht wird (Kaufmann 1999a: 59, 2001). Sein Konzept des Individuums beinhaltet drei miteinander verknüpfte Foki: 1. die gesellschaftliche Konstitution des Individuums, 2. die Handlungsspielräume des Individuums, 3. die Konstitution des modernen Individuums.

1. Der erste Aspekt ist durch die voranstehenden Ausführungen hinreichend erläutert und bedarf mithin keiner umfangreichen Explikation. In deutlichem Unterschied zu voluntaristischen Konzepten sozialen Handelns betont Kaufmann (1994a: 185): »Das Individuum besteht zum großen Teil aus seinen Gewohnheiten.« Handeln ist nichts anderes »als der in Bewegung versetzte Körper« (Kaufmann 1999a: 287). In den einfachen Gesten des Individuums sucht Kaufmann den sozialen Prozess (Kaufmann 1994a: 294). Das Makrosoziale verortet er »nicht nur in den ›Strukturen‹, die dem Individuum äußerlich sind, es ist auch in ihm selbst« (Kaufmann 2000: 71). Gegen Konzeptionen, die einen Gegensatz zwischen Individuum und Gesellschaft formulieren, akzentuiert Kaufmann eine fundamentale Einheit beider. Das Individuum ist nichts außerhalb des sozialen Rahmens, hat keine davon unabhängige Existenz. Derartige Annahmen würden durch »die Illusion des Alltagsverstandes erzeugt« (Kaufmann 2000: 73). Ein radikaler Bruch mit dieser Illusion sei unerlässlich.
   Kaufmann steht hier deutlich in der Tradition der auf George Herbert Mead zurückgehenden interaktionistischen Soziologie (Kaufmann 2002a: 57). Auch einen substantialistischen Begriff des Individuums hält er für irreführend. Er konzipiert das Individuum als eine »offene Struktur, die sich in fortwährender Reformulierung befindet« (Kaufmann 2002a: 182). Das erinnert an das Meadsche Konzept von Identität als Balance (Mead 1975), ist aber eher modernisierungstheoretisch gemeint (siehe unten).
2. Auch wenn das Individuum »nicht als autonome Realität« existiert, verfügt es über »gewisse Handlungsspielräume« (Kaufmann 2000: 77). Diese auszuloten, ist ein zweiter Fokus der Kaufmannschen Analysen des Individuums. Genauso wie Kaufmann sich der Macht der Gewohnheiten und inkorporierten Routinen zuwendet, interessiert er sich für die »Imaginationen des Selbst« als Zentrum der »persönlichen Kristallisation«. Er fragt, unter welchen Bedingungen Selbstentwürfe, die von den sozialen Vorgaben abweichen, »in die Konstruk-

tion der Wirklichkeit eingreifen« und wann sie »bloße Phantasie ohne soziale Wirkung« bleiben (Kaufmann 2000: 79).

Generell konstatiert Kaufmann in der Gegenwartsgesellschaft eine Erweiterung von Entscheidungsspielräumen, betont aber zugleich den Aspekt der Konsequenzialität von Entscheidungen, die darin besteht, dass die Entscheidungen einen Prozess in Gang setzen, der eine Eigenlogik entfaltet und das Individuum gleichsam in den Sog der von ihm nicht immer antizipierten Folgen des eigenen Handelns zieht. Kaufmann verwendet in diesem Zusammenhang den Begriff »Flugbahn« *(trajectoire)* (Kaufmann 2002a: 159 ff.). Ihm geht es allerdings um mehr als um eine biographische Analyse individueller Verlaufskurven, wie sie in der Biographieforschung häufig betrieben wird. Die Flugbahn reicht »weit über Einzelexistenzen« hinaus, sie »ist zugleich Teil des Mikroalltags einzelner Leben und Teil langfristiger historischer Prozesse« (Kaufmann 2002a: 161). So werden zum Beispiel weibliche Singles, indem sie das traditionelle Familienmodell als obsolet erscheinen lassen, zur »unfreiwilligen Avantgarde« (Kaufmann 2002a: 219) der Individualisierung; nicht intentional, sondern durch die gesellschaftlichen Folgen der gewählten Lebensform.

Allerdings sind die Optionen nicht grenzenlos; die Individuen haben eine begrenzte Freiheit der Wahl »zwischen verschiedenen, sozial vorgegebenen Handlungsdynamiken« (Kaufmann 1994a: 155) und unterliegen oft der Täuschung, das, was Produkt von Gewohnheiten oder situativen Bedingungen ist, als eigene Entdeckung wahrzunehmen. Das Individuum trifft seine Entscheidungen immer unter den Vorgaben sowohl der situativen Restriktionen als auch der inkorporierten Schemata, begreift sich aber in einer doppelten Illusion sowohl als einheitlich als auch als autonom (Kaufmann 2000: 71).

3. In Anlehnung an Norbert Elias' Zivilisationstheorie geht Kaufmann davon aus, dass moderne Gesellschaften ihre Reproduktion weniger durch Tradition und äußeren Zwang als durch »innerpersonale Operatoren« (Kaufmann 1994a: 295) sichern. In der Individuierung sieht er das Strukturprinzip mo-

derner Gesellschaften und den Motor sozialen Wandels (Kaufmann 2002a: 162). Das Zerbrechen der gesellschaftlichen Einheit nimmt das Individuum in die Verantwortung und erzeugt Entscheidungsnotwendigkeiten, ob dieses das will oder nicht (Kaufmann 1988: 180). An die Stelle einer passiven, distanzlosen Identifikation mit sozialen Rollen tritt eine »aktive Identitätsbildung« (Kaufmann 2000: 79 f.). So müssen die Regeln des partnerschaftlichen Zusammenlebens heute mehr und mehr von den Partnern selbst festgelegt werden, was »unerhörte Kompetenzen« erfordert (Kaufmann 1994a: 292).

Das in den Ausführungen Kaufmanns porträtierte moderne Individuum ist ein chronisch überfordertes Individuum, aufgefordert, »sich selbst zu definieren und immer und überall Entscheidungen zu treffen« (Kaufmann 2002a: 25).[13] Exemplarisch stehen dafür die Singles. Sie repräsentieren gewissermaßen den Prototyp des modernen Individuums, mitsamt den Ambivalenzen, welche die moderne Existenz auszeichnen. Der Freiheit der Optionen, dem »Genuss der Leichtigkeit des Seins« (Kaufmann 2002a: 125), steht das Bedürfnis nach Sicherheit gegenüber, welche durch vorgegebene Rahmen vermittelt wird. Das Leben der Singles ist anstrengend, zu andauernder Initiative sowie ständiger Bewegung »verdonnert« und geprägt durch eine ständige reflexive Aufmerksamkeit auf das eigene Ich. Die Reflexivität ist der Preis für eine individualisierte Existenz.

Aber auch das moderne Individuum hat seine Gewohnheiten nicht abgelegt. Kaufmann beschreibt die moderne Gesellschaft nicht als einen eindeutigen und einlinigen Prozess, sondern als in sich widersprüchlich. Während sich das Individuum auf der Vorderbühne gesellschaftlicher Inszenierungen in seiner individualisierten Existenz präsentiert und präsentieren muss, macht sich auf der Hinterbühne der trivialen Alltagsverrichtungen die Macht tradierter Verhältnisse und Strukturen in Gestalt inkorporierter Gewohnheiten geltend. Das Zerbrechen der Einheit der Gesell-

13 Hier zeigen sich deutliche Parallelen zur Beckschen Individualisierungstheorie (Beck 1986) und zum Konzept der Bastelbiographie (Hitzler/Honer 1994).

schaft wiederholt sich in den Ambivalenzen des modernen Individuums, das die Konflikte der Gesellschaft gleichsam in sich austrägt. Als Ausweg bleiben ihm vielfach nur fiktionale Lösungen, wie sie zum Beispiel angesichts der Diskrepanz zwischen der Allgegenwärtigkeit der Gleichheitsidee und der fortdauernden Praxis der Ungleichheit gefunden werden (siehe oben). Die Einheit der Person entsteht »durch die Illusion der Einheit« (Kaufmann 1994a: 169).

VI. Empirische Grundlagen: Das verstehende Interview

Kaufmanns »ethnologischem« Interesse an den kleinen Dingen des Alltags, seiner »Ethnographie des Details« (Kaufmann 1994a: 294) entspricht eine Präferenz für einen bestimmten Typus von Daten: Alltagsdokumente, vor allem Briefe (Kaufmann 1996b, 2002a), und Daten aus offenen Interviews. Kaufmann betreibt überwiegend qualitative Forschung. Im Rahmen seiner familiensoziologischen Forschung hat er das Verfahren des »verstehenden Interviews« entwickelt, dessen Methodologie und Forschungspraxis er in einem Methodenbuch ausführlich behandelt (Kaufmann 1999b).

Kaufmanns Konzept des Interviews weist viele Gemeinsamkeiten mit anderen Varianten des qualitativen Interviews (Honer 2003) auf, aber auch einige bedeutsame Unterschiede. Anders als bei den zumindest in Deutschland üblichen Maximen der Interviewführung, die eine weitgehende Zurücknahme und Neutralität des Interviewers fordern, insistiert Kaufmann auf den Vorteilen eines intensiven Austausches zwischen Interviewer und Interviewten sowie einer empathischen Zuwendung zu diesem (Kaufmann 1999b: 70 ff.). Entscheidende, die methodologischen Grundlagen berührende Differenzen bestehen hinsichtlich des Stellenwertes der Äußerungen der Interviewten und hinsichtlich der Auswertungsstrategien. Kaufmann begreift die Interviewten als »Informanten« (Kaufmann 1999b: 65), deren Status demjenigen der Informanten in der ethnologischen Forschung ähnlich ist. Kaufmann nimmt an, dass der Forscher »über die Person, die zu ihm spricht, einen direkten Zugriff auf die gesellschaftliche Konstruktion von Wirklichkeit hat«. Der Interviewte werde »immer mehr in den Bann seiner eigenen Worte gezogen. Je tiefer seine Worte schürfen, umso intensiver bemüht er sich darum, das zu ordnen, was er über sich selbst sagt« (Kaufmann 1999b: 89). Manchmal seien »die Wahrheits-Effekte [...] so offensichtlich, daß sie keines Beweises mehr bedürfen.« (Kaufmann 1999b: 102) Das verstehende Interview scheint stärker als andere qualitative Verfahren auf eine autobiographische »Theorieproduktion« seitens der Befragten gerichtet zu sein. Und anders als zum Beispiel im narrativen Interview, dessen Annahme einer Wirksamkeit von Zugzwängen erzähltheoretisch fundiert ist (Schütze 1982), sieht Kaufmann die Gewähr dafür, dass die Antworten der Interviewten kohärent ausfallen, in dem von ihm präferierten Stil der Interviewführung. Mithin wiegen die Versäumnisse des Interviewers und die Fehler, die er macht, hier schwerer als bei anderen Verfahren, die stärker auf eine Selbstläufigkeit der Äußerungen der Interviewten setzen.

Die Auswertung der aufgezeichneten Interviews ist weniger methodisiert als bei anderen Verfahren der qualitativen Sozialforschung. Eine Transkription, die gemeinhin als Voraussetzung eines nichtintuitiven Textverständnisses und als Grundlage einer intersubjektiv überprüfbaren Interpretation gilt, hält Kaufmann nicht nur für überflüssig, er betrachtet sie als hinderlich. Das gesprochene Wort ermögliche »einen direkteren Zugang zu den Gefühlen und ein intensiveres Eintauchen in die Lebensgeschichte« (Kaufmann 1999b: 118). In perfekter Umkehrung der in der deutschen qualitativen Forschung üblichen Prinzipien meint Kaufmann, die vollständige Transkription sei »ideal für eine einfache Auswertung der Daten, aber nicht für eine Tiefenuntersuchung, die ein Maximum an Hinweisen zur Verfügung haben sollte« (Kaufmann 1999b: 117). Die Interpretation der Interviews folgt keiner explizierten Regel; Kaufmann lässt sich »von dem, was das Anhören der Bänder bei ihm auslöst, und von seinen unvorhersehbaren Gedankengängen mitreißen« (Kaufmann 1999b: 129). Der Frage, weshalb etwas die Aufmerksamkeit bindet, geht Kaufmann nicht nach; »ich notiere die Dinge einfach, weil ich sie interessant finde« (Kaufmann 1999b: 120). Um eine methodologische Fundierung des selektiven Blicks, wie sie in anderen Verfahren der qualitativen Forschung erfolgt, bemüht er sich nicht. Letztlich folgt die Aufmerksamkeitsfokussierung der Intuition.

Kaufmann traut dem Verfahren des verstehenden Interviews eine Menge zu; es scheint für ihn der »Königsweg« der Sozialforschung zu sein. Er hält es nicht nur für geeignet, die verbalen Repräsentationen der Praktiken zu erfassen, sondern auch die Praktiken selbst (Kaufmann 1999b: 107). In der Präsentation des empirischen Materials dokumentiert sich das nicht nur darin, dass er die Frage nach dem Passungsverhältnis von Darstellung und dargestellter Praxis bei der interviewten Person nicht stellt, er geht bisweilen auch so weit, dass er berichtetes Verhalten Dritter (zum Beispiel der Mütter von Interviewten) so beschreibt, als habe es sich in der Weise ereignet, wie es geschildert wird. Kaufmann unterliegt immer wieder der Gefahr, die Aussagekraft der Daten zu überziehen. Die Analyseebenen geraten dabei mitunter durcheinander, zum Beispiel wenn er die Äußerung »Es gibt welche, die haben noch mit 45 Jahren Lust zu gefallen, und das ist normal, das ist total normal, sie wollen zeigen, daß sie noch gefallen, daß sie noch verführerisch sind« (Kaufmann 1996a: 112) als Datum nimmt, das Auskunft gibt über die Motivation »älterer« Frauen, nackt zu baden. Eine solche Äußerung sagt jedoch mehr über die Konstitution sozialer Angemessenheitsregeln aus als über Handlungsmotive. – Kaufmanns »generöser« Umgang mit seinen Daten erhöht gewiss die Lesefreundlichkeit seiner Texte, lässt aber mitunter Zweifel an der Stichhaltigkeit seiner Interpretationen aufkommen.

VII. Schluss

Kaufmanns Bücher lassen sich gut lesen, sie sind »mit leichter Feder« (1999b: 167) geschrieben, der Stil ist vielfach literarisch. Zum Beispiel beschreibt er den Alltag einer Befragten als einen »langsamen Walzer aus kleinen Nichtigkeiten« (Kaufmann 1999a: 94). Auch in theoretischen Kapiteln bedient er sich einer metaphorischen Sprache. Dieser Stil ist Programm. »Die Verständlichkeit des Schreibstils dient nicht dazu, das Lesen gefälliger zu machen, sondern ist ein Werkzeug im Dienste der Wissenschaftlichkeit.« (Kaufmann 1999b: 167) Der ihm eigentümliche Stil täuscht leicht darüber hinweg, dass Kaufmann ein dezidiertes theoretisches Programm verfolgt. Hinzu kommt, dass er selbst den Lesern eine das Theoretische vernachlässigende Lektüre mehrfach nahe legt, zum Beispiel wenn er schreibt, das Buch über die Interaktionsordnung des Strandes könne man auch als »Strandführer« lesen.

Es sind im Wesentlichen zwei Theorietraditionen, in denen Kaufmanns Analysen der diversen Ordnungen des Alltags stehen: erstens der mit den Namen George Herbert Mead, Erving Goffman sowie Peter Berger und Thomas Luckmann bezeichnete Komplex von im weiten Sinne sozialkonstruktivistischen Ansätzen und zweitens die Zivilisationstheorie von Norbert Elias. Wie beide Theoriestränge zusammengeführt werden können, zeigt Kaufmann unter anderem in *Frauenkörper – Männerblicke*. Die oben skizzierte, über das stillschweigende Spiel der Blicke in situ hergestellte Interaktionsordnung funktioniert in der beschriebenen Weise und mit den geschilderten Resultaten nur auf der Basis eines weit voran geschrittenen Zivilisationsprozesses und der darin konstituierten Selbstzwänge.

Obwohl sowohl Kaufmann als auch Pierre Bourdieu die Bedeutung der Inkorporierung für die Ordnung des Sozialen betonen, grenzt sich Kaufmann von Bourdieus Konzept des Habitus ab, dem er vorhält, zu stark die Macht der Vergangenheit zu betonen. Seinen Begriff der Gewohnheit *(habitude)* bezeichnet er als weniger deterministisch, mehr Gewicht auf die Bedingungen der aktuellen Handlungssituation legend (Kaufmann 1999a: 176f., 2001). Was dabei kaum in den Blick kommt, ist das, was bei Bourdieu im Mittelpunkt steht: die Frage, wie sich die Strukturen sozialer Ungleichheit in den sozialisierten Körpern niederschlagen. Zwar finden sich hin und wieder Verweise auf milieuspezifische Unterschiede, eine systematische Erörterung der Bedeutung sozialstruktureller Faktoren unterbleibt jedoch. Dafür scheinen Kaufmanns Theoriesprache die begrifflichen Mittel zu fehlen. Die Stärke seiner Analysen liegt eindeutig darin, die soziologische Relevanz auch der trivialsten Kleinigkeiten des alltäglichen Lebens zum Vorschein zu bringen. Es ist nicht zuletzt die »Liebe zum Detail«, die Kaufmanns Soziologie ihren besonderen Charakter verleiht.

Literatur

Beck, U., 1986: Risikogesellschaft. Auf dem Weg in eine andere Moderne, Frankfurt am Main.

Beck, U./Beck-Gernsheim, E., 1990: Das ganz normale Chaos der Liebe, Frankfurt am Main.

Berger, P. L./Kellner, H., 1965: Die Ehe und die Konstruktion der Wirklichkeit. Eine Abhandlung zur Mikrosoziologie des Wissens, in: Soziale Welt 16, S. 220–235.

Bohnsack, R./Marotzki, W./Meuser, M. (Hrsg.), 2003: Hauptbegriffe Qualitativer Sozialforschung, Opladen.

Cockburn, C./Omrod, S., 1997: Wie Geschlecht und Technologie in der sozialen Praxis »gemacht« werden, in: I. Dölling/B. Krais (Hrsg.), Ein alltägliches Spiel. Geschlechterkonstruktionen in der sozialen Praxis, Frankfurt am Main, S. 17–47.

Corbin, J., 2003: Grounded Theory. In: Bohnsack/Marotzki/Meuser 2003, S. 70–75.

Döge, P., 2001: Technik, Männlichkeit und Politik. Zum verborgenen Geschlecht staatlicher Forschungs- und Technologiepolitik, in: P. Döge/M. Meuser (Hrsg.), Männlichkeit und soziale Ordnung. Neuere Beiträge zur Geschlechterforschung, Opladen, S. 123–139.

Feest, C. F., 2003: Materielle Kultur, in: H. Fischer/B. Beer (Hrsg.), Ethnologie. Einführung und Überblick, 5. Aufl. (Neufassung), Berlin, S. 239–254.

Giddens, A., 1993: Wandel der Intimität. Sexualität, Liebe und Erotik in modernen Gesellschaften, Frankfurt am Main.

Glaser, B. G./Strauss, A., 1967: The Discovery of Grounded Theory. Strategies for Qualitative Research, Chicago.

Hahn, A., 1983: Konsensfiktionen in Kleingruppen. Dargestellt am Beispiel von jungen Ehen, in: F. Neidhardt (Hrsg.), Gruppensoziologie. Perspektiven und Materialien, Kölner Zeitschrift für Soziologie und Sozialpsychologie, Sonderheft 25, S. 210 – 232.

Hitzler, R./Honer, A., 1994: Bastelexistenz. Über subjektive Konsequenzen der Individualisierung, in: U. Beck/E. Beck-Gernsheim (Hrsg.), Riskante Freiheiten. Individualisierung in modernen Gesellschaften, Frankfurt am Main, S. 307 – 315.

Hitzler, R./Honer, A., 2003: Lebensweltliche Ethnographie, in: Bohnsack/Marotzki/Meuser 2003, S. 112 – 114.

Hochschild, A./Machung, A., 1993: Der 48-Stunden-Tag. Wege aus dem Dilemma berufstätiger Eltern, München.

Honer, A., 2003: Interview, in: Bohnsack/Marotzki/Meuser 2003, S. 94 – 99.

Kaufmann, J.-C., 1988: La chaleur du foyer. Analyse du repli domestique, Paris.

Kaufmann, J.-C., 1989: La vie ordinaire. Voyage au cœur du quotidien, Paris.

Kaufmann, J.-C., 1994a: Schmutzige Wäsche. Zur ehelichen Konstruktion von Alltag, Konstanz.

Kaufmann, J.-C., 1994b: Nuptialité ou conjugalité? Critique d'un indicateur et état des évolutions conjugales en Europe, in: Archives Européennes de Sociologie 35, S. 3 – 20.

Kaufmann, J.-C., 1994c: Trois contextes sociaux de l'isolement, in: Revue française des affaires sociales 48, 2, S. 43 – 58.

Kaufmann, J.-C., 1996a: Frauenkörper – Männerblicke. Konstanz.

Kaufmann, J.-C., 1996b: Lettres d'amour du repassage, in: Ethnologie française 26, S. 38 – 50.

Kaufmann, J.-C., 1999a: Mit Leib und Seele. Theorie der Haushaltstätigkeit, Konstanz.

Kaufmann, J.-C., 1999b: Das verstehende Interview. Theorie und Praxis, Konstanz.

Kaufmann, J.-C., 2000: Rolle und Identität: Begriffliche Klärungen am Beispiel der Paarbildung, in: Sozialer Sinn 1, S. 67 – 91.

Kaufmann, J.-C., 2001: Ego. Pour une sociologie de l'individu. Une autre vision de l'homme et de la construction du sujet, Paris.

Kaufmann, J.-C., 2002a: Singlefrau und Märchenprinz. Über die Einsamkeit moderner Frauen, Konstanz.

Kaufmann, J.-C., 2002b: Le premier matin. Comment naît une histoire d'amour. Paris.

Kaufmann, J.-C./Laigneau, M., 1983: La vie H.L.M. Usages et conflits, Paris.

Koppetsch, C./Burkart, G., 1999: Die Illusion der Emanzipation. Zur Wirksamkeit latenter Geschlechtsnormen im Milieuvergleich, Konstanz.

Mead, G. H., 1975: Geist, Identität und Gesellschaft aus der Sicht des Sozialbehaviorismus, Frankfurt am Main.

Meuser, M., 2002: Körper und Sozialität. Zur handlungstheoretischen Fundierung einer Soziologie des Körpers, in: K. Hahn/M. Meuser (Hrsg.), Körperrepräsentationen. Die Ordnung des Sozialen und der Körper, Konstanz, S. 19–43.

Schütz, A., 1971: Über die mannigfaltigen Wirklichkeiten, in: A. Schütz, Gesammelte Aufsätze, Bd. 1., Den Haag, S. 237–298.

Schütze, F., 1982: Narrative Repräsentation kollektiver Schicksalsbetroffenheit, in: E. Lämmert (Hrsg.), Erzählforschung. Ein Symposion, Stuttgart, S. 568–590.

Simmel, G., 1993 [1907]: Soziologie der Sinne, in: G. Simmel, Gesamtausgabe, Bd. 8, 2: Aufsätze und Abhandlungen 1901–1908, Frankfurt am Main, S. 276–292.

Thürmer-Rohr, C., 1987: Aus der Täuschung in die Ent-Täuschung. Zur Mittäterschaft von Frauen, in: C. Thürmer-Rohr, Vagabundinnen. Feministische Essays, Berlin, S. 38–56.

Wajcmann, J., 1994: Technik und Geschlecht: Die feministische Theoriedebatte, Frankfurt am Main.

Wetterer, A., 2003: Rhetorische Modernisierung: Das Verschwinden der Ungleichheit aus dem zeitgenössischen Differenzwissen, in: G.-A. Knapp/A. Wetterer (Hrsg.), Achsen der Differenz. Gesellschaftstheorie und feministische Kritik II. Münster, S. 286–319.

Lothar Peter

Soziologie des pluralen Akteurs: Bernard Lahire

I. Bernard Lahire, ein Vertreter der jüngeren Generation in der französischen Soziologie

Die Bedeutung Bernard Lahires für die heutige französische Soziologie liegt vor allem darin, dass er in seinen zahlreichen Beiträgen versucht hat, das, was in Deutschland als Individualisierungsthese bezeichnet wird, nicht nur theoretisch zu diskutieren, sondern auch empirisch zu erproben. Sein Bemühen zielt darauf ab, zwischen den aktuell noch dominierenden Großtheorien, die seiner Ansicht nach System und individuellen Akteur abstrakt entgegensetzen, ein neues Terrain soziologischer Analyse zu erschließen. Deshalb kommt es ihm wesentlich darauf an, die in der inneren Dimension der Akteure ablaufenden Prozesse der Handlungsdispositionen herauszuarbeiten und damit zu einer nichtdeterministischen Sichtweise des Sozialen zu gelangen. Anstatt die Individuen nur als Exekutoren von Makrostrukturen und -institutionen zu betrachten, müsse die Soziologie heute einen Perspektivenwechsel vornehmen. Nicht mehr Einheit und Homogenität seien das Bauprinzip des Sozialen, sondern Differenzierung, Heterogenität und Widersprüchlichkeit. Das führt nach Lahire zur Entwicklung eines pluralen Typs des Handelnden: »Der plurale Mensch ist weitaus eher die Regel als die Ausnahme« (Lahire 2000: 272).[1] Eine produktive Nutzung dieses Perspektivenwechsels erscheint ihm nur dann möglich, wenn die bisherigen Modelle soziologischer Handlungstheorie qualitativ erweitert und das Individuum als »komplexes Produkt multipler Sozialisationsprozesse« (Lahire 2000: 276) anerkannt wird.

1 Übersetzungen der Zitate vom Verfasser.

Bernard Lahire wurde 1963 in Lyon geboren. Nach seiner Promotion mit einer Arbeit über Zusammenhänge zwischen der sozialen Bedeutung sprachlicher und schriftlicher Ausdrucksformen und den Gründen schulischen Versagens (1990) habilitierte er sich ebenfalls mit einer soziolinguistischen Untersuchung über Beziehungen zwischen sozialer Ungleichheit und Sprachgebrauch. 1994 wurde er Professor für Soziologie an der Universität von Lyon (Université Lumière) und Mitglied des Institut Universitaire de France (1995 – 2000), einer renommierten Einrichtung der Forschungsförderung. Gleichzeitig ist er an der Ecole Normale Supérieure in Lyon tätig. Zu seinen Schwerpunktthemen gehörten in den zurückliegenden Jahren Probleme der Sozialisationsforschung und insbesondere des Analphabetismus, dem er sich auch als Vorsitzender des wissenschaftlichen Komitees zur Bekämpfung des Analphabetismus widmete. Zahlreiche wissenschaftliche Funktionen ausübend, sei es als Mitglied von Forschungsgruppen, Herausgeber sozialwissenschaftlicher Schriftenreihen wie des »Laboratoire des sciences sociales« beim Verlag Editions La Découverte in Paris oder Redaktionsmitglied von Fachzeitschriften wie der von Georges Balandier und Michel Wieviorka geleiteten *Cahiers Internationaux de Sociologie*, zeichnet sich Lahire durch eine außergewöhnliche wissenschaftliche Produktivität aus. Sein wohl bekanntestes Buch *L'homme pluriel* (Der plurale Mensch), auf das weiter unten ausführlicher eingegangen wird, ist in mehrere Sprachen übersetzt worden. Das sozialwissenschaftliche Engagement Lahires steht für die fortschreitende Verbesserung der methodischen Standards der Soziologie sowie für den beharrlichen Kampf gegen Dilettantismus und Irrationalismus in Diskurs und Praxis der Sozialwissenschaften.

II. Familiale Milieus und schulische Leistungen

In *Tableaux de familles* (1995) untersucht Lahire den Zusammenhang zwischen familialer Soziallage und schulischem Erfolg bzw. Misserfolg von Schülerinnen und Schülern der Schulstufe CE 2

(Grundschule). Dabei trifft er auf folgendes Problem: Die vorliegenden statistischen Erhebungen können nicht erklären, warum Schüler und Schülerinnen aus Familien, die den unteren sozialen Schichten angehören, dennoch in der Schule Erfolge aufweisen können. Lahire stellt sich deshalb die Frage, wo die Ursachen dieser »sekundären Differenzen« (Lahire 1995: 12) innerhalb »objektiv« weitgehend homogener Soziallagen zu suchen sind. In seine Fragestellung geht eine methodische Distanzierung zur vermeintlichen Aussagefähigkeit von Erhebungen ein, die, indem sie sich ausschließlich auf objektive sozialstatistische Indikatoren stützen, die konkrete Singularität des Einzelfalls dem Postulat empirischer Repräsentativität opfern (Lahire 1995: 14). Stattdessen plädiert Lahire für eine »Anthropologie der wechselseitigen Abhängigkeit« *(anthropologie de l'interdépendance),* die sich der inneren Widersprüche der untersuchten Situationen, Gruppen und Individuen bewusst ist und gleichzeitig – daher der Terminus »Anthropologie« – die Demarkationslinien der Einzelwissenschaften Soziologie, Psychologie, Geschichtswissenschaften usw. überschreitet. Diesen Ansatz testet er anhand einer empirischen Studie über die komplexen Beziehungen zwischen Sozialisation, familialem Kontext und schulischer Entwicklung. Die Studie, die qualitative Daten in 26 Unterschichtfamilien *(milieux populaires)* erhebt, bedient sich eines Methodenmix von qualitativen Interviews, Dokumentenanalyse, Expertengesprächen und teilnehmender Beobachtung. Die »familialen Konfigurationen« werden unter Aspekten untersucht wie der Bedeutung von schriftlichen Ausdrucksformen *(culture écrite)* in der Familie, der ökonomischen Situation und Handlungsspielräume, der moralischen häuslichen Ordnung, den Formen familialer Autoritätsausübung und der familialen pädagogischen »Investitionen«. Die empirischen Ergebnisse zeigen ein äußerst heterogenes, teilweise paradoxes Bild: Bei Johanna, die nur 1,8 von 10 möglichen Punkten der offiziellen schulischen Beurteilung erhalten hat, beobachtet Lahire zum Beispiel das Phänomen einer »schulischen Überinvestition« (Lahire 1995: 217). Obwohl die soziale und wirtschaftliche Situation der Familie stabil ist – die Mutter ist als einfache Angestellte tätig und hat die Realschule besucht, der Vater ist Facharbeiter (mit Berufsabschluss CAP) –, sind Johannas Leistungen niederschmetternd schwach. Diese Tatsache wird auch nicht dadurch gemildert, dass die Eltern die Erledigung der Hausaufgaben kontinuierlich überwachen und Sanktionen ergreifen, wenn Johanna sich den Schularbeiten entziehen will. Lahire sieht die Ursache für Johannas Leistungsschwäche im Zusammentreffen mehrerer Gründe, nämlich einem Mangel an *culture écrite,* dem durch elterliche Erwerbstätigkeit und Schichtarbeit geprägten ungleichmäßigen Rhythmus des Familienlebens und in dem in Strafen und Verboten bestehenden Autoritätsregime. Es sind also nicht die objektiven materiellen und sozialen Umstände an sich – Johannas Familie verfügt über ein ausreichendes Einkommen, eine akzeptable Wohnung usw. –, sondern die jenseits der Schwelle des sozialökonomischen Status wirksam werdenden Einflüsse des familialen Interaktionskontextes, die nach Lahire den negativen Verlauf der schulischen Entwicklung Johannas erklären (Lahire 1995: 220 ff.). Andererseits stellt er Schüler vor, bei denen ein hohes Leistungsniveau keineswegs a priori zu erwarten wäre, die aber dennoch überdurchschnittliche Leistungen bringen. Das ist etwa der Fall bei Bun Nat, einem zehnjährigen Jungen, der aus einer sechsköpfigen kambodschanischen Familie kommt. Der Vater ist angelernter Arbeiter, ein so genannter OS *(ouvrier specialisé).* Die Mutter schneidert zu Hause. Dass Bun Nat trotz der durchaus nicht rosigen Lage seiner Familie in der Schule bemerkenswerte Erfolge erzielt, ist nach Lahire wesentlich auf ein Set stabiler, durchschaubarer und funktionaler Verhaltensmuster und Organisationsregeln des familialen Zusammenlebens zurückzuführen, die auch die Einstellung zur Schule und ihren Anforderungen strukturieren. Dieses Set setzt sich aus Genauigkeit, Regelmäßigkeit, Verinnerlichung der Verhaltensregeln, Ruhe, Selbstständigkeit des Handelns und Gewissenhaftigkeit zusammen. Im Unterschied zum Phänomen der »pädagogischen Überinvestition«, die nur einen externen Leistungsdruck ausübt, zeichnet sich die für Bun Nat charakteristische Handlungsregulierung dadurch aus, dass sie eine dauerhafte Verinnerlichung von

Leistungsbereitschaft ermöglicht. Eine ähnliche Situation beobachtet Lahire bei dem achtjährigen Christian, dessen Eltern aus Madagaskar stammen, aber die französische Staatsbürgerschaft besitzen. Beide Eltern haben nur wenige Jahre die Schule besucht. Die Mutter, zunächst als OS in einer Fabrik beschäftigt, ist als Tagesmutter tätig, der Vater arbeitet als Lagerist in einem Unternehmen des Werkzeugmaschinenbaus. Im Fall von Christian sieht Lahire die Gründe für den schulischen Erfolg sowohl in der »rationellen Familienorganisation« (Lahire 1995: 254) als auch in der dauerhaften häuslichen Anwesenheit der Mutter, die eine kontinuierliche Beaufsichtigung Christians ermöglicht. Die Schlussfolgerungen, die Lahire aus der Analyse und Interpretation des Datenmaterials zieht, bestehen hauptsächlich in folgenden Punkten:

1. Die verbreitete These, dass Schwierigkeiten der schulischen Laufbahn durch den Rückzug der Eltern aus den schulischen Angelegenheiten verschuldet werden, bezeichnet er als »Mythos«. Auch da, wo Eltern nicht unmittelbar an schulischen Vorgängen und Ereignissen teilnehmen, sei ein großes Interesse der Eltern an der schulischen Entwicklung ihrer Kinder festzustellen.
2. Schulisches Lernen darf nicht als Prozess der Übertragung kulturellen Kapitals in dem Sinne verstanden werden, dass Schüler als passive Adressaten dieses Kapitals fungieren. Jede angebliche Übertragung sei immer auch abhängig von einem Prozess der Aneignung durch die Schüler. Die mechanistische Vorstellung, dass die pädagogisch übermittelte »Botschaft« auch tatsächlich die Botschaft ist, die die Schüler aufnehmen, sei ein Trugschluss.
3. Es gebe keine Familie, die eines kulturellen Kapitals völlig beraubt sei. Das Problem besteht nach Lahire darin, ob dieses Kapital auch tatsächlich in einen Interaktionsprozess eingebracht werden könne oder nicht. Die Anschaffung von Büchern und anderen Lernmitteln durch die Eltern genüge für sich genommen keineswegs, um das kulturelle Kapital bei den Kindern zu aktivieren. Dabei sei es außerdem wichtig, dass al-

les, was mit Schule zusammenhängt, im Familienleben einen adäquaten »symbolischen Ort« erhält.
4. Nicht das Bildungsniveau der Eltern an sich stelle eine determinierende Variable für die Schullaufbahn der Kinder dar, sondern die geschlechtliche Differenzierung des Bildungsniveaus der Eltern. Sei das Bildungsniveau des Vaters gering, lasse sich häufig bei den Jungen Schulversagen beobachten. Sei dagegen das Bildungsniveau des Vaters im Vergleich zu dem der Mutter relativ hoch, würden häufig die Töchter in der Familie als weniger begabt eingeschätzt als die Jungen.
5. Einen hohen Stellenwert schreibt Lahire der Heterogenität der Sozialisationserfahrungen innerhalb der Familie zu, wobei er unterstellt, dass ein homogener familialer Sozialhabitus nur noch in Ausnahmefällen vorkommt. Erfolge oder Misserfolge in der schulischen Entwicklung sind demzufolge in hohem Maße nicht primär von der Soziallage der Familien an sich, sondern vor allem von den innerfamilialen Beziehungen und Ereignissen sowie der »Ökonomie der affektiven Bindungen« (Lahire 1995: 282) abhängig.

Dass schulische Karrieren und Lernerfolge aber nicht einseitig durch die Einflüsse des familialen Milieus verursacht, sondern auch durch Prozesse vermittelt werden, in denen die Schule als Ort der Ausübung kultureller Macht fungiert, hat Lahire in dem Aufsatz *Vers une anthropologie politique des usages réels des dispositifs de mémoire objective* (1998) gezeigt. Seine dort vertretene These, dass die Fähigkeit der Schüler zu lernen, ebenso eine Beziehung zum Wissen wie eine Beziehung zu den »objektivierten pädagogischen Dispositionen« (also Lexika, Tabellen, Computer usw.) voraussetzt, erinnert an Michel Foucaults Gedanken über Wissen als diskursiv erzeugte Macht. In diesem Sinne sei die »Objektivierung von Kultur«, wie Lahire meint, ein in informationstechnischen Medien materialisierter Prozess der »objektivierten Erinnerung«, der Machtverhältnisse speichere und im Lernprozess den Schülern weitergebe.

Aus den empirischen Ergebnissen der *Tableaux de familles* leitet Lahire eine Kritik an binären Entgegensetzungen von Sprache als linguistischem System und Sprache als sozial vermittelter Interaktion sowie an der Polarisierung von objektiven und subjektiven Strukturen oder von Struktur und Akteur ab, um am Ende der Untersuchung für eine »Anthropologie der wechselseitigen Abhängigkeit« (Lahire 1995: 283) zu plädieren.

Obwohl die Ergebnisse der *Tableaux* im Einzelnen durchaus einleuchten und empirisch sorgfältig belegt werden, enthält die Studie ein strukturelles Problem. Es besteht in dem interpretativen Bias, die Relevanz der vorgefundenen familialen Soziallagen von vornherein zu relativieren. Was heißt das konkret? Lahire neigt dazu, die von ihm festgestellten innerfamilialen Differenzierungen der Handlungsmuster und symbolischen Taxonomien von der objektiven Bedeutung der Soziallage für die familiale Interaktion abzukoppeln. Diese Differenzierungen sind aber entgegen seiner Auffassung nur im Kontext eben dieser Soziallagen verstehbar. Ein niedriges Bildungsniveau des Vaters, das diese oder jene Auswirkungen auf das Lernverhalten der Kinder hat, kommt eben in den Mittel- und Oberschichten nur selten vor. Dass die häusliche Anwesenheit der Mutter in einer Arbeiterfamilie sich eventuell positiv auf die schulischen Leistungen auswirkt, verweist im Allgemeinen auf Grenzen des Arbeitsmarktes, von denen die Unterschichten besonders hart betroffen sind. In Mittel- und Oberschichtfamilien könnte auch im Falle der Erwerbstätigkeit der Mütter die Betreuung der Kinder in Form von Dienstleistungen finanziert werden usw. Die von Lahire differenziert beschriebenen Unterschiede setzen die determinierende Kraft der objektiven Soziallage nicht außer Kraft, sondern sind deren genuines Resultat. Dass Schülerinnen und Schüler trotz ungünstiger familiärer Situationen gute Noten bekommen können, kennzeichnet die Ausnahmen, die die Regel bestätigen. Sie sind keine Widerlegung des Primats der »objektiven« sozialen Strukturen.

III. Soziologie des pluralen Akteurs

Seine theoretischen und empirischen Studien über die Konstituierung individueller Akteure, baut Lahire in *L'homme pluriel* (1998a) zu einer eigenständigen Handlungstheorie aus. Für dieses Unternehmen bildet das Habitus-Konzept von Pierre Bourdieu eine Art Kontrastfolie (Lahire 1998a: 20). Bourdieu erscheint als der führende Vertreter eines Paradigmas der »Einheitlichkeit« *(unicité)* des Akteurs, die durch die bestimmende Kraft kollektiver gesellschaftlicher Strukturen gewährleistet wird. Gerade diese »Einheitlichkeit« bezeichnet Lahire aber als Illusion. Sie gelte es zu zerstören, um den Weg zu einer Theorie des Akteurs freizumachen und sich vom Mythos einer bereits von Erving Goffman angezweifelten Unwandelbarkeit persönlicher Identität endgültig zu verabschieden. Die innere Differenzierung und Heterogenität der individuellen Akteure nehme umso mehr zu, je weiter sich die Gesellschaft differenziere, sich also von der relativen Geschlossenheit und Einheitlichkeit traditionaler Gesellschaft in eine funktional differenzierte komplexe moderne Gesellschaft verwandle.

Lahires Kritik an soziologischen Sichtweisen, die eine »Kohärenz der Handlungsgewohnheiten und -schemata« (Lahire 1998a: 35) unterstellen, konzentriert sich vor allem auf Bourdieu, dessen überragende Rolle Lahire zwar prinzipiell anerkannt, aber in mehreren Punkten in Zweifel zieht. Dies gilt unter anderem für das Konzept der »sozialen Felder« und seiner das Handeln der Akteure bindenden Funktion. Gegen dieses Konzept erhebt er folgende Einwände: Erstens leben die Menschen in modernen Gesellschaften in der Regel in mehreren sozialen Kontexten oder Feldern gleichzeitig. Auf diesen Feldern wiederum dominiert nicht nur eine einzige Handlungslogik, sondern es existierten auf ein und demselben Feld mehrere Handlungslogiken nebeneinander. Auf einigen Feldern können bestimmte Akteure als Konsumenten und Amateure, andere dagegen als Produzenten und Professionelle handeln. Zweitens organisiert sich das soziale Leben nicht nur in der Gestalt von Feldern, die bei Bourdieu durch Macht und Konkurrenzbeziehungen definiert seien. Wichtige soziale Bereiche und Aktivitäten wie familiäre Beziehungen, Freundschaften und Liebesverhältnisse, gemeinsame sportliche und kulturelle Unternehmungen entsprechen nicht dem, was Bourdieu unter dem Begriff des Feldes verstehe, weil sie nicht durch spezifische Codes von Macht und Konkurrenz gesteuert werden. Drittens unterteilen sich die Felder häufig in »Unterfelder« *(sous-champs)* und gewisse Handlungsweisen gehören gleichzeitig mehreren Feldern an (Lahire 1998a: 38 ff.).

Gegen die Vorstellung eines feldspezifisch determinierten Akteurs und eines hochstabilen kollektiven Habitus setzt Lahire seinen Begriff des »pluralen Akteurs«, der sowohl das Produkt von Sozialisationserfahrungen in vielschichtigen und heterogenen sozialen Kontexten sei als auch im Laufe des Lebens nacheinander oder nebeneinander an variierenden »sozialen Welten« *(univers sociaux)* teilhabe und dort unterschiedliche Positionen einnehmen könne. Zur Illustration dieser Idee beruft sich Lahire auf ein von ihm als »Proust-Modell des pluralen Akteurs« bezeichnetes Konzept. Darin ist ein doppelter Bezug auf den Schriftsteller Marcel Proust impliziert, der einerseits das Auseinanderfallen von Autor (als Person) und erzählendes Ich betont und andererseits eine multiple Struktur des Ich entdeckt hatte. Es handelte sich bei Proust um die Vorstellung mehrerer, gleichsam übereinander gelegter Personen (Lahire 1998a: 45) in ein und demselben Individuum. Lahire erinnert in diesem Zusammenhang an Prousts berühmte, gegen den prominenten Literaturkritiker Charles-Augustin de Sainte-Beuve (1804 – 1869) gerichtete Streitschrift *Contre Sainte-Beuve* (Proust 1971). Die Individuen der Moderne differieren dementsprechend in ihrem Verhalten je nach spezifischer Situation, ohne dass die unterschiedlichen Situationen notwendig miteinander verbunden sind. Stattdessen kann eine Seite einer Persönlichkeit, die in einen bestimmten sozialen Kontext involviert ist, den anderen Seiten derselben Persönlichkeit gänzlich fremd bleiben.

Hinsichtlich der Handlungsdispositionen unterscheidet Lahire mehrere Bereiche *(ressorts),* deren Besonderheiten er ausführlich darstellt. Wichtig ist dabei zunächst die Rolle der Zeit und ihrer Modi der Vergangenheit, Gegenwart und Zukunft. Lahire unterstreicht die Vermittlung aktueller Handlungsdispositionen durch Erfahrungen der Vergangenheit und wendet sich nachdrücklich gegen Tendenzen der Geschichtslosigkeit in der Soziologie, wie sie zum Beispiel im symbolischen Interaktionismus zum Ausdruck komme, wenn soziales Handeln nur noch als Konstruktionsleistung einer zeitunabhängigen Situation gedacht werde. Einen ähnlichen Einwand macht Lahire gegen ein Denken, das soziales Handeln nur als Ausführung eines vorgegebenen Handlungsarsenals interpretiere, so wie das einflussreiche sprachwissenschaftliche Modell von Ferdinand de Saussure die gesprochene Sprache *(parole)* lediglich als einfache Aktualisierung eines Systems von Sprachen *(langue*) betrachtet habe (Lahire 1998a: 65). Handlungsdispositionen sind für Lahire aber niemals bloße Derivate a priori existierender Strukturen oder Systeme, sondern immer kontextabhängig und damit undeterminiert. Das sieht er unter anderem durch das als *code switching* und *code mixing* bezeichnete Phänomen bestätigt, das auf permanente Möglichkeiten des Umschaltens der Handlungsdispositionen sowie auf deren Vermischung hindeute. Statt einer stabilen kulturellen Kohärenz zu folgen, bringe das Handeln ständig neue Kombinationen unterschiedlicher kultureller Codes, sozialer Verhaltensmuster und sprachlicher Gesten hervor, wie Lahire etwa unter Berufung auf die soziolinguistischen Forschungen von William Labov unterstreicht. Die variierenden Kontexte können demzufolge ein »unsicheres Gleichgewicht« *(un balancement incertain)* des Akteurs hervorrufen, wenn die Handlungskontexte, anstatt das Handeln verbindlich vorzuschreiben, konkurrierende Disposition zulassen. Dies ist zum Beispiel dann der Fall, wenn die studentische Lebenssituation die Möglichkeit gibt, entweder anstehende Aufgaben pflichtgetreu zu erledigen oder deren Erledigung »hedonistisch« aufzuschieben.

In einem weiteren Schritt geht es Lahire um »Analogien« und »Übertragungen« sozialer Handlungen. Dabei räumt er den durch Erinnerung vermittelten Analogien des Handelns einen großen Stellenwert ein. Konkret ist damit gemeint, dass nicht nur vorgegebene Regeln und institutionelle Rahmen das Handeln bestimmen, sondern soziales Handeln in nicht geringerem Maße auch durch Prozesse des Wiedererkennens von vergleichbaren Handlungsmustern und die dadurch ausgelösten analogen Handlungsdispositionen beeinflusst wird (Lahire 1998a: 81 ff.). Unter Rückgriff auf Henri Bergsons Unterscheidung von »Gedächtnis« und »Erinnerung« (Lahire 1998a: 86) und auf die freudsche Strategie der freien Assoziation des von den Patienten Erlebten (Lahire 1998a: 91), aber auch der konfliktuellen Beziehung des Patienten zum Therapeuten betont Lahire, dass die soziologische Interviewsituation eine vergleichbare Filterfunktion für das Verhalten der Probanden erfülle. Allerdings erlaubt nach Lahires Auffassung die von einem Soziologen beobachtete und interpretierte Handlung nicht ohne weiteres einen Transfer auf zukünftige Situationen, geschweige denn eine Verallgemeinerung hinsichtlich anderer Akteure in ähnlichen Handlungssituationen. In diesem Zusammenhang setzt er sich mit dem psychologischen Entwicklungsschema von Jean Piaget auseinander, dessen Spuren sich in Bourdieus Habitus-Konzept wiederfänden. Zwar bestreitet Lahire nicht das Vorhandensein basaler Handlungsschemata, aber er bezweifelt sowohl ihre fortschreitende Anpassung an unterschiedliche Erfordernisse als auch ihre generelle Transferierbarkeit. Stattdessen orientiert er sich an Tendenzen der gegenwärtigen Soziologie, kognitive Probleme nicht zu verallgemeinern, sondern auf ihre spezifischen Inhalte zu beziehen (Lahire 1998a: 104). Er empfiehlt für die soziologische Analyse des Handelns den Übergang zu einem »Regime des begrenzten und bedingten Transfers« von Handlungsdispositionen und -schemata. Damit will er der Pluralität des Akteurs Rechnung tragen und der Soziologie einen Ausweg aus der Sackgasse objektivistischer handlungstheoretischer Ansätze öffnen, in denen die möglichen Konstruktionen und »Reinvestitionen« kognitiver und mentaler Strukturen und Dispositionen zugunsten einer a priori garantierten Dominanz und Übertragung der Strukturen vernachlässigt würden. Einem soziologischen Denken in Kategorien einer allgemeinen Formel der Hervorbringung *(formule génératrice)* oder eines uniformisierenden Prinzips des Handelns stellt er die Notwendigkeit gegenüber, das Verhalten und Handeln der Individuen in seiner »individualisierten, inkorporierten und verinnerlichten Form« (Lahire 1998a: 224) zu erforschen und sich dabei der Erkenntnisse der zeitgenössischen Psychologie zu bedienen.

Dieses Erfordernis der soziologischen Analyse müsse jenem realen Phänomen adäquat sein, das er mit der Metapher der »spezifischen Falten des Sozialen« *(les plis singuliers du social)* umschreibt, womit die jeweiligen, weder austauschbaren noch sich wiederholenden Existenzmodi des Sozialen gemeint sind, vermittels derer sich das Handeln je individuell entfaltet (Lahire 1998a: 233). Lahires Überlegungen gehen hierbei mit einer Kritik sowohl an Vereinseitigungen bei Bourdieu als auch am abstrakten Individualismus von Boudon sowie einem restriktiven symbolischen Interaktionismus einher, der soziales Handeln ausschließlich auf interpretative Konstrukte beschränke.

Lahires Bestrebungen laufen ihrerseits auf eine Konzeption hinaus, deren theoretische Architektur dem Gegenstand, also der Pluralität der Akteure entspricht. Eine solche Konzeption verbiete jede generalisierende Überbetonung der inneren Differenzierungen des Handelns, indem sie sich der Historizität der zu verwendenden Kategorien bewusst werde und sich den Neigungen zur Universalisierung und Dekontextualisierung sozialer Situationen und Akteure widersetze.

Obwohl Lahire so zur Sensibilisierung gegenüber der Vielfalt der Konstitution und Dispositionen sozialen Handelns beiträgt, enthält sein Konzept des *homme pluriel* auch Defizite. So wirft seine Argumentation zum Beispiel die Frage auf, ob generalisierende Bestimmungen sozialen Handelns nur in ihrer abstrakten Form abzulehnen oder schlechthin unmöglich sind. Wenn Letzteres aus der Sicht Lahires zu bejahen ist – wenigstens drängt seine Studie eine solche Antwort auf –, dann läuft der Begriff des pluralen Akteurs Gefahr, sich in grenzenlose Relativierung und Beliebigkeit aufzulösen. Lahire erweckt den Eindruck, als hätten in modernen Gesellschaften die die einzelnen Individuen übergreifenden Strukturen, Institutionen und Einheiten als vergesellschaftende Kraft jegliche Bedeutung für das Handeln des Einzelnen verloren. Wenn ihm darin zuzustimmen ist, dass die gegebenen Soziallagen, Milieus und Situationen nicht automatisch homogene Handlungsdispositionen generieren, sondern ein mehr oder weniger breites Spektrum von Handlungskontexten und -optionen zulassen, so darf daraus aber keineswegs der Schluss gezogen werden, dass der fundamentale Einfluss kollektiver Dimensionen von Gesellschaft auf die individuellen Akteure und ihre spezifischen Aneignungs- und Verarbeitungsmuster heute als objektivistische Ideologie verworfen werden muss.

IV. Ergänzungen des Konzepts des pluralen Akteurs

Seine Idee der Pluralität und Heterogenität des Akteurs hat Lahire in mehreren Beiträgen weiter ausgearbeitet. So hat er sich beispielsweise mit dem Verhältnis zwischen sozialstatistischer Klassifizierung und individuellen Handlungsorientierungen im kulturellen Bereich beschäftigt (Lahire 2001a). Ausgehend von einer repräsentativen statistischen Erhebung kultureller Präferenzen und Aktivitäten in Frankreich (Donnat 1994) stellt Lahire fest, dass die Daten auf inkonsistente Handlungsorientierungen hinweisen, ohne dass sie ausreichend erklärt würden. Schon die Prämisse einer gesellschaftlich gegebenen »kulturellen Legitimität« sei problematisch, weil dieses Konstrukt sich nicht durch die Daten selbst belegen lasse. Vielmehr stehen sich der Erhebung zufolge teilweise sogar scheinbar unvereinbare kulturelle Orientierungen gegenüber, die durch die üblicherweise verwendeten sozialstatistischen Klassifikationen und Kategorien nicht erfasst werden könnten. Lahire zieht eine weitere empirische Studie über das kulturelle Niveau der Befragten heran, bei der die überwältigende Mehrheit ebenso vom Schema der Hochkultur wie vom Klischee absoluter Kulturlosigkeit abweicht. Stattdessen spiegelten die Daten eine Komplexität und Heterogenität kultureller Profile wider, die jeder polaren Zuordnung widerspreche. Die Absicht der Autoren dieser statistischen Erhebungen, die Daten auf eine klare duale Typologie von kulturellen Profilen zu reduzieren, »desindividualisiere die Tatsachen und erzeuge eine unentfaltete (von den individuellen Besonderheiten abstrahierende) Version des Sozialen« (Lahire 2001a: 74). Die Ursache für solche interpretativen Verzerrungen und willkürlichen Klassifikationen sieht Lahire in einer zwar politisch motivierten, aber sich dessen keineswegs bewussten Konstituierung der entscheidenden Kategorien. So sei die Berücksichtigung der Kategorien der Geschlechter in zahlreichen statistischen Erhebungen häufig erst als Reaktion auf den Feminismus erfolgt. Zuvor seien wichtige gesellschaftliche Probleme und Dimensionen unter dem Gesichtspunkt des Geschlechterverhältnisses gar nicht erhoben worden. Die scheinbar objektive wissenschaftliche Erfassung der sozialen Welt erweise sich damit in Wirklichkeit als eine politisch-historisch variierende, von der Interpretationsperspektive der Sozialforscher abhängige Deutung. Was als objektiv gilt, wird tatsächlich nur durch die jeweiligen sozialwissenschaftlichen Wahrnehmungskategorien diktiert (Lahire 2001a: 67). Um derartigen Fehlorientierungen zu entkommen und sich der sozialen Wirklichkeit vorurteilsfrei zu nähern, schlägt Lahire vor, die scheinbaren Antinomien und Paradoxien in den kulturellen Neigungen und Praktiken im Sinne einer »Soziologie der intraindividuellen Variationen« zu begreifen. Damit will er sagen, dass die Individuen auch im kulturellen Bereich nicht durchgängig demselben Habitus oder Dispositionsschema folgen, sondern über eine »Pluralität von Dispositionen« verfügen, die je nach sozialem Kontext variieren kann. Dementsprechend bringen nicht nur die Beziehungen zwischen Akteur und Situation plurale Dispositionen hervor, sondern Variationen und Differenzierungen von Dispositionen ereignen sich auch in den Individuen selbst. Um diese These zu bekräftigen, verweist Lahire auf neuere soziolinguistische Forschungen, aber auch historische Studien, die eine sich vertiefende Kluft zwischen wissenschaftlichen Kategorien und Methoden zum einen und fortschreitender Differenzierung der Forschungsgegenstände zum anderen beklagen (Lahire 2001a: 80).

Einen noch größeren Stellenwert räumt er aber der Psychologie hinsichtlich der Entwicklung einer soziologischen Theorie des pluralen Akteurs ein. Deshalb plädiert er ausdrücklich für das Programm einer »psychologischen Soziologie« (Lahire 1999), die jene Leerstelle zu füllen vermag, die sowohl der methodologische Individualismus als auch der Strukturalismus und der symbolische Interaktionismus hinterlassen hätten. Die Kardinalfrage, wie heterogene soziale Kontexte von einem (körperlich existierenden) Individuum angeeignet und *in* dieser individuellen Körperlichkeit zu spezifischen Dispositionen transformiert würden, sei durch keines der genannten Paradigmen befriedigend beantwortet worden. Bei Boudon verschwinde die Verinnerlichung des Sozialen in einer quasi körperlosen Blackbox, bei Bourdieu bleibe das Verhältnis von Habitus und individueller Disposition ungeklärt, und im symbolischen Interaktionismus verkürze sich das Problem der Entstehung individueller Handlungsdispositionen zu einer sich selbst genügenden Konstruktion des Sozialen durch die Individuen, ohne Aufschluss darüber geben zu können, wie die den interpretativen Konstrukten zugrunde liegenden Dispositionen entstanden sind. Um seiner eigenen Position deutliche Konturen zu geben, führt Lahire wiederholt Autoren an, die in der einen oder anderen Weise die »kontextuellen Variationen« individuellen Handelns zum Thema gemacht haben. Er findet diese Autoren neben der Soziolinguistik vor allem in der Psychologie (David Efron, William Labov, John Gumperz) und nur selten in der Soziologie. Hier sieht er sich insbesondere durch die Figurationstheorie von Norbert Elias und durch Max Weber bestätigt, dessen Theorem der Idealtypen die Notwendigkeit der individuellen Differenzierungen des Handelns nicht ausgeklammert habe (Lahire 1999: 52).

V. Dispositionen und individuelle Variationen sozialen Handelns

Das theoretische Programm, das Lahire in *L'homme pluriel* zu entwickeln begonnen und in zahlreichen Beiträgen ergänzt hat, setzt er 2002 umfassend in einer großen empirischen Studie um, die den Titel *Portraits sociologiques* trägt. Es handelt sich um Biographieforschung, genauer gesagt um acht Fallstudien, mit deren Hilfe Lahire und seine Forschungsgruppe diejenigen sozialen Kräfte freizulegen versuchen, mit denen die Individuen in ihrem alltäglichen Leben konfrontiert sind und in denen sich gleichzeitig auch ihr Fühlen, Denken und Handeln äußert. Der Grundgedanke der auf qualitativen Mehrfachinterviews beruhenden Studie besteht in der »zentralen theoretischen Überzeugung« (Lahire 2002b: 42), dass die unterschiedlichen sozialen Praxen und Haltungen sich nicht auf eine einheitliche generative Formel *(formule génératrice)* reduzieren lassen, sondern dass die einzelnen Befragten durchaus unterschiedliche, häufig sogar gegensätzliche Handlungslogiken entwickeln, je nach den konkreten dispositiven und situativen Gegebenheiten. Wie Lahire dabei empirisch vorgeht, soll am Beispiel einer Fallstudie verdeutlicht werden, die die 52-jährige Marianne Qu. betrifft. Sie ist verheiratet, hat zwei Kinder und unterrichtet an einer privaten katholischen Berufsschule. Marianne Qu. ist in einem strengen, überbehüteten religiösen und von älteren Menschen dominierten Milieu aufgewachsen. In ihrer Kindheit hatte sie kaum Kontakt zu anderen Kindern. Dazu erzogen, sich älteren Menschen gegenüber stets hilfsbereit und ehrerbietig zu erweisen, verinnerlichte sie die Normen der Selbstlosigkeit und rigorosen Selbstdisziplin. Erst nach dem Wechsel an eine öffentliche Schule kam sie mit Ideen in Kontakt, die ihr bisher ganz unbekannt waren, weil sie die Ansprüche des Individuums auf Selbstbestimmung zum Thema machten. Sie hatte nun ein »fast magisches Erweckungserlebnis« (Lahire 2002b: 363) und begann, sich intensiv für kulturelle und philosophische Fragen zu interessieren. Sie lernte, dass sie ein

Recht auf persönliche Freiheit habe, und ging ihren neuen Interessen mit einem Kreis Gleichgesinnter gemeinsam nach. Das Spannungsverhältnis zwischen einer Disposition zu Askese und bedingungsloser Pflichterfüllung einerseits und einer Disposition zu spontanen, kreativen Aktivitäten andererseits wurde für ihr gesamtes weiteres Leben bestimmend und reproduzierte sich fortwährend sowohl im privaten als auch im beruflichen Bereich. Dieses Spannungsverhältnis spitzte sich manchmal bis zur unüberbrückbaren Gegensätzlichkeit zu: die Dispositionen zu einer strikten Lebensorganisation, Hyperkorrektheit und asketischen Selbstbeschränkung kollidierten mit dem Hang zu nicht zweckrationalen, ungeplanten, nur der Befriedigung eigener Bedürfnisse dienenden Unternehmungen und Ereignissen (Lahire 2002b: 386 f.).

Anknüpfend an frühere Arbeiten skizziert Lahire auf der Grundlage der Ergebnisse der *Portraits sociologiques* die Umrisse dessen, was er eine »Soziologie der dispositionellen Pluralität« nennt (Lahire 2002b: 893). Erneut wendet er sich gegen alle soziologischen Bestrebungen, die Situation und das Handeln sozialer Akteure aus vorgestanzten, homogenisierenden Kategorien sowie aus der Zuordnung der Individuen zu sozialen Kollektiven, etwa Klassen, Geschlechtern oder Berufen abzuleiten und sich damit auf eine riskante schiefe Ebene missbräuchlicher Verallgemeinerungen zu begeben (Lahire 2002b: 396). Dabei hat er nicht nur holistische (von Emile Durkheim, dem Marxismus oder Strukturalismus inspirierte) Auffassungen im Auge, sondern grenzt sich auch von Rational-Choice-Ansätzen ab, denen er ebenfalls ein simplifizierendes Verständnis einer angeblichen Einheitlichkeit der Akteure zuschreibt. Der Akteur werde, so der Standpunkt Lahires, weder durch stabile Ressourcen noch durch die bewusste, zielgerichtete Nutzung dieser Ressourcen determiniert. Vielmehr sei der Akteur »Träger vielfältiger Dispositionen«, die je nach Kontext und keineswegs immer beabsichtigt aktualisiert würden. Dabei sei zwischen Elementen des Handelns zu unterscheiden, die einerseits durch Vermittlung von Handlungsdispositionen und andererseits von »Überzeugungsdispositionen« aufgebaut würden (Lahire 2002b: 419). Den Begriff der Disposition hatte Lahire bereits zu Beginn der *Portraits sociologiques* definiert, indem er ihn an drei Merkmale gebunden hatte: Erstens habe jede Disposition eine Genese. Zweitens lasse sich eine Disposition niemals aus einem einzigen Ereignis ableiten, und drittens sei eine Disposition das Produkt einer vergangenen Sozialisation und werde in einem langfristigen Prozess, nämlich in der »Wiederholung relativ ähnlicher Erfahrungen« hergestellt (Lahire 2002b: 20). Eine »dispositionelle Soziologie« habe die Aufgabe zu lösen, die dem Handeln zugrunde liegenden Dispositionen zu rekonstruieren, da Dispositionen eine nicht unmittelbar beobachtbare Realität seien und deshalb durch eine »interpretative Arbeit« erschlossen werden müssten.

Die kritischen Einwände, die man gegen *L'homme pluriel* geltend machen kann, lassen sich zumindest teilweise auch auf die *Portraits sociologiques* übertragen. Der Gewinn dieser Studien liegt in der minutiösen Rekonstruktion und hermeneutischen Interpretation der unterschiedlichen Einflüsse, Erfahrungen und Dispositionen der Befragten. Aber die Vermittlung zwischen individuellen Dispositionen und Vergesellschaftungsprozessen und -strukturen bleibt diffus. Haben die kollektiven sozialen Zusammenhänge, Strukturen und Institutionen, so ist zu fragen, ihre konstitutive Wirkung auf das Handeln der Akteure vollständig eingebüßt? Bedeutet die These der Pluralität des Akteurs, dass sein Handeln nicht mehr kollektiven, durch Klassenlage, Geschlecht, Generation, Ethnie usw. bedingten Zwängen und Bindungen unterliegt? Ist der Prozess der Entstehung von Dispositionen als eindimensionaler Prozess zu verstehen, der von der Gesellschaft weg in indefinite Differenzierungen individuellen Handelns hineinführt? Oder tragen individuelle Dispositionen ihrerseits zum Aufbau vergesellschafteter Strukturen und Beziehungen bei und wenn ja, wie geschieht das? Auch wenn es Lahire gelingt, die Analyse von Prozessen der Verinnerlichung sozialer Erfahrungen weiterzutreiben und deterministischen Denkstereotypen entgegenzuwirken, bleibt die Schnittstelle zwischen Gesellschaft und Individuum insofern ein neuralgischer Punkt seiner

Arbeiten, als er nicht zu erklären vermag, wie und wodurch die Pluralität des Akteurs in Vergesellschaftungszusammenhänge eingebunden wird.

VI. Engagement für eine wissenschaftliche Soziologie

Zu den professionellen Tugenden Lahires gehört die unausgesetzte Bereitschaft, die eigene sozialwissenschaftliche Forschung ebenso wie die anderer methodisch zu reflektieren. Seine Sorge gilt der Entwicklung und Festigung eines Selbstverständnisses der Sozialwissenschaften, namentlich der Soziologie, das hohen Ansprüchen methodischer Strenge, logischer Argumentation und fundierter Beweisführung genügt und dem Verdacht, Soziologie sei eine Angelegenheit willkürlicher und beliebiger Begriffe und spekulativer Deutungen, Schritt für Schritt den Boden entzieht. Dieses Ziel verfolgt Lahire auch ganz explizit mit dem Aufsatz *Comment devenir docteur en sociologie sans posséder le métier de sociologue* (2002), der sich mit einem im Jahr zuvor weit über die akademische Szene hinaus Aufsehen erregenden und den wissenschaftlichen Status der Soziologie kompromittierenden Promotionsverfahren an der Sorbonne beschäftigt (Copans 2001). Den Stein des Anstoßes bildete eine Dissertation über die »Epistemologische Situation der Astrologie in der postmodernen Gesellschaft«, vorgelegt von der praktizierenden Astrologin Elizabeth Hanselmann-Teissier. Betreuer und einer der Gutachter war Michel Maffesoli, der sich durch eine Vorliebe für Randgebiete der Soziologie auszeichnet und zu den Protagonisten einer postmodernen Soziologie zählt. Mit ausführlichen Zitaten aus Teissiers Dissertation erhärtet Lahire seine These, dass diese Dissertation gegen elementare Erfordernisse und Standards einer guten sozialwissenschaftlichen Praxis verstößt. Weder analysiere die Verfasserin die soziale Funktion von Astrologie in modernen Gesellschaften, noch sei sie auch nur entfernt in der Lage, ihren hochtrabenden Titel einzulösen, also die »epistemologische Situation« der Astrologie darzustellen. Die Arbeit sei nichts anderes als eine platte Apologie der Astrologie. Statt zu argumentieren und zu belegen, erschöpfe sich der Text in nicht endenden Beteuerungen, dass die Astrologie dem traditionellen rationalistischen Wissenschaftsverständnis turmhoch überlegen sei und nur durch einen »gewissen vertrockneten Terrorismus des offiziellen wissenschaftlichen Denkens« (Teissier zitiert nach Lahire 2002c: 51) daran gehindert werde, zur Führungswissenschaft der Postmoderne aufzusteigen. Lahires Bestandsaufnahme der Dissertation schließt mit einer massiven Kritik am Verhalten Maffesolis, der wie am Fließband und unter Missachtung aller wissenschaftlichen Standards Promotionsverfahren absegne (Lahire 2002c: 64). Während Lahire in seiner Stellungnahme zeigt, was Soziologie als Wissenschaft nicht sein kann und nicht sein darf, entwickelt er in einem Beitrag über die Nützlichkeit der Soziologie, der in dem von ihm herausgegebenen Sammelband *A quoi sert la sociologie?* (2002) erschienen ist, Kriterien dafür, wie eine Soziologie, die sowohl wissenschaftlichen Ansprüchen genügt als auch auf die Gesellschaft Einfluss nehmen will, aussehen kann.

Die Beantwortung der Frage nach Sinn und Zweck der Soziologie leitet Lahire aus der idealtypischen Unterscheidung zwischen einer »experimentellen« und einer »sozialen Soziologie« ab, die sich an die Unterscheidung zwischen »gesellschaftlicher Kunst« *(l'art social)* und »Kunst um der Kunst willen« *(l'art pour l'art)* anlehnt. Als »experimentelle Soziologie« bezeichnet er jene Richtung, die der theoretischen und methodologischen Reflexion höchste Priorität einräumt und sich durch hohe Kompetenz im Umgang mit den Erhebungsinstrumenten und -techniken auszeichnet. Gleichzeitig sei die »experimentelle Soziologie« aber auch bereit, mit konventionellen Methoden und Praktiken zu brechen und methodisch Neuland zu betreten. Deshalb lasse sich von einer »experimentellen Soziologie« in einem ähnlichen Sinn sprechen wie vom »experimentellen Film« oder der »experimentellen Literatur« (Lahire 2002a: 50).

Demgegenüber ist die »soziale Soziologie« nach Lahire durch ihre parteiliche Disposition bestimmt, die sich in der Wahl sozialkritischer Themen wie der ökonomischen Ausbeutung, der Arbeitslosigkeit oder der kulturellen Herrschaft usw. niederschlägt und eine geringe Affinität zu einer sorgfältigen Reflexion von Methoden, Kategorien und Verfahren in der Sozialforschung aufweist. Da die »soziale Soziologie« als engagierte gesellschaftskritische Soziologie ihre Aufmerksamkeit auf die Situation der Beherrschten richtet, »surft« sie auf den Wellen spektakulärer Erhebungen, die ihr wie etwa die bekannte Studie von Christian Baudelot und Roger Establet über die Schule im Kapitalismus (1971) oder Pierre Bourdieus *Das Elend der Welt* (1997) eine gewisse öffentliche Aufmerksamkeit sichern. »Experimentelle« und »soziale Soziologie« haben aber auch Gemeinsamkeiten: beide verachten jenen Soziologentyp, der sich, aller kritischen Neigungen entwöhnt, als »Institutionssoziologe« (das heißt im Dienste von Unternehmen oder des Staates usw.) zur Verfügung stellt. Auch stimmen beide Soziologien darin überein, dass sie sich von einer »kommerziellen« Soziologie des »großen Publikums« abgrenzen, die dem Zeitgeist schmeichelt und populistischen Medienstrategien huldigt. Als negatives Beispiel nennt Lahire die opportunistische Polemik von Jean-Claude Kaufmann gegen Kritiker von Fernsehsendungen wie *Loftstory*. Kaufmann habe diese Kritiker als »neue Inquisitoren« beschuldigt, weil sie den Mut hatten, die fragwürdige Moral und den manipulativen Charakter dieser Sendung anzugreifen (Lahire 2002a: 52).

Obwohl »experimentelle« und »soziale Soziologie« außerdem gleichermaßen Populärsoziologie als minderwertig zurückweisen, ist ihr wechselseitiges Verhältnis keineswegs spannungsfrei. Während die »soziale Soziologie« formale Korrektheit und methodische Strenge als wissenschaftliche Selbstzufriedenheit beargwöhne und ihre Anhänger einer luxuriösen intellektuellen Haltung gegenüber den Problemen der Gesellschaften bezichtige, verdächtige umgekehrt die »experimentelle Soziologie« die Vertreter der »sozialen Soziologie« als Gefangene außerwissenschaftlicher Interessen. Aus der Gegenüberstellung und dem Vergleich beider Soziologien entwickelt Lahire seine eigene Vorstellung, indem er beide Pole zu verbinden versucht. Dabei geht es ihm vor allem darum, dass beide Soziologien bereit sein sollen, sich selbstkritisch zu verhalten und die Legitimität der anderen Seite nicht von vornherein in Abrede zu stellen. Er empfiehlt hierbei, die bereits im klassischen »Werturteilsstreit« in den deutschen Sozialwissenschaften aufgeworfenen Probleme zu berücksichtigen (Lahire 2002a: 58), was konkret vor allem bedeutet, dass sich eine klare politische und moralische Bindung zum einen und die Fähigkeit zu einer methodisch und theoretisch anspruchsvollen sozialwissenschaftlichen Praxis zum anderen nicht zwangsläufig gegenseitig ausschließen müssen. Dennoch betrachtet er die Annäherung beider Soziologien, der engagierten sozialkritischen und der reinen »experimentellen«, als ständige Herausforderung. Unmöglich sei es jedoch, gleichzeitig kompetenter professioneller Wissenschaftler und ebenso kompetenter, politisch engagierter Akteur zu sein. Eine solche Quadratur des Kreises könne nur kontraproduktive Folgen haben. Am Ende seines Beitrags unterscheidet Lahire drei Typen von Soziologen, die er mit seiner Vorstellung einer Annäherung von »sozialer« und »experimenteller Soziologie« vergleicht: erstens den Soziologentyp, der im Sinne des »spezifischen«, »lokalen Intellektuellen« Foucaults seine Kompetenz auf einem bestimmten Feld einbringt, zweitens den Typ, der aufgrund seines sozialen Kapitals öffentlicher Anerkennung ähnlich wie ein Pop- oder Filmstar für diese oder jene Sache Partei ergreift und drittens den Typ, der aufgrund eines »Korporativismus des Universellen« (Pierre Bourdieu) im Namen allgemeiner Wahrheiten und Werte in gesellschaftliche Auseinandersetzungen eingreift.

Lahire lässt keinen Zweifel daran, dass der zuerst genannte Typ seiner eigenen Vorstellung von der Nützlichkeit der Soziologie am meisten entspricht und insofern die beiden kontrastierenden Soziologien am ehesten miteinander vereinbar werden lasse: »Es scheint offensichtlich zu sein, dass die Gründe für das Engagement der Wissenschaftler und ihre *spezifische Nützlichkeit* in den gesellschaftlichen Kämpfen an ihre spezifischen wissenschaftlichen Kompetenzen gebunden sind.« (Lahire 2002a: 65)

Die kontinuierliche Reflexion methodologischer Probleme der Soziologie und ihrer theoretischen Konstituierung spiegelt sich auch in der immer wieder aufgenommenen Beschäftigung mit dem Werk Pierre Bourdieus wider, die sich wie ein roter Faden durch die Arbeiten Lahires hindurch zieht. Insofern lässt sich Lahires Bemühen, eine Soziologie des pluralen Akteurs, der »intraindividuellen Variationen« oder eine »psychologische Soziologie« zu entwickeln, auch als Antwort auf die Rolle Bourdieus im zeitgenössischen Diskurs der französischen Sozialwissenschaften interpretieren. Obwohl Lahire Bourdieu eine aufrichtige und hohe Wertschätzung entgegenbringt, verfolgt er das ehrgeizige Ziel, über Bourdieu hinauszugehen und eine neue Forschungsrichtung zu begründen. Seine Interpretation und Bewertung hat er in einem 1999 von ihm herausgegebenen Sammelband über Bourdieu zusammengefasst, der 2001 in einer zweiten, verbesserten und erweiterten Auflage erschien. Einleitend beschreibt er zutreffend ein Dilemma im Umgang mit Bourdieus Werk. Es besteht einerseits in einer durchaus verbreiteten Neigung, Bourdieu zu verteufeln und zu verleumden, wie es zum Beispiel Jeannine Verdès-Leroux (Verdès-Leroux 1998) getan hat, und andererseits in der nicht minder großen Versuchung, Bourdieu maßlos zu glorifizieren. Anstatt der falschen Alternative von totaler Ablehnung und kritikloser Vergötterung sei eine Rezeption von Bourdieu geboten, so schlägt Lahire vor, die sich an der Grundregel sozialwissenschaftlicher Kritik orientiere. Diese »asketische Regel« besagt, dass wissenschaftliche Kritik nur dann geübt werden darf, wenn sie über logische und/oder empirische Argumente verfügt (Lahire 2001b [1999]: 9). Wende man die »asketische Regel« konsequent an, so lasse sich feststellen, dass Bourdieus Werk neben seinen enormen Qualitäten, die zu bestreiten einem wissenschaftlichen »Selbstmord« gleichkomme, auch erhebliche Brüche und Defizite aufweise.

Dabei hebt Lahire unter anderem folgende Punkte hervor: Erstens polemisiere Bourdieu einerseits ständig gegen die »legitime«, also herrschende Kultur, andererseits sei er aber selbst von dieser Kultur geradezu fasziniert. Zweitens beklage sich Bourdieu darüber, dass seine Analysen im sozialwissenschaftlichen Diskurs keine Anerkennung fänden (was tatsächlich überhaupt nicht der Fall sei), strafe selbst aber die Leistungen der gegenwärtigen französischen Soziologie mit Verachtung oder Schweigen. Drittens fordere Bourdieu einen radikalen Bruch wissenschaftlichen Denkens mit den Spielregeln und Gepflogenheiten des »politischen Feldes«, um seinerseits unter dem Vorzeichen eines der Soziologie vorgeworfenen »Eskapismus der Wertfreiheit« direkt politisch Partei zu ergreifen und sozialkritisch in gesellschaftliche Konflikte zu intervenieren. Neben diesen Widersprüchen glaubt Lahire bei Bourdieu auch inhaltliche Schwächen zu entdecken. Auf die von Lahire behaupteten Probleme und Grenzen der Feld-Theorie wurde schon weiter oben hingewiesen. Dazu kommt in dem Sammelband noch einmal eine ausdrückliche und grundsätzliche Kritik der Habitus-Theorie (Lahire 2001b [1999]: 121 ff.). Lahires Haupteinwand läuft darauf hinaus, dass die Habitus-Theorie nicht in der Lage sei, die »inkorporierte vergangene Sozialisation« der Individuen zu erklären, weil sie die Individuen nur als »Matrize« betrachte, in der die Vergangenheit ihren Abdruck erhalte. Was bei Bourdieu absolut fehle, sei eine Analyse des Prozesses individueller Interiorisierung als Handeln und der Entstehung von Dispositionen als aktive Hervorbringung der Individuen.

Aus diesem Defizit leitet Lahire die Rechtfertigung der von ihm angestrebten »psychologischen Soziologie« ab, die ebenso mit dem seiner Meinung nach verhängnisvollen Theoriemix von Marxismus und Psychoanalyse wie mit dem Paradigma Piagets und – expressis verbis – mit dem bourdieuschen Konstrukt des Habitus als nichtpsychologischer Transformationsinstanz des Sozialen brechen will. Lahires kritische Würdigung des Einflusses und der Bedeutung von Bourdieu überzeugt in einigen Punkten, in anderen dagegen nicht. Es trifft gewiss zu, dass Bourdieu im Umgang mit konkurrierenden wissenschaftlichen Positionen häufig sehr schroff und polemisch verfährt. Befremdend wirkt gelegentlich auch der apodiktische Wahrheitsanspruch, mit dem Bourdieu seine Analysen ausstattet. Die unmittelbar inhaltlichen Einwände Lahires sind dagegen in wesentlichen Punkten unbegründet. So kann dem Habitus-Konzept nicht a priori unterstellt werden, es negiere individuelle Spielräume des Handelns bzw. der Handlungsdispositionen, denn Bourdieu betont ausdrücklich, dass es innerhalb eines klassenspezifischen Habitus individuelle Autonomiegrade des Handelns gebe. Auch die Meinung Lahires, dass zwischen der wissenschaftlichen Distanz zu den »Logiken des politischen Feldes« einerseits und einem klaren politischen Engagement andererseits ein zwingender Widerspruch bestehe, ist keineswegs einleuchtend. Die Verpflichtung gegenüber den Erfordernissen wissenschaftlicher Praxis, also Vorurteilslosigkeit, methodischer Zweifel, schlüssige Beweisführung und Respektierung des Forschungsstandes usw. und politische Parteinahme sowie die Inanspruchnahme wissenschaftlicher Erkenntnisse für politische Ziele schließen einander nicht notwendig aus. Die Position Max Webers im klassischen »Werturteilsstreit« in den deutschen Sozialwissenschaften Anfang des 20. Jahrhunderts, der sich Lahire im Kern anschließt, indem er Soziologen zwar einen persönlichen politischen Standpunkt zubilligt, aber politisches Engagement und Wissenschaftlichkeit letztlich doch für inkompatibel hält, greift mit ihrer abstrakten Polarisierung von individueller Normativität des Handelns und sozialwissenschaftlicher »Wertfreiheit« zu kurz.

Ob es Bernard Lahire zukünftig gelingen wird, von der Individualisierungs- und Pluralisierungs-These wieder zur Ebene der Vergesellschaftung zurückzufinden oder ob er sich im Mikrokosmos individueller Ausdifferenzierungen des Akteurs verlaufen wird, lässt sich momentan noch nicht sicher prognostizieren. Wenn man den durch seine bisherigen Arbeiten vermittelten Erkenntniszuwachs darin sehen kann, dass sie die Besonderheiten, die Kreativität und Produktivität der inneren Dimension individueller Akteure konkreter nachvollziehbar werden lassen und objektivistische, abstrakt strukturalistische und systemische Versionen des Sozialen plausibel zurückgewiesen haben, so muss man aber gleichzeitig die möglichen Schranken seines Projekts wahrnehmen. Mit anderen Vertretern sozialwissenschaftlicher Individualisierungstheorien teilt Lahire das Problem, dass der soziologischen Analyse der Zusammenhang zwischen dem Besonderen und dem Allgemeinen bzw. zwischen Individuum und Gesellschaft abhanden zu kommen droht.

Literatur

Baudelot, C./Establet, R., 1971: L'école capitaliste en France, Paris.

Bourdieu, P. et al., 1997: Das Elend der Welt. Zeugnisse und Diagnosen alltäglichen Leidens an der Gesellschaft, Konstanz (frz.: La misère du monde, Paris 1993).

Copans, J., 2001: La sociologie, astrologie des sciences sociales?, in: Le Monde, 30. April.

Donnat, O., 1994: Les Français face à la culture. De l'exclusion à l'éclectisme, Paris.

Lahire, B., 1995: Tableaux de familles. Heurs et malheurs scolaires en milieux populaires, Paris.

Lahire, B., 1998a: L'homme pluriel. Les ressorts de l'action, Paris.

Lahire, B., 1998b: Vers une anthropologie politique des usages réels des dispositifs de mémoire objectivée, in: Revue européenne des sciences sociales 36, 111, S. 119–130.

Lahire, B., 1999: Esquisse du programme scientifique d'une sociologie psychologique, in: Cahiers Internationaux de Sociologie, N. F., 106, Januar–Juni, S. 29–55.

Lahire, B., 2000: L'homme pluriel. La sociologie à l'épreuve de l'individu, in: Ph. Cabin/J.-F. Dortier (Hrsg.), La sociologie. Histoire et idées, Auxerre, S. 269–276.

Lahire, B., 2001a: Catégorisations et logiques individuelles: les obstacles à une sociologie des variations intra-individuelles, in: Cahiers Internationaux de Sociologie, N. F., 110, S. 59–81.

Lahire, B. (Hrsg.), 2001b [1999]: Le travail sociologique de Pierre Bourdieu. Dettes et critiques, 2., verb. und erw. Aufl., Paris.

Lahire, B., 2002a: Utilité: entre sociologie expérimentale et sociologie sociale, in: B. Lahire (Hrsg.), A quoi sert la sociologie? Paris, S. 43–66.

Lahire, B., 2002b: Portraits sociologiques. Dispositions et variations individuelles, unter Mitarb. von J. Debraux et al., Paris.

Lahire, B., 2002c: Comment devenir docteur en sociologie sans posséder le métier de sociologue?, in: Revue européenne des sciences sociales 40, 122, S. 41–65.

Proust, M., 1962: Gegen Sainte-Beuve, Frankfurt am Main (frz.: Contre Sainte-Beuve, Paris 1954).

Verdès-Leroux, J., 1998: Le savant et la politique. Essai sur le terrorisme sociologique de Pierre Bourdieu, Paris.

Postmoderne Sichtweisen

Matthias Junge

Soziologie der Simulation[1]: Jean Baudrillard

Der 11. September stellte ein einschneidendes Ereignis in der Geschichte dar. Es trennt auf scharfe Weise das 20. vom 21. Jahrhundert und rief verstärkt Deutungsbemühungen hervor, weil es die ganze Weltbevölkerung über seine mediale Vermittlung zu Betroffenen werden ließ. Die meisten Deutungen des Geschehens interpretieren es als Ausdruck eines heraufkommenden Kulturkonflikts zwischen einer westlichen und einer islamischen Kultur. An anderer Stelle finden sich mahnende Hinweise, dass das Ereignis eine Reaktion auf die Globalisierung sei, in deren Folge die Kluft zwischen den reichen (westlichen) Ländern und den armen Ländern ein unerträgliches Ausmaß angenommen habe (vgl. Junge 2002, 2003).

Solche Deutungen verfehlen in den Augen Jean Baudrillards den Kern dessen, was sich am 11. September zeigte. In seiner Perspektive ist das Ereignis eine »Singularität«, die »darin besteht, dass es innerhalb eines zumindest virtuellen generalisierten Tauschsystems plötzlich eine Zone schafft, in der ein Tausch unmöglich ist, in der dem generalisierten Tausch ein unmöglicher Tausch entgegengesetzt wird: der unmögliche Tausch des Todes« (Baudrillard 2002a: 66). Das unmögliche Tauschangebot ist der symbolische Tod, er kann nicht erwidert werden, denn der Tod kann gegen nichts getauscht werden. In dieser Grenzüberschreitung des Tauschsystems kommt dreierlei zum Ausdruck: das Tauschsystem beruht auf einer grundlegenden Dualität, die in der Singularität des »absoluten« (Baudrillard 2002a: 21) Ereignisses zerstört wird; die Entwicklung vorantreibende Dualität, deren

1 Für hilfreiche Anmerkungen bin ich Mike Steffen Schäfer dankbar.

Ausdruck einerseits Globalisierungsprozesse sind, enthält andererseits die sich gegen diese Bewegung richtenden Kräfte gegen »den Zwang des Universellen« (Baudrillard 2002a: 55); und dadurch wird schließlich im terroristischen Handeln ein »Realitätsexzess« (Baudrillard 2002a: 22) erzeugt, unter dem das System, weil es ihn nicht erwidern, zurücktauschen kann, zuletzt zusammenbricht (vgl. Baudrillard 2002a: 22). In diesem Moment wird deutlich, dass das Symbolische das »eigentlich« Reale ist, während das »Reale« nur ein »Prinzip« (Baudrillard 2002a: 30) ist, welches sich der Macht des Symbolischen unterordnen muss, ihr nachfolgt, kurz: »das Reale war stets nur eine Form von Simulation« (Baudrillard 2002b [2000]: 37).

In dieser Analyse finden sich komprimiert und mit reichen Beobachtungen ergänzt Grundkonzepte von Baudrillards Denken: die Spannung zwischen dem Realen und dem Symbolischen; der Gedanke des Tausches und des symbolischen Todes; die im Tausch verkörperte Dualität allen Seins. Wie werden diese Konzepte entwickelt (I.), welche Möglichkeiten zur Gesellschaftsanalyse bieten sie (II.), wie werden die Arbeiten Baudrillards eingeschätzt (III.)? Dies sind die Leitfragen dieser Einführung in Baudrillards Soziologie der Simulation.

I. Grundlagen

Baudrillards sozialtheoretisches Denken ist schwer einzuordnen. So weicht er beständig einer Festlegung seiner Position aus und vertritt oftmals gleichzeitig einander widersprechende Positionen. Zudem lässt sich nicht eindeutig klären, ob sich seine Überlegungen mit der Moderne oder mit der Postmoderne befassen. Die Aussagen hierzu sind ambigue. Einerseits spricht Baudrillard vom Ende der Moderne, andererseits sucht er den Begriff der Postmoderne zu vermeiden. Fraglich ist, ob seine Arbeiten der Soziologie oder der Philosophie zuzurechnen sind. Baudrillard behauptet, dass er die Soziologie als obsolet hinter sich lassen will, und doch beziehen seine Arbeiten einen Teil ihrer Inspiration aus der

Verallgemeinerung der mediensoziologischen Thesen Marshall McLuhans. Auch ist umstritten, ob Baudrillards Arbeiten als Theorie der Postmoderne oder aber als postmodernes Denken zu kennzeichnen sind. Auf der einen Seite hat er in seiner Auseinandersetzung mit der Kritik der politischen Ökonomie von Karl Marx Ansätze zu einer systematischen Theoriebildung entwickelt, auf der anderen Seite hält er seit den siebziger Jahren die Möglichkeit zur Theoriebildung für erschöpft und hat seitdem keinen Versuch zur weiteren Entfaltung seiner früheren Ansätze zur Theorieentwicklung unternommen.

Baudrillard denkt die Gegenwart als Postmoderne. In dieser werden die grundlegenden gedanklichen Figuren des Denkens der Moderne, etwa die Differenz von Subjekt und Objekt, die Unterscheidbarkeit von Realität und Zeichen oder die Orientierung am Produktionsparadigma der Ökonomie grundsätzlich in Frage gestellt. An ihre Stelle treten ein historisierter Strukturalismus, die Semiologie und die Entfaltung eines Konsumparadigmas mithilfe der Konzepte des Zeichens, des Symbolischen und des symbolischen Tausches. Damit versucht er, die Wirkungen der Durchdringung aller gesellschaftlicher Vorgänge durch Zeichen und Medien zu beschreiben.

Die Arbeiten stellen eine Einheit aus methodischen und inhaltlichen Annahmen dar, die untrennbar miteinander verschränkt sind. Seine Überlegungen gehen davon aus, dass durch den Übergang von der Realität zur Hyperrealität, das heißt eine Simulation der Realität in einem virtuellen Bereich, medial erzeugte Berichte über Ereignisse und die tatsächlichen Ereignisse ununterscheidbar werden und zuletzt die Differenz von Realität und Simulation nicht mehr gezogen werden kann. Für die methodischen Konsequenzen ergibt sich für Baudrillard, dass die Bewegung des Gedankens die Bewegung des Untersuchungsgegenstandes mit vollziehen muss (vgl. Baudrillard 1994a [1987]: 77). Theoretisches Denken ist dann nur noch als »Trend-Monitoring« (Bolz 1994: 93), als Beobachtung und gedankliche Extrapolation möglicher Entwicklungspfade, die »die Dinge bis zum äußersten treiben« (Baudrillard 1991b [1976]: 12) will, vorstellbar. Methode, Gegenstand und Diagnose fallen zusammen. Kurz: Baudrillard denkt die Postmoderne mit postmodernen Mitteln.[2]

Um Baudrillards Denken systematisch darstellen zu können, muss es von seinem metaphernreichen und Paradoxien liebenden Stil abgelöst und sein analytischer Kern freigelegt werden. Aus diesem Grund wird im Folgenden das Werk so dargestellt, als ob es ein kohärentes und systematisches Gedankengebäude wäre. Die Rekonstruktion mithilfe der Interpretationsprämisse des »Als-ob« fingiert aus didaktischen Gründen einen systematischen Aufbau der Überlegungen Baudrillards. Zu beachten ist bei diesem Vorgehen aber, dass dabei Brüche in der Werkentwicklung und Widersprüche zwischen einzelnen Aussagen in den Hintergrund gerückt werden, um das Zusammenspiel der sich wechselseitig unterstützenden unterschiedlichen Argumentationsstränge herausarbeiten zu können.

Ausgangspunkt I: Semiologie und Strukturalismus

Die Arbeiten Baudrillards greifen in ihren argumentativen Grundlagen auf die Zeichentheorie und den Strukturalismus zurück. Beide Analyseperspektiven verbindet das Denken in binä-

2 In Hinsicht auf die Frage nach der Möglichkeit postmodernen Denkens ist Baudrillard einer der radikalsten Denker. Er geht nicht nur davon aus, dass die Gegenwart als Postmoderne zu kennzeichnen ist, sondern er verwendet in seinen Schriften auch in seinen Augen zur Postmoderne passende Methoden wissenschaftlichen Denkens: nicht mehr linear und analytisch vorgehend, sondern vernetzende, assoziative, tendenziell spekulative und vieldeutige Interpretationen anbietend. Damit lässt er das soziologische Denken hinter sich, weil es postmodernen Bedingungen nicht mehr angemessen erscheint. Im soziologischen Diskurs ist dies eine selten vertretene Position. Zumeist wird, wenn die Gegenwart als Postmoderne beschrieben wird, eine Alternative zwischen einer postmodernen Soziologie und einer Soziologie der Postmoderne diskutiert. In beiden Positionen wird angenommen, dass die Soziologie auch für die Postmoderne weiterhin brauchbare Erkenntnisse erzeugen kann. Der Unterschied zwischen beiden Annahmen besteht allerdings darin, dass die Erstgenannte der veränderten gesellschaftlichen Situation mit neuartigen Methoden begegnen will, während eine Soziologie der Postmoderne darauf insistiert, dass auch diese gesellschaftliche Formation mit herkömmlichen soziologischen Methoden, jedoch anderen Konzepten analysiert werden kann (vgl. Bauman 1988).

ren Oppositionen und die Konzentration auf die dadurch erzeugten Strukturen und den implizierten Zeichensinn.

Die Zeichentheorie wird insbesondere von Ferdinand de Saussure entlehnt. Anschließend an dessen wegbereitende Unterscheidung von *langue* und *parole* entwickelten sich zwei Traditionen der Zeichentheorie: die pragmatizistische Semiotik und die Semiologie. Die pragmatizistische Semiotik hat sich, aufbauend auf den Arbeiten von Charles S. Peirce, vor allem durch Charles W. Morris zu einem dreigliedrigen System der Semiotik mit der Unterscheidung von Syntaktik, Semantik und Pragmatik entwickelt und basiert auf der Auffassung, dass das Zeichen Bestandteil einer dreistelligen Relation zwischen *signans* (Zeichen), *signatum* (Bezeichnetes) und *interpretant* (Zeichenbenutzer) ist. Demgegenüber wird in der Semiologie, der französischen Tradition der Zeichentheorie, das Zeichen als zweistelliges Relatum von Signifikant (Lautbild) und Signifikat (Begriff) aufgefasst. »Das Zeichen besteht […] aus einem Signifikanten und einem Signifikat. Die Ebene der Signifikanten bildet die Ausdrucksebene und die der Signifikate die Inhaltsebene.« (Barthes 1981 [1964]: 34)

Die Semiologie umfasst im Vergleich mit der Semiotik ein begrenzteres Gebiet, weil ein Bezug auf den Interpretanten nicht hergestellt wird. Das kommt in der für die Semiologie zentralen Annahme zum Ausdruck, dass sich die Bedeutung von Zeichen und Zeichenzusammenhängen grundsätzlich durch das Schema binärer Oppositionen im durch Zeichen konstituierten Zeichenraum erfassen lässt, ohne dass ein Bezug auf ein intendierendes Subjekt der Zeichenverwendung oder den Adressaten der Zeichenverwendung hergestellt werden muss. Damit wird der Bereich der Pragmatik, das heißt die Frage nach der Beziehung des Zeichenverwenders *(interpretant)* zum Zeichen *(signans),* aus dem Untersuchungsbereich der Semiologie herausgehalten.

Von dieser Annahme aus hat der Strukturalismus von Claude Lévi-Strauss zur Erforschung der sozialen Strukturen angesetzt. In dieser Tradition stehen vor allem die Ethnologie und die Anthropologie im Mittelpunkt. Die Leistungsfähigkeit des Strukturalismus wurde, neben den bahnbrechenden Beiträgen von Lévi-Strauss, vor allem mit den Analysen von Marcel Mauss (vgl. 1990 [1925]) zur Gabe, zum Tausch und zum Geschenk in archaischen Gesellschaften am Beispiel des Systems des Potlatsch demonstriert.

Der Potlatsch ist ein »System des Geschenkaustauschs« (Mauss 1990 [1925]: 81) bei den Indianern Nordamerikas. Er institutionalisiert die sozialen Verpflichtungen von »Geben, Nehmen, Erwidern« (Mauss 1990 [1925]: 91) in einer verschwenderischen Tauschzeremonie – der Beschenkte muss mehr zurückgeben, als er erhalten hat – und verbindet somit den Schenkenden und den Beschenkten miteinander. Der Potlatsch wird deshalb von Mauss als eine Form symbolischen Tausches interpretiert, die über die Erzeugung von Verpflichtungen zur Erwiderung von Geschenken soziale Ordnung und symbolische Integration herstellt. So dient der Potlatsch beispielsweise dazu, die Autorität eines Stammesoberhauptes zu belegen und zu stärken, weil dieses mit dem verschwenderischen »Geben« nicht nur seinen Reichtum unter Beweis stellt, sondern die Stammesmitglieder im impliziten Verweis auf seinen Reichtum in eine Beziehung zu sich stellt, sie zum »Nehmen« der Gabe verpflichtet und den Zwang zur »Erwiderung« in Kraft setzt und somit die Grundlage symbolischer Integration und sozialer Ordnung herstellt (vgl. Mauss 1990 [1925]: 92).

Entscheidend für diese Interpretation des Potlatsch ist, dass seine soziale Bedeutung ohne die Analyse der Intentionen der Tauschenden verstanden werden kann, weil die strukturalistische Interpretation davon ausgeht, dass sich der soziale Sinn des Potlatsch allein aus der Struktur des Tausches ergibt. Im Mittelpunkt der Analyse steht also nicht, wer wem mit welcher expliziten Intention etwas gab. Vielmehr interessiert die sich aus der Struktur der Einheit von Geben, Nehmen und Erwidern ergebende Dynamik der Verschwendung und die dadurch hergestellte soziale Verbindung zwischen Mitgliedern eines Tauschringes. Dabei steht nicht der Tausch, sondern der »symbolische Tausch« im Mittelpunkt, der in keinerlei Weise mit dem »kommerziellen Tausch« verwandt ist (vgl. Baudrillard 2002b [2000]: 19).

Der Grundgedanke des Strukturalismus ist, dass Strukturen Bedeutung und Sinn in sich tragen, dass Bedeutung und Sinn in den Strukturen und Objekten liegen. Kurz: Bedeutung ist den Objekten inhärent. Dieses theoretische Modell kommt ohne einen Subjektbegriff aus. Ihm genügt vielmehr die Analyse der verborgenen Bedeutung von Strukturen und Objekten, um eine Beschreibung der sozialen Realität leisten zu können.[3] Erst dann offenbart das Objekt, was das Subjekt nicht fassen kann (vgl. Baudrillard 2002b [2000]: 13).

Baudrillard fügt diesen Gedanken mit Elementen der Semiologie zusammen, um den Versuch zu unternehmen, von den Objekten her zu denken. Von den Objekten her zu denken heißt, aus den Strukturen der Objekte die soziale Realität abzuleiten. Das ist im Rückgriff auf den Strukturalismus möglich, weil die Objekte Bedeutung haben, ohne dass konzeptionell ein bedeutungsgebendes Subjekt für das Verständnis der sozialen Realität angenommen werden muss. So wollen beispielsweise die Analysen zum System der Dinge (vgl. Baudrillard 1991a [1968]) durch die Beschreibung alltäglicher Gegenstände die soziale Realität in ihrer Konstitution durch die inhärenten Bedeutungen der Objekte rekonstruieren.

Die Analysen Baudrillards fügen die Semiologie und den Strukturalismus zusammen, indem aus der Semiologie das Konzept des Zeichens und aus dem Strukturalismus die Idee des den

3 Ohne einen Subjektbegriff kommt auch die Systemtheorie Luhmanns aus (vgl. Luhmann 1984). Ihr gilt die Idee des autonomen Individuums als Relikt alteuropäischen Denkens, welches der Gegenwart nicht mehr angemessen ist. Allerdings denkt Luhmann nicht von den Objekten aus wie Baudrillard. Vielmehr suchen seine Überlegungen eine Beschreibung (aber keine ursächliche Erklärung) systemischer Zusammenhänge zu geben, die das Problem der doppelten Kontingenz lösen. Gemeinsam ist dem Denken von Baudrillard und Luhmann allerdings die Betonung der Bedeutung binärer Oppositionen: bei Baudrillard für das Verständnis des inhärenten Sinns von Objekten, bei Luhmann zur Beschreibung der Abgrenzung zwischen verschiedenen Systemzusammenhängen. Insofern gibt es eine gewisse Ähnlichkeit postmodernen und systemtheoretischen Denkens (vgl. Luhmann 1997: Bd. 2, 1149).

Strukturen inhärenten Sinns herangezogen wird, um von den Objekten aus denken zu können.[4]

Ausgangspunkt II: Marxkritik und der Vorrang des Konsums

An diese Zusammenführung der Zeichentheorie und des Strukturalismus schließt eine Kritik an Marx' Analyse der politischen Ökonomie an. Diese Kritik wendet sich einerseits, unterstützt durch Anregungen Georges Batailles, vom Problem der Produktion von Gütern ab und dem Problem des Konsums von Gütern zu, andererseits wird, unter Aufnahme der Zeichentheorie, Konsum als Zeichenkonsum interpretiert.

Das Modell einer Kritik der Ökonomie widerspricht den Analysen von Marx aus der Perspektive des Potlatsch primitiver Gesellschaften, das heißt von einem Standpunkt außerhalb des herrschenden Produktionsparadigmas. Denn der Potlatsch stellt nicht nur ein System des Geschenkaustauschs dar, sondern er ist auch ein System verschwenderischen Konsums, weil der Zwang zur Erwiderung der Gabe nicht nur symbolische Integration, die soziale Bindung zwischen Menschen konstituiert, sondern auch Verschwendung, ein Übermaß der Gegengabe. In diesem Sinne kann der Potlatsch als ein Modell für ein dem Produktionsparadigma entgegengesetztes Konsumparadigma aufgefasst werden. Im Rahmen des Produktionsparadigmas sind beispielsweise die Beziehungen zwischen Geber und Nehmer in einem Tauschverhältnis durch Gleichheit der Tauschbeiträge, durch äquivalente Rezipro-

4 Durch die Zusammenführung von Semiologie und Strukturalismus ist Baudrillard ein handlungstheoretischer Zugang zur sozialen Wirklichkeit verstellt. Damit lässt er die Selbstbestimmung der Soziologie als Handlungswissenschaft (vgl. Dawe 1978, Girndt 1967) hinter sich. Deshalb wirkt es in seinen Schriften oftmals so, als ob Prinzipien, Regeln und systemische Zusammenhänge handeln würden, während Subjekte nur als Empfänger von Wirkungen externer Kräfte erscheinen. Dies ist eine Konsequenz des Denkens von Objekten und ihrem inhärenten Sinn her. Beschreibbar sind bei diesem Zugang zur sozialen Realität nur die bedeutungsvollen Relationen zwischen Objekten und Strukturen sowie die Eigenbedeutung von diesen.

zität bestimmt, während diese Voraussetzung im Konsumparadigma nicht mehr gegeben ist.

Die theoretischen Grundlagen einer Ökonomie der Verschwendung werden von Bataille aus einer allgemeinen Theorie der Natur abgeleitet: »Der lebende Organismus erhält, dank des Kräftespiels der Energie auf der Erdoberfläche, grundsätzlich mehr Energie, als zur Erhaltung des Lebens notwendig ist. Die überschüssige Energie (der Reichtum) kann zum Wachstum eines Systems (zum Beispiel eines Organismus) verwendet werden. Wenn das System jedoch nicht mehr wachsen und der Energieüberschuß nicht gänzlich vom Wachstum absorbiert werden kann, muß er notwendig ohne Gewinn verlorengehen und verschwendet werden, willentlich oder nicht, in glorioser oder in katastrophischer Form.« (Bataille [1967] 1975: 45)

Diese Grundüberlegung aufgreifend, entwickelt Baudrillard in *Der symbolische Tausch und der Tod* (1991b [1976]) eine Kritik der politischen Ökonomie von Marx aus einer Perspektive außerhalb der politischen Ökonomie, von der Ordnung des symbolischen Tausches her, wie sie exemplarisch durch den Potlatsch verkörpert wird. In dieser Hinsicht stützt er sich vor allem auf die anthropologischen Arbeiten von Marcel Mauss, insbesondere *Die Gabe* und die dort enthaltene Beschreibung des Potlatsch. Mit der Beschreibung des Potlatsch im Hintergrund gewinnt Baudrillard eine kritische und historische Perspektive auf die politische Ökonomie, ohne sich innerhalb des Produktionsparadigmas bewegen zu müssen.

Erst von hier aus kann Baudrillard seinen Haupteinwand gegen die Analysen von Marx entwickeln, dass sich diese noch innerhalb der herrschenden politischen Ökonomie bewegen und sie dadurch indirekt anerkennen, kurz: dass Marx' Analysen nicht radikal genug sind. Denn die Analysen von Marx suchen aus den inneren Zusammenhängen des Produktionsparadigmas dessen Strukturgesetze zu rekonstruieren. Dadurch bleiben sie nicht nur dieser Realität, sondern auch ihrer konzeptionellen Erfassung im Rahmen dieser Realität verhaftet. Marx erhob den Anspruch, dass seine Analysen der politischen Ökonomie radikal seien, weil sie die Phänomene »an der Wurzel« packen. Demgegenüber geht Baudrillard davon aus, dass eine Analyse erst dann radikal ist, wenn sie sich in ihren Konzepten nicht mehr der Realität unterwirft, sondern von einem Standpunkt außerhalb des Bestehenden ausgeht.

Baudrillard sucht diese grundsätzliche Kritik an Marx durch zwei weitere historische Thesen zu unterstützen: Die eine These behauptet, dass der zentrale Regulationsmechanismus der gesellschaftlichen Verhältnisse nicht mehr dem Produktionsparadigma folgt, sondern schrittweise durch ein Konsumparadigma ersetzt wird; die andere These sucht eine sich herausbildende Identität von Gebrauchs- und Tauschwert in der Gegenwart zu begründen, um über die marxschen Analysen ihres Zusammenhangs hinauszugehen.

Die erste These geht davon aus, dass die Ära der Produktion, die noch der Kapitalismuskritik von Marx vorauslag, zu Ende geht und in die Ära des Konsums einmündet. Diese reguliert nicht mehr den Arbeiter und die Beziehung zwischen Arbeiter und Kapitalbesitzern, sondern den Konsum, der das neue Hauptproblem gegenwärtiger kapitalistischer Reproduktion darstellt (vgl. hierzu auch Bauman 1998: 23–41). Die Notwendigkeit zur Regulation des Konsums resultiert daraus, dass der Konsument konsumieren muss, um das System der Produktion aufrechtzuerhalten. Aus diesem Grund hat in den Analysen Baudrillards der Konsum Vorrang vor der Produktion, weil ohne Konsum das ökonomische System zusammenbrechen würde.[5] Veranschauli-

5 Mit dieser pointierten Perspektive wird die noch bei Marx formulierte Einheit von Produktion und Konsumtion im Arbeitsprozess aufgebrochen und beide Prozesse in einen Kausalzusammenhang gestellt, der dem Konsum die Priorität in ökonomischen Zusammenhängen zuspricht. Auch wenn man sich Marx nicht anschließen will, so ist doch seine Einsicht in das Doppelgesicht von Arbeit als Produktions- und Konsumtionsprozess wichtig, um zu erkennen, dass Baudrillard hier eine Perspektivenveränderung auf ökonomische Zusammenhänge vornimmt, die Zusammenhänge der gesellschaftlichen Organisation der Produktion tendenziell vernachlässigt. Vorsichtiger formuliert hier Bauman (1998: 24), der die Gegenwartsgesellschaften zwar auch als Konsumgesellschaften kennzeichnet, aber darauf verweist, dass Konsum und Produktion immer gemeinsam in einer Gesellschaft reguliert wer-

chen kann man sich diese These etwa an den entstehenden »Kathedralen des Konsums« (vgl. Ritzer 1999) wie sie in den USA, die Baudrillard vor allem in *Amerika* (1995) einer Analyse unterzog, bereits viele Einkaufszentren darstellen. Diese versuchen, den Vorgang und die Umgebung des Konsumierens durch ein zunehmendes Angebot an spektakulären Erlebnissen so zu gestalten, dass der Konsument auch jenseits der Sättigungsgrenze seiner Bedürfnisse konsumiert und so in die verschwenderische Ökonomie hineingezogen wird.

Der Vorrang des Konsums ergibt sich auch in der Argumentationslinie zur zweiten These: aus den Analysen zur historischen Veränderung des Zusammenhanges zwischen dem Gebrauchswert, das heißt dem Wert des Nutzens eines Produktes, und dem Tauschwert, dem Wert der zur Produktion eines Gutes aufgewendeten Arbeitszeit. Für Marx war noch die Differenz zwischen beiden Wertformen entscheidend, um die Entstehung des Mehrwerts und die Dynamik der kapitalistischen Ökonomie erklären zu können. Baudrillard hingegen geht davon aus, dass in Gegenwartsgesellschaften der Tauschwert mit dem Gebrauchswert zusammenfällt, weil Gebrauchs- und Tauschwert der gleichen Logik gehorchen – dem Herstellen äquivalenter Relationen. Dieses Zusammenfallen begründet die Rede vom Zeitalter der Indifferenz, der Ununterscheidbarkeit, der Unentscheidbarkeit (vgl. Baudrillard 1981). »In effect, our hypothesis is that needs (i.e., the system of needs) are the equivalent of abstract social labor: on them is erected the system of use value, just as abstract social labor is the basis for the system of exchange value. This hypothesis also implies that, for there to be a system at all, use value and exchange value must be regulated by an identical abstract logic of equivalence, an identical code.« (Baudrillard 1981: 131) Zwischen der Logik von Tauschwert und Gebrauchswert herrscht dieselbe Beziehung wie zwischen Signifikat und Signifikant: letztlich sind sie

den, jedoch das relative Gewicht beider für die Vergesellschaftung veränderlich ist.

identisch und ihre Differenz nur Metaphysik.[6] Für beide Analysen, die zeichentheoretische und die werttheoretische, gilt, dass die Logik des Zeichens der Logik der Signifikanten folgt, weil der Signifikat nur Folge eines »denotation effect« ist (Baudrillard 1981: 157), ein Effekt des Signifikanten, der seine »Objektivität« durch den Verweis auf eine scheinbare Dinglichkeit außerhalb seiner zu bewahren sucht. Dann aber ist Realität ein Effekt der Zeichenverwendung – »›world‹ that the sign ›evokes‹ […] is nothing but the effect of the sign« (Baudrillard 1981: 152).

Die Analyseen des symbolischen Tausches, der Indifferenz von Signifikat und Signifikant, der Ununterscheidbarkeit von Gebrauchswert und Tauschwert, sie alle stehen mit den Analysen des Konsums in unmittelbarer Verbindung und stützen sich wechselseitig in der Begründung der Perspektive auf Konsum als Zeichenkonsum. Aus strukturalistischer Perspektive führt die Analyse des Potlatsch als Ökonomie der Verschwendung zur Idee des Vorrangs des Konsums; aus semiologischer Sicht führt die Beschreibung des Potlatsch als symbolische Integration zur Konzeption des Zeichenkonsums.

Baudrillard geht davon aus, dass in modernen Gesellschaften die eigentliche Leistung der Konsum ist, der aus seiner ökonomischen Erfassung herausgelöst werden muss und als Konsum von Zeichen, von Differenzmerkmalen, zu verstehen ist. »Today consumption […] defines precisely the stage where the commodity is immediately produced as a sign, as sign value, and where signs (culture) are produced as commodities.« (Baudrillard 1981: 147) Konsum wird dabei, anders als noch im Produktionsparadigma der Ökonomie, als ein unbegrenztes Potenzial verstanden, weil Konsum als Zeichenkonsum keine natürliche Grenze hat. Zei-

6 Mit dieser Identitätsthese wird auch deutlich, dass Baudrillard eine dem französischen Dekonstruktivismus oder dem Differenzdenken etwa Derridas (vgl. Derrida 1974) entgegengesetzte Argumentationsstrategie verfolgt. Zielt das Differenzdenken auf die Herausarbeitung verborgener Unterschiede im scheinbar Identischen, so will Baudrillard darauf hinaus, dass zuletzt alle Differenzen – seien es die von Gebrauchs- und Tauschwert oder die von Signifikat und Signifikant – zusammenfallen und deshalb weder Dualismus noch Differenz die Bewegung gesellschaftlicher Verhältnisse erfassen können.

chenkonsum ist in diesem Sinne eine »totale idealistische Praxis [...], die [...] weder mit der Bedürfnisbefriedigung noch mit dem Prinzip der Realität etwas zu tun hat« (Baudrillard 1991a [1968]: 249), sondern »der Vollzug einer systematischen Manipulation von Zeichen« (Baudrillard 1991a [1968]: 244). Der postmoderne Konsum ist nie zu befriedigen, weil er immer enttäuscht wird, denn das Unterscheidungsbegehren ist grenzenlos und verlangt immer weiter nach dem Konsum von Unterscheidungen.[7]

Baudrillard geht in dieser zeichentheoretischen Deutung des Konsums davon aus, dass es das Zusammenfallen von Gebrauchs- und Tauschwert erzwingt, Konsum als symbolische Handlung zu verstehen. Dann ist Konsum Zeichenkonsum und kann nicht mehr mit dem Konzept der naturalen Bedürfnisbefriedigung beschrieben werden, stattdessen muss die Analyse an der Befriedigung eines Bedürfnisses nach Zeichen ansetzen.

Man kann dies exemplarisch an Georg Simmels Überlegungen zur Soziologie der Mode verdeutlichen (vgl. 1992 [1895]). Wenn das Kennzeichen der Mode ihre jeweilige Neuheit ist, so ist die immer schnellere Entstehung neuer Moden, Trends oder Modestile zwingend, weil jede Neuheit bereits nach der ersten Präsentation keine Neuheit mehr darstellt und dem Unterscheidungsbegehren keine Befriedigung mehr verschaffen kann. Vor diesem Hintergrund verfällt aber auch die Bedeutung des Begriffs des Bedürfnisses. Bedürfnisse sind nicht mehr das, was wir benötigen, sondern vielmehr entsprechen Bedürfnisse der Ordnung des Codes, der Ordnung des Unterscheidens. Die Ordnung des Codes schreibt vor, wessen wir bedürfen. Knapp zusammengefasst: das System der Dinge definiert die Bedürfnisse.

Was ist der Gewinn dieser Überlegungen? Mit der Interpretation der Ökonomie aus der Perspektive des Konsums gewinnt Baudrillard einen privilegierten Kritikstandpunkt (vgl. Ritzer

7 Die Suche nach Unterscheidungen ist vor allem in der Lebensstilforschung ein entscheidendes Moment, um die Vielfalt von Lebensstilen auch als Ausdruck subjektiver Präferenzen des gewollten Unterschieds beschreiben zu können (vgl. Schulze 1992).

1997: 88) außerhalb der am Produktionsparadigma orientierten politischen Ökonomie, und mit dem idealisierten historischen Phänomen des Potlatsch sichert er sich einen normativen Angelpunkt für Gesellschaftskritik, um die »Ideologie des Markts« (Baudrillard 2002b [2000]: 15) zu durchbrechen. Zudem verfügt er mit dem Konzept des symbolischen Tausches über die Möglichkeit, Gegenreaktionen und Abwehrstrategien gegen die alle sozialen Beziehungen dominierende Herrschaft des Codes zu entwickeln, weil der symbolische Tausch eine Bedrohung der herrschenden gesellschaftlichen Ordnung des Codes und funktionaler Integration darstellt (vgl. Baudrillard 1991b [1976]: 206, Fußnote 6). Kurz: der Rückgriff auf die Idealisierung des symbolischen Austausches legitimiert die Kritik des Zeichenkonsums als Gesellschaftskritik.

II. Gesellschaftsanalyse

Gesellschaftliche Entwicklung als Abfolge von Ordnungen der Simulation

Die Gesellschaftsentwicklung wird als Abfolge von drei gesellschaftlichen Ordnungsformen rekonstruiert. Dabei wird unterstellt, dass in der gegenwärtigen gesellschaftlichen Entwicklungsphase die Herrschaft des Codes, das heißt der Regeln des Gebrauchs von Zeichen, durchgesetzt ist und sich die Analyse der gesellschaftlichen Verhältnisse ausschließlich mit dem Code befassen kann, weil die Differenz von Zeichen und Realität durch ihre Implosion in das Zeichen, durch die Identität von Zeichen und Realität, bedeutungslos geworden ist. Mit diesen Überlegungen, die nochmals auf die zeichentheoretische These zurückgreifen, dass Realität ein Effekt der Zeichenverwendung ist, sucht Baudrillard ein oft bemängeltes Manko strukturalistischer Analysen zu vermeiden: die fehlende Untersuchung diachroner Veränderungen von Strukturen und Codes, die dem Strukturalismus den Vorwurf eintrugen, eine ahistorische Theorie zu sein. Durch

Baudrillards Annahme wird die semiologische und die strukturalistische Analyse historisiert, weil die Angemessenheit dieser Perspektive an historische Bedingungen – konkret: die Identität der Logik von Gebrauchs- und Tauschwert – gebunden ist und dadurch eine diachrone Dimension in die Analyse einführt. Diese Historisierung des strukturalistischen Analysemodells wird an drei Bereichen demonstriert: dem sich transformierenden Zusammenhang von Gebrauchs- und Tauschwert, den Veränderungen in der Produktion von Objekten oder Gütern und schließlich der historischen Entwicklung des Verhältnisses von Zeichen und Realität.

Die »Imitation« ist das bestimmende Schema von der Renaissance bis zur industriellen Revolution. Sie stellt ein natürliches Stadium dar, in dem der Gebrauchswert dominiert. Sie wird abgelöst von der Epoche der »Produktion«, das heißt einem Schema der industriellen Entwicklung, in dem der durch Handel realisierte Tauschwert im Mittelpunkt steht. In der dritten Phase, dem Stadium der »Simulation«, ist das bestimmende Schema der Code. Hier hat die gesellschaftliche Entwicklung ein strukturelles Stadium erreicht, in dem der Zeichenwert dominiert, weil Gebrauchswert und Tauschwert ununterscheidbar, indifferent geworden sind (vgl. Baudrillard 1991b [1976]: 79).

Abgelöst von der Beschreibung der Entwicklungsphasen durch die Kennzeichnung der je besonderen Beziehung von Gebrauchswert und Tauschwert lassen sich die Phasen auch durch das jeweils dominierende Muster der Produktion von Objekten kennzeichnen. In der Phase der Imitation »ist nur die Produktion von Originalen und Duplikaten möglich«, im Zeitalter der Produktion können »identische Objekte« hergestellt werden. »Demgegenüber wird die Reproduktion von Modellen, etwa in der Mode, zum Kennzeichen des Zeitalters der Simulation, der gegenwärtigen Phase gesellschaftlicher Entwicklung, die durch den Code beherrscht wird.« (Baudrillard 1991b [1976]: 79)

Schließlich bringen die drei Ordnungen noch ein je unterschiedliches Verhältnis zwischen Zeichen und Realität zum Ausdruck. In der Ordnung der Imitation, auch Phase der Imitation genannt, hat das Zeichen eine unmittelbare Beziehung zur Realität, während es in der Ordnung der Produktion bereits eine tiefer liegende Realität maskiert und in der Ordnung der Reproduktion schließlich die Abwesenheit einer Realität kaschiert, Realität simuliert. Später hat Baudrillard noch ein fraktales Stadium eingeführt, in welchem simulierte Realität durch den Code und die reine Struktur der Zeichenwelt ersetzt und die letzte Differenz von Realität und Simulation von Realität beseitigt wird. Mit dem fraktalen Stadium »öffnet sich die Ära der Simulation durch Liquidierung aller Referentiale« (Baudrillard 1978a: 9) zu einer Welt, in der Werte ohne jede Referenz auf etwas frei zirkulieren.

An dieser Stelle ist eine Bemerkung zum mit der Konzeption des fraktalen Stadiums einhergehenden Begriff der Hyperrealität zu machen. Die Vernichtung der Differenz von Realität und Simulation führt dazu, dass »Realität« künstlich produziert wird und damit die »eigentliche« Realität förmlich überflutet wird. Ein Beispiel für den Vorgang, den Baudrillard knapp so bilanziert: »die Realität selbst ist heute hyperrealistisch« (Baudrillard 1991[1976]: 116), ist der Erfolg der Reality-Show *Big Brother*. In ihr wird durch das Medium Fernsehen Realität nicht mehr gespiegelt, sondern vom Medium eine Realität eigener Art, eben Hyperrealität, geschaffen. Und diese produzierte Hyperrealität unterwirft sich in der weiteren Entwicklung die Realität, beispielsweise durch die bei fast allen Mitspielern der ersten Staffel des »Containers« mittlerweile angelaufene Produktion von Schallplatten und ihre Vermarktung. Ähnliches gilt für *Deutschland sucht den Superstar* und verwandte Formate. In ihnen wird Realität künstlich erzeugt und wirkt auf die Realität zurück. Hyperrealität ist in diesem Sinne das Ende der Realität durch ihre Beherrschung durch die Hyperrealität. Aber es bleibt offen, welchen Status das Konzept der Hyperrealität hat. Baudrillard spricht zumeist von Realität und vermeidet überwiegend den Begriff der (sinnlich erfahrbaren) Wirklichkeit als einer gegebenen. Realität ist ihm bereits immer eine produzierte und konstruierte (vgl. Baudrillard 2002b: 37), der Bereich von Aussagen über »die« Wirklichkeit als einer ontischen Gegebenheit wird von den Analysen nicht berührt. Hyperrealität meint also nicht den Verlust von Wirklichkeit, sondern den Verlust einer bestimmten Art von Realitätsproduktion und -konstruktion.

Die drei Perspektiven auf die gesellschaftlichen Ordnungen der Simulakren – das ist der Oberbegriff für die drei Ordnungen der Imitation, der Produktion und der Reproduktion – erzeugen eine reichhaltige Beschreibung der historischen Entwicklung, die werttheoretische, produktionstheoretische und zeichentheoretische Überlegungen integrieren will. Ungeklärt bleibt in dieser Beschreibung aber, was der Motor dieser Entwicklung hin zur Simulation oder zum fraktalen Stadium ist. Baudrillard entwickelt ein plausibles Deutungsschema der gesellschaftlichen Entwicklung, ohne aber eine Analyse der Entwicklungsursachen vorzunehmen oder eine Ursache auch nur zu benennen.

Die Historisierung der Zeichentheorie überträgt die Spannung zwischen Zeichen und Realität in die Beschreibung der gesellschaftlichen Entwicklung und behauptet, dass diese Spannung ein Motor gesellschaftlicher Entwicklungsdynamik sei, ohne dies zu begründen. Hier deutet sich eine Reifizierung des zeichentheoretischen Apparates an: er wird nicht mehr als Denkmodell, sondern als Realität verstanden. Baudrillard fehlt eine Annahme über eine geschichtliche Eigenlogik (vgl. Jung 1991: 389), er verfügt über keine Theorie des Modernisierungsprozesses im soziologischen Sinne. Das ist eine entscheidende Schwäche der Überlegungen Baudrillards. Daher ist es auch zweifelhaft, ob er das Defizit strukturalistischer Argumentationen, die Vernachlässigung diachroner Prozesse, erfolgreich behoben hat.

Gesellschaft und Indifferenz

Die Gesellschaftsanalyse zielt auf eine kritische Bewertung der gelegentlich als Postmoderne gekennzeichneten Gegenwart: »Produktion, Markt, Ideologie, Profit, Utopie [...], all das war modern, die kapitalistische Konkurrenzwirtschaft war modern – die unsere, irreal und spekulativ, die nicht einmal die Idee von Produktion, Profit und Fortschritt hat, ist nicht mehr modern, sondern postmodern.« (Baudrillard 1994b [1992]: 61) Die Moderne ist entzaubert und das Ende der Geschichte erreicht, bedeutungslose Ereignisse folgen einander, ohne noch Sinn und Entwurf zu transportieren (vgl. Baudrillard 1994b [1992]: 41–50). Damit nimmt Baudrillard die gedankliche Position des Posthistoire ein (vgl. Jung 1991). Eine Argumentation vom Ende der Geschichte her erlaubt eine Kritik der Moderne, die radikaler ist als alle sich im Rahmen der Moderne bewegenden Kritiken. Man darf sich dabei durch den Begriff »Posthistoire« und die Vorsilbe »post« nicht irritieren lassen, weil »post« hier nicht im Sinne eines zeitlichen »nach der Moderne« verstanden wird, sondern im Sinne eines »über«, im Sinne eines Metabegriffs Verwendung findet. Denn es geht nicht um das Ende der Geschichte, sondern um die Einsicht, dass die Geschichte »kein Ende – und folglich auch keine Finalität oder Zweckbestimmung – mehr haben wird« (Baudrillard 2002b [2000]: 51).

Die These vom Ende der Geschichte ist gleichbedeutend mit der These vom Verschwinden der Bedeutung und bedeutungsvoller Kommunikation. Hervorgerufen wird sie vor allem durch Medien, deren hauptsächliche Wirkung darin besteht, dass Ereignis und Ereignisbericht in einem fiktiven Punkt der Gleichzeitigkeit konvergieren und so zuletzt mediale Ereignisberichte Ereignisse simulieren und dadurch die Differenz zwischen Realität und Realitätsbericht beseitigen. Diese Entwicklung hat zwei Ursachen. Zuerst, weil alle Ereignisse medial vermittelt sind, kann die Differenz zwischen Medium und Realität nicht mehr gezogen werden. Man kann zum Beispiel, so Baudrillard, nicht mehr feststellen, ob der Watergate-Skandal tatsächlich ein politischer Skandal war oder nur eine Illusion, eine Simulation eines politischen Skandals, um die scheinbare Handlungsfähigkeit des politischen Systems zu demonstrieren. Zweitens realisiert eine durch Medien geprägte Welt eine »virtuelle« Realität, weil sie ohne Negativ, die Vorlage für die Produktion einer filmischen oder bildlichen Abbildung, und damit ohne Bezugspunkt, ohne Referenz auskommt. Sie macht, wie am Beispiel des Fernsehens und des Videos demonstriert wird, »Schluß mit jeder Negativität und somit

mit jedem Bezug auf die Wirklichkeit oder auf ein Ereignis« (Baudrillard 1994b [1992]: 91). Mediale Produktion kennt kein Original mehr, das medial vermittelte Ereignis ist bereits ein Modell, nach dessen Referenz zu fragen sinnlos geworden ist, weil kein Referent, kein Negativ, mehr existiert. »To an extent the representation or [...] the simulation is the event, it is what is known of the event, it becomes virtually synonymous with the event.« (Smart 1992: 139) Hier wird erneut deutlich, wie sehr die Analyse Baudrillards durch die französische Tradition der Zeichentheorie geprägt ist, denn der Verlust der »Negativität« bedeutet, zeichentheoretisch formuliert, dass kein Referent mehr gegeben ist. Kein Original, ein Ursprungsstück oder Unikat, wird dupliziert oder zur Darstellung gebracht, sondern ohne Original eine »Scheinwirklichkeit«, »Hyperrealität« konstituiert, weil bereits alles als Reproduktion anzusehen ist (vgl. Baudrillard 1991 [1976]: 116), denn ein Original ist nicht mehr auffindbar.

Im Dreischritt der Entwicklung von Imitation, Produktion und Reproduktion lässt sich diese Veränderung im Verhältnis vom Original, dem Ausgangspunkt, zu dem sich darauf beziehenden Produkt verdeutlichen. In der Phase der Imitation nimmt ein Duplikat, eine Verdoppelung, Bezug auf ein ursprüngliches Unikat, es wiederholt das Ursprungsstück. Im Zeitalter der Produktion hingegen gibt es keine Unikate mehr, vielmehr ist der Bezugspunkt der Erzeugung von Duplikaten ein allgemeines Objekt, welches nur zum Zwecke der Vervielfältigung existiert und als solches keine Bedeutung mehr hat. In der Reproduktionsphase schließlich ist der Bezugspunkt der Vervielfältigung ein Modell, eine schematisierte Vorlage, die kopiert und in beliebigen Zusammenhängen genutzt werden kann.

Die Besonderheit von Baudrillards Analyse besteht darin, dass die mediensoziologische Diagnose McLuhans erweitert und stärker als bei McLuhan betont wird, dass Medien mit dem durch sie produzierten einseitigen Informationsfluss von den Medien zu den Rezipienten zu einer Zerstörung von Bedeutung durch Information beitragen. Damit verursachen sie zuletzt die Zerstörung des Sozialen, weil das Soziale durch Bedeutung konstituiert wird.

Zugleich jedoch verweist diese Zerstörung von bedeutungsvoller Kommunikation, diese Implosion von Bedeutung in Information, auf das Reich der Zeichenstrukturen. Die Ursache für diesen Prozess ist die »Ausdehnung des Menschen«, so der Untertitel von McLuhans Analyse, weil er mittels elektronischer Kommunikation jederzeit überall sein kann: »Electric speed in bringing all social and political functions together in a sudden implosion.« (McLuhan 1996 [1994]: 5).

Wichtig für die Aneignung dieser Überlegungen durch Baudrillard ist, dass er diese radikalisiert, weil das Phänomen der Gleichzeitigkeit zugespitzt wird auf die Feststellung, dass im Medienzeitalter Ereignisnachrichten ohne Ereignis auskommen, weil alles ohne Original produziert werden kann. Deutlicher als bei McLuhan werden allerdings die Gefahren des Medienzeitalters betont, vor allem die Zerstörung von Bedeutung durch Information und das medientechnisch verursachte Vorauseilen der Ereignisberichte vor den Ereignissen. In diesem Argumentationskontext treffen wir auch auf die Transformation der Aussage McLuhans, »The medium is the message«, in die Aussage »The medium is the (mass)age«,[8] in der bereits die Verwandlung des Sozialen in die Masse – das heißt in den Augen von Baudrillard in eine rein statistische Größe ohne soziologische Bedeutung – anklingt.

Wenn man nach den Charakteristika der Gegenwart fragt, so ist dies der Code, der das Zeitalter der Simulation beherrscht und zuletzt zu einer Implosion, einem Zusammenfallen von Realität und ihrer Simulation, führt und Indifferenz erzeugt. Der Code »becomes modernity in Baudrillard's work« (Ritzer 1997: 93). Er stellt eine Mischung von Technologien und Praktiken dar, die sich mit dem Austausch, der Verteilung und Manipulation von Zeichen befasst (vgl. Connor 1989: 51). Der Code stellt die reine

8 Diese Transformation hat jedoch auch McLuhan gemeinsam mit Quentin Fiore 1967 unter dem Titel *The Medium is the Massage. An Inventory of Effects* in Form einer medientheoretischen Gesellschaftsbeschreibung vorgenommen.

Herrschaft des Zeichens dar, jede Beziehung zwischen Zeichen und Realität wird gekappt.

Die Zeichentheorie Saussures wird somit als Ausdruck der Realität interpretiert, die nur noch als Realität der Zeichen begriffen werden kann und zuletzt die Zeichentheorie als Realität und nicht mehr als Analysemodell versteht. Diese Argumentation wird mit medientheoretischen Überlegungen zum Überfluss bedeutungsloser Zeichen fundiert. Damit gewinnt die Argumentation zwar an empirischer Plausibilität, aber sie lässt weiterhin die Reifizierung der Zeichentheorie erkennen.

Das Modell an dem Baudrillard den Code beschreibt ist Amerika. Amerika ist idealtypisch zur Darstellung der Herrschaft des Codes im Zeitalter der Simulation. Die Ordnung der Simulation wird vor allem durch Disneyland verkörpert, das als eine Simulation dritter Ordnung bezeichnet wird, weil Disneyland nur existiert, um das reale Amerika, das jedoch selbst bereits eine Simulation ist, zu kaschieren (vgl. Baudrillard 1978a: 25). »Die Amerikaner selbst haben kein Verständnis für Simulation. Sie sind ihre perfekte Konfiguration, aber sie haben keine Sprache dafür, da sie selbst das Modell sind. Sie geben also das ideale Material für eine Analyse aller denkbaren Varianten der modernen Welt ab.« (Baudrillard 1995 [1986]: 44) Weitere Beispiele für die Simulation sind unter anderem die Höhlen von Lascaux (steinzeitliche Höhlenmalerei): diese wurden für die Öffentlichkeit geschlossen, aber an ihrer Stelle wurde ein identisches Duplikat aufgebaut, das die originalen Höhlen als Modell verwendet und damit simuliert – ähnlich fand sich während des Goethejahres in Weimar eine Verdoppelung des Goethehauses im Stadtpark. Ebenso gehören zu den Simulationen, in den Augen von Baudrillard, der Golfkrieg, der ein »Schwindel« (Baudrillard 1994b [1992]: 101) war und Watergate als eine Simulation des politischen Skandals.

Besonders die Berichterstattung während des Golfkrieges kann als ein Beispiel herangezogen werden, um das Zeitalter der Simulation als Ausdruck der Herrschaft des Codes verständlich zu machen. Denn in der Berichterstattung vom Golfkrieg wurden alle Angriffe der Amerikaner nur schematisch in Form von

Computer-Simulationen dargestellt, während »echtes«, »reales« Kriegsgeschehen aufgrund des hoch technisierten Krieges nicht zu erkennen war. Diese Beobachtung wird von Baudrillard zu der Frage verdichtet, ob der Golfkrieg überhaupt stattgefunden habe und möglicherweise die Berichterstattung vom Golfkrieg ohne einen Referenten (einen tatsächlichen Krieg) außerhalb der medial konstituierten Zeichenwelt ausgekommen sei.

Das Zeitalter der Simulation und seine Probleme

Aus dem Code als dem Charakteristikum von Gegenwartsgesellschaften ergeben sich unter Rückgriff auf die von Baudrillard angeeigneten Überlegungen aus der Medientheorie, der Semiologie und der Marxkritik auch die Probleme von Gegenwartsgesellschaften: Indifferenz, funktionale Integration und die Implosion des Sozialen in die Masse.

Die Gegenwart als Zeitalter der Indifferenz beruht auf der Identität von Gebrauchs- und Tauschwert, Zeichen und Realität. Die Zentralität der Indifferenzkonzeption unterscheidet Baudrillard von anderen postmodernen Autoren (vgl. Zima 1997: 99). Denn das Indifferenzkonzept impliziert Konsequenzen sowohl für die Zeitdiagnose wie auch die Prämissen der Darstellung der Zeitdiagnose. Soziologisch bedeutet Indifferenz als Zeitmerkmal, dass Sinn und Bedeutung im Fluss der Konvergenz von Ereignis und Ereignisbericht verloren gehen. Ohne Bedeutung jedoch ist symbolische Integration nicht möglich, die Herrschaft des Codes führt zum Überfluss selbstbezüglicher Zeichen, die der Logik des Codes folgen und diesen zum Beherrscher der sozialen Realität werden lassen. Methodisch impliziert Indifferenz, dass Paradoxien, Metaphern und das Arbeiten mit Bildern und Analogien in den Vordergrund gerückt werden; logische Stringenz, der Aufbau einer kohärenten Systematik von Aussagen ist nicht mehr nötig und in den Augen Baudrillards auch nicht mehr möglich.

Indifferenz und die Zerstörung von Bedeutung durch bedeutungslose Information führt dazu, dass symbolische Integration durch funktionale Integration ersetzt wird und die Herrschaft des

Codes beginnt. Baudrillard glaubt, dass die Moderne »replaced living expressions of ›symbolic integration‹ with dead forms of ›functional integration‹« (Ashley 1997: 43). Diese Problematik wird vor der Folie des Potlatsch sichtbar. Das Kontrastmodell zur Gegenwartsgesellschaft sind primitive Gesellschaften, die sich noch mittels symbolischer Integration erhielten und durch bedeutungsvolle Kommunikation ihre Mitglieder untereinander verbanden. Demgegenüber integrieren Gesellschaften unter der Bedingung von Indifferenz nicht mehr Menschen, sondern nur noch Funktionssysteme der Erzeugung von bedeutungsloser Information.[9]

Die Ersetzung symbolischer Integration durch funktionale Integration und die Zerstörung von Bedeutung durch bedeutungslose Information verursacht das Hauptproblem der Gegenwart: die Implosion des Sozialen in die Masse. »Die Masse ist die immer dichtere Sphäre, in der das ganze Soziale implodieren und sich in einem Prozeß ununterbrochener Simulation verzehren wird.« (Baudrillard 1978b: 71 f.) Die Beschleunigung von Informationsproduktion setzt die Erzeugung von Kommunikation unter Druck und führt letztlich zu ihrer Auflösung. Der gesamte Prozess kann als Entleerung des Sozialen von Bedeutung verstanden werden. Ohne Bedeutung allerdings kann es kein Soziales ge-

9 Die Unterscheidung von symbolischer und funktionaler Integration weist Ähnlichkeiten mit der seit David Lockwood (vgl. Lockwood 1964) eingeführten Differenzierung von Sozial- und Systemintegration auf. Sozialintegration bezieht sich dabei auf die sozialen Bande und Verbindungen zwischen handelnden Akteuren (seien es moralisch oder interessenbedingt verursachte Beziehungen), während Systemintegration die Herstellung eines Zusammenhanges zwischen ausdifferenzierten gesellschaftlichen Funktionssystemen bezeichnet. Allerdings geht man in dieser Diskussion davon aus, dass beide Integrationsformen gleichzeitig bestehen und einander nicht ersetzen können. Selbst die ähnlich geschnittene Diskussion des Zusammenhangs von Lebenswelt und System bei Jürgen Habermas (vgl. Habermas 1981) im Rahmen der These einer Kolonialisierung der Lebenswelt durch systemische Imperative geht nicht davon aus, dass eine vollständige Ersetzung oder Zerstörung der Sozialintegration möglich ist. Baudrillards Analysen weisen hier eine Radikalität auf, die seine Position in Gegensatz zum soziologischen Mainstream stellen.

ben. Zurück bleibt die Masse der Rezipienten von Information ohne Bedeutung.

Die Folge: Bedeutungslose Soziologie

Die gesellschaftliche Entwicklung führt insgesamt zum Ende des Sozialen und damit zu Baudrillards These von der Bedeutungslosigkeit der Soziologie. Das Ende des Sozialen wird hauptsächlich durch die Ersetzung und Zerstörung symbolischer Integration durch funktionale Integration erzeugt. Funktionale Integration kommt ohne Bedeutung und Verweis auf Sinn aus, ihr einziger Maßstab ist die Funktionalität des Zusammenspiels ihrer Elemente und Prinzipien. Das Ende des Sozialen erzeugt die Masse, eine bedeutungslose statistische Größe, die aufgrund der einseitigen Struktur medialer Kommunikation beständig manipuliert werden kann.

Die Masse markiert nach Baudrillard das Ende des Sozialen, sie ist die Umkehrung alles Sozialen (vgl. Baudrillard 1979: 40). Medien beschleunigen das Ende des Sozialen, weil sie bedeutungslose Informationen produzieren, ohne noch Anknüpfungspunkte für bedeutungsvolle Kommunikation zu bieten. Der Überfluss an Information macht eine sinnhafte Selektion unmöglich, »the pressure of information pursues an irresistible destructuration of the social. Thus information dissolves meaning and dissolves the social« (Baudrillard 1994c [1981]: 81). Die Masse hat keine Bedeutung, kein Aktionszentrum und konstituiert keine bedeutungsvolle Kommunikation mehr, vielmehr ist sie der Adressat von Informationen, ohne an der Konstitution der Information noch beteiligt zu sein oder diese prägen zu können. Die Masse kann deshalb auch nicht mehr repräsentiert werden, weil Bedeutungsloses nicht mehr sinnhaft wiedergegeben werden kann. Die Masse ist »weder eine soziologische Einheit noch eine soziologische Realität«, sondern eine rein statistische Größe (Baudrillard 1979: 40).[10]

10 Dieses Verständnis der Masse steht im Gegensatz zu Überlegungen der Soziologie der Masse. In dieser wird vielmehr die soziale Dynamik von Massen, ihre Beeinflussbarkeit, aber auch das Handeln aus der Masse heraus themati-

Von hier aus wird verständlich, warum Baudrillard das Ende der Soziologie gekommen sieht: Ohne Soziales bleibt der Soziologie kein Aufgabenfeld. Soziologie wird mit dem Verschwinden des Sozialen obsolet. »Baudrillard simply leaves sociological discourse behind as one leaves behind what is no longer of any use to orient oneself in the world.« (Bogard 1990: 11)

Die starke These vom Ende der Soziologie steht aber auf schwachen Grundlagen, weil Baudrillard weder angibt, was denn das Soziale überhaupt ist, noch diskutiert, ob nicht eine Formveränderung der Soziologie – etwa ihre Transformation zu einer postmodernen Soziologie oder einer Soziologie der Postmoderne – eine mögliche Antwort der Soziologie auf das Zeitalter der Indifferenz und der Masse ist.

III. Einschätzungen

Jean Baudrillards Arbeiten gelten sowohl als »wichtig« für die Diskussion um die Postmoderne (Zima 1997: 99) wie auch als unverständlicher »Metaphernsuff« (Laermann 1985: 219). Einerseits erscheinen sie reich an »Witz, scharfer Beobachtung, polemisch zugespitzter Zeitdiagnose und anregender Provokation« (Baier 1986: 824), andererseits werden sie als »good science fiction but poor social theory« (Kellner 1988: 248) gekennzeichnet. Insgesamt reicht die Bandbreite der Einschätzungen von vorbehaltloser Hochschätzung bis zur entschiedenen Ablehnung.

Innerhalb der französischen Diskussion ist Baudrillard ein Außenseiter. Seine Arbeiten können und wollen sich nicht messen lassen an den Ansätzen von François Lyotard oder Michel Foucault, denn deren Anspruch bestand immer noch in der systematischen Explikation und Entfaltung theoretischer Aussagen, an deren Möglichkeit Baudrillard nicht mehr glaubt. Deshalb läuft

siert, um die sozialen Regelmäßigkeiten der Masse soziologisch erfassen zu können. Masse ist in diesem Sinne gerade keine amorphe, gestalt- und bedeutungslose, rein statistisch zu deutende Größe, sondern ein bedeutungsvolles Phänomen des Vergesellschaftungsprozesses (vgl. Geiger 1987 [1926]).

auch die Kritik Zygmunt Baumans am fehlenden archimedischen Punkt zur Fundierung der Gesellschaftskritik Baudrillards ins Leere (vgl. Bauman 1995 [1992]: 185). Nicht nur, weil das Konzept der symbolischen Integration einen solchen archimedischen Punkt bietet, sondern auch, weil systematische Kritik an Baudrillard nicht geübt werden kann, weil sein Denken nicht den Anspruch erhebt, theoretisch und damit systematisch vorzugehen (vgl. Rötzer 1991).

Gegen Baudrillards Arbeiten richten sich sowohl Einwendungen in Bezug auf die Methode wie auch Kritik im Grundsätzlichen. Die methodische Kritik moniert vor allem, dass Baudrillard kein kontrollierbares Verfahren verwendet und sich seit *Der symbolische Tausch und der Tod* nicht mehr an einer systematischen Gedankenentwicklung versucht. Methodisch gelten seine Arbeiten als zweifelhaft. »He fails to define his major terms, such as the code; his writing style is hyperbolic and declarative, often lacking sustained, systematic analysis when it is appropriate; he totalizes his insights, refusing to qualify or delimit claims. He writes about particular experiences, television images, as if nothing else in society mattered, extrapolating a bleak view of the world from that limited base.« (Poster 1988: 7) Die methodische Fragwürdigkeit seiner Verallgemeinerungen, die Strategien der Immunisierung gegenüber Kritik (vgl. für eine Liste der diskursiven Immunisierungsstrategien Zima 1997: 104), das Spielen mit Metaphern und Paradoxien sind mitverantwortlich dafür, dass eine wissenschaftliche Auseinandersetzung mit den Arbeiten Baudrillards oftmals unterbleibt, weil keine Anhaltspunkte für eine Auseinandersetzung aufgefunden werden können, die nicht Gefahr laufen, im nächsten Moment durch eine andere Aussage dementiert zu werden.

Die Kritik im Grundsätzlichen zielt vor allem darauf, dass seine Arbeiten nicht mehr als Beitrag zur Soziologie betrachtet werden können. Dies nicht nur, weil Baudrillard selber das Zeitalter der Soziologie für beendet erklärt hat, sondern auch, weil sein Metaphern liebender, mit Paradoxien spielender Stil eine systematische Explikation von Argumentationszusammenhängen fast unmöglich macht. Dies hängt vor allem mit seinem hypothetischen Denkstil zusammen. So ist beispielsweise die These vom Vorauseilen der Nachricht vor dem Ereignis eine hypothetische Zuspitzung, deren logische Unhaltbarkeit offensichtlich ist. Wird die These aber als Metapher gelesen, dann bekommt sie Bedeutung: unsere Realitätswahrnehmung wird stark über Medien vermittelt, wir hören und lesen Berichte über Ereignisse von allen Orten der Welt, obwohl wir noch nie da waren. Diese Erweiterung, diese »Ausdehnung des Menschen« hat Konsequenzen für unser Verhältnis zur Realität. Dies möchte die Metapher aufzeigen. Aber Baudrillard unterlässt Versuche, seine Metaphern in konkreten Untersuchungen zu prüfen.

Ein weiterer Grund für Kritik an Baudrillard hängt mit seiner These zusammen, dass die Soziologie angesichts der Auflösung des Sozialen in der Masse überflüssig sei. Eine systematische Auseinandersetzung mit dieser These ist bislang unterblieben, wenngleich sie oftmals herangezogen wird, um zu begründen, warum man sich aus soziologischer Perspektive mit einem Denken »nach« der Soziologie nicht befassen müsse. Aber die Arbeiten Baudrillards enthalten auch hier einen Kern, der sich in der These vom Ende der Soziologie, erneut als Metapher gelesen, verbirgt und eine Kenntnisnahme Baudrillards im soziologischen Diskurs nahe legt: die Vermutung, dass die Soziologie die Angemessenheit ihrer Perspektive, Methoden und Konzepte an eine veränderte Realität überprüfen muss.

Trotz dieser Einwände muss man dem Fazit von Christoph Norris – »I think we would do well to forget Baudrillard« (1990: 119) – nicht zustimmen. Baudrillards Arbeiten sind soziologischer Aufmerksamkeit würdig. Sei es, weil seine Analysen eine Provokation für die Soziologie darstellen, sei es, weil sie die wachsende gesellschaftliche Bedeutung von Medien und ihrer Beeinflussung des Sozialen zu rekonstruieren suchen, oder schließlich, weil mit dem Konzept des symbolischen Tausches eine rudimentäre Konzeption symbolischer Integration angeboten wird. Auch wenn der essayistische und metaphernreiche Stil die Aneignung von Baudrillards Überlegungen häufig erschwert, die Auseinandersetzung mit seinen scharfsichtigen Beobachtungen in Kombination mit einer für die Soziologie in Deutschland ungewöhnlichen Perspektive verspricht Gewinn.

Literatur

Ashley, D., 1997: History without a Subject. The Postmodern Condition, Colorado.

Baier, L., 1986: Der Schwindel der Simulation, in: Merkur 451/452, S. 807–824.

Barthes, R., 1981 [1964]: Elemente der Semiologie, Frankfurt am Main.

Bataille, G., 1975 [1967]: Das theoretische Werk, Bd. 1: Die Aufhebung der Ökonomie. Der Begriff der Verausgabung. Der verfemte Teil. Kommunismus und Stalinismus, hrsg. von G. Bergfleth unter Mitw. von A. Matthes, München.

Baudrillard, J., 1978a: Agonie des Realen, Berlin.

Baudrillard, J., 1978b: Kool Killer oder Der Aufstand der Zeichen, Berlin.

Baudrillard, J., 1979: Im Schatten der schweigenden Mehrheiten oder Das Ende des Sozialen, in: Freibeuter. Vierteljahreszeitschrift für Kultur und Politik 1/2, S. 37–55.

Baudrillard, J., 1981: For a Critique of the Political Economy of the Sign, Saint Louis.

Baudrillard, J., 1983: Laßt euch nicht verführen!, Berlin.

Baudrillard, J., 1990: Das Jahr 2000 findet nicht statt, Berlin.

Baudrillard, J., 1991a [1968]: Das System der Dinge. Über unser Verhältnis zu den alltäglichen Gegenständen, Frankfurt am Main/New York.

Baudrillard, J., 1991b [1976]: Der symbolische Tausch und der Tod, Anhang: G. Bergfleth, Baudrillard und die Todesrevolte, München.

Baudrillard, J., 1992 [1990]: Transparenz des Bösen. Ein Essay über extreme Phänomene, Berlin.

Baudrillard, J., 1994a [1987]: Das Andere selbst, Wien.

Baudrillard, J., 1994b [1992]: Die Illusion des Endes oder Der Streik der Ereignisse, Berlin.

Baudrillard, J., 1994c [1981]: Simulacra and Simulation, Ann Arbor.

Baudrillard, J., 1995 [1986]: Amerika, München.

Baudrillard, J., 2002a: Der Geist des Terrorismus, Wien.

Baudrillard, J., 2002b [2000]: Paßwörter, Berlin.

Bauman, Z., 1988: Sociology and Postmodernity, in: Sociological Review 36, 4, S. 790 – 813.

Bauman, Z., 1995 [1992]: Ansichten der Postmoderne, Hamburg/Berlin.

Bauman, Z., 1998: Work, Consumerism and the New Poor, Buckingham/ Philadelphia.

Blask, F., 1995: Baudrillard zur Einführung, Hamburg.

Bogard, W., 1990: Closing down the Social: Baudrillard's Challenge to Contemporary Sociology, in: Sociological Theory 7, S. 1 – 15.

Bolz, N., 1994: Es war einmal in Amerika, in: R. Bohn/D. Fuder (Hrsg.), Baudrillard: Simulation und Verführung, München, S. 93 – 102.

Breuer, S., 1984: Strukturales Wertgesetz und Todesrevolte, in: Merkur 426, S. 477 – 482.

Connor, S., 1989: Postmodernist Culture: An Introduction to Theories of the Contemporary, Oxford.

Dawe, A., 1978: Theories of Social Action, in: T. Bottomore/R. A. Nisbet (Hrsg.): A History of Sociological Analysis, New York, S. 362 – 417.

Derrida, J., 1974 [1967]: Die Schrift und die Differenz, Frankfurt am Main.

Dosse, F., 1999 [1991]: Geschichte des Strukturalismus, 2 Bde., Frankfurt am Main.

Geiger, T., 1987 [1926]: Die Masse und ihre Aktion. Ein Beitrag zur Soziologie der Revolution, Stuttgart.

Girndt, H., 1967: Das soziale Handeln als Grundkategorie erfahrungswissenschaftlicher Soziologie, mit einer Einführung von J. Winckelmann und einer Bibliographie von W. M. Sprondel, Tübingen.

Habermas, J., 1981: Theorie des kommunikativen Handelns, 2 Bde., Frankfurt am Main.

Jung, T., 1991: Jenseits der Geschichte – Jenseits des Humanen? Zur Kennzeichnung der Gegenwartsmoderne durch J. Baudrillard, in: S. Müller-Doohm (Hrsg.): Jenseits der Utopie. Theoriekritik der Gegenwart, Frankfurt am Main, S. 364 – 395.

Junge, M., 2002: Die Deutungsrahmen für den 11. September in den Kommentaren ausgewählter Tageszeitungen, in: Peripherie 11, 88, S. 463 – 484.

Junge, M., 2003: Die Bewältigung des 11. September in ausgewählten Tageszeitungen, in: J. Allmendinger (Hrsg.): Entstaatlichung und soziale Sicherheit. Verhandlungen des 31. Kongresses der Deutschen Gesellschaft für Soziologie in Leipzig 2002, 2 Bde. + CD-ROM, Opladen, S. 311 – 321.

Kellner, D., 1988: Postmodernism as Social Theory. Some Challenges and Problems, in: Theory, Culture & Society 5, S. 239 – 269.

Kellner, D., 1989: Jean Baudrillard. From Marxism to Postmodernism and Beyond, Cambridge.

Laermann, K., 1985: Das rasende Gefasel der Gegenaufklärung: Dietmar Kamper als Symptom, in: Merkur 433, S. 211 – 220.

Lockwood, D., 1964: Social Integration and System Integration. In: G. K. Zollschan/W. Hirsch (Hrsg.): Explorations in Social Change, London, S. 244 – 257.

Luhmann, N., 1984: Soziale Systeme. Grundriß einer allgemeinen Theorie, Frankfurt am Main.

Luhmann, N., 1997: Die Gesellschaft der Gesellschaft, 2 Bde., Frankfurt am Main.

Mauss, M., 1990 [1925]: Die Gabe. Form und Funktion des Austauschs in archaischen Gesellschaften, Frankfurt am Main.

McLuhan, M., 1996 [1964]: Understanding Media. The Extension of Man, Cambridge (Mass.)/London.

Norris, C., 1990: Lost in the Funhouse: Baudrillard and the Politics of Postmodernism, in: R. Boyne/A. Rattansi (Hrsg.): Postmodernism and Society, London, S. 119 – 153.

Poster, M., 1988: Introduction, in: J. Baudrillard, Selected Writings, hrsg. von M. Poster, Stanford, S. 1 – 9.

Ritzer, G., 1997: Postmodern Social Theory, New York.

Ritzer, G., 1999: Enchanting a Disenchanted World. Revolutionizing the Means of Consumption, Thousand Oaks/London/New Delhi.

Rötzer, F., 1991: Die Rache der Dinge. Nachwort, in: Baudrillard 1991a.

Schulze, G., 1992: Die Erlebnisgesellschaft. Kultursoziologie der Gegenwart, Frankfurt am Main/New York.

Simmel, G., 1992 [1895]: Zur Psychologie der Mode. Sociologische Studie, in: G. Simmel, Gesamtausgabe, Bd. 5: Aufsätze und Abhandlungen 1894 – 1900, hrsg. von H.-J. Dahme und D. Frisby, Frankfurt am Main.

Smart, B., 1992: Modern Conditions, Postmodern Controversies, London/New York.

Zima, P. V., 1997: Moderne/Postmoderne. Gesellschaft, Philosophie, Literatur, Tübingen/Basel.

THOMAS KELLER

Ein französischer Lebenssoziologe: Michel Maffesoli

I. Das Einwandererkind: Die Soziologie unterwandern

»Zum Andenken meines Vaters, der, von Beruf Stollenarbeiter, seit seinem 14. Lebensjahr der prometheischen Ideologie einen hohen Tribut entrichtet hat.«[1] In dieser Widmung ehrt Michel Maffesoli den Vater, der mit seiner Arbeit sich gegeben hat (»il a donné de sa personne«, würde Marcel Mauss sagen) und dafür eine Gegenleistung beanspruchen kann. Aber die sozialstaatliche Absicherung, die Lohnsteigerung, der Urlaub, die Krankenversicherung, die Rente können nicht mehr – wie noch von der sozial engagierten Durkheim-Gemeinde angenommen – den Einsatz aufwiegen. Der Tribut ist ein zu hoher gewesen. Der Einsatz stand im Zeichen von Prometheus, dem Gott des Produktivismus, des ökonomischen Leistungsethos und der abhängigen Arbeit, mit der die Menschen sich die Erde untertan machen wollen. Indem der Sohn mit Dionysos einen anderen Gott, einen des Hedonismus und der Orgie anruft, zieht er eine transgenerationale Lehre des Ausgleichs. Die einwandernde Vätergeneration ist eine durch Arbeit geschädigte. Der Sohn macht es in der nächsten Generation anders, er macht aber auch etwas wieder gut. Er erobert die dem Vater abgepresste Lebenskraft zurück, er heilt den geschundenen Körper des Vaters. Auch diese Verletzung ist ein Schlüssel zum an-ökonomischen Lebenssoziologen Maffesoli.

1 Widmung von Michel Maffesoli zu *Der Schatten des Dionysos. Zu einer Soziologie des Orgiasmus,* Frankfurt am Main 1986. Ich übernehme für dieses Buch die Übersetzung von Martin Weinmann – mit einer Ausnahme: ich bilde die Neologismen »sozietal« und »Sozialität« für *sociétal* und *socialité*. Für die übrigen Texte stammen die Übersetzungen von mir.

Hier einige biographische Daten: Geboren ist Maffesoli 1944 in einer italienischen Einwandererfamilie. Dies versteht er als Auftrag, immer Mischungen anzustreben und keine falsche Einheit der widersprüchlichen Wirklichkeit überzustülpen (vgl. Eersel 2003: 4). Aus dem Bergarbeitermilieu von Graissessac, einem kleinen Ort in der Nähe von Montpellier stammend, das sich gewissermaßen unterirdisch mit harter Arbeit integrierte, funktioniert für ihn noch die Schule der Republik, die ihre Neuankömmlinge fördert und ihren sozialen Aufstieg in die Wege leitet. Der Einwanderersohn kommt im gelehrten Frankreich der Akademiker an. Er erteilt sich die Lizenz zum Philosophieren und Soziologisieren – als Außenseiter, als Eindringling in die feinen Kreise. Dies teilt er mit Pierre Bourdieu – und doch ziehen beide völlig andere Konsequenzen. Er wechselt weder auf die andere Seite – diejenige der Inhaber der Macht –, noch nutzt er seine errungene Position des Intellektuellen, um als Anwalt der Unterdrückten aufzutreten und antiliberale Politik zu verfechten. Verfolgte der Vater seine Integration im Bergbau unterirdisch, so betreibt der Sohn im Tagebau der Institutionen »Subversion« – so ein von Maffesoli gern gebrauchter Begriff. Und er gelangt beim Unterhöhlen auch auf deutsches Terrain.

Maffesoli will sich nicht einfach integrieren und nachahmen. In den Humanwissenschaften gibt es Primär- und Sekundärwissenschaftler. Die Ersteren wollen Neues finden, Nichtgedachtes zum ersten Mal sagen. Sie tun dies vor allem durch die Interpretation des Neuen, des Aktuellen. Die Letzteren wahren den Bestand und vermitteln das Fachwissen an weitere Generationen. Manchmal fügen sie dem bekannten Gebäude einen zusätzlichen Raum an. Maffesoli gehört zur ersten Kategorie. Obwohl er sich auf die konkrete Wirklichkeit bezieht, ist das ruhige und geduldige Zusammentragen von Daten, die empirische Sozialforschung – womöglich mit Statistiken – seine Sache nicht. Und doch ist er Empirist im Sinne einer Beobachtung und Erfassung von zeitgenössischen Alltagsphänomenen. Ein Mann der Zeit ist er auch durch seine Medienpräsenz, und nicht durch eine Präsenz in Petitionen und Aktionen, wie sie Bourdieu betrieb. Berühmt und auch berüchtigt ist Maffesoli als Lebenssoziologe kollektiver Kräfte, der gegen seine Zunft löckt und die Provokation nicht scheut – immer in den liebenswürdigsten Umgangsformen. Das anregende Prickeln, das »Aufschäumen« *(effervescence)* von Lebensenergie in den unterschiedlichsten gemeinschaftlichen Tätigkeiten ist ein weiterer seiner Lieblingsbegriffe.

Sein Studium nimmt er in Straßburg auf, an der Grenze. Als noch gerade im Krieg Geborener gehört er der Achtundsechziger-Generation an, wird aber weder Prophet noch Renegat dieser Generation. Straßburg ist damals die Hochburg der Situationisten um Guy Debord, die bereits vor dem Pariser Mai 1968 für Unruhen sorgen und nie ganz in der Studentenbewegung aufgehen. Das Spielerische aus dem Situationismus wird Maffesoli immer wieder für sich beanspruchen. An der Straßburger Universität bekommt er über Julien Freund auch die Mitgift der deutschen verstehenden Soziologie, die das Konflikt- und Gewaltpotenzial des Menschen in Rechnung stellt – Georg Simmel und Max Weber (mit Abstechern zu Carl Schmitt und Raymond Aron). Diese Lehre lässt ihn das moralisierende Gutmenschentum abwehren.

Nach dem Magisterexamen wechselt Maffesoli von Straßburg nach Grenoble. Hier kommt zur durkheimschen Soziologie und der Tradition der deutschen hermeneutischen Geistes- und Kulturwissenschaften ein weiteres Erbe. In Gilbert Durand findet Maffesoli seinen Lehrmeister. Durand ist Schüler von Gaston Bachelard und Gründer des Centre de Recherche sur l'Imaginaire, das Anstöße aus der *Psychoanalyse des Feuers* von Bachelard aufnimmt. Über Durand speist Maffesoli noch eine andere, interkulturelle Quelle, nämlich der Eranos-Kreis, in dem unter anderen C. G. Jung, Karl Kerenyi, Adolf Portmann, Gershom Scholem und Alain Corbin aktiv waren. Hier kommen die mystisch-esoterischen Komponenten der Religionen zu Wort.

Von Durand promoviert, erwirbt Maffesoli 1976 den Doktorgrad ès lettres in Soziologie mit einer Arbeit über *La dynamique sociale*. Er wird Lehrbeauftragter, dann Maître Assistant. Seit 1981 ist er Professor an der Universität Sorbonne (Paris V) in Humanwissenschaften, er besetzt den Lehrstuhl von Durkheim. 1982 gründet er mit Georges Balandier das Centre d'Etudes sur l'Actuel et le Quotidien (CEAQ). Mit Balandier, dem Gründer der Zeitschrift *Présence Africaine,* Autor von *L'Afrique ambiguë* (1957) und Interpret synkretistischer kolonialer Situationen und sozialer Inversionen zum Beispiel im Karneval, kommt Maffesoli mit einem früheren Mitarbeiter von Michel Leiris und so mit dem Erbe des Collège de Sociologie in Berührung. Das CEAQ umfasst inzwischen mehrere Untergruppierungen. Maffesoli wird, in Nachfolge von Durand, Generalsekretär des Centre de Recherche sur l'Imaginaire. Auch wird er zum Vizepräsidenten des Institut International de Sociologie, 1893 von René Worms gegründet, gewählt. Er ist Herausgeber der Zeitschriften *Sociétés* und *Cahiers de l'imaginaire.*

Im CEAQ wird die Rolle des Imaginären bei der Konstruktion der Alltagswirklichkeit jenseits von Trennungen wie wahr/falsch, real/irreal aufgeschlüsselt. Neue Formen von Sozialität wie Konsumentenvereinigungen, Vereinigungen dionysischer Art (Rave-Partys) funktionieren nach Maßgabe von Proximität. Sie stellen ortsgebundene Wiederaneignungen sozialer Existenz dar. Jene neuen Bindungen begründen die neuen »Stämme« *(tribus)* der Postmoderne. Neben den neuen Lokalisierungen feiert Maffesoli das moderne Nomadentum. Er nimmt es in einer Leben-Werk-Einheit für sich selbst in Anspruch. In die essayistischen Texte gehen schweifende Erfahrungen und Ortswechsel ein. Mit der lebensgeschichtlichen Sättigung seiner soziologischen Studien wird Maffesoli das Enfant terrible der wissenschaftlichen Gemeinde. Er betreut Arbeiten, die anderswo abgelehnt werden, darunter die Dissertation der Astrologin Teissier. Diese prekäre Stellung in der Wissenschaftsgemeinde wird durch den Publikumserfolg ausgeglichen. Viele Studien sind als Taschenbücher vorrätig. Im Skandalon ist er vielleicht vergleichbar mit Peter Sloterdijk. So lässt sich – wenngleich er im Zentrum der französischen Soziologie angekommen ist – mit gleichem Recht behaupten, dass mit ihm die Familie Maffesoli noch immer einwandert.[2]

2 Maffesoli wird ganz offensichtlich von weiten Teilen der Wissenschaftsgemeinde geschnitten. Vergeblich sucht man einen Hinweis auf ihn in François Dosses *L'empire du sens. L'humanisation des sciences humaines* (1995), in

Zu diesem Immigrieren gehört auch, dass der Soziologe-Bergmann keine Duellforderung annimmt, die ihn dem Gegner bloß annähern würde. Jede Äußerung muss unterirdisch höhlen, muss unterwandern, um ethisch gerechtfertigt zu sein: »Das Individuum ist nicht in einem Zustand fixiert. [...] Die Grenzen beginnen sich zu verwischen. Zuwiderhandeln, eine Opposition bilden ist nicht mehr wichtig; denn auch der, der sich auseinandersetzt *(contestare)* teilt mit dem den Boden, gegen den er sich stellt.« (Maffesoli 1986: 14)

Die Immigration-Subversion ist ein väterlicher Beruf. Jede Schlacht auf dem Terrain der Orthodoxie aber wäre hoffnungslos. Immer ist Maffesoli schon woanders. Da eine solche nomadische Soziologie sich jeglicher Vereinheitlichung formal und inhaltlich entzieht, haben die folgenden Versuche der systematischen Darstellung zwangsläufig etwas Gewaltsames.

II. Ein nicht sehr gesitteter französischer Schüler: Die implosive Verteidigung Durkheims

Die allererste Subversion Maffesolis ist diejenige der Soziologie des Übervaters. Maffesoli besetzt (einige Kollegen meinen sicherlich: usurpiert) den Lehrstuhl von Emile Durkheim an der Sorbonne. Der Weg seiner Karriere wiederholt etwas von der Bewegung der Schleife der jüdischen Begründer der französischen Soziologie – von der Grenze zum Zentrum. Eine Subversion der französischen Tradition muss zunächst das Subvertierte aufgreifen. Maffesoli bleibt Soziologe, indem er wieder auf die »Urszene« des Totemismus zurückgeht. In den von Durkheim analysierten

dieser Übersicht über neue Theorien in den französischen Humanwissenschaften haben immerhin Edgar Morin und die Gruppe um *La Revue du MAUSS* ihren Platz, oder in Bernard Valades *Introduction aux sciences sociales* (1996). Selbst in der Übersicht von Claude Javeau, *Sociologie de la vie quotidienne* (2003) ist gerade noch sein Titel *La conquête du présent* zitiert, von Maffesolis Thesen selbst ist im Text keine Rede mehr.

Corrobori-Festen sucht er die Trennung von sakral und profan wieder auf. Er legt nicht die durkheimschen Klassifikationen der Totems neu auf, sondern zeigt, wie die symbolische Praxis Mensch, Tier, Pflanze und unbelebten Gegenstand in eine »Umwelt« einbettet. Das Symbol überbrückt damit die Natur-Kultur-Bruchstelle. Insofern Durkheim gesellschaftliches Leben von Symbolismus abhängig macht, gibt er der Gruppe Vorrang und befördert ihre Selbstwahrnehmung. Auch Durkheim nimmt eine anonyme unpersönliche Kraft an, die das Individuum nährt, größer als es ist, vergängliche Individuen und Generationen überlebt, auf andere Menschen, Lebewesen und Dinge übergeht und das Rückgrat der Welt bildet. Diese Lebensbejahung setzt die alltägliche Anerkennung des Todes voraus. Durkheim berücksichtigt den zwiespältigen Ursprung des symbolischen Bands in der Zusammenziehung des Göttlich-Gesellschaftlichen *(divin-social)*. Während aber Durkheim diese Einebnung der Unterschiede von Mensch und Ding als Selbst-Täuschung über den symbolischen Charakter von gesellschaftlicher Praxis ansieht, macht Maffesoli genau hier eine Einsicht in die nichtrationalen Eigenschaften des Symbolischen fest. In ihm materialisieren sich Vorstellungen, die sensitiv, emotional, imaginär sind. Diese gegebene Begabung für Gemeinschaft ist eine andere als die des Tausches. Niemand gehört sich selbst oder einem einzigen anderen allein. Nicht die Trennung von sakral und profan, sondern die Wiederzusammenfügung beider leitet Maffesoli. Im Corrobori-Fest manifestiert sich die orgiastische Energie des Menschen, auf die alle Gemeinschaft zurückgeht. In der Zusammenziehung des Göttlich-Gesellschaftlichen ermittelt Maffesoli jenen Punkt, an dem Eros und Gemeinschaft sich verbinden. Der Sexus sprengt alle Ich-Grenzen und auch die Normen der Gesellschaft.

Damit aber wird der Begriff des Sozialen *(social)* unbrauchbar bzw. missverständlich und nur noch eingeschränkt verwendbar. Im deutschen Sprachgebrauch kann er vom Gesellschaftlichen geschieden werden. Er kann nur noch für einen historischen Abschnitt in der Menschheitsgeschichte stehen. Das Individuationsprinzip in der Moderne setzt zugleich das Soziale frei, das für

Maffesoli das Verschwinden der organischen Solidarität verdunkelt. Maffesoli zufolge sind beide – Individualismus und Soziales – inzwischen müde geworden. Bereits in *La violence totalitaire* (1979) entwickelt Maffesoli den Unterschied von Macht *(pouvoir)*«, die auch sozial *(social)* ist, und *puissance sociétale* (Maffesoli 1979a). Mit »sozialer Macht« ist ein politisch-ökonomisch-kultureller Komplex, das Sozialstaatliche eingeschlossen, gemeint, in dem Maffesoli offen brutale und sanfte (technokratische) Formen des Totalitarismus zu sehen vermeint. Die sozietale Kraft dagegen ist zugleich unproduktive Verausgabung. Hier wird die bataillesche Vorstellung vom verfemten Teil *(la part maudite),* dem verbrauchenden Part innerhalb einer allgemeinen Ökonomie eingearbeitet. Mit *puissance sociétale* ist eine Kraft gemeint, die für alles offen ist, alles integriert, auch Esoterisches, Okkultes. Die Sozialität gehört zu einer Ordnung des Unbestimmten. Der Individualismus und das Soziale verlieren im Rahmen eines entstrukturierenden Gemeinschaftslebens an Boden. Maffesoli setzt unbestimmt und holistisch auf ein Zusammensein im Zeichen von Eros.

So implodiert die durkheimsche Soziologie. Maffesoli kehrt sie aber auch um: jenseits des Sozialen, in dem sich die mechanische Solidarität äußert, kommt die Sozialität in den Blick, in der organische Solidarität (wieder) möglich ist. In Sozialität kreuzt sich der Bezug zum Kosmos mit dem Bezug zum Anderen. Diese Lehre von lebendiger Kollektivität vertauscht die durkheimsche Begrifflichkeit (vgl. Maffesoli 2000a [1988]: 19): Die archaischen und postmodernen Gesellschaften verwirklichen organische Solidarität, die modernen Gesellschaften mechanische Solidarität. Sozial ist die mechanische Struktur der Moderne. In ihr sind Individuen funktional politisch-ökonomischen Organisationen und Strukturen unterworfen. Die Individuen der Moderne verkehren untereinander in Gruppen, die nach Vertragslogik funktionieren. Sozietal ist die komplexe und organische Struktur der Postmoderne. Erst in ihr kommen die Massen zu ihrem Recht. Die Masse lässt das Rollenspiel von Personen zu. Maffesoli erschließt aus dem Begriff der Person (besondere und solidarische Seinsform) den Persona-Aspekt (Maske). Die Personen schließen sich in gefühlsmäßigen Kleingruppen (»Stämmen«) zusammen. Mit der Periodisierung und der Lokalisierung in der Postmoderne macht Maffesoli einen freien Gebrauch von François Lyotards Ablehnung der »großen Geschichten« *(métarecits)* der Moderne zugunsten verstreuter Kombinationen in der postmodernen Konstellation.

Vom positivistischen Durkheim bleibt nichts mehr übrig. Gegen die modernen Auffassungen einer perfektiblen Welt und ihren perfektiblen Menschen, gegen den gesellschaftlichen Holismus der Vernunft beharrt Maffesoli auf dem Unvollkommenen postmoderner Sozialität. Empfindsamkeit, Sinnlichkeit und Ungewissheit, ein Clair-obscur begründen nicht soziale, sondern symbolisch-sozietale Bande. Das gesellschaftliche Band *(lien social)* weitet und wandelt sich vom sozialen Kitt zum Weltleim.

Um diese Formen des Zusammenschlusses, die Bindungen zum anderen, nachzuvollziehen ist ein Blick auf die Anleihen nötig, die Maffesoli beim deutschen Denken, insbesondere bei der so genannten verstehenden Soziologie macht.

III. Ein Lehrling in Deutsch-Studien: Von den Gruppenformen der *verstehenden Soziologie* zu den heutigen »Stämmen«

Den Gruppenbezug über das Gesellschaftlich-Symbolische bei Durkheim gewinnt Maffesoli nur forciert, insofern er vergemeinschaftende Vorgänge wie Tauschbeziehungen (das heißt die enge Verbindung von Religion und Ökonomie in der französischen Ethnosoziologie) zugunsten des ungebärdigen gemeinschaftschaffenden Eros ausblendet. Das ganze Werk von Maffesoli durchzieht die Anwesenheit deutscher Kultur. So stößt der Leser immer wieder auf Hölderlin- und auch Rilke-Zitate. Für die anthropologischen Elemente, die vom Sozialen ins Sozietale überleiten, bedient er sich im Fundus lebensphilosophischen Denkens. Dies ist natürlich einmal Friedrich Nietzsche, dessen Invektiven gegen

Utilitarismus und jüdisch-christliche Moral er sich zu Eigen macht. Im deutschen Denken findet Maffesoli Fürsprecher der Situations- und Umweltgebundenheit. Dies – und nicht der Kulturpessimismus – motiviert die Hinweise auf die Existenzphilosophie, auch auf diejenige Martin Heideggers. Die Anwälte einer Sympathia universalis, sind ihm verbündete Lebensphilosophen etwa in der Gestalt von Max Scheler, dessen Sympathielehre in der französischen Übersetzung von 1928, etwa die Schilderung der psychischen Ansteckung, von Gefühlsgemeinschaften, von Fusion er wiederholt erwähnt (Maffesoli 2000 [1988]: 137). Die deutschen Denker sind für ihn attraktiv, insofern sie unterschiedlichste Formierungen von Kollektiven beschreiben, die sich rationalen Verhaltensweisen entziehen. Max Weber bespricht Gruppenformen wie die Sekten. Georg Simmel stellt Geheimgesellschaften vor. Maffesoli fügt die Mafia als Beispiel hinzu. Er popularisiert Simmel, um das Spektakel in zeitgenössischen Stadtkulturen (Jogging, Punk, Retro-Look) zu beschreiben. Alfred Schütz beschreibt in *Making Music Together* Jugendgruppen, die sich über »Syntonie« als eine lebende Präsenz bilden (Maffesoli 2000 [1988]: 133). Von Schütz leiht er auch das »Taken for granted« (Maffesoli 2000 [1988]: 78). Gemeint ist eine Beziehung zur Umwelt, die auf die gleichsam natürliche Bindungskraft vertraut und immer wieder anerkennt, was ist. In den banalsten Aktivitäten – Lottospielergemeinschaft, Dallas-Fanclubs – vollzieht sich alltäglich auf »natürliche« Weise eine Wiederverzauberung der Welt.

»On participe tant bien que mal, on est de ce monde misérable, imparfait et pourtant préférable à ›rien‹. Vision tragique s'il en est, qui suppose moins le changement (réforme, révolution) que l'acception de ce qui est, du statu quo.« (Maffesoli 2000 [1988]: 78)[3] Während es Charakteristikum des Sozialen ist, das Individuum funktional einzubinden – in eine Partei, eine Ge-

3 »Wir nehmen so gut wir können teil, wir sind von dieser erbarmungswürdigen, unvollkommenen und doch dem Nichts vorzuziehenden Welt. Dies mag eine tragische Weltsicht sein, die weniger die Veränderung (Reform, Revolution) voraussetzt als das Anerkennen, dessen, was ist, des Status quo.«

werkschaft, einen Verein, eine stabile Gruppe –, ist Sozialität dadurch gekennzeichnet, dass die Person ihre Rollen wechseln kann. Die ursprüngliche Bedeutung von Person als »Maske« *(persona)* tritt wieder hervor: »la personne (persona) joue des rôles, tant à l'intérieur de son activité professionelle qu'au sein des diverses tribus à laquelle elle participe« (Maffesoli 2000 [1988]: 138)[4].

Nicht die dramatische Authentizität des Sozialen, sondern die tragische Oberflächlichkeit des Sozietalen zieht Maffesoli an. Die Oberfläche ist nicht einfach oberflächlich. Sie ist unerlässlich, nämlich ein Mittel, gemeinsam zu empfinden (etwa durch das gegenseitige Wiedererkennen und Abgrenzen durch Kleidung, Haarfärbung usw.). Das Zusammensein erlaubt, sich zu berühren. Hier beruft sich Maffesoli sogar auf die Einfühlung nach Wilhelm Worringer (Maffesoli 2000 [1988]: 139). In diesem Sinne ist das Ethische das Ästhetische.

Obwohl Maffesoli selbst den Bogen zu der *gesellschaftlichen Konstruktion der Wirklichkeit* nach Berger/Luckmann zieht (er hat für die französische Ausgabe das Vorwort geschrieben), bietet er keine ausgearbeitete hermeneutische Interaktionssoziologie, die den Umweltbezug in verschiedene Mitwelten aufschlüsseln würde. Auch finden sich keine Verweise auf die personalistische Tradition oder die philosophische Anthropologie, etwa auf Konzepte wie Weltoffenheit, Rolle, exzentrische Positionalität. Er setzt in Versatzstücken Weber, Simmel, Scheler, Schütz ein, um auf phänomenologische Weise, das heißt ausgehend von sozialer Morphologie, Formen der vielfältigen postmodernen Zugehörigkeiten zu erfassen.

Die Postmoderne ist durch Rückkehr zum Archaismus gekennzeichnet. Sie vollbringt auch die Rückkehr des Eros gegen Rationalismus und Utilitarismus der Moderne. Mit diesem nietzscheanischen Zeitverständnis wendet sich Maffesoli gegen den Miserabilismus der Achtundsechziger. Unsere Städte sind von Stämmen bevölkert. Das, wofür Maffesoli den Begriff *tribu* prägt,

4 »Die Person (persona, Maske) spielt Rollen, sowohl im Rahmen beruflicher Tätigkeiten wie auch innerhalb der verschiedenen ›Stämme‹, an denen sie teilnimmt.«

wird im Deutschen meist mit Kultur wiedergegeben. Solidarität findet sich in organischer Form heute fragmentiert in den verschiedenen Konsumentenkulturen. Damit ist ein doppeltes Globalisierungsschema gegeben. Die Modernisierung ist Verwestlichung im Zeichen des Fortschritts. Die Postmodernisierung ist Veröstlichung als Synkretismus. Gemeint ist nicht die alleinige Aufnahme etwa asiatischer Versatzstücke, von Essens-, Kleidungs-, und Festsitten aus verschiedenen Ländern und Kontinenten. Das Individuum, das früher in sozialen Rollen, Familie, Beruf gefangen war, ist heute frei. Im Flatterhaften, Wechselhaften, in multiplen Aktivitäten wie Fest, Vergnügen, Zerstreuungen träumt und zirkuliert »es« unaufhörlich auf einem flottierenden Territorium *(il flue)*. Die Person bewegt sich gelenkt und getrieben von Trieben, Geschmack, Vorlieben, Fantasien und Träumen, sodass sich zufällige Begegnungen ergeben. Ein kollektives Unbewusstes – hier finden die Verweise auf Jung ihren Platz – bricht sich Bahn.

Das Postmoderne nach Maffesoli meint auch das, was in anderen soziologischen Kontexten (postmaterialistischer) Wertewandel genannt wird. Maffesoli verschränkt Gemeinsinn und ästhetische Sensibilität. Das Spielerische, das es ermöglicht, die Welt so zu akzeptieren, wie sie ist, nämlich vergänglich, unvollkommen und mangelhaft, entzieht sich allen Einschließungen in Minderheitengruppen der Political Correctnes. Maffesoli geht nicht nur von den alten sozialen Bewegungen zu den neuen wie der Studenten- und Umweltschutzbewegung. Die neuen Kristallisationen – hier baut Maffesoli den Begriff Stendhals aus dessen Liebeslehre ein – sind viel polymorpher als die eingrenzenden Schwulen-, Lesben- oder andere Gruppen. So entkommen die Elterngruppe von Homosexuellen oder die AIDS-Selbsthilfegruppe gewöhnlichen Klassifikationen.

Die postmoderne Realität verräumlicht. Die Nähe wird entscheidend. Mit einem Wortspiel betont Maffesoli, wie der Ort das Band erzeugt: »le lieu fait lien« (Maffesoli 2002: 225). Der jeweilige Genius Loci wirkt – im Alltag (Maffesoli 2000 [1988]: 227). Die Soziologie des Alltags wendet sich gegen den Stoßseufzer über den Tagesablauf des Parisers, den »boulot, métro, dodo« (Maloche, U-Bahn, Pennen) bestimmt. Nicht die Kritik der Alltäglichkeit eines Henri Lefèbvre (1981), sondern Wiederverzauberungen der Wirklichkeit im Alltag locken Maffesoli. Er verteidigt nicht den Markt, sondern gibt sich überzeugt, dass der Markt nicht alles kolonisieren kann. Der Alltag ist das Heiligtum der Gesellschaft, er stellt ein transhistorisches Widerstandnetz dar, das der Markt nicht erobern kann.

Auch hier ist ein Rest Durkheim-Tradition: das Gesellschaftliche soll – bei Durkheim als Sozialmoral – immer auch dem rein Ökonomischen entkommen. Aber Maffesoli identifiziert mit Nietzsche gerade in der Moral den utilitaristischen Ökonomismus. Das anarchische Leben ist woanders wirksam. In der Vorstellung Maffesolis fehlt noch ein Element, das die Beschreibung der neuen Kulturen erst unverwechselbar macht. Das Sozietale ist bunt, schillernd, unvorhersehbar. Es ist ein Tertium datur. Ein besonderes Interesse gilt der Aufmischung von binären Konstellationen durch Dritte, deren vielfältige Daseinsformen ihm über Julien Freunds Studien zu Simmel und anderen vermittelt sind. Hier öffnet sich die Bresche zum Ungewissen, zur Komplexität, zum Widersprüchlichen. Damit verbindet Maffesoli deutsche Denkanstöße mit dem Konzept des Widersprüchlichen nach Stéphane Lupasco, Marc Beigbeder und Gilbert Durand.[5] Widersprüchlich ist aber vor allem das »Imaginäre« (die Einbildungskraft).

IV. Dem Meister verpflichtet: Das Imaginäre denken

In seinen ab den fünfziger Jahren begonnenen Forschungen zum Imaginären versucht Maffesolis Meister Durand[6], das bildliche Denken als eigenes in sein Recht zu setzen. Symbole erzeugen

5 Vgl. Maffesoli (2002b [1992]: 55), vgl. auch Stéphane Lupasco, *Logique et contradiction,* Paris 1947.

6 Vgl. Durand (2002 [1969]).

Sinn nicht durch differentielle Abstände, sondern durch Koagulation, das heißt durch eine Einheit des Gegensätzlichen. Diese Einschätzung erfolgt im Gegensatz zu klassischen Theorien, die das Imaginäre als *folle du logis* abwerten. Sartre unterscheidet nur Gedächtnis und Vorstellung. Durand fühlt sich Bachelards phänomenologischem Blick verpflichtet: »suivre le poète jusqu'à l'extrémité de ses images sans réduire jamais cet extrémisme qui est le phénomène même de l'élan poétique« (Bachelard 1957: 198).[7] Damit überhaupt eine phänomenologische Reduktion stattfinden kann, muss erst einmal eine Bescheidenheit, eine Zurücknahme gegeben sein, die unvoreingenommen die Bilder im Lebensvollzug direkt aufnimmt.

Im die Bilder konstituierenden Symbol verliert das Zeichen seine Willkürlichkeit. Signifikant und Signifikat werden homogen. Auch das Imaginäre kann klassifiziert werden, so Bachelards Aufteilung in die vier Elemente oder Dumézils funktionale Dreigliederung in Priester, Krieger und Bauer. Aber diese Klassifikationen sind noch aufgesetzt und beseitigen nicht die grundsätzliche Zweideutigkeit der symbolischen Motivation. Gemeinsam ist dem Imaginären der Austausch zwischen subjektiven aufnehmenden Trieben und den Gegebenheiten der sozialen und kosmischen Umwelt. Nicht die Form der Symbole ist entscheidend, sondern ihre Kraft, die Bewegungen auslöst – wie die Reflexe bei Neugeborenen und anderen (hier Minkowski, die russische Betscherow-Schule und Jean Piaget) oder Techniken der Bearbeitung von Materie (André Leroi-Gourhan).

Maffesoli weitet die Rehabilitation des Imaginären zu einer allgemeinen Verteidigung bildhaften Denkens aus. Er stellt sich gegen das Bilderverbot bei den Propheten, Descartes, Sartre und anderen. Damit ist auch derjenige ausgemacht, auf den das Bilderverbot zurückgeht: »il convient de s'interroger sur l'ambiguïté fondamentale de tout phénomène humain, il convient de

7 »Dem Dichter folgen in das Extreme seiner Bilder, ohne jemals diesen Extremismus zu schwächen, der das Phänomen selbst des dichterischen Elans ist.«

restaurer un paganisme pluriel face à un monothéisme réducteur et simpliste« (Maffesoli 1998a [1979]: 22).[8]

Die Postmoderne nach Maffesoli ist zum Anfassen. Sie ist inkarnierte leibliche Vernunft. Er vereinnahmt die mystischen und esoterischen Bestandteile der Religionen, so die spanischen (Theresa von Avila, Johannes vom Kreuz) und deutschen (Jakob Böhme, Meister Eckhart) Mystiker, die Kabbala und die Lehre von Sabbatai Zwi nach Scholem, die islamische Gnosis nach Corbin (vor allem der persische Mystiker Sohrawardi). Immer enthalten die Äußerungen dieser Mystiker Schilderungen eines orgiastisch-ekstatischen und erotischen Verhältnisses zum Göttlichen. Indem die Traumgesichter, das Spielerische, das Imaginäre und das Sensitive der Vorstellung ihren Raum erhalten, integrieren sie ein nichtrationales Potenzial des Menschen, das in verdrängter Form gefährlich ist. Der jüdisch-christliche Wertekanon, der für Maffesoli in nietzscheanischer Lesart auf Arbeit, Vernunft und Utilitarismus beruht, ist gewalterzeugend. Der Neopaganismus ist natürlich von den konservativen Revolutionären des GRECE, des französischen Intellektuellenzirkels um Alain de Benoist entdeckt, der Maffesoli zu vereinnahmen versucht.

In der symbolischen Praxis macht das Kollektiv seinen Vorrang geltend. Das Zusammengehörigkeitsgefühl kommt in kosmischen Vereinigungen, in Genuss und Tod zur Wirkung. Dionysische Riten brechen die Mechanismen der Exklusivität, des Ausschlusses, der Selbsteinschließung, der Vereinzelung, des Charakterpanzers auf. Unbestimmtheit, etwa in der Form von Bisexualität, kehrt wieder.

Auf dem Spiel steht der gute Gebrauch der Gewalt. Der Homo sapiens ist auch ein Homo demens. Die ausgeglichenen Gesellschaften stellen das Gewaltpotenzial des Menschen in Rechnung, indem sie nicht eigentlich Ablassventile für die Gewalt vorsehen, wohl aber Dynamiken der Wiederherstellung von Gleichgewicht.

8 »Es erweist sich als notwendig, sich über die grundsätzliche Zweideutigkeit aller menschlichen Phänomene Fragen zu stellen, ein plurales Heidentum wiederzuentdecken, das sich einem verkürzenden und simplifizierenden Monotheismus entgegenstellt.«

Hier wiederholt Maffesoli offensichtlich Gedanken, die Georges Bataille Anfang der dreißiger Jahre in seiner Analyse der psychologischen Struktur des Faschismus vorgebracht hat. Aber auch die Gegenwart liefert Beispiele. Der Mai 1968 ist in dieser Sichtweise ein Vorgang, der ein gesellschaftliches Gleichgewicht wiederherzustellen versucht hat und mit wenig Blutopfern ausgekommen ist.

Bei einem Übermaß an Technokratie und Rationalität wird Dionysos in einer Irruption von Gewalt zurückgerufen. Gewalterzeugend ist eine alleinige Herrschaft aufklärerischer, hegelianischer, marxistischer Denkformen und entsprechender Technokratien. Mit der Forderung, den Schatten zu berücksichtigen, beansprucht Maffesoli eine ethische Position. Gelten allein Rationalismus und Positivismus und unterwirft die Vernunft sich die Natur, ist der Menschen in seiner Ganzheit verneint. Das Opfer Jesu hat die Gewaltspirale nicht beendet, so Maffesoli implizit auch gegen René Girard. Immer geht der neuen Harmonie ein Exzess voraus. Sigmund Freud, der in *Totem und Tabu* aus dem Vatermord und der folgenden Anarchie das Gesellschaftliche, nämlich das Inzestverbot, entspringen lässt, hat hiervon eine Ahnung. Er denkt dies aber nicht zu Ende. Die Heiligen dagegen verschließen nicht vor dem Tod die Augen. Sie leben den Tod jeden Tag. Batailles Formel der *part maudite* oder Ernst Blochs *instant obscur* meinen die Allgegenwart des Unterdrückten. Der Ausruf der Situationisten »vivent les barbares« ist in diesem Sinne zu befolgen. Es geht darum, das gesellschaftliche Leben wiederzubeleben. Die Gewalt der Graffiti-Sprayer und Kleinkriminellen wird überschätzt. Das Augenmerk muss auf die Gewalt gerichtet werden, die von Institutionen ausgeht, meint Maffesoli mit Foucault, Deleuze und Guattari.

Sein erwählter Feind ist Hobbes Gegenseitigkeitsrechnung: Ich gebe dir Schutz, du unterwirfst dich. Diesen Gesellschaftsvertrag kündigt Maffesoli auf. Die gewalttätige Technostruktur ist jenseits von links und rechts angesiedelt. Sie wird ausgeübt von denen, die meinen, die Richtung der gesellschaftlichen Entwicklung zu kennen. Der dualistischen Gut-Böse-Moral stellt er eine Ethik entgegen, die zugleich eine Soziologie des Bösen ist. Sie achtet Aggressivität, Gewalt, Leiden, Sünde. Erst das Moralisieren führt zu Tyrannei oder zu sanftem Totalitarismus. Die Moral steht auf der Seite der Macht, der herrschenden Ordnung, die Arbeit und Sexualität in ihren Dienst nimmt. Viele als unmoralisch geltende Handlungen sind in Wahrheit nobel. Bereits Vilfredo Pareto hat Obszönität und Libertinage dem Tugendmythos entgegengehalten. Heiterkeit und Energie kommen aus Sinnlichkeit. Die andere Ethik greift in Zeiten des Überschwangs ein, indem sie die Vernunft öffnet und weitet.

Das Hedonistische nun kann nicht quantitativ in einer linearen Akkumulation zu seinem Recht kommen. Es hat eine punktuelle Qualität. Hier liegt die Bedeutung der Bilder und des Imaginären. Sich dem Verfemten öffnen heißt auch, eine Ästhetisierung der Existenz zuzulassen, in der Emotion gemeinsam erlebt werden kann. Die Clique bildet sich im Spektakel. Sozialität prägt sich in einem orgiastischen Lebensgefühl aus, das eine Ordnung der Unbestimmtheit bleibt, auf das Ganze zielt, gemeinschaftsbildend, a-moralisch-ethisch und ästhetisch ist. Diese Ethik muss immer eine Oberfläche haben. Sie muss wahrzunehmen, nicht nur zum Anfassen, sondern auch zum Ansehen sein. Mag die Gewalt in den Vorstädten auch durch visuelle Medien (»la société du spectacle«) ausgelöst werden – das Fernsehen ist nicht nur Müll (»La télé-réalité n'est pas simplement une télé poubelle«, Maffesoli 2002b: 232). So begrüßt Maffesoli auch die neuen Kommunikationsmedien, die Chatrooms und Ähnliches.

Nur die Uneindeutigkeit des Imaginären garantiert letztlich, dass sich kein neuer Identitarismus in der Postmoderne breit macht. Keine Identität, kein Subjekt steht neu auf. Aber eine Queer-Seinsweise (*sensibilité queer,* so Maffesoli Michael Warner zitierend), ein Verlust des Selbst wird lebbar. Selbst Homosexualität ist dann noch transvertiert. Nicht die Binarität Homosexuelle versus Heterosexuelle interessiert ihn, sondern – auch in der Tradition des Tertium datur – flüchtige, aber intensive, uneindeutige Seinserfahrung. Die jeweilige Kristallisation vollzieht sich im mütterlichen Fruchtwasser, um für eine begrenzte Zeit eine sehr starke Konkretisierung zu bilden.

V. Advocatus Diaboli: Der Skandalöse

Des Teufels Teil übernimmt Maffesoli in seinem Sturmlauf gegen die Wohltäter-Götter, als da sind der Staat, die Institutionen, das Individuum, der Vertrag. Gegner sind die gelehrten Erzieher, die korrigieren, pädagogisieren, angeblich zum Wohl eines rational geführten Gemeinwesens. Verlustig gehen dabei die Lebensenergien: »il s'agit de résorber l'anarchie de la vie, en bref de remplacer le polythéisme des valeurs par le monothéisme de l'utilitarisme« (Maffesoli 2002a [1992]: 54)[9] »Il n'y a rien de pire que ceux qui veulent faire le bien, en particulier le bien pour les autres. Il en est de même de ceux qui ›pensent bien‹. Du coup, la vie, en sa complexité, leur échappe.« (Maffesoli 2002: 11)[10]

Zu der Entäußerung von Leben gehört der elegante Stil und Habitus des Soziologen Maffesoli, der sich in seinem Auftreten, etwa dem Tragen der Fliege, und in seinem essayistischen Schreibstil äußert. Er meidet die argumentative Auseinandersetzung und gibt viele Verweise implizit. Zur Mediatisierung gehört auch die Affäre Teissier (alias G. Hanselmann). Der Angriff der Soziologenkollegen Christian Baudelot (ENS) und Roger Establet (Aix) richtet sich gegen den Kult des Gelebten, die wertlose Deutung und die spontane Analyse (vgl. Baudelot/Establet 2001). In seiner Antwort wendet Maffesoli ein, er pflege höchstens einen Kult des Lebendigen (Maffesoli 2001). Er wolle rational denken, was als nichtrational gilt, darunter die Astrologie, die Hellseherei, den Marabutismus. Die Astrologie wissenschaftlich zu analysieren, heißt nicht, ihr einen wissenschaftlichen Status zuzugestehen. Die Dissertation der Astrologin Teissier ist weitgehend eine Arbeit über Astrologie. Da Teissier aber Teile ihrer Arbeit dem Versuch vorbehält, Astrologie als Wissenschaft zu le-

9 »Die Anarchie des Lebens muss zum Verschwinden gebracht werden, kurz: der Polytheismus der Werte muss durch den Monotheismus des Utilitarismus ersetzt werden.«

10 »Es gibt nichts schlimmeres als diejenigen, die das Beste wollen, insbesondere das Beste für die anderen. Dasselbe gilt für die, die es gut meinen. Damit entgeht ihnen das Leben in seiner Komplexität.«

gitimieren, erhält sie nicht die »félicitations du jury«, die für eine wissenschaftliche Karriere unerlässlich sind.

Die Jury versammelt die vitalistische Soziologengruppe Frankreichs: Gilbert Durand (er ist wegen eines Streiks der SNCF nicht zur Verteidigung der Arbeit gekommen), Serge Moscovici (Vorsitzender der Jury), die Philosophin Françoise Bonnardel und Patrick Tacussel, der sich mit einer Fourier-Studie hervorgetan hat, die orgiastische Elemente bei diesem Sozialutopisten herausarbeitet. Tacussel weist Teissiers Anspruch zurück, die Astrologie bestätige Morins Kategorie der Komplexität, die sich aus Multifaktorialität, aus nichtlinearer Kausalität zusammensetzt. Moscovici ordnet die Astrologie anderen Praktiken der Magie und Hellseherei zu, was Teissier ablehnt. Maffesoli hält die Studie für mittelmäßig, sie enthalte Ausrutscher. Sie verbleibe aber im Rahmen einer Analyse des Lebendigen, die gerade verquere, nicht leicht klassifizierbare soziale Phänomene dem Bereich des Wissenschaftlichen zuführe.

Maffesoli nimmt so eine eigene Position in der Landschaft der »Dissidenten« und lebensphilosophischen Humanwissenschaftler ein. Gilles Deleuze und Félix Guattari mit ihren Nietzsche-Anleihen im *Anti-Oedipus* und in *Mille plateaux* sind direkte Vorläufer. Parallel zu Maffesoli verfolgt Morin ähnliche Fragestellungen. Morin, ebenfalls aus einer Einwandererfamilie – allerdings einer sephardischen – kommend, untermauert seine Theorie der Komplexität mit Erkenntnissen der biologischen Anthropologie und der Kybernetik. Die Verweise Maffesolis auf Palo Alto bleiben dagegen höchst kursorisch. Innerhalb einer Gruppe von vitalistischen Soziologen –Balandier, Durand, Moscovici, inzwischen auch der jüngere Tacussel – gehört Maffesoli zu den französischen Humanwissenschaftlern, die Henri Bergsons Projekt, den Glauben, die Vorstellung in allen ihren Ausprägungen als Wirklichkeit *(la machine à faire des dieux)* ernst zu nehmen, treu bleiben. Diese Denkform ist skandalöser, nonkonformistischer als etwa die Gabe-Soziologie der MAUSS-Gruppe um Alain Caillé und Jacques Godbout, die die globalismuskritische Attac-Initiative und die staatliche Intervention unterstützen. Sie ist auch anarchischer als die Suche von André Gorz nach sozialen Zwischenräumen *(interstices)*.

In Deutschland lassen sich parallele Orientierungen und Gruppen identifizieren. Entsprechungen finden sich bei Hans Peter Duerr und den Kollegen, die das Nichtrationale und Irrationale erfassen wollen.[11] Die Ansätze eines Duerr haben aber eine materiale Dichte, etwa durch die ethnologische Fundierung, die den Texten Maffesolis abgeht. Verwandte Fragestellungen verfolgt auch die Gruppe Historische Anthropologie um Kamper/Wulf, die Texte von Maffesoli veröffentlicht hat. Die Wendung gegen den Monotheismus mag auch an Odo Marquard erinnern. Mit Sloterdijk teilt Maffesoli nicht nur Themen wie den Dialog mit fernöstlichem Denken und die Reaktualisierung von Dionysos. Auch Sloterdijk holt sich Skandalträchtiges über Anleihen im Nachbarland. Er reimportiert den französisierten Nietzsche, nimmt Gedanken von Bataille, Lacan, Foucault und Catherine Clément auf. Das Wandern, die Orte des Schreibens finden so auch eine Konkretion, eine Kristallisierung des Skandalösen im deutsch-französischen Kulturtransfer. Maffesoli besetzt Positionen, die früher eher deutsches Denken kennzeichneten und im heutigen Deutschland unter Faschismusverdacht stehen. Damit rettet er auch etwas.

VI. Der tragisch-fröhliche Lebenssoziologe

Wie erfrischend seine Grenzüberschreitungen und Tabuverletzungen auch sein mögen – hat Maffesoli wirklich die französische Soziologie mit Innovationen aufgebrochen?

Maffesoli macht nun auch in Frankreich ältere Denker wieder heimisch, die in der strukturalistischen Welle, im Achtundsechziger Denken untergegangen sind und im Poststrukturalismus und in der Dekonstruktion marginal bleiben. Die lebensphilosophi-

11 Vgl. Duerr 1979, Duerr 1981, Gehlen/Wolf 1983. Nicht zufällig ist Maffesolis Dionysos-Buch wie alle diese Bücher im Syndikat-Verlag, Frankfurt am Main, erschienen.

schen Anstöße aus Frankreich und Deutschland erfahren eine erneute Zusammenführung. Neu ist ihre Anwendung auf zeitgenössische Phänomene in einer Soziologie des Alltags. Damit hat Maffesoli die grenzüberschreitende Tradition neu belebt und auch durkheimsche Ansätze aus ihrer strukturalistischen Petrifizierung befreit.

Er ignoriert allerdings eine frühe Spaltung, die zwischen der deutschen hermeneutischen Geistes- und Kulturwissenschaft und der französischen Sozialwissenschaft angelegt ist. Maffesoli will zweierlei vereinbaren: die durkheimsche Beschreibung der sozialen Tatbestände und Vorstellungen wie Sachen, in der der Analysierende zurücktreten (was das soziale Engagement der Soziologen nicht ausschließt) zum einen und zum anderen die verstehende Soziologie, für die die persönliche Beteiligung des Soziologen kein Hindernis für eine Analyse ist, bei der, ganz im Gegenteil, der Verstehensakt selbst zentral wird (diese Linie reicht bis zur Vorstellung einer gesellschaftlichen Konstruktion von Wirklichkeit). Maffesoli müsste ausgehend von seiner Vorstellung einer sozietalen Kraft *(puissance sociétale)* mit der Konzeption einer Konstruktion von Wirklichkeit brechen. Entweder die Welt wird gewirkt durch Kräfte, in die wir uns einfügen können (müssen) oder wir bewegen uns im Rahmen unserer Konstruktionen.

Leider nimmt Maffesoli nur sehr selten zeitgenössische Entsprechungen, etwa die Dionysos gewidmeten Studien von Manfred Frank (*Der kommende Gott*) und Sloterdijk (*Der Denker auf der Bühne,* Maffesoli erwähnt nur die ins Französische übersetzte *Kritik der zynischen Vernunft*) zur Kenntnis.

Die Beschreibung des Nichtrationalen mag vielen Lesern zu impressionistisch sein. Weder Ethnologie oder biologische und philosophische Anthropologie unterfüttern die Argumentation. Der Anspruch, Natur-Kultur-Entgegensetzungen zu unterlaufen, bleibt uneingelöst. Es fehlt etwa eine genauere Bestimmung von Komplexität wie diejenige durch Morin oder von Natur-Kultur-Hybridisierungen wie bei Latour. Morin hält immer noch an einer Sozialutopie, am Glauben an den perfektiblen Mensch fest. Die organisch untermauerte Anthropologie des Unfertigen wird bei Maffesoli gänzlich unbestimmt. Die Soziologie der unvorhersehbaren Alltagswelt ist nicht empirisch gesättigt.

Immer wieder variiert Maffesoli seine Themen in seinen in schneller Folge erscheinenden Büchern neu. Nun ermüden nicht nur Individualismus und Soziales, auch das Postmoderne ist schnell veraltet. Maffesolis fröhliche Wissenschaft gegen den Miserabilismus ist in Frankreich deutlich abhängig von einer Strömung Ende der siebziger und der achtziger Jahre während der Mitterrand-Ära, in der die neuen Medien als Chance begriffen wurden. Die Allgegenwärtigkeit des Sakralen mit den »freien« Radios und dem Internet, den Konsumenten- und Freizeitaktivitäten, das heißt den neuen Lokalisierungen (Maffesoli zitiert den Nora-Bericht) zu identifizieren, ist das wirklich subversiv? Eine solche Subversion fängt sich auch die zweifelhaften Qualitäten der Bilderflut ein. So berechtigt die Rehabilitation des schillernden Imaginären auch sein mag – warum sollten umgekehrt die Symbole (bildliches Denken) einen höheren Rang einnehmen als die Zeichen (begriffliches Denken)? Im Widerstreit, ob monotheistische oder polytheistische Kulturmodelle stärker gewalterzeugend sind, scheiden sich die Humanwissenschaftler in antagonistische intellektuelle Familien. Die eine versammelt Sartre, Girard und die neuen Philosophen, die andere Maffesoli, Catherine Clément unter anderen. Dieser Streit aber dürfte kaum entscheidbar sein.

Wenn anerkennen, was ist, auch bedeutet, dass die neuen Gemeinschaften mit der Auflösung von älteren Bindungen erkauft sind, dann muss auch der Preis in den Blick kommen. Die neuen Bindungen sind kraftloser und flüchtiger als transgenerationale familiale und kulturelle Bindungen. Mit seiner Feier des Ephemeren hängt Maffesoli auch am Modischen. Er fasst nicht die Möglichkeit eines pseudodemokratischen totalitären Lokalismus ins Auge. So handelt es sich etwa bei Demonstrationen für den privaten Radiosender NRJ, der rücksichtslos Frequenzen besetzt, um eine sozialdarwinistische Durchsetzung von Interessen. Maffesoli unterschätzt die entlastenden Funktionen des Staates, auch des Rechtsstaates, als Dritten, als Schiedsrichter.

Sicherlich sind die gesellschaftlichen Normen auch flüssig. Wenn aber Grenzziehungen, etwa in Fragen wie Vergewaltigung, Missbrauch, Päderastie, Frauenbeschneidung, sich verändern, ist auch hier – neben der zuweilen durchaus hysterischen Aufgeregtheit – eine sozietale Kraft am Werke, die auf legitime Weise einschränkt. Dadurch ist noch nicht die Herrschaft des Gutmenschentums durchgesetzt.

Es gibt verschiedene Möglichkeiten, sich vom Gutmenschentum fortzubewegen. Der Heilige, der alles bedingungslos liebt und annimmt, fügt auch Leid zu. Der Weise ohne Ego, der bescheiden ist und nicht urteilt, nimmt Leid und Aggression auf sich. Er ist durchlässig für die Emotionen, Liebe und Aggressionen der anderen. Michel Maffesoli will ein spielerischer und sinnlicher Lebenssoziologe auf der Höhe der Zeit sein, der anerkennt, was ist. Der Soziologe tritt damit die Aufgabe der fröhlichen (und wissenschaftlichen!) Vertretung des Tragischen an. Das kann nur skandalös sein.

Literatur

Bachelard, G., 1957: Poétique de l'espace, Paris.

Baudelot, C./Establet, R., 2001: La sociologie sous une mauvaise étoile, in: Le Monde, 17. April.

Conversation ordinaire avec Michel Maffesoli. U-Média production Université de Nantes, 2003 (Film).

Dosse, F., 1995: L'empire du sens. L'humanisation des sciences humaines, Paris.

Duerr, H. P., 1979: Traumzeit – Über die Grenze zwischen Wildnis und Zivilisation, Frankfurt am Main.

Duerr, H. P., 1981: Der Wissenschaftler und das Irrationale, 2 Bde., Frankfurt am Main.

Durand, G., 2002 [1969]: Les structures anthropologiques de l'imaginaire, Paris.

Eersel, Patrice van, 2003: Entretien avec Michel Maffesoli. Une société équilibrée intègre notre part d'ombre, in: Nouvelles clés, 3. Dezember.

Frank, M., 1982: Der kommende Gott, Frankfurt am Main.

Fuchs, S., 2003: Sexus und Gewalt. Gespräch mit Michel Maffesoli, Deutschlandfunk, Reihe Liebe in Zeiten der Virtualität.

Gehlen, R./Wolf, B. (Hrsg.), 1983: Der gläserne Zaun. Aufsätze zu Hans Peter Duerrs *Traumzeit*, Frankfurt am Main.

Javeau, C., 2003: Sociologie de la vie quotidienne, Paris.

Lefèbvre, H., 1981: Critique de la vie quotidienne. Le sens de la marche, Paris.

Maffesoli, M., 1976: Logique de la domination, Paris.

Maffesoli, M., 1978: Die nutzbringende Zerstörung, in: Bauwelt, Stadtbauwelt 60, 48, S. 337 – 341.

Maffesoli, M., 1979: La violence totalitaire, Paris (Neuausg. 1998).

Maffesoli, M. (Hrsg.), 1980: La galaxie de l'imaginaire, dérive autour de l'œuvre de Gilbert Durand, Paris.

Maffesoli, M., 1982: L'ombre de Dionysos. Contribution à une sociologie de l'orgie, Paris (Neuausg. 1991).

Maffesoli, M., 1984: Essai sur la violence banale et fondatrice, Paris.

Maffesoli, M., 1985a: La connaissance ordinaire. Précis de sociologie compréhensive, Paris.

Maffesoli, M. (Hrsg.), 1985b: Une anthropologie des turbulences. Hommage à Georges Balandier, Paris.

Maffesoli, M., 1986: Der Schatten des Dionysos. Zu einer Soziologie des Orgiasmus, Frankfurt am Main.

Maffesoli, M., 1988: Ein Vergleich zwischen Emile Durkheim und Georg Simmel, in: O. Rammstedt (Hrsg.), Simmel und die frühen Soziologen. Nähe und Distanz zu Durkheim, Tönnies und Max Weber, Frankfurt am Main, S. 163 – 180.

Maffesoli, M., 1990: Au creux des apparences, Paris.

Maffesoli, M., 1992: Die Gesetze des Geheimen, in: D. Kamper/C. Wulf (Hrsg.), Schweigen, Berlin, S. 300 – 307.

Maffesoli, M., 1993a: La contemplation du monde. Figures du style communautaire, Paris (Neuausg. 1996).

Maffesoli, M., 1993b: Vitalismus und Naturalismus als epistemologische Grundlagen einer Soziologie des Alltags, in: T. Jung/S. Müller-Dohm (Hrsg.), Wirklichkeit im Deutungsprozeß, Frankfurt am Main, S. 482 – 495.

Maffesoli, M., 1996a: Eloge de la raison sensible, Paris.

Maffesoli, M., 1996b: Du nomadisme. Vagabondages initiatiques, Paris.

Maffesoli, M., 1998a [1979]: La conquête du présent, sociologie de la vie quotidienne, Paris.

Maffesoli, M., 1998b: Le mystère de la conjonction, Montpellier.
Maffesoli, M., 2000a [1988]: Le temps des tribus. Le déclin de l'individualisme dans les sociétés postmodernes, 3. Aufl., Paris.
Maffesoli, M., 2000b: L'instant éternel, le retour du tragique dans les sociétés postmodernes, Paris.
Maffesoli, M., 2001: Eloge de la connaissance ordinaire, in: Le Monde, 23. April.
Maffesoli, M., 2002a [1992]: La transfiguration du politique: la tribalisation du monde, Paris.
Maffesoli, M., 2002b: La part du diable. Précis de subversion postmoderne, Paris.
Maffesoli, M., 2003: Le voyage ou la conquête des mondes, Paris.
Maffesoli, M./Balandier, G. (Hrsg.), 1981/82: Les sociologies I, Bd. 1: Cahiers Inter-Sociologie, Paris, Bd. 2: Recherches Sociologiques, Louvain.
Maffesoli, M./Bruston, A., 1979: Violence et transgression, Paris.
Maffesoli, M./Pessin, A., 1978: La violence fondatrice, Paris.
Sloterdijk, P., 1986: Der Denker auf der Bühne. Nietzsches Materialismus, Frankfurt am Main.
Valade, B., 1996: Introduction aux sciences sociales, Paris.

Timothy Simms

Soziologie der Hybridisierung: Bruno Latour

I. Einleitung

Bruno Latour wurde 1947 in der burgundischen Kleinstadt Beaune als Sohn einer Winzerfamilie geboren. Er studierte Philosophie und Anthropologie und promovierte sich 1975 an der Universität Tours, 1987 erfolgte die Habilitation an der Ecole des Hautes Etudes en Sciences Sociales. Seit 1991 ist er als Professor für Soziologie an der Ecole Nationale Supérieure des Mines in Paris tätig.

Bruno Latour ist sicherlich einer der lebenden französischen Soziologen, die das Zeug zum Klassiker haben und in den nächsten Jahren auch über die Grenzen der Soziologie hinaus verstärkt rezipiert werden dürften. Er steht im Schnittpunkt zwischen angloamerikanischer Soziologie – seine erste bedeutende Arbeit *Laboratory Life* (Latour/Woolgar 1979, 1986), die wesentliche Grundideen seiner späteren Werke vorwegnimmt, verfasste er zusammen mit dem britischen Soziologen Steve Woolgar – und französischer Postmoderne. Latour ist damit ein wichtiger Vermittler zwischen diesen beiden Soziologien und eines seiner Verdienste ist die Einspeisung postmodernen Denkens in die Soziologie. Im Folgenden sollen die zentralen Begriffe der im Kontext der Wissenschafts- und Technikforschung entstandenen Aktor-Netzwerk-Theorie knapp dargestellt werden. Die Aktor-Netzwerk-Theorie ist die Basis für Latours Diagnose der Gegenwartsgesellschaft und seiner zentralen These, dass Hybridisierungsprozesse für eben diese Gesellschaft kennzeichnend sind. Abschließend wird die Bedeutung von Latours Denken für die Sozialtheorie umrissen.

II. Grundlagen

Bruno Latours erste bedeutende Arbeiten entstanden im Kontext der konstruktivistischen Wissenschafts- und Techniksoziologie der frühen achtziger Jahre. Der sich letztlich herauskristallisierende theoretische und empirische Ansatz, der unter dem Namen Aktor-Netzwerk-Theorie später weite Verbreitung finden sollte, hat hier seinen Ursprung. Da Latours Diagnose der zeitgenössischen Gesellschaft als einer von Hybridisierungen gekennzeichneten, wie er sie in *Wir sind nie modern gewesen* (1998) entwickelt, letztlich als Fortführung der Aktor-Netzwerk-Theorie begriffen werden kann, sollen hier zentrale Ideen und Begriffe dieses Ansatzes knapp dargestellt werden. Eine leicht lesbare, empirisch gesättigte Darstellung der Theorie, die darüber hinaus amüsant zu lesen ist, findet sich in *Aramis or the Love of Technology* (Latour 1996c).

Theoriegeschichtlich findet die Aktor-Netzwerk-Theorie (im Folgenden: ANT) in der Semiotik und in der sozialkonstruktivistischen Wissenschaftssoziologie ihre Wurzeln. Von der Semiotik übernimmt sie dabei große Bestände ihres Vokabulars und ihrer Aufschreibsysteme. Dabei wird die Semiotik von der Analyse der Zusammenhänge von Bedeutungen auf die Beschreibung der Zusammenhänge von Dingen ausgeweitet (Latour 1996b: 375 f.).

Von der sozialkonstruktivistischen Wissenschaftsforschung übernimmt die ANT einige grundlegende Ideen, insbesondere das Symmetrieprinzip David Bloors (Bloor 1976). Dieses fordert eine symmetrische Untersuchung »falscher« und »richtiger« wissenschaftlicher Aussagen: Beide sollen sozial erklärt werden und nicht, wie dies vor Bloor üblich war, nur die »falschen« Theorien. Dabei verwirft die ANT jedoch die Annahme, dass letztlich alles sozial konstruiert sei. Das Soziale, die Gesellschaft wird vielmehr wie auch die Natur und die Technik als erklärungsbedürftig angesehen und kann deshalb nicht zur Erklärung herangezogen werden. Das Symmetrieprinzip wird vielmehr auf einen Bereich, der üblicherweise als nichtsozial gedacht wird, nämlich auf die Dinge – bzw. in Latours Ausdrucksweise: auf nicht-menschliche Wesen

– ausgedehnt: Analytisch soll kein Unterschied zwischen menschlichen und nicht-menschlichen Wesen, zwischen Subjekten und Objekten gemacht werden.

Die ANT spricht folgerichtig nicht von Akteuren, sondern von *Aktanten*. Damit setzt sie sich von herkömmlichen handlungstheoretischen Konzepten ab, die in der Regel mit Akteuren intentional handelnde Subjekte bezeichnen. Ein solcher Handlungs- und Akteursbegriff wäre vollkommen konträr zu den Vorstellungen von Handeln, die die ANT vertritt. Als handelnd soll vielmehr auch der verstanden werden, dem Handlungspotenzial übertragen wurde. Ein Aktant ist somit »something that acts or to which activity is granted by others. It implies no special motivation of human individual actors, nor of humans in general.« (Latour 1996b: 373) Handelnd ist damit nicht nur der Revolverheld, der die Pistole abfeuert, sondern auch die Pistole selbst – denn ihr wurde die Handlungsfähigkeit zu feuern übertragen. Diese Handlungsfähigkeit ist aber keine feststehende Eigenschaft, die nicht-menschlichen oder menschlichen Wesen innewohnt, sondern wird erst im Zusammenspiel verschiedener Aktanten übertragen und realisiert. Dabei steht nicht fest, ob eine solche Übertragung erfolgreich ist. Ein Revolver kann klemmen, die Waffe in der Hand kann dem Revolverhelden Skrupel bereiten, sodass der Schuss letztlich doch nicht abgefeuert wird. Erst in Übertragungsprozessen – die ANT spricht hier von *Übersetzung* – werden die Eigenschaften und die Handlungsfähigkeit der Aktanten wechselseitig definiert. Letztlich handelt es sich bei Aktanten um »a list of answers to trials – a list which, once stabilized, is hooked to a name of a thing and to a substance« (Latour 1991: 122).[1]

Damit betont Latour die Prozesshaftigkeit von Aktanten: Diese entstehen erst im Laufe eines Aushandlungsprozesses, im Zuge der Bildung eines Netzwerkes mit anderen Aktanten: »actors are not conceived as fixed entities, but as flows, as circulating objects

1 Der Begriff *trial* (Versuch) verweist hierbei auf die wissenschaftssoziologischen Ursprünge des Konzepts. Kerngedanken der ANT – auch wenn die hier vorgestellten Begriffe noch nicht verwendet werden – finden sich bereits in Latour/Woolgar 1979.

undergoing trials, and their stability, continuity, isotopy has to be obtained by other actions and other trials.« (Latour 1996b: 374) Aktanten sind – das hat das Beispiel des Relvolverhelden gezeigt – nicht auf menschliche Wesen beschränkt, auch nicht-menschlichen Wesen kann in Netzwerken Handlungspotenzial zukommen. Ein Aufrechterhalten der Unterscheidung zwischen menschlichen und nicht-menschlichen Wesen widerspricht nicht nur dem oben erwähnten Symmetrieprinzip, sondern erscheint letztlich sinnlos. Denn man beobachtet immer nur hybride Akteure – Aktanten-Netzwerke – und die ihnen zugrunde liegenden Übersetzungsprozesse: »Niemand hat je reine Techniken gesehen – und niemand je reine Menschen. Wir sehen nur Assemblagen, Krisen, Dispute, Erfindungen, Kompromisse, Ersetzungen, Übersetzungen und immer kompliziertere Gefüge, die immer mehr Elemente in Anspruch nehmen.« (Latour 1996a: 21)

Unter einem *Handlungsprogramm* versteht Latour the »generalization of the narrative program used to describe texts, but with this crucial difference, that any part of the action may be shifted to different matters« (Akrich/Latour 1992: 260). Handlungsprogramme können also Verschiebungsprozessen unterliegen, die dazu führen, dass Handlungsprogramme von anderen Aktantenkonstellationen realisiert werden – auch dies wird als Übersetzung bezeichnet. So kann beispielsweise das Handlungsprogramm »Westerndesperado ausschalten« nicht nur von unserem Revolverhelden und seinem Colt realisiert werden, sondern auch von anderen Aktanten-Netzwerken. Durch Hinzukommen weiterer Aktanten, zum Beispiel eines Priesters, der unserem Helden ins Gewissen redet, oder einem Sandsturm, der ein Zielen unmöglich macht, kann sich das ursprüngliche Handlungsprogramm verschieben – hieß »ausschalten« ursprünglich »erschießen«, so geht es nun beispielsweise ums »Gefangensetzen«. Was der Verwirklichung eines Handlungsprogramms entgegensteht, wird als Gegenprogramm bezeichnet. Gegenprogramm und Handlungsprogramm sind dabei letztlich eine Frage des Standpunktes, es kommt darauf an, von welchem Aktanten aus Übersetzungsprozesse nachgezeichnet werden. Graphisch können die

Übersetzungsprozesse eines Netzwerks in so genannten Sociotechnical graphs dargestellt werden (Latour/Mauguin/Teil 1992).

Handlungsprogramme ändern sich mit jedem Übersetzungsprozess, sie sind nicht vorhersehbar. Erst im Laufe der immer fester werdenden Einbindung von Aktanten entsteht Vorhersehbarkeit: Was als loses Netzwerk erschien, wird nun zu einem instrumentell-rationalen Zusammenhang, wie wir ihn aus dem tagtäglichen Umgang mit Technik kennen. Technik tritt uns dann als *Blackbox* entgegen, als eine »Routinisierung der Akteure, die füreinander zuverlässig geworden sind« (Latour 1996a: 25). Auch wenn die ANT in der empirischen Anwendung bislang hauptsächlich auf die Untersuchung technischer Artefakte gezielt hat, gilt dies generell für Aktanten-Netzwerke. Normen und Institutionen, zum Beispiel eine funktionierende Justiz im Wilden Westen,[2] sind nichttechnische Blackboxes.

Mit *Netzwerk* sind weder technische noch soziale Netzwerke gemeint (Latour 1996b: 369), sondern vielmehr die vielfältigen Übersetzungsprozesse, die Aktanten erst zu Aktanten machen. Zum Ausdruck bringen soll der Netzwerkbegriff vielmehr die Ablehnung des üblichen Dualismus zwischen makrosoziologischen Struktur- und mikrosoziologischen Handlungstheorien (Latour 1996b: 371), die die ANT zu überwinden sucht. Weil auch andere sozialwissenschaftliche Netzwerkbegriffe, man denke zum Beispiel an Social Network Analysis, diesen Anspruch erheben, problematisiert Latour mittlerweile diesen Begriff (Latour 1999). Statt des Netzwerkbegriffs, so Latour, hätte man den Begriff des Rhizoms, wie ihn Félix Guattari und Gilles Deleuze (1997: 12 – 42) entworfen haben, wählen sollen, weil dieser treffsicherer sei und die Missverständnisse, die durch die Verwendung des Netzwerkbegriffs in anderen Ansätzen entstehen, vermeiden helfe.

Wie nun geht die ANT empirisch vor? Ausgangspunkt ist nicht ein theoretisch abgeleiteter Analyserahmen bzw. eine vorgefertigte Liste relevanter Aktanten. Wenn man von einem Ak-

2 Wobei es eben rein menschliche Aktanten-Netzwerke nicht gibt, auch ein Normensystem wie die Justiz bedarf nicht-menschlicher Aktanten wie zum Beispiel Gefängnissen, Gesetzbüchern usw.

tant ausgeht, wird man vielmehr die interessierenden Aktanten finden: »Follow the actors!« lautet die methodische Maxime. Ausgehend von einem Aktanten schauen wir, welche weiteren Aktanten aus dessen Sicht ins Netzwerk integriert werden können, welche Versuche der Einbindung fehlschlagen, welche Übersetzungsprozesse stattfinden, welche Handlungsprogramme modifiziert werden. Wir erfahren so von anderen Aktanten, die wir untersuchen können und aus deren Perspektive wir nun Übersetzungsprozesse betrachten. Das Hinzuziehen weiterer Theorien scheint für Latour überflüssig, vielmehr bringen für ihn die Aktanten alle zur Erklärung ihres Handelns nötige Theorie selbst mit. Die Erklärung, die ANT schließlich liefert, besteht in einer möglichst umfassenden Beschreibung von Aktanten-Netzwerken, die sich im Laufe des Forschungsprozesses herausbildet: »If we display a socio-technical network – defining trajectories by actants' association and substitution, defining actants by all the trajectories in which they enter, by following translations and, finally, by varying the observer's point of view – we have no need to look for any additional causes. The explanation emerges once the description is saturated.« (Latour 1991: 129) Überspitzt formuliert ist es dabei weniger der Sozialwissenschaftler, der forscht, als vielmehr die Aktanten selbst: »They know everything. They're doing our sociology for us, and doing it better than we can: it's not worth the trouble to do more. You see? Our job is a cinch. We just follow the players.« (Latour 1996c: 10)

Wie jede wissenschaftssoziologische Theorie stellt sich auch für die ANT die Frage der Anwendbarkeit auf sich selbst. Im Falle eines konstruktivistischen Ansatzes wie der ANT ist dies die Frage nach dem Standpunkt des Sozialwissenschaftlers, der ja auch konstruiert, dies aber in seinen Texten nicht kenntlich macht, sondern so schreibt, als würde er erklären. Wie kann eine Reflexivität in die Studien mit eingebaut werden? Ein Lösungsversuch ist ein metareflexives Schreiben, wie es Woolgar und andere (1988) vorgeschlagen haben. Neue Textformen wie zum Beispiel dialogisches Schreiben sollen den festen Standpunkt des Autors aufheben. Latour selbst spricht von »scientifiction« und verwebt beispielsweise in seiner Studie zu dem gescheiterten Nahverkehrsprojekt Aramis (Latour 1996c) verschiedene Textformen miteinander, die auch typographisch voneinander unterschieden werden. Schulz-Schaeffer (2000) weist zu Recht daraufhin, dass auch mit solchen Formen ein Standpunkt verbunden ist und eine Reflexivität eher simuliert als durchgehalten wird. Auf die Gefahr eines unendlichen Regresses, der immer weitere Metaebenen nach sich zieht, weisen Collins/Yearley (1992) hin.

Kritik hat auch die symmetrische Behandlung von menschlichen und nicht-menschlichen Wesen erfahren. So stellt sich die Frage, ob Aktanten-Handeln nicht letztlich doch auf intentional handelnde, menschliche Akteure rückführbar ist. Damit verknüpft ist das Problem der empirischen Anwendung von ANT: Wenn man Latour ernst nimmt, muss man ja die Geschichte des interessierenden Netzwerkes auch aus Sicht der beteiligten nicht-menschlichen Aktanten untersuchen. Man muss also, um im Beispiel zu bleiben, den Revolver zum Sprechen bringen. Latour selbst gelingt es kaum, diesen Anspruch einzulösen. So beschreibt das oft angeführte Beispiel des Schlüsselanhängers (Latour 1996a) Übersetzungsprozesse nicht vom Standpunkt des Anhängers aus, sondern hat den schlauen Hotelmanager als gottgleichen Netzwerkbauer im Hintergrund; eine Verschiebung des Standpunktes, wie sie methodisch eigentlich gefordert wird, findet nicht statt. Damit stellt sich die Frage, ob die ANT in der empirischen Anwendung nicht eben doch von einer Unterschiedlichkeit von menschlichen und nicht-menschlichen Aktanten ausgeht. Wenn Latour von »technology is society made durable« (1991) spricht, behauptet er ja, dass die Dingwelt eine besondere Stabilität habe, Dinge besonders gut zur Durchsetzung von Normen in der Lage seien. Hier wird also in gewisser Weise ein Unterschied eingeführt, den es eigentlich nicht geben darf. Artefakte, so scheint es, sind weniger aushandelbar und »härter« als menschliche Aktanten. Allerdings ist diese Härtung Ergebnis von erfolgreichen Übersetzungsprozessen. Der Eindruck unterschiedlicher Eigenschaften von menschlichen und nicht-menschlichen Aktanten kann als ideologische Ex-Post-Aufteilung moderner Ideologie gesehen werden, wie Latour in *Wir sind nie modern gewesen* (1998) schlüssig darlegt. »Technology is society made durable« steht somit für eine artefaktzentriert-verkürzte ANT – es ist aber eben auch möglich, Netzwerke ohne nicht-menschliche Aktanten zu betrachten, die in »harten« Strukturen resultieren, hier wäre die Anknüpfung an Theorien sozialer Normierung und Disziplinierung zu sehen. Die Beschreibung von Sozialisation und sozialen Rollen, die ja insbesondere in den anwendungsorientierten Sozialwissenschaften wie zum Beispiel der Sozialpädagogik nach wie vor eine wichtige Rolle spielen, könnte auch aktor-netzwerktheoretisch erfolgen: Die bisherige Verengung auf menschliche Aktanten erschiene so als der Sonderfall einer allgemeinen Theorie, eben der Aktor-Netzwerk-Theorie.

Weiterhin wird an der ANT die Verengung auf strategisches Handeln kritisiert (Leigh-Star 1991). Andere Formen der Assoziation scheinen in der ANT ausgeblendet. Daraus ergibt sich ein methodisches Problem: Wie kann sichergestellt werden, dass Aktanten in die Analyse mit einfließen, die anders handeln und beim Fokus auf strategisches Handeln unsichtbar bleiben, weil sie zum Beispiel gesellschaftlich marginalisiert sind? Die ANT hat sich in ihren empirischen Studien bislang vor allem auf schriftliche Quellen als Material gestützt und damit den Akzent auf jene gelegt, die diese Quellen verfassen. Selbst wenn man den Aktanten folgt, wird man jene übersehen, von denen in diesen Quellen nicht die Rede ist.

III. Themenfelder

Latours erste größere Arbeiten sind im Bereich der Wissenschaftssoziologie zu verorten. *Laboratory Life* (1979) ist das Ergebnis von Feldstudien im Labor des späteren Nobelpreisträgers Roger Guillemin. Im Zentrum steht dabei die Frage, wie es Wissenschaftlern gelingt, im Labor wissenschaftliche Tatsachen zu konstruieren. Neben rhetorischen Strategien legt Latours Analyse besonderen Wert auf die Rolle von technischen Artefakten in diesem Konstruktionsprozess. Erst durch die Vermittlung von Einschreibeapparaturen, beispielsweise Massenspektrometern, sind die Untersuchungsgegenstände zugänglich. Dabei basieren diese Einschreibeapparaturen ihrerseits wieder auf wissenschaftlichen »Fakten«, sind also gehärtete Wissenschaft. Deutlich wird beim Konstruktionsprozess von wissenschaftlichen Tatsachen vor allem eines: Es ist kein bloßes Entdecken von Tatsachen durch den Gebrauch geeigneter Techniken, die dann nur noch verschriftlicht und publiziert werden müssen, es handelt sich vielmehr um einen komplexen Konstruktionsprozess unter Beteiligung der handwerklichen Geschicktheit, der Kreativität der beteiligten Forscher, der vorhandenen Infrastruktur, einflussreicher Fachkollegen und vieler weiterer Aktanten. Ob und wann aus Vermutungen, Interpretationen von Messergebnissen, Artikelentwürfen usw. Lehrbuchwissen wird, ist dabei ein offener Prozess, der dadurch gekennzeichnet ist, dass sukzessive alle Hinweise auf eben diesen Konstruktionsprozess eliminiert werden. Während zu Beginn noch Forscher benannt werden, Unsicherheiten markiert werden, steht am Ende des Konstruktionsprozesses die nackte Tatsache.

In *Science in Action. How to Follow Scientist and Engineers through Society* (1987) überträgt Latour diese Vorstellungen auf die Technikforschung. Wie Naturwissenschaftler sind Ingenieure Netzwerkbilder: Sie binden sukzessive neue Aktanten in Netzwerke ein, bis schließlich – wenn diese »Versuche« *(trials)* erfolgreich abgeschlossen sind – fertige Techniken (bzw. im Falle des Wissenschaftlers: Fakten) als Blackboxes konstruiert sind. Im Zentrum seiner Argumentation stehen dabei wissenschaftliche und technische Kontroversen. An ihnen wird die Beziehung von Gesellschaft, Natur/Technik und Aktanten-Netzwerken besonders deutlich: Denn während am Ende einer Kontroverse immer die Auffassung steht, die Natur sei eben so bzw. die Technik funktioniere eben, also mit dem Wesen der Technik bzw. der Natur der Ausgang der Kontroverse begründet wird, ist andererseits der Verlauf einer Kontroverse von vielfältigen Versuchen der Einbindung verschiedenster Aktanten abhängig. Tatsachen und funktionierende Technik sind in dieser Perspektive Produkt und nicht Ursache beendeter wissenschaftlicher bzw. technischer Kontroversen. Ähnlich verhält es sich mit der Gesellschaft: Auch diese wird nicht als etwas Vorgängiges gedacht, sondern vielmehr als Produkt, das in Netzwerken entsteht. Im naturwissenschaftlichen Labor und auf den Werkbänken der Ingenieure werden also Natur/Technik und Gesellschaft koproduziert. Deutlich wird dies in Latours Fallstudie zu Louis Pasteur (1988): Pasteur ist nicht erfolgreich, weil es Mikroben gibt und sie auf eine bestimmte Art und Weise zu bekämpfen sind oder weil bestimmte soziale Kräfte im Frankreich des ausgehenden 19. Jahrhunderts ihn begünstigen. Vielmehr ist Pasteurs Erfolg Resultat des Knüpfens von Netzwerken zwischen Mikroben, Laborgeräten, geimpften Tieren, Hygienikern, Verwaltungsbeamten usw. In Pasteurs Labor werden nicht nur Mikroben produziert – Natur –, sondern eben auch ein bestimmtes Frankreich und ein erfolgreicher Forscher – also Gesellschaft.

In den »Science Wars« der neunziger Jahre wird Latours Wissenschaftssoziologie als relativistisch kritisiert (Sokal/Bricmont 1999). Latour behaupte, naturwissenschaftliches Wissen sei bloß sozial konstruiert und sei damit letztlich beliebig. Dabei werde aber übersehen, dass die Naturwissenschaften Natur nicht konstruieren, sondern vielmehr bereits Vorhandenes entdecken. Mit anderen Worten: Pasteurs Mikroben gab es eben schon, bevor Pasteur sie entdeckte. Die Frage, ob es Mikroben vor Pasteur gab, ist dabei im Kontext der Aktor-Netzwerk-Theorie sinnlos, denn es gab sie in dem Sinne, dass sie in irgendwelche Netzwerke eingebunden waren, nicht (vgl. hierzu Latour 2002: 175–210). Die Objektivität naturwissenschaftlichen Wissens, die viele Naturwissenschaftler durch postmoderne und sozialkonstruktivistische Ansätze in der Wissenschaftssoziologie unter Beschuss sahen, ist weniger Latours Thema als vielmehr der Hinweis auf die Prozesshaftigkeit der Konstruktion wissenschaftlicher Fakten und der strategischen Komponenten in diesen Konstruktionsprozessen (vgl. Latour 2002: 7–35). Letztlich geht es ihm damit um eine realistischere Einschätzung wissenschaftlicher Praxis, die aber der

Selbstbeschreibung insbesondere naturwissenschaftlicher Disziplinen diametral entgegensteht.

Mit *Wir sind nie modern gewesen* (1998) begibt sich Latour schließlich weg von Fallstudien hin zur allgemeinen Sozialtheorie und der Analyse der Gegenwartsgesellschaft. Die »moderne« Gesellschaft ist durch zwei Prozesse gekennzeichnet: Reinigungsarbeit und Hybridisierung. Das Soziale und die Natur/Technik sind in der Selbstbeschreibung der modernen Welt feinsäuberlich getrennt, den Prozess dieser Trennung nennt Latour Reinigungsarbeit. Mit der Etablierung der modernen Naturwissenschaften wurden Technik und Natur als etwas Feststehendes begriffen, das mittels bestimmter Methodiken aufgedeckt und manipuliert werden kann. Auf der anderen Seite steht das Soziale, welches durch Aushandlungsprozesse gekennzeichnet ist. Phänomene gehören nun entweder der einen oder anderen Sphäre an: Etwas ist entweder Natur/Technik und damit naturwissenschaftlicher Erkenntnis oder technischer Auswertung zugänglich oder eben sozial und damit politisch verhandelbar.

Neben dieser Reinigungsarbeit findet aber ein zweiter Prozess statt: die Hybridisierung. Die Phänomene selbst – das Ozonloch beispielsweise – sind nämlich Hybride: In ihnen sind menschliche – soziale – und nicht-menschliche – natürliche/technische – Wesen auf vielfältige Weise vernetzt: Hybride wie das Ozonloch sind gigantische Aktanten-Netzwerke aus FCKWs, Luftmassen, Verbrauchern, Industrieanlagen, Umweltschützern usw. Gerade weil die offizielle Reinigungsarbeit diese Hybride nicht als solche zu erkennen vermag, können sie sich ungestört ausbreiten: Die heutige Gesellschaft ist daher durch eine nie da gewesene Ausweitung und Ausbreitung von Hybriden gekennzeichnet.

Für Latour folgt aus dieser Analyse, dass die falsche Selbstbeschreibung der eben nie modern gewesenen Welt – Hybride hat es immer schon gegeben, die Trennung in Gesellschaft/Natur aber nie wirklich – zu korrigieren ist: An die Stelle der alten, der »modernen« Verfassung mit ihrer Trennung von Natur und Gesellschaft soll eine neue Verfassung treten, die die Hybride anerkennt und endlich als solche wahrnimmt. Den bislang aus dem

Sozialen – der politischen Vermittlung – ausgeschlossenen nicht-menschlichen Wesen muss daher eine Möglichkeit gegeben werden, ihre Interessen zu artikulieren.

Ort dieser Artikulation ist das Parlament der Dinge. Wie aber können FCKWs oder BSE-geplagte Kühe am politischen Diskurs teilnehmen, wo sie doch nicht unsere Sprache sprechen? Latour löst dieses Problem durch eine Neukonzipierung des Begriffs des Sprechens – ähnlich wie dies in der ANT mit dem Begriff des Handelns geschieht. Kühe können nicht sprechen, aber sie können Thema der Rede werden. Sprechen wird also nicht verstanden als Vermittlung einer Botschaft eines Senders an einen Empfänger, sondern vielmehr als ein Einbezogensein in den Diskurs.

Latour hat versucht das Parlament der Dinge in *Das Parlament der Dinge: für eine politische Ökologie* (2001) vor allem anhand umweltpolitischer Fragestellungen deutlicher zu fassen. Für eine Repräsentation der Dinge (und anderer nicht-menschlicher Wesen) leisten alle jene einen wichtigen Beitrag, die in der alten, »modernen« Verfassung in den getrennten Welten der Natur und des Sozialen Reinigungsarbeit leisteten. Sie – die Wissenschaftler und die Politiker, die Verwaltungen und die Ingenieure – sollen nun Vermittlungsarbeit leisten und die Hybride zum Sprechen bringen. Ähnlich wie der Handlungsbegriff der ANT kann auch dieser Begriff des Sprechens kritisiert werden: Ist nicht doch – wenn von der Kuh die Rede ist – vielmehr die Rede von den politischen, wirtschaftlichen und wissenschaftlichen Interessen der Menschen, also intentional handelnder wie sprechender Subjekte?

Letztlich geht es aber weniger darum, wie nun dieses Parlament der Dinge konkret einzurichten ist: Es besteht vielmehr längst in einer Fülle von Netzwerken, in denen die Dinge bereits zum Sprechen gebracht werden und beispielsweise BSE diskutiert wird. Das Parlament der Dinge gehört damit letztlich, wie Isabelle Stengers schreibt, »nicht der Zukunft an wie eine Utopie, die sich realisieren müßte – es ist nicht ›realisierbar‹; es gehört als Entwicklungskraft oder ›Gedankenexperiment‹, das heißt diagnostisches, Schöpfungs- oder Widerstandsinstrument der Gegenwart an« (Stengers 1997: 237).

IV. Fazit

Da die ANT letztlich prozessorientiert ist und erst im Laufe der komplexen Übersetzungsprozesse klar ist, wie Aktanten handeln und welche Eigenschaften ihnen zukommen, eignet sich der Ansatz kaum zu fundierten Aussagen über das Zukünftige: Ob Versuche gelingen oder nicht, bleibt unklar. Mit Latour können wir zwar die Gegenwartswelt und die Art und Weise, wie sie entstanden ist, diagnostizieren, über die Erkenntnis, dass wir in einer hybridisierten Welt leben, und über das Ausrichten unseres Handelns und Denkens nach dieser Erkenntnis hinaus können wir aber keine Prognosen und Handlungsanweisungen gewinnen. Wir können zwar versuchen, Aktanten-Netzwerke auch in die Zukunft zu denken, letztlich bleibt dies aber eine spekulative Soziologie. Der Nutzen von Latours Soziologie – insbesondere seiner in *Wir sind nie modern gewesen* ausgebreiteten Analyse der nie »modern« gewesenen Gesellschaft – ist deshalb eher eine prinzipielle theoretische Einsicht: Er versucht bislang in den Sozialwissenschaften marginalisierte Bereiche der Welt – die bislang meist als außerhalb des Sozialen gedachten Bereiche der Dingwelt, der Natur, des Technischen – in eine Sozialtheorie zu integrieren. Der Begriff des Sozialen verliert dabei seine Trennschärfe und wird letztlich überflüssig: jede Beziehung – auch die zwischen Patrone und Revolver – basiert auf Übersetzung und Aushandlung und ist damit letztlich sozial. Soziologie ist in dieser Perspektive nicht länger Wissenschaft des Sozialen, sondern eine Wissenschaft von Beziehungen und Relationen (Latour 1988: 40).

Als Methode ist ANT empirisch von hohem Nutzen: Sie bietet die Chance, eine neue, radikal andere Perspektive auf viele Gegenstandsbereiche der Soziologie zu gewinnen. Gezeigt hat sich diese empirische Fruchtbarkeit bislang vor allem in der Wissenschafts- und Technikforschung, aber eine Ausweitung auf andere Bereiche wäre wünschenswert (und findet auch schon statt). Insbesondere in den Bereichen, wo nicht-menschliche Wesen eine große Rolle spielen, könnte die ANT zu einem neuen Verständnis beitragen, zum Beispiel in der Religionssoziologie, wenn wir an die Beziehung von Menschen und Göttern denken.

Latour war nicht der Erste, der die Unterscheidung von Natur und Gesellschaft angegriffen und den Akzent auf die Verknüpfung und Verschränkung gelegt hat, seine Leistung besteht vielmehr darin, diese Denkrichtung für die Soziologie anschlussfähig und empirisch fruchtbar gemacht zu haben. Oder um dies mit dem Vokabular der Aktor-Netzwerk-Theorie zu formulieren: Erst als Bruno Latour ins Aktanten-Netzwerk kam und sukzessive die Einbindung weiterer Aktanten wie Louis Pasteurs Mikroben, Aramis, dem Labor Roger Guillemin, veröffentlichungsbereiter Verlage, Druckerpressen usw. gelang, wurde aus philosophischen Überlegungen ein soziologisches Monster namens Aktor-Netzwerk-Theorie, das sich schnell weiter ausbreitete und vermehrte und mittlerweile weit über seine technik- und wissenschaftssoziologische Herkunft hinaus wütet.

Literatur

Akrich, M./Latour, B., 1992: A Summary of Convenient Vocabulary for the Semiotics of Human and Non-Human Assemblies, in: W. E. Bijker/J. Law (Hrsg.), Shaping Technology, Building Society, Cambridge (Mass.), S. 259 – 264.

Bloor, D., 1976: Knowledge and Social Imagery, London.

Collins, H. M./Yearley, S., 1992: Epistemological Chicken. In: A. Pickering (Hrsg.), Science as Practice and Culture, Chicago, S. 301–326.

Deleuze, G./Guattari, F., 1997: Tausend Plateaus: Kapitalismus und Schizophrenie, Berlin.

Latour, B., 1987: Science in Action. How to Follow Scientists and Engineers through Society, Milton Keynes.

Latour, B., 1988: The Pasteurization of France, Cambridge (Mass.).

Latour, B., 1991: Technology Is Society Made Durable, in: J. Law (Hrsg.), A Sociology of Monsters. Essays on Power, Technology and Domination, London/New York, S. 103 – 131.

Latour, B., 1996a: Der Berliner Schlüssel. Erkundungen eines Liebhabers der Wissenschaften, Berlin.

Latour, B., 1996b: On Actor Network Theory. A Few Clarifications, in: Soziale Welt 47, S. 369–381.

Latour, B., 1996c: Aramis or the Love of Technology, Cambridge (Mass.).

Latour, B., 1998: Wir sind nie modern gewesen. Versuch einer symmetrischen Anthropologie, Frankfurt am Main.

Latour, B., 1999: On Recalling ANT, in: Law 1999, S. 15–26.

Latour, B., 2001: Das Parlament der Dinge: für eine politische Ökologie, Frankfurt am Main.

Latour, B., 2002: Die Hoffnung der Pandora. Untersuchungen zur Wirklichkeit der Wissenschaft, Frankfurt am Main.

Latour, B./Mauguin, P./Teil, G., 1992: A Note on Socio-Technical Graphs, in: Social Studies of Science 22, 1, S. 33–57.

Latour, B./Woolgar, S., 1979: Laboratory Life. The Social Construction of Scientific Facts, Beverly Hills.

Latour, B./Woolgar, S., 1986: Laboratory Life. The Construction of Scientific Facts, Princeton.

Law, J. (Hrsg.), 1999: Actor Network Theory and After. Oxford.

Leigh-Star, S., 1991: Power, Technology and the Phenomenology of Conventions: on Being Allergic to Onions, in: J. Law (Hrsg.): A Sociology of Monsters. Essays on Power, Technology and Domination, London/New York, S. 26–56.

Schulz-Schaeffer, I., 2000: Akteur-Netzwerk-Theorie. Zur Koevolution von Gesellschaft, Natur und Technik, in: J. Weyer (Hrsg.), Soziale Netzwerke: Konzepte und Methoden der sozialwissenschaftlichen Netzwerkforschung, München/Wien, S. 187–209.

Sokal, A./Bricmont, J., 1999: Eleganter Unsinn. Wie die Denker der Postmoderne die Wissenschaften mißbrauchen, München.

Stengers, I., 1997: Die Erfindung der modernen Wissenschaften, Frankfurt am Main/New York.

Woolgar, S. (Hrsg.), 1988: Knowledge and Reflexivity. New Frontiers in the Sociology of Knowledge, London.

Soziologie der Exklusion, der Rechtfertigung und der sozialen Frage

Dietmar J. Wetzel

Soziologie der Exklusion: Dominique Schnapper

I. Einführung und Überblick

»Je n'ai jamais caché mes convictions dites républicaines, c'est à dire ma conviction – que la citoyenneté est la seule idée dont nous disposions pour organiser une société humaine, même si les réalités sociales ne sont jamais à la hauteur de l'idéal proclamé.« (Schnapper 1994: 20)

Sind individualisierte und ethnisch-kulturell vielfältige Gesellschaften unter den gegenwärtigen ökonomisch-sozialen Bedingungen überhaupt noch integrierbar? Wie lassen sich die sozialen Bande aufrechterhalten oder gar erneuern, wenn die Religion und die religiösen Praktiken nicht mehr die Menschen miteinander verbinden können? Und was geschieht, wenn die abstrakte Staatsbürgerschaft das Prinzip der politischen Legitimation konstituiert? Anders gefragt: Sind wir Zeugen einer Auflösung der sozialen Kohäsion, wie sie die Denker der Moderne immer schon befürchtet haben? (Schnapper 1991: 205)

Solchen Fragen sehen sich Leben und Werk der französischen Soziologin und Historikerin Dominique Schnapper, geb. 1934, verpflichtet. Schnapper ist seit 1980 Forschungsdirektorin (Directrices d'études) an der Ecole des Hautes Etudes en Sciences Sociales in Paris. Die langjährige Präsidentin der Société Française de Sociologie wurde im Jahr 2001 in den französischen Verfassungsrat (Conseil Constitutionnel)[1] berufen. Die Schülerin

1 Der Verfassungsrat (9 Mitglieder, für 9 Jahre bestellt) wurde durch die Verfassung der Fünften Republik von 1958 geschaffen. Zu seinen Aufgaben gehören die Kontrolle der Verfassungsmäßigkeit der Gesetze, Wahlprüfung bei Präsidentschafts- und Parlamentswahlen und Referenda sowie Feststellung der Vakanz des Staatspräsidenten.

Pierre Bourdieus und Tochter des berühmten Soziologen Raymond Aron gilt gemeinhin als die geistige Erbin Alexis de Tocquevilles und als »das moralische Gewissen Frankreichs«, wie sie anlässlich der Balzan-Preisverleihung im Jahr 2002 bezeichnet wurde. Als grundlegende Einflüsse lassen sich in Schnappers wissenschaftlichem Œuvre vor allem die soziologischen Klassiker, allen voran Max Weber, Norbert Elias, Emile Durkheim und Marcel Mauss ausmachen. Trotz des zweifellos in Frankreich existierenden Renommees hat in Deutschland bislang nur eine vereinzelte und punktuelle Rezeption ihrer Arbeiten stattgefunden. Dazu mag beitragen, dass keines ihrer Werke bislang ins Deutsche übersetzt wurde, allerdings sind ihre Arbeiten für ein nichtfranzösisches Publikum auf Englisch leicht zugänglich.

Insgesamt betrachtet hat Schnapper in einer Reihe von materialreichen Studien ihre methodisch-theoretischen Reflexionen mit empirischen Feldforschungen verbunden, so beispielsweise über italienische Immigranten in Frankreich (1971), über jüdische und islamische Identitäten, über Arbeitslosigkeit und Zuwanderung (1997, 1991). Seit nunmehr fünfzehn Jahren befasst sich die zu den führenden Soziologinnen und Soziologen Frankreichs zählende Forscherin vor allem mit Fragen nach der Bedeutung und Zukunft der Nation sowie nach den mit der Staatsbürgerschaft verknüpften Rechten und Pflichten (2000). Die moderne »Wohlfahrts-Demokratie«, so der ins Deutsche übersetzte Titel einer Publikation aus dem Jahr 2002, sieht Schnapper dabei mit der doppelten Herausforderung des europäischen Integrationsprozesses und der Globalisierung konfrontiert.

Der folgende Beitrag intendiert keinen allgemeinen Überblick über die Forschungen Dominique Schnappers, vielmehr konzentriert er sich auf Fragen der Exklusion, der sozialen Integration und der Nation/Demokratie. Gleichwohl wird sich meines Erachtens zeigen, dass diese Fragen im Grunde genommen mit den zentralen Themen, die Schnapper im Laufe ihrer Forschungsaktivitäten untersucht hat, äußerst eng verknüpft sind. Das folgende Kapitel beschäftigt sich in einem Überblick mit der vielschichtigen Thematik der Exklusion und wie sich diese speziell aus dem französischen Kontext zu Beginn der achtziger Jahre des 20. Jahrhunderts heraus entwickelt hat. Erst dann, so die zugrunde gelegte These, lassen sich die schnapperschen Überlegungen im Kontext der Forschung situieren. Unmittelbar daran anschließend werden Schnappers Vorstellungen bezüglich »Integration/ politische Exklusion in der modernen Gesellschaft« präsentiert. Neben dem eminent wichtigen Begriff der Nation werden vor allem die Fragen der Staatsbürgerschaft behandelt, respektive die Situation der Immigranten dargestellt, mit denen sich Schnapper wiederholt auseinander gesetzt hat (Kap. III). Integration hat bezüglich des Schlüsselbegriffs der Exklusion – neben der politischen – eine ökonomische und soziale Dimension, die es im anschließenden Kapitel genauer zu analysieren gilt. Im Zentrum steht zweierlei: erstens die – kontrovers diskutierte – sozial integrative Funktion der Arbeit und zweitens die weithin als zunehmend prekär interpretierte integrative Funktion der Familie und der sozialen Beziehungen (Kap. IV). Im letzten Kapitel wird der Versuch einer theoretischen Einordnung der schnapperschen Überlegungen im Kontext der Exklusionsdebatte unternommen. Dabei spielt die Frage nach der Zukunft der Demokratie und des Politischen eine tragende Rolle. Der vorliegende Beitrag schließt mit einer von Schnapper ausdrücklich vorgetragenen Reflexion zur Rolle des Soziologen in der modernen Gesellschaft (Kap. V).

II. Eine kurze Geschichte der Exklusion in Frankreich

Zum besseren Verständnis und zur Einordnung des schnapperschen Begriffs und Konzepts der Exklusion, bedarf es eines kurzen Abrisses der Geschichte der französischen Exklusionsdebatte, an der sich symptomatisch die Krise des französischen Integrationsmodells der Nachkriegszeit festmachen lässt (vgl. dazu Schnapper 1991).[2] Französische und deutsche Sozialforscher, so

2 Zur Begriffsgeschichte vgl. die Arbeit von Martin Kronauer (2002: 40 f.).

etwa Robert Castel, Serge Paugam, Martin Kronauer und andere zeigen eindrucksvoll, wie der Begriff »Exklusion« zunächst in Frankreich auf breiter Basis aufgegriffen und von dort in die politische Programmatik und Forschungsförderung der Europäischen Gemeinschaft eingebracht wurde (Kronauer 2002, Paugam 1998, 2003, vgl. dazu auch Goguel d'Allondans 2003) Daran anschließend hat die Europäische Kommission ihre Programme gegen Arbeitslosigkeit und Armut seit Ende der achtziger Jahre unter das Motto »social exclusion« gestellt. In einem internationalen, zumal europäischen Kontext liegt soziale Ausgrenzung genau dann vor, wenn zwei zentrale Merkmale zusammentreffen: 1. *Marginalisierung* oder sogar völliger Ausschluss vom Arbeitsmarkt und 2. *gesellschaftliche Isolation.* Als deutsches begriffliches Äquivalent zum französischen Begriff *exclusion* bietet sich am ehesten »soziale Ausgrenzung« an (vgl. auch Kronauer 1999: 60).[3]

In Frankreich kam es in den achtziger und neunziger Jahren des 20. Jahrhunderts zu einer massenhaften Erscheinung der Exklusion, und als deren Resultat entstand die heterogene und ständig größer werdende Gruppe der »gesellschaftlich Ausgegrenzten«.[4] Der Begriff der sozialen Ausgrenzung steht dabei für ein wesentliches Symptom der gesellschaftlichen Transformation, besser gesagt: eines Prozesses, in dessen Verlauf sich neue Spaltungslinien herausgebildet haben: Statt des traditionellen Klassenkonfliktes zwischen Kapital und Arbeit bildet sich ein Gegensatz zwischen »ins« und »outs«, zwischen Teilhabern am Erwerbsleben und am gesellschaftlich-politischen Leben und den davon Ausgegrenzten. Vier Formen der Exklusion lassen sich im Anschluss an Kempf (1997: 358 f.) heuristisch voneinander unterscheiden:

1. *Ausgrenzung durch den Zerfall familiärer Bindungen:* So ist beispielsweise die Zahl der Alleinerziehenden (meistens Frauen) in Frankreich inzwischen auf über 1,5 Millionen angestiegen.

3 In Großbritannien hat der Begriff *underclass* eine vergleichbare Bedeutung. Zur Bedeutung der Metapher »Exklusion« vgl. Kronauer/Neef (1997: 35 f.).

4 Vgl. dazu die deutsche Debatte über »Überflüssige«, die vor allem in der Zeitschrift *Mittelweg 36* (2000/2001) dokumentiert ist.

2. *Ausgrenzung durch den Verlust von Wohnraum:* Obwohl jeder qua Gesetz (1990) Anspruch auf angemessenen Wohnraum hat, ergeben sich Probleme in Großstädten, wo zu wenig Wohnungen vor allem für einkommensschwache Bevölkerungsteile zur Verfügung stehen.
3. *Exklusion durch Arbeitslosigkeit:* Diese »klassische« Form der Ausgrenzung tritt besonders zu Tage, wenn sie dauerhaft wird und das Arbeitslosengeld in Sozialhilfe in Form eines festen Tagessatzes transformiert wird.
4. *Ausgrenzung durch Zurückweisen von Jugendlichen:* Von solchen »Maßnahmen« sind vor allem Jugendliche aus Immigrantenfamilien betroffen, etwa dann, wenn bei der Bewerbung um eine Arbeitsstelle wegen mangelnder Sprachkenntnisse und/oder wegen ihrer Hautfarbe mehr oder weniger offen gegen sie votiert wird.

Theoretisch betrachtet steht »Exklusion/soziale Ausgrenzung«[5] nicht nur für ein Resultat, das heißt den konkreten gesellschaftlichen Ausschluss, sondern der Begriff verweist grundsätzlich auf einen mehrstufigen Prozess. Dominique Schnapper schließt sich in diesem Punkt Robert Castel an, der von *désaffiliation,* also von Entkopplung spricht, um verschiedene »Zustände« der Exklusion beschreibbar zu machen (Castel 1997, 2000b). Folgen wir dieser viel versprechenden Konzeption, dann lässt sich Exklusion als eine Verschiebung entlang der beiden Achsen von *Integration am Arbeitsmarkt* (1) und *sozialer Einbindung in Nahbeziehungen* (2) charakterisieren: ausgehend von der *intégration,* also mit stabiler Beschäftigung und intakten, unterstützenden sozialen Netzen über die *vulnérabilité* (Verwundbarkeit, in der die Erwerbseinbindung und die sozialen Netze eher brüchig werden) bis eben hin zur *désaffiliation*, das heißt der Ausschließung aus Erwerbsarbeit und des Verlusts der sozialen Einbindung (Castel 2000a). Diese

5 Hilary Silver geht in ihrem überlicksartigen Beitrag von drei Paradigmen der sozialen Ausgrenzung aus: Solidarität, Spezialisierung und Monopolbildung. Schnapper wird dem Paradigma der Solidarität mit republikanischer Ausrichtung, als deren Gründungsväter Rousseau und Durkheim genannt werden, zugeordnet (Silver 1994: 595).

Vorstellungen geraten allerdings in Konkurrenz zu eher starren (binären) Konzepten, wie sie die Systemtheorie mit dem Begriffspaar Inklusion/Exklusion beschrieben hat (vgl. dazu Nassehi 1997).[6] Im Unterschied dazu hatte jedoch bereits Georg Simmel zu Beginn des 20. Jahrhunderts in seinen Arbeiten darauf hingewiesen, dass »Drinnen« und »Draußen« keinen logischen Gegensatz bilden, vielmehr ein soziales Verhältnis, das sich durch Gleichzeitigkeit charakterisieren lässt, also Drinnen *und* Draußen (Simmel 1983 [1908], vgl. auch Kronauer 1999: 65). Versteht man Exklusion als Prozess, so lenkt man den Blick nicht nur auf die Betroffenen, was gemeinhin als das Wichtigste gilt, sondern zusätzlich auf die Akteure, Agenturen und Institutionen der Ausschließung (Kronauer 2002: 47). Im Anschluss daran könnte man mit Michel Foucault folgende gesellschaftskritische Frage aufwerfen: »Durch welches Ausschließungssystem, durch wessen Ausmerzung, durch die Ziehung welcher Scheidelinie, durch welches Spiel von Negation und Ausgrenzung kann eine Gesellschaft beginnen zu funktionieren?« (Foucault 1976: 57)

Inwiefern spielt nun der prozessual angelegte Begriff der Exklusion eine zentrale Rolle in Schnappers Werk? Betrachtet man ihre diesbezüglichen Arbeiten, dann fällt schnell auf, dass es für sie keine absolute Exklusion gibt, vielmehr spricht sie – damit in der simmelschen Tradition stehend – von einer Dialektik zwischen Inklusion und Exklusion (Schnapper 1997: 62). Nicht von ungefähr kommt daher ihre Empfehlung, »die« Exklusion nicht als solche zu studieren. Als Sozialforscher sollten wir uns vielmehr die je spezifischen Formen vergegenwärtigen, die Inklusions- und Exklusionsprozesse heute annehmen. In diesem Zusammenhang erhält vor allem Schnappers Aufsatz »Intégration et exclusion dans les sociétés modernes« (1996) einen programmatischen Stellenwert. Schnapper macht darin ihrerseits mindestens zwei

6 Ausgehend von einer Kritik der systemtheoretischen Unterscheidung von Inklusion/Exklusion unternimmt Markus Schroer den Versuch einer differenzierenden Betrachtung, die sich von Totalinklusion bis zur Totalexklusion in einem Kontinuum bewegt (Schroer 2001: Schaubild S. 44).

grundlegende Faktoren für eine Rückkehr des Themas Exklusion auf die Tagesordnung der politischen Agenda verantwortlich.

1. *Immigration:* In Europa stellt die Eingliederung und die Verankerung der Migranten sowie der angeworbenen ausländischen Arbeitskräfte die Integrationskraft der traditionell verfassten Staatsnation zunehmend in Frage.
2. *Armut:* Der Wohlfahrtsstaat gerät verstärkt in die Kritik. Dabei handelt es sich um eine Kritik, die nicht nur von den so genannten Markt- oder auch Neoliberalen geäußert wird. Dem Wohlfahrtsstaat *(état-providence)* wird vorgeworfen, zwar die Verteilung des Reichtums ins Innere der (etablierten) Mittelschichten zu sichern, jedoch gleichzeitig alle anderen zunehmend auszuschließen und dadurch zu einer regelrechten Ausschlussmaschine *(machine à exclure)*, wie Schnapper formuliert (1996: 25), zu werden.

III. Integration/politische Exklusion in der modernen Gesellschaft

Für die französische Soziologin Schnapper basiert die moderne Politik der demokratischen Nation ganz entscheidend auf dem Prinzip der Inklusion der Mitglieder in die politische Gemeinschaft. Konkret stützt sich eine solche Politik auf das Konzept der Staatsbürgerschaft *(citoyenneté)* (vgl. dazu Schnapper 2000). Dementsprechend erfahren sich diejenigen, die nicht den Status des Staatsbürgers bekleiden, als aus dieser Gemeinschaft Ausgeschlossene (Schnapper 1996: 25). Geht es nunmehr um die virulente Frage der Integration und der politischen Exklusion, so verweist Schnapper in ihren Werken, ganz in der jakobinischen Tradition stehend, mit Bestimmtheit und sozusagen überhaupt nicht en vogue, auf die Rolle der Nation (Schnapper 1994).[7] Ausgehend von einer historischen Herleitung und Analyse des Kon-

7 Zu den Unterschieden der jeweiligen Nationenbegriffe im nationalen Kontext vgl. die Arbeit von Einfalt et al. (2002).

zeptes der Nation (im Hintergrund steht die anhaltende Diskussion »Staatsnation« vs. »Kulturnation«), versteht Schnapper darunter eine integrierte Gesellschaft, in der verschiedene ethnische, religiöse, kulturelle, sprachliche, historische oder soziale Einzelinteressen in der Politik zusammenfließen und von ihr beherrscht werden. Die ganz im Sinne einer »Orientierungsmatrix« (Einfalt et al. 2002: 18) begreifbare Idee der Nation bezeichnet somit die virulente Integrationsanstrengung, eine Bevölkerung zu einer Gemeinschaft von Staatsbürgern zu machen, die in einer Wertegemeinschaft und durch die Suche nach einem gemeinsamen Gut, das über die individuellen Interessen hinausgeht, verbunden sind. Diese Linie verfolgend ist Schnapper weitergehend davon überzeugt, dass der Nationalstaat ohne eine Berücksichtigung ethnischer Elemente abstrakt bleiben müsse (vgl. auch Schnapper 1994: 136). Sie verdeutlicht diesen Gedanken anhand des Beispiels, dass traditionell republikanisch orientierte Nationen wie etwa die Schweiz mit schwachen gesellschaftlichen Bindungen ausgestattet sind. Um die damit einhergehende Fragilität sozialer Beziehungen zu überbrücken, würden politische Nationen deshalb ein Mindestmaß an gemeinschaftlichen Rückhalt benötigen.[8] In ihren eigenen Worten fungiert die moderne Nation somit als »la forme politique qui permet d'intégrer des populations objectivement différentes autour de normes et de valeurs communes grace à une gestion économique et sociale fondée sur les compromis inévitables entre les valeurs de la liberté et de l'égalité et les nécessités de l'ordre économique.« (Schnapper 1991: 344)

Aber eben dieses Modell der Nation, das die Grundlage des Bürgerstaates ausmacht, befindet sich – übrigens nicht erst heute, aber gegenwärtig verstärkt, aufgrund von Globalisierungstendenzen und dem Vorrang von Einzel- und Gruppeninteressen, die die Anerkennung von spezifischen Sonderrechten fordern – in einer legitimatorischen und politisch-moralischen Krise. Politik droht im Rahmen des Nationalstaats zu einem bloßen am Kon-

8 In der so genannten Kommunitarismus/Liberalismus-Debatte taucht diese Frage nach der Rückbindung an Gemeinschaften in neuem Gewand wieder auf (vgl. dazu Wetzel 2003: 227 f.).

sens orientierten Interessenmanagement und Demokratie zu einem Instrument der Fürsorge, dem es »nur« noch um das Wohlergehen jedes einzelnen Bürgers geht, zu verkommen (Rancière 2002).

Trotz dieser »Gefahren« besticht die demokratische Nation durch ihren potenziellen Aufnahmewillen, auch gerade, was die Rechte der Nicht-Staatsbürger anbelangt. Jeder Nationalstaat anerkennt das prinzipielle Recht der Ausländer, Zugang zur politischen Gemeinschaft zu erhalten (vgl. auch Schnapper 1996: 26), allerdings geschieht dies wiederum aufgrund von Bedingungen, die der Staat dem potenziellen neuen Bürger auferlegt. Die Inklusionspraxis des Nationalstaats verfährt – idealiter betrachtet – prinzipiell offen, was aber nicht ausschließt, dass sie dennoch nur nach bestimmten Kriterien und Prinzipien verfährt. Die Ablehnung rechtlicher Unterscheidungen, anders gesagt: die politische Gleichheit aller Bürger und die zivile Gleichheit aller Gesellschaftsmitglieder, Ausländer oder Staatsbürger, expliziert auch, dass die Exklusion nicht einen Zustand oder eine Kategorie von Personen bezeichnet, vielmehr, wie bereits aufgezeigt, einen Prozess. Es existieren zahlreiche Weisen, eingeschlossen oder ausgeschlossen zu sein. Genauer gesagt: Die meisten Menschen sind nicht ein für alle Mal ausgeschlossen, weniger noch als definitiv »Ausgeschlossene« zu beschreiben. Aber in der Tat gibt es Menschen, die sich in einem fragilen und prekären Zustand befinden, denen eine hohe Wahrscheinlichkeit bezüglich des »Ausgeschlossen-Werdens« aus dem kollektiven Leben eignet. Sie können – früher hätte man gesagt – marginalisiert werden, sei es bezüglich der Arbeit oder im Hinblick auf die von ihnen eingegangenen sozialen Beziehungen (Schnapper 1996: 27). Die Risiken, in diesen prekären Zustand zu geraten,[9] kumulieren sich, wenn etwa schwache Familienbande, schulisches Versagen, fehlende Ausbildung und Arbeitslosigkeit zusammentreffen. Die im National-

9 Robert Castel spricht in seiner Arbeit bezüglich einer »Chronik der Lohnarbeit« (2000a) wiederholt von der »Prekarität«, die auf eine schwierige und missliche Lage der existenziellen Situation anspielt, die sowohl von Unsicherheit als auch von Kontingenz geprägt ist.

staat nicht zu leugnenden Exklusionsprozesse, die mit den Bedingungen des gemeinschaftlichen Lebens und der kapitalistischen Organisation der Produktionsweisen verbunden sind, stellen für die reichen Demokratien, so Schnapper, einen regelrechten Skandal dar: »Dans la mesure même où le principe qui fonde la légitimité politique et le lien social – le refus de toute exclusion juridique et la participation égale de tous les citoyens à la vie collective – est profondément intériorisé, les processus d'exclusion de fait – liés aux conditions concrètes de la vie commune et en particulier à l'organisation de la production – constituent, pour les sociétés démocratiques riches, un scandale.« (Schnapper 1996: 28)

Als von der Exklusion in besonderem Maße betroffen zeigt sich die besonders prekäre Situation der Migranten bzw. der Immigranten, und nicht zuletzt deshalb hat sich Schnapper dezidiert mit deren Lebensumständen wiederholt auseinander gesetzt, so vor allem in ihren Werken *La France de l'intégration* (1991) und *L'Europe des immigrés* (1992). Darin gelangt sie zu dem politisch relevanten Ergebnis, dass die Immigranten – entgegen den Behauptungen vonseiten der extremen Rechten – keine »Bedrohung« für die nationale Einheit darstellen, zumal die Kinder von Einwanderern zu den Ersten gehören würden, die sich auf die Errungenschaften der Französischen Revolution berufen und die Menschenrechte sowie die demokratischen Werte geltend machen könnten. Allerdings sieht Schnapper sehr wohl die real existierende Ausgrenzung von Immigranten, die besonders in den Banlieues (Vorstädten)[10] spürbar zu verzeichnen ist. Zum einen ruft die bloße Anwesenheit von Immigranten oftmals xenophobische Gefühle bei den Einheimischen hervor, zum anderen kommt es mitunter zu gewaltsamen Identitätsbehauptungen und Anerkennungskämpfen zwischen verschiedenen Gruppen (Schnapper 1991: 203). In diesem Zusammenhang betont Schnapper, dass die damit verbundene Frage der Integration bzw. der politischen Exklusion nicht so sehr lediglich in der Verantwortung der betroffe-

10 Zur besonderen Situation der Banlieues in Frankreich im Sinne von sozialen Brennpunkten vgl. Dubet/Lapeyronnie (1994).

nen Immigranten liegt, sondern eigentlich in den Zuständigkeitsbereich der modernen Nation respektive deren Politik gehört.

IV. Integration / ökonomische und soziale Exklusion

Die konkrete Partizipation der Individuen am sozialen und kollektiven Leben und – sozusagen deren Kehrseite – die Ausgrenzung analysiert Schnapper prinzipiell über zwei Hauptachsen. Zum einen über die *wirtschaftlich-berufliche Achse* (Lohnarbeit, Sozialversicherung) und zum anderen über die *sozial- und beziehungsbezogene Achse* (Familie, Freundschaften) (Schnapper 1996: 28 f.). Aufgrund ihrer historisch-soziologischen Untersuchungen gelangt Schnapper zu dem Schluss: »on a assisté, au cours des deux dernières décennies, d'une part, à la fin d'une organisation économique qui garantit le plein emploi, et, d'autre part, à la désinstitutionnalisation des relations familiales et, en conséquence, à l'affaiblissement des solidarités entre les membres de la famille.« (Schnapper 1996: 28)

Mit anderen Worten: Gegenwärtig erleben wir das Ende des Traums von der Vollbeschäftigung, den weit reichenden Verlust planbarer Karrieren und das Entstehen von zunehmend flexibilisierten und damit prekären Formen der Beschäftigung (Sennett 1998). Dies alles vollzieht sich bei einer gleichzeitigen Pluralisierung familiärer und sozialer Lebensformen, die unweigerlich zu neuen Herausforderungen führen und die somit auch die Exklusionsphänomene vielschichtiger denn je erscheinen lassen. Schnapper hält es völlig zu Recht für voreilig, den Wert der Arbeit sowie die Bedeutung der Familie im Hinblick auf die soziale Integration zu unterschätzen.

Die sozial integrative Funktion der Arbeit

Entgegen der in den neunziger Jahren entflammten Debatte um das angebliche »Ende der Arbeit« (Jeremy Rifkin),[11] hält Schnapper nicht nur an der Bedeutung, sondern vor allem an der integrativen Funktion der geregelten Lohnarbeit (Beschäftigung) fest. Treffend beschreibt sie die Zukunft der Arbeit in der folgenden Passage: »On ne va pas vers la fin du travail, mais vers un changement des formes du travail et de la structure des emplois.« (Schnapper 1997: 81) Kaum zu bestreiten ist in diesem Zusammenhang, dass der soziale Status des Einzelnen stark davon abhängt, ob er in Arbeitsbeziehungen eingebunden ist oder eben nicht. Jenseits dieser sozialökonomischen Perspektive geht es aber um die *persönliche Würde* eines jeden Individuums, also auch um die psychische Form der Verarbeitung einer belastenden Situation des von (zusätzlicher) Ausschließung bedrohten Arbeitslosen. Eben diesen prekären Punkt betont Schnapper explizit im Kontext eines Diskurses über die Bedeutsamkeit der Arbeit (Schnapper 1996: 28). Die gesellschaftliche Botschaft lautet allerorten: Wer arbeitet, fühlt sich zu Recht dazugehörig, wer nicht, dem fehlt etwas, kurzum: erlebt sich als defizitär. Wo früher der Wohlfahrtsstaat auf den Plan trat, wird heute von einer »neoliberal« inspirierten Politik alles getan, das Individuum für die schwierige Situation, auch für die Exklusion und den damit oft verbundenen sozialen Abstieg, *persönlich* verantwortlich zu machen. Jeder soll arbeiten können und wollen, aber nicht jeder kann, wie er will. Die Sicht der Betroffenen einnehmend, besteht für Schnapper darüber hinaus die Gefahr eines Teufelskreises, der sich dadurch offenbart, dass der »unglückliche« Arbeitslose umso weniger Chancen besitzt, je unglücklicher er ist, was – realistischerweise – wiederum dazu führt, noch weniger auf eine neue Arbeit hoffen zu können usw. Fehlt in einem solchen Moment auch noch die Solidarität der Familie, ist also keine finanzielle und/oder mora-

11 Vgl. dazu den Sammelband von Jürgen Kocka und Claus Offe (2000), der einen guten Überblick über Geschichte, gegenwärtige Krise und Zukunft der Arbeit gibt.

lische Unterstützung zu erwarten, dann wird dies mitunter zu einem richtigen »Handicap« für die unmittelbar Betroffenen *und* für die Angehörigen (Schnapper 1997: 62). Vor allem an den prekären Beschäftigungsformen, wie etwa befristeten Beschäftigungsverhältnissen, Aushilfen und Vertretungen, zeigt sich verstärkt die Konjunktur eines unsicheren und provisorischen Status, von dem unterschiedliche Gruppen innerhalb der Gesellschaft betroffen sein können (Schnapper 1996: 29).[12]

Die integrative Funktion der Familie und der sozialen Beziehungen

Wie bei der soeben erläuterten sozial-integrativen Funktion der Arbeit betont Schnapper, übrigens wiederum entgegen dem »soziologischen Mainstream«, die kaum zu überschätzende Rolle der Familie und der sozialen Beziehungen, die den von Exklusion Betroffenen oder Bedrohten direkt helfen, mit ihrer Situation »fertig« zu werden. Genauer betrachtet insistiert Schnapper insbesondere auf die Rolle familiärer Verbindungen und Werte (vgl. dazu Schnapper 1996: 29).[13] Deren Aktivierung äußert sich beispielhaft darin, dass Eltern ihren Kindern anbieten, weiterhin bei ihnen kostengünstig zu wohnen, zumindest solange sie keine Beschäftigung gefunden haben. Die Familienmitglieder greifen dem Hilfsbedürftigen zudem nicht selten finanziell unter die Arme. Zudem manifestiert sich die gewährte Unterstützung nicht selten dadurch, dass Freunde oder Familienangehörige persönliche oder auch berufliche Beziehungen (Netzwerke) zur Verfügung stellen, um dem Arbeitssuchenden behilflich zu sein. Allerdings, und Schnapper vergisst keineswegs darauf aufmerksam zu machen,

12 So können auch Führungskräfte und damit Eliten in der Gesellschaft von einem zunehmend unsicheren Status betroffen sein, allerdings verfügen diese oft über materielle und immaterielle Ressourcen, die den »sozialen Abstieg« abfedern helfen.

13 Die demographischen Indikatoren würden zeigen, dass es nicht um das Ende eben dieser familiären Werte und den Austausch im Innern der Familie geht, als vielmehr um das Infragestellen der Institution Ehe (Schnapper 1991: 275).

handelt es sich immer um eine persönliche Entscheidung, ob geholfen wird oder ob eben nicht. Eine Garantie für die familiäre Unterstützung gibt es nicht. Zu diesen weitgehend an der Familie orientierten Beziehungen treten die nachbarschaftlichen Verhältnisse, Freundschaften und die Teilnahme am gemeinschaftlichen Leben (Vereine), die allesamt die Funktion haben, die über Beschäftigung und die familiären Bande bereits vorhandenen Integrationsformen zu stärken (Schnapper 1991: 287). Sozialforscher müssen, so Schnapper, die eminente Bedeutung von Beziehungsfaktoren sichtbar machen, selbst dann, wenn diese in den üblichen Vorstellungen von Ausgrenzung nicht so präsent sind. Gesamthaft betrachtet weist Schnapper wiederholt auf den Zusammenhang zwischen ökonomischer und sozialer Exklusion hin, die sich vor allem durch die zunehmende Nichtteilnahme am sozialen Leben manifestiert, was insgesamt einen negativen »kumulativen Effekt« erzeugt. Noch einmal anders gesagt: Die Arbeitslosigkeit stellt nicht nur den sozialen und ökonomischen Status des Individuums in der Gesellschaft in Frage. Auch im Innern der Familie oder in Paarbeziehungen beginnt es nicht selten zu »brodeln«, wenn das Gespenst Arbeitslosigkeit Einzug hält. Arbeitslose, die sich in ihrer persönlichen Würde bedroht sehen, was viele Forschungen belegen, schränken auch – ob unwillkürlich oder willentlich – häufig ihre freundschaftlichen Beziehungen ein. Insofern dürfen auch beide Achsen, das heißt die ökonomische und die familiär-beziehungsmäßige Achse, darauf weist Schnapper dezidiert hin, keineswegs unabhängig voneinander betrachtet werden (Schnapper 1991: 273). Schnapper hat die unterschiedlichen Arten, wie Integration in modernen Gesellschaften verläuft, folgendermaßen prägnant gefasst: »Les modes d'intégration à la société moderne sont exigeants: *ils favorisent les actifs;* malgré la protéction sociale, *ils sont relativement durs aux faibles.* Plus que dans toute autre société historique, l'intégration collective risque toujours d'être limitée aux plus entreprenants.« (Schnapper 1991: 313; Hervorh. d. Verf.). Soll heißen: Die aktiven, eingebundenen und – im günstigsten Fall – irgendwie über Beschäftigung versorgten Individuen erfahren eine Wertschätzung und eine Besserbehandlung, während – paradoxerweise – die schwachen, passiven und auf Hilfe angewiesenen Individuen eher »unter Verdacht« des Missbrauchs und der Untätigkeit gestellt werden (Castel 2000a). Mit dem Effekt, dass den wirklich Hilfsbedürftigen die Leistungen des Sozialstaates zwar in einem bestimmten Umfang gewährt werden, diesen jedoch permanent ein »schlechtes Gewissen« vermittelt wird, wenn sie die Leistungen tatsächlich in Anspruch nehmen.

V. Exklusion, Demokratie und die Zukunft des Politischen

Es hat sich gezeigt, dass und inwiefern das Werk Dominique Schnappers im Zentrum klassischer soziologischer Fragestellungen steht. Durch die Konzentration auf die ungemein vielschichtige Thematik der Exklusion und der Integration vermag Schnapper die historisch angewachsene Schwächung der sozialen Kohäsion bzw. der sozialen Bindungskräfte, die in modernen westlichen Gesellschaften ihren vorläufigen Höhepunkt erreicht, plausibel machen: »Nous vivons aujourd'hui l'affaiblissement du civisme et des liens politiques. Rien ne nous assure que la nation démocratique moderne aura à l'avenir la capacité d'assurer le lien social, comme elle le fit dans le passé.« (Schnapper 1994: 21) Trotz dieser zukünftigen Ungewissheit drückt sich bei Schnapper in ihrem republikanischen Verständnis der Nation und der Demokratie ein tiefes Vertrauen in deren Leistungen aus. Sie übersieht jedoch keineswegs, was konservativ-neoliberale Kräfte gerne verschweigen, dass der Nationalstaat mittlerweile selbst zu einer »Exklusionsmaschine« par excellence geworden ist, was wiederum bedeutet, nunmehr auch die Demokratie in ihren Verstrickungen in den Blick zu nehmen (Agamben 2002, Rancière 2002). Bedingt durch die ökonomischen und politischen *Prozesse der Globalisierung* gerät der Nationalstaat selbst – und mit ihm die Demokratie – zunehmend unter Rechtfertigungszwang (Habermas 1998). Dabei gehen Armut und Exklusion, wie auch Serge Paugam feststellt, eine konstitutive Verbindung in demokratischen Gesellschaften ein: »Dans les sociétés démocratiques, la pauvreté et l'exclusion sont presque inévitablement, et sous des formes variables selon les lieux et les époques, au cœur de la question sociale.« (Paugam 2003: 169) Was können wir demnach gegen die ebenso unvermeidlich wie grausam erscheinenden Phänomene der Exklusion tun?

Auf direkte Art und Weise könne man, so Schnapper, gegen die Exklusion kämpfen, indem man den Ausgeschlossenen primär ihre Würde zurückgibt, sie nicht länger mit der Zuweisung der Rolle als Bittsteller zu den Verlierern der Gesellschaft quasi abstempelt. Um dem Missstand der Exklusion vorbeugen zu können bedarf es durchaus auch materieller Hilfen, die der Wohlfahrtsstaat gewährt. Diese reichen aber bei weitem nicht aus! Am Beispiel der Wohnungs- und Obdachlosen (SDF: *sans domicile fixe*) verdeutlicht Schnapper, dass es überhaupt nicht ausreicht, nur genügend Wohnraum zur Verfügung zu stellen, denn diese Menschen sind nicht nur einfach in einem materiellen Sinne arm, vielmehr sind sie in ihrer Menschenwürde zutiefst verletzt (Schnapper 1997: 99). Schnapper hält wenig überraschend die Reform der Schulen sowie der Unternehmen für die beste (präventive) Politik gegen die drohende Exklusion. Schon länger spielt in diesem Kontext die Sozialpolitik des Wohlfahrtsstaates eine große Rolle. Schnapper spricht – alles andere als euphorisch – an einer Stelle von den »Aporien der Sozialpolitik« (Schnapper 1996: 30). Die Aporien liegen für sie im Folgenden begründet: Einerseits müsse man durchaus die integrative Rolle, die die Sozialpolitik bislang gespielt hat, anerkennen. So hat die Sozialpolitik in Frankreich ein gesetzlich festgeschriebenes Mindesteinkommen[14] durchgesetzt, was das Verfügen über finanzielle Ressourcen ermöglicht, wenngleich diese auch eher gering ausfallen. Für die Bedürftigen bietet

14 Das RMI *(revenue minimum d'insertion)* ist eine per Gesetz vom 1. 12. 1988 geschaffene finanzielle Hilfeleistung für bedürftige Personen zur Sicherung des Existenzminimums, der deutschen Sozialhilfe vergleichbar. Davon zu unterscheiden ist das SMIC *(salaire minimum interprofessionnel de croissance)*, der allgemein garantierte, gesetzliche Mindestlohn.

diese Form der Zuwendung jenseits des rein Materiellen einen sozialen Kontakt mit den Sozialarbeitern und last but not least einen gewissen sozialen Status. Andererseits entwertet und disqualifiziert eben diese Sozialpolitik diejenigen, die mit diesen Hilfen versorgt werden. Die sozialökonomischen Transferleistungen erzeugen für Schnapper den perversen Effekt, den Empfängern einen Status der Hilfsbedürftigkeit zuzuweisen und ihre Niederlage bzw. ihr Scheitern in ihrem Bewusstsein zu verankern respektive gesellschaftlich zu zementieren. Als einen weiteren negativen Effekt nennt sie die Vereinzelung (Atomisierung) der Individuen, das heißt, die von Exklusion Bedrohten und Betroffenen würden zunehmend ihr Solidaritätsgefühl verlieren (Schnapper 1991: 268). Trotz dieser Bedenken hält Schnapper selbstverständlich die Sozialpolitik für ebenso wünschenswert wie unvermeidlich, aber man dürfe eben nicht vergessen, dass diese Politik hauptsächlich eine materielle Ersatzleistung biete, die auch die Würde der Menschen berühre, und zwar in negativer Weise. Aus einer soziologisch-politischen Perspektive plädiert Schnapper folgerichtig für eine Analyse der Ursachen, die jemanden in die prekäre Zwangslage versetzen, auf sozialstaatliche Leistungen überhaupt angewiesen zu sein. Obwohl die materielle Versorgung der Bedürftigen heutzutage von reichen Demokratien weitgehend (noch) aufgebracht wird, bleibt die Erfahrung der Stigmatisierung mindestens so stark haften wie in der Vergangenheit. »Arm-Sein« bedeutet in westlichen (post)industriellen Gesellschaften, sich als marginalisiert zu erfahren und mehr und mehr vom sozialen Leben ausgeschlossen zu werden (Paugam 1998). Es bedeutet zudem, die Gelegenheit zum Austausch mit anderen sukzessive einzubüßen, was dem Verlust sozialer Anerkennung gleichkommt. Als entscheidend erweist sich in diesem Zusammenhang, dass – etwa im Unterschied zu früher – in neoliberalen Marktgesellschaften die Armut nicht mehr einfach als auferlegtes und geteiltes Schicksal ge- und erlebt werden kann. Vielmehr enthüllt sie – so die ideologisch gefärbte Sichtweise – die vermeintliche Unfähigkeit und das persönliche Versagen der Armen und Ausgegrenzten (Schnapper 1996: 31). Insofern steht gegenwärtig die Sozialpolitik und mit ihr der

Wohlfahrtsstaat insgesamt auf dem Prüfstand einer vornehmlich ökonomisch verkürzten Sichtweise – Wachstum, Effizienz und Effektivität lautet das Credo. Entgegen einer drohenden Ökonomisierung des Politischen bedarf es eines Festhaltens an einer dezidiert politischen Perspektive, die auf gesellschaftlich erzeugte und damit gewollte Missstände hinweist, wofür auch Schnappers Werk nachdrücklich einsteht. Dabei könn(t)en die Soziologen eine mitunter wichtige Rolle spielen, wenn sie sich ihrer ethischen Verantwortung bewusst würden.

Dominique Schnapper sieht die Funktion und Aufgabe des Soziologen – dabei in der Tradition Durkheims stehend – in derjenigen des *Beraters* und des *Erziehers,* und zwar in einem aufklärerischen Sinn (Schnapper 1992: 187). Ganz so wie es Max Weber beschrieben hat, müsse der Soziologe seine eigenen Werturteile von seinen Analysen trennen und darüber hinaus seine eigenen Werturteile nicht zum politischen Maßstab erheben oder mit diesem verwechseln. Demzufolge fällt dem Soziologen gerade nicht die Rolle zu, seine moralischen und politischen Ansichten den verantwortlichen Politikern aufzudrängen; vielmehr sollte er die demokratische Diskussion durch sein Wissen und seine Analysen anregen und bereichern (Schnapper 1992: 9). Schnapper scheut sich auch nicht zu betonen, und eben hier beweist sich die Titulierung als »moralisches Gewissen Frankreichs«, dass dem Soziologen in seinem Tun eine »Ethik der Verantwortung« obliegt. Genauer definiert Schnapper die verantwortliche Rolle des Soziologen in einer längeren Passage: »Le rôle du sociologue est de formuler plus exactement les termes des alternatives, d'expliciter les contraintes qui pèsent sur les responsables et leur marge de liberté, d'évaluer les coûts sociaux et politiques des décisions prises, d'analyser les contradictions entre des ambitions également souhaitables, de comparer les expériences des pays proches, de relativiser les politiques selon la tradition propre à toute entité politique, enfin d'inscrire les choix dans une histoire à la fois nationale, européenne et même mondiale.« (Schnapper 1992: 187)

Dominique Schnappers politisches Leben und ihr wissenschaftliches Werk legen ein eindrückliches Zeugnis davon ab, dass dies nicht nur hehre Worte einer (privilegierten) Intellektuellen bleiben müssen, sondern eine tatkräftige Umsetzung in Wissenschaft und Praxis erfahren.

Literatur

Agamben, G., 2002: Homo sacer. Die souveräne Macht und das nackte Leben, Frankfurt am Main.

Castel, R., 1997: Nicht Exklusion, sondern Desaffiliation. Ein Gespräch mit François Ewald, in: Das Argument 38, 127, S. 775 – 780.

Castel, R., 2000a: Die Metamorphosen der sozialen Frage. Eine Chronik der Lohnarbeit, Konstanz.

Castel, R., 2000b: Die Fallstricke des Exklusionsbegriffs, in: Mittelweg 36, 9, 3, S. 11 – 25.

Dubet, F./Lapeyronnie, D., 1994: Im Aus der Vorstädte. Der Zerfall der demokratischen Gesellschaft, Stuttgart.

Goguel d'Allondans, A., 2003: L'exclusion sociale. Les métamorphoses d'un concept (1960 – 2000), Paris.

Einfalt, M. et al. (Hrsg.), 2002: Konstrukte nationaler Identität. Deutschland, Frankreich und Großbritannien (19. und 20. Jahrhundert), Würzburg.

Foucault, M., 1976: Mikrophysik der Macht, Berlin.

Habermas, J., 1998: Die postnationale Konstellation. Politische Essays, Frankfurt am Main.

Imbusch, P., 2001: »Überflüssige«. Historische Deutungsmuster und potentielle Universalität eines Begriffs, in: Mittelweg 36, 10, 5, S. 49 – 62.

Kempf, U., 1997: Von de Gaulle bis Chirac. Das politische System Frankreichs. 3., neubearb. und erw. Aufl., Opladen.

Kocka, J./Offe, C. (Hrsg.), 2000: Geschichte und Zukunft der Arbeit. Frankfurt am Main/New York.

Kronauer, M., 1999: Die Innen-Außen-Spaltung der Gesellschaft, in: S. Herkommer (Hrsg.), Soziale Ausgrenzungen. Gesichter des neuen Kapitalismus, Hamburg, S. 60 – 72.

Kronauer, M., 2002: Exklusion. Die Gefährdung des Sozialen im hoch entwickelten Kapitalismus, Frankfurt am Main/New York.

Kronauer, M./Neef, R., 1997: »Exclusion« und »soziale Ausgrenzung«: Neue soziale Spaltungen in Frankreich und Deutschland, in: Frankreich Jahrbuch 1996, Opladen, S. 35 – 58.

Nassehi, A., 1997: Inklusion, Exklusion, Integration, Desintegration, in: W. Heitmeyer (Hrsg.), Was hält die Gesellschaft zusammen?, Frankfurt am Main, S. 113 – 148.

Paugam, S., 1996 (Hrsg.): L'exclusion, l'état des savoirs, Paris.

Paugam, S., 1998: Von der Armut zur Ausgrenzung. Wie Frankreich eine neue soziale Frage lernt, in: W. Voges/Y. Kazepov (Hrsg.), Armut in Europa, Wiesbaden, S. 117 – 136.

Paugam, S., 2003: L'exclusion: usages sociaux et apports de la recherche, in: J.-M. Berthelot (Hrsg.), La sociologie française contemporaine, Paris, S. 155 – 171.

Rancière, J., 2002: Das Unvernehmen. Politik und Philosophie, Frankfurt am Main.

Schnapper, D., 1971: L'Italie rouge et noire, Paris.

Schnapper, D., 1991: La France de l'intégration. Sociologie de la nation en 1990, Paris.

Schnapper, D., 1992: L'Europe des immigrés. Essai sur les politiques d'immigration, Paris.

Schnapper, D., 1994: La communauté des citoyens. Sur l'idée moderne de nation, Paris.

Schnapper, D., 1996: Intégration et exclusion dans les sociétés modernes, in: Paugam 1996, S. 23 – 31.

Schnapper, D., 1997: Contre la fin du travail. Entretien avec Philippe Petit, Paris.

Schnapper, D., 2000: Qu'est-ce que la citoyenneté?, unter Mitarb. von Christian Bachelier, Paris.

Schnapper, D., 2002: La démocratie providentielle. Essai sur l'égalité contemporaine, Paris.

Schroer, M., 2001: Die im Dunkeln sieht man doch: Inklusion, Exklusion und die Entdeckung der Überflüssigen, in: Mittelweg 36, 10, 5. S. 33 – 45.

Sennett, R., 1998: Der flexible Mensch. Die neue Form des Kapitalismus, Berlin.

Silver, H., 1994: Exclusion sociale et solidarité sociale: trois paradigmes, in: Revue Internationale de Travail 133, 5/6, S. 585 – 638.

Simmel, G., 1983 [1908]: Soziologie. Untersuchungen über die Formen der Vergesellschaftung, Berlin.

Wetzel, D. J., 2003: Diskurse des Politischen. Zwischen Re- und Dekonstruktion, München.

Peter Wagner

Soziologie der kritischen Urteilskraft und der Rechtfertigung: Die Politik- und Moralsoziologie um Luc Boltanski und Laurent Thévenot

Seit nunmehr über zwei Jahrzehnten haben Luc Boltanski und Laurent Thévenot zusammen mit anderen Soziologen, Ökonomen und Statistikern ein Forschungsprogramm entwickelt, das unter der Bezeichnung »Soziologie der kritischen Urteilskraft« und nun zunehmend allgemein als »pragmatische Soziologie« bekannt geworden ist. Im Mittelpunkt stand zunächst eine Analyse der den sozialen Konfigurationen der Moderne des 20. Jahrhunderts eigenen Formen des Wissens und der Bewertung. Ziel dieses Unterfangens war eine Erneuerung der Sozialwissenschaft zu einem Zeitpunkt, als deren kritisches Potenzial weitgehend erschöpft zu sein schien. Als ihre wichtigste gemeinsame Publikation, *De la justification* (Boltanski/Thévenot 1991; fortan: DLJ), erschien, wurde diese umgehend weitläufig diskutiert, von einigen Lesern heftig kritisiert, aber ebenso von anderen als das Debüt der »neuen französischen Sozialwissenschaften« gefeiert.[1] Mittlerweile kann dieses Buch zu Recht als eine wichtige Zwischenstation in der Entwicklung einer »Politik- und Moralsoziologie« betrachtet werden, die sowohl eine Kritik der Sozialwissenschaften entwickelt als auch eine Perspektive für deren Erneuerung, nicht zuletzt durch die Wiederbelebung der Verbindung zur Politik- und Moralphilosophie, aufzeigt.

1 Siehe zum Beispiel EspacesTemps 1992, Critique 1991, Dodier 1991: 427, Dosse 1995. Das Buch erschien zunächst in einer vorläufigen Fassung mit limitiertem Umlauf 1987 und 1991 dann in der dann endgültigen Fassung. Eine Übersetzung ins Englische erscheint demnächst bei Princeton University Press; für einen kurzen Überblick vgl. Boltanski/Thévenot 1999.

I. Grundlagen: Die neue Politik- und Moralsoziologie im französischen intellektuellen Kontext

Diese Politik- und Moralsoziologie vollzieht eine bestimmte theoretische Bewegung im französischen sozialwissenschaftlichen Feld, beschreibbar als Fortsetzung einer Befreiung aus theoretischen Verengungen, die andere Soziologen und Ökonomen bereits begonnen hatten, die nunmehr aber radikalisiert bzw. konsequent zu Ende geführt wird. In der Soziologie und Anthropologie hatte Pierre Bourdieu bereits damit begonnen, strukturalistisches Denken handlungstheoretisch neu zu formulieren. Luc Boltanski, Laurent Thévenot und Alain Desrosières wie auch der im Jahre 1992 verstorbene Michael Pollak bezogen sich auf diese Reformulierung und trieben sie weiter. Bei einigen anderen Autoren, namentlich Louis Quéré, fand sich ein analoger – anknüpfender und weiterführender – Bezug auf Alain Touraines Soziologie sozialer Bewegungen. In der Wirtschaftswissenschaft hatte die starke institutionalistische Tradition in Frankreich durch die Regulationsschule – vor allem Michel Aglietta und Robert Boyer sind zu nennen – eine historische Öffnung erfahren, die allerdings zunächst noch im marxistisch inspirierten systemischen Denken verharrte. Robert Salais, Thévenot und andere bauten auf diese Arbeiten auf und führten sie weiter, indem sie mit dem verbliebenen Evolutionismus brachen und grundsätzlicher noch ökonomische Phänomene als in durchaus kontingenter Weise sozial und historisch geschaffene betrachteten.

Die strukturalistische wie die funktionalistische Soziologie ebenso wie die neoklassische Ökonomie gehen hochgradig voraussetzungsvoll an ihre Untersuchungsgegenstände heran. Vorannahmen über Handlungs- und Strukturformen strukturieren die Erfassung der sozialen Realität in ausgeprägtem Maße und verschließen dadurch systematisch bestimmte Einsichten über diese Realität. Unter der Maxime der »Voraussetzungsarmut« (Dodier 1991: 437–440, Boltanski 1990: 23) vollziehen die neuen Arbeiten zunächst eine kritische Abwendung von den »sozialen Metaphysiken« dieser Disziplinen (DLJ: 42). Dieser Schritt wurde im französischen intellektuellen Milieu erleichtert und unterstützt durch die breite Wirkung, die die radikale Unvoreingenommenheit der foucaultschen Archäologie und Genealogie, die Philosophiekritik bei Gilles Deleuze und wohl auch der Dekonstruktionismus Jacques Derridas entfaltet haben – ohne dass deswegen gleich die theoretische Perspektive des einen oder anderen übernommen werden müsste.[2] Die Absicht, Zugänge zur sozialen Realität wieder freizulegen und zu nutzen, die durch einige der zentralen disziplinären Konstruktionen verschüttet wurden, zeigt sich schließlich bei einigen Autoren auch im Rückgriff auf die französischen Varianten der Hermeneutik und der Phänomenologie – vor allem auf die Arbeiten von Paul Ricœur und Maurice Merleau-Ponty.

Das Theorieprogramm der »pragmatischen Wende« (EspacesTemps 1992: 5) in den französischen Sozialwissenschaften besteht also in einem ersten Schritt in der Auflösung der genannten Vorannahmen der bislang vorherrschenden sozialwissenschaftlichen, zumeist disziplinär getrennten Ansätze. Die Forderung ist einfach und unabweisbar zugleich. Die bis heute übliche Kennzeichnung sozialwissenschaftlicher Theorien geht von einer fundamentalen Opposition zweier möglicher Perspektiven aus, die verschieden bezeichnet werden mögen: als individualistisch und atomistisch im Gegensatz zu kollektivistisch oder holistisch (zum Beispiel Taylor 1989), als utilitaristisch oder normativistisch (zum Beispiel Joas 1992: 216) oder – mit den Disziplinbezeichnungen – als ökonomisch oder soziologisch. »Unser Ansatz« hingegen, schreiben Boltanski und Thévenot, »strebt danach, Elemente der Gleichartigkeit unterhalb der scheinbaren Unreduzierbarkeit der metho-

2 Die Maxime der Voraussetzungsarmut ist unter der Bezeichnung »symmetrische Betrachtung« auch aus der Wissenschaftssoziologie bekannt und dort vor allem mit dem Edinburgh *strong programme* verbunden. In Frankreich verfolgen Michel Callon und Bruno Latour eine Variante einer solchen Wissenschaftssoziologie und werden oft ebenfalls zu den »neuen Sozialwissenschaftlern« gerechnet.

dologischen Gegenüberstellung von Erklärungen ›individuellen‹ Benehmens und Erklärungen ›kollektiven‹ Verhaltens sichtbar zu machen.« (DLJ: 43)

Beide der entgegengesetzten Theorien – die soziologische und die ökonomische – stützen sich auf nichts anderes als jeweils einen bestimmten Typ von »Regeln der Einigung« (kollektive Identität oder Gütertausch am Markt), aber keine der beiden ist in der Lage, die Beziehung zwischen diesen beiden Formen des *accord* zu behandeln. Boltanski, Thévenot und Salais argumentieren nicht – wie viele andere Kritiker der disziplinären Theorien – in erster Linie, dass die Konstruktionen des Utilitarismus oder Normativismus, des optimierenden Marktes und der sozial integrierten Gesellschaft, übermäßig formalisierte, realitätsfremde Abstraktionen seien. Die Existenz dieser Konstruktionen in den Sozialtheorien selbst ist ihnen hinreichender Nachweis einer untersuchenswerten sozialen Realität (DLJ: 33). Diese Konstruktionen existieren jedoch nicht als gültige »positive wissenschaftliche Gesetze«, sondern viel eher als »gemeinsame höhere Prinzipien« für die Begründung sozialen Handelns. Solche Prinzipien finden sich formalisiert in der politischen Philosophie; sie lassen sich aber ebenso gut in Begründungen von Handlungen in Alltagssituationen vorfinden. Der Fehler der disziplinären Sozialwissenschaften besteht in der identischen Transformation von solchen Prinzipien der politischen Philosophie in soziale Gesetzmäßigkeiten wissenschaftlichen Charakters (DLJ: 43–47). Dementsprechend gilt es, die disziplinären Kodifizierungen wieder aufzulösen und das menschliche Handeln zunächst wieder in konzeptionell offenerer Weise auf Formen der Einigung und Koordination zu untersuchen.[3]

3 Thévenot (1989: 154) führt in klassischer Weise eine Dekonstruktion der ökonomischen Annahmen hinsichtlich der Koordination des Handelns durch, wenn er den drei Festschreibungen über die Rationalität des Handelnden, den Warencharakter der Güter und die Marktform der sozialen Beziehung die drei offenen Fragen nach der Kompetenz der Personen, den Eigenschaften der einbezogenen Objekte und der Form der Handlungskoordination gegenüberstellt.

II. Zentrale Themen: Von der menschlichen Handlung zur sozialen und politischen Institution

»Was handeln sagen will«: Zur Reformulierung der Handlungstheorie

In dieser Rekonstruktion des Handlungsbegriffs bricht das französische Theorieprogramm mit dem gängigen soziologischen Unterfangen, Handlungen analytisch zu isolieren und dann nach den Intentionen und Rationalitäten einerseits oder nach den gültigen Normen und Regeln andererseits zu fragen. Im Mittelpunkt stehen stattdessen die Situation in ihrer Zeitlichkeit, die Ungewissheit des Einzelnen bezüglich der Identifikation der Situation und der interpretative Aufwand, die Situation mit anderen als eine gemeinsame zu bestimmen (vgl. beispielsweise Quéré 1993: 49–52, Thévenot 1990: 39–44). Zwar wird gemeinsam mit konventionelleren Ansätzen betont, dass soziales Handeln eine Form von Verständigung zwischen Menschen erfordert; dies wird beispielsweise als »Erfordernis der Einigung« oder »Erfordernis der Koordination« (DLJ: 43, Thévenot 1990: 41) bezeichnet. Dieses Erfordernis wird aber deutlich anders akzentuiert als das klassische soziologische Problem der Erklärung der sozialen Ordnung. Während die klassische Frage nämlich die Existenz dieser Ordnung voraussetzte – ohne zu klären, wann denn empirisch von deren Vorliegen gesprochen werden könne –, stellen die hier zu diskutierenden Autoren diese Frage selbst zur Disposition. Drei zentrale Aspekte dieser Revision sind hervorzuheben.

Erstens ist zu prüfen, unter welchen Umständen und worüber überhaupt ein Erfordernis der Einigung besteht. Bei vielen Situationen handelt es sich um solche, die durchaus nicht – oder nicht in einem umfassenden Sinne – gemeinsam behandelt werden müssen (DLJ: 51). Auch zwischen Spaziergängern in einem Park erfolgt eine gewisse, allerdings nur sehr begrenzte Verständigung über die Gemeinsamkeit der Situation. Anderer und jeweils wiederum spezifischer und begrenzter Aufwand an Koordination ist erforderlich zwischen Käufern und Verkäufern eines Gutes, zwischen Bürgern bei einer politischen Entscheidung oder zwischen Erziehungsberechtigten beim Aufziehen von Kindern. Gesellschaft, wenn es ein solches Phänomen überhaupt sinnvoll zu bezeichnen gilt, wäre dann nicht eine übergreifende Ordnung, sondern vielfältig hergestellte Einigungen – ebenso wie bleibende Dispute – sehr unterschiedlicher Reichweite und Dauerhaftigkeit ebenso wie unterschiedlichen Inhalts.

Zweitens wird betont, dass zur Erzielung solcher Einigungen nicht einfach – vorgängig vorhandene und eindeutig zugeordnete – Regeln angewandt werden können. Es wird im Gegenteil beständig »soziale Arbeit« (*travail social,* Boltanski 1990: 70, Quéré 1992: 45 f.) geleistet, um Situationen zu interpretieren, Interpretationen aneinander anzupassen und Modi der Einigung gemeinsam zu bestimmen. »Zwischen dem Ereignis und der Form, in der die dort auftauchenden Objekte und Beziehungen kohärent gemacht werden – dem, was die klassische Soziologie die Struktur nennt –, liegt die Arbeit der Transformation, die die Akteure durchführen, um mit dem Ereignis umzugehen. [...] A priori lassen wir keine anderen stabilen Formen zu als diejenigen, die die Akteure einführen, um die Störung zu bezeichnen und um zu versuchen, wieder Ordnung in ihre Welt zu bringen« (Chateauraynaud 1991: 25).[4] Eine der bedeutendsten Fragen einer solchen Sozialwissenschaft ist also die nach den Kompetenzen der Personen, die diese in die Situationen einbringen – »wozu die Leute fähig sind«, eine Frage, für die konventionellere Ansätze die Antwort als vorgegeben ansehen (vgl. Boltanski 1990: Tl. 1, Quéré 1992: 51 f.).

Im Zusammenhang damit schließlich ergibt sich, drittens, dass das Ergebnis der Einigung nicht aus der Art einer Kontroverse und den sozialen Positionen der Beteiligten abgeleitet werden kann, sondern dass eine Pluralität von Kriterien der Situationsbestimmung erwartbar ist, über deren Auswahl und

4 Die Übersetzungen stammen vom Verfasser.

Kombination die Beteiligten selbst erst befinden müssen. Im Resultat entsteht daher das Bild einer Pluralität von möglichen »Welten« (Dodier 1991, Salais/Storper 1993).

Boltanski selbst hat diese Soziologie auch einmal als radikal relativistisch bezeichnet (Boltanski 1990: 86). Doch mit dieser Aussage ist die grundlegende Kritik empirisch nicht haltbarer Rationalitätspostulate, nicht aber umgekehrt ein Bekenntnis zu einem ebenso allgemeinen – ahistorischen und unsoziologischen – Kontingenzpostulat bezeichnet. Diese theoretischen Konzeptionen sind nämlich nicht in dem gleichen Sinne Postulate, in dem Rationalität oder Normgebundenheit der menschlichen Handlungen Postulate konventionellerer Ansätze sind. Die Variabilität der Einigungserfordernisse von Situationen, die interpretative Aktivität der Beteiligten und die Pluralität der Ergebnisse sind empirisch erforschbar, und ein großer Teil der Studien der pragmatischen Soziologie widmet sich solchen Analysen.

Den meisten dieser Arbeiten ist der forschungsstrategische Ausgangspunkt gemeinsam, nämlich *causes, affaires,* Fälle von Auseinandersetzungen zu untersuchen, in denen der Charakter von Handlungen deutlicher wird, weil diese situativ selbst befragt werden (müssen). Es handelt sich um Situationen, in denen ein explizites Urteil, eine Bewertung *(jugement)* von den Beteiligten erbracht wird und daher die Kriterien der Rechtfertigung *(justification)* sichtbar gemacht werden.[5] Boltanski und Thévenot sprechen von Test- oder Beweissituationen *(situations d'épreuve),* in denen die Kompetenzen und Mittel der Beteiligten ins Spiel gebracht werden und sich zeigt, ob und auf welche Weise sie ausreichen, die Situation zu bewältigen.

Leicht ließe sich nun allerdings einwenden, dass soziale Interaktion nur dann vielfältig erscheint, wenn man die größeren und dauerhafteren Beschränkungen menschlichen Handelns durch

5 Wiewohl sie heute meist nicht im Bewusstsein ihres Ursprungs gebraucht werden, enthalten die Worte »Recht-Fertigung« und »justi-fication« den Gedanken der *Erschaffung* von Recht im Handeln (mein Dank an Christian Joerges, der mich darauf aufmerksam machte), sind also für die hier beschriebene Theorieperspektive sehr geeignet.

feste institutionelle Formen nicht systematisch in den Blick nimmt. Die Besonderheiten des Einzelfalls blieben nur deshalb erhalten, weil nach dem Allgemeinen nicht gefragt werde. In der Tat äußert sich Thévenot zunächst scheinbar skeptisch über den Begriff der Regelmäßigkeit und dessen soziale Ausprägung, die Institution: Die Begriffe »›Organisation‹, ›Institution‹, verstanden als Systeme von ›Regeln‹, ›Normen‹, ›Rollen‹ […] sind nachhaltig mit präskriptiven Eigenschaften belastet. Wenn man auf sie zurückgreift, riskiert man, in einen Erklärungsansatz kollektiven Handelns zu verfallen, der von gemeinsamen Determinationen ausgeht, die das Verhalten festschreiben und uniformieren, im Einklang mit Gesetzmäßigkeiten, die in einem reglementierenden oder positiven Sinne konzipiert werden.« (Thévenot 1990: 57) Die neuen französischen Sozialwissenschaftler aber untersuchen sehr wohl die Entstehung von Konventionen, die über große raumzeitliche Ausdehnung verfügen, und trachten nach der Bestimmung typischer Formen menschlichen Handelns und seiner Rechtfertigung. Die Rekonstruktion eines Institutionenbegriffs kann als zentraler Bestandteil ihres theoretischen Programms aufgefasst werden.

»Arbeit der Annäherung«: Die Genese von Institutionen

So lehnt Thévenot in der eben zitierten kritischen Bemerkung die Institutionenanalyse nicht ab. Im Gegenteil akzeptiert er vollständig das Erkenntnisinteresse, das sich üblicherweise an den Begriff der Institution koppelt. Um diesem aber in angemessener Weise gerecht zu werden, muss man von einer Theorie verlangen, dass sie zwei unterschiedlichen Typen von Situationen gleichermaßen gerecht werden kann, nämlich zum einen jenen »Momenten, in denen die Tätigkeiten der Personen zusammenhalten, sich wechselseitig anpassen und über eine Ordnung von Dingen Einigung erzielen, Momenten, die dazu neigen, den Begriffen der objektiven Beschränkung, der sozialen Norm, des Gleichgewichts, der erfolgreichen Verständigung, der Erfüllung des Sprechaktes usw.

nahe zu kommen«, aber zum anderen eben auch den »Momenten, in denen Unruhe die Szene beherrscht und Streit darüber vom Zaun bricht, worum es denn geht, Momenten der Ungewissheit, des mehr oder weniger kritischen Zweifels« (Thévenot 1990: 57 f.)

Um den Unterschied schematisch zu formulieren: Konventionellere Sozialwissenschaft sieht den erstgenannten Fall als die Normalität an, auf die sich soziale Situationen – aus unterschiedlich konzeptualisierten Gründen – immer hinbewegen. Abweichungen von diesem Fall sind daher als das soziologisch nicht zu thematisierende Einzelne oder Besondere aufzufassen. Die »pragmatische Soziologie« sieht hingegen den zweiten Fall als den konzeptionell offeneren und von daher generelleren an. Um aus einer Situation des zweiten Typs zu einer des ersten zu gelangen, ist eben die vorgenannte »soziale Arbeit« oder »Arbeit der Annäherung« erforderlich, deren Erfolg nie gewiss ist. »Wir suchen«, schreibt Thévenot (1993: 276), »einen Zugang zur Handlung, der der Ungewissheit über die Möglichkeit von Koordination gerecht wird.«

Dabei werden zunächst Situationen nach ihren Koordinierungserfordernissen *(exigences de coordination)* unterschieden. Die Identifikation einer Situation und der an ihr beteiligten Personen und Objekte führt zur Bestimmung dieser Koordinationserfordernisse: zwischen »einer vertrauten Geste, die sich auf nichts als persönliche Angemessenheiten bezieht, einer kommunizierbaren Bewertung, die eine Einsicht in das Angebrachte voraussetzt und ein Verständnis von Gemeinsamkeit, das aber wenig kontrollierbar ist, stärkt, und [schließlich] einer verallgemeinerbaren Bewertung, die kollektive Konventionen voraussetzt und einem gemeinsamen Test und einer Revision unterzogen werden kann« bestehen hochgradig unterschiedliche Koordinationserfordernisse (Thévenot 1993: 287).

Demgemäß gibt es unterschiedliche Weisen, »den Vorgang der Zuordnung [eines Ereignisses] zu schließen: von einer *convenance personnelle* (persönlichen Angemessenheit) bis zu einer *convention collective* (kollektiven Übereinkunft)«, die sich nicht zuletzt durch ihre raumzeitliche Ausdehnung und die Art und das Ausmaß der Annäherungsarbeit unterscheiden (Thévenot 1993: 286). Über diese analytische Analogsetzung von Situationen verschiedener Art gelangt man dann von Interaktionsanalysen zu Untersuchungen von Transformationen von größeren, das heißt raumzeitlich weiter reichenden bzw. allgemeineren, Handlungsordnungen – im Zuge nämlich von *causes,* die über Formen der Gleichsetzung, über Verbindungen durch Objekte oder über die Unterwerfung unter allgemeine Kriterien viele Menschen einbeziehen. Als eine solche weit verzweigte Arbeit der Interpretation und Annäherung ist dann das aufzufassen, was in üblichen makrosozialen Begriffen »eine strukturelle Krise« genannt wird (Thévenot 1993: 280 f.).

Der Begriff der Institution wird damit sozusagen theoretisch entlastet. Er soll weiterhin jene sozialen Praktiken benennen, die sich durch eine gewisse Regelmäßigkeit und Stabilität über Raum und Zeit auszeichnen. Diese aber erfordern eine ständige Konstruktion von Gemeinsamkeit, ein »Gleichsetzen«, von Personen und Objekten, die nicht natürlich und selbstverständlich »gleich« und »gleichwertig« sind. Aus dieser Überlegung resultiert ein empirisches Interesse an Klassifikationsprozessen und statistischen Prozeduren. In einer etwas ökonomistischen Terminologie nannte Thévenot diese Gleichsetzungsarbeit Forminvestition *(investissement de forme).* Auf die temporäre und durchaus oft aufwändige Etablierung einer stabilen Beziehung zielend, wird sie nicht zuletzt betrieben, um die Unsicherheit über die Identifikation einer Situation zu verringern.

Die Arbeit der »Gleichsetzung« ist auch eine zentrale Voraussetzung für die Entstehung kollektiver Aktion, in der sich die Beteiligten ja zumindest in bestimmter, handlungsrelevanter Weise als gleich verstehen müssen. Es gibt eine enge Beziehung zwischen »Addition und Koalition, dem Prozess der Gleichsetzung und der Handlung«, sagt Alain Desrosières (1991: 200, vgl. Desrosières 1993), der seine einschlägige Studie über das Verhältnis von Sozialwissenschaften, Statistik und Staat programmatisch *How to Make Things which Hold Together* überschreibt. Ordnungen müssen durch Zuordnung von Verschiedenem in Gruppen von Gleichen geschaffen werden. Zudem muss diese Arbeit ständig wieder geleistet werden, und nie kann der Zweifel über die angemessene Zuordnung völlig ausgeräumt werden. Eine solche sozialwissenschaftliche Perspektive muss »auf eine Konzeption verzichten, die aus der Einheit und dem Zusammenhalt der Gruppe das Produkt einer substanziellen Gleichartigkeit zwischen den Mitgliedern und eines objektiv geteilten Interesses macht«. Stattdessen muss die Aufmerksamkeit »auf die immense historische Arbeit [gerichtet werden], die notwendig ist, um disparate Wesen um das gleiche Repräsentationssystem zu vereinigen, um die Realität eines solchen heterogenen Ensembles zu konstituieren, es durch eine intensive Bemühung um Objektivierung in Dispositive einzuschreiben und um ihm ein gemeinsames Interesse zu bestimmen« (Boltanski 1990: 70).

Da sich zumindest die Koordinationsarbeit in historischen Transformationen von Institutionen keinesfalls auf die Kontinuität einer »aufrechterhaltenen Ordnung« (Thévenot 1993: 276) reduzieren lässt, konzentiert sich das empirische Interesse auf solche Veränderungen. So versteht Boltanski (1990: 25) die Studie *Les cadres* als Versuch, die Entwicklung einer *cause* zu einer Institution zu verstehen, als »Arbeit an der Konstruktion von ›kollektiven Personen‹« (Thévenot 1990: 59). Desrosières setzt kognitive Transformationen in Sozialwissenschaften und Statistik mit der Formierung der politischen Institutionen des Wohlfahrtsstaats in Beziehung, in dem verallgemeinerbare Behandlungsregeln für Individuen entwickelt werden (vgl. Wagner/Zimmermann 2003). Eine Studie über die Erfindung der Arbeitslosigkeit zeichnet die Konstruktionsarbeit an einer Kategorie nach, die zwischen ihrem ersten Gebrauch im heutigen Sinne um 1890 und ihrer Verallgemeinerung um 1930 zu einem zentralen, handlungsleitenden Indikator der Wirtschafts- und Gesellschaftspolitik geworden ist (Zimmermann 1999).

Insoweit schließlich über bestimmte soziale Räume Institutionen gewisser Kohärenz errichtet worden sind (was, wie zu betonen bleibt, nicht der Fall sein muss), dann lässt sich auch wieder in Begriffen von Normalität oder vielleicht sogar Rationalität reden, ohne dass die soziologischen Konzepte von Regel oder Norm in ihren klassischen Formen angewendet werden müssten. »In den Begriff der Normalität muss man die Fähigkeit, die Ungewissheit über das Zukünftige zu bewältigen, einschließen, und Rationalität muss man als Kohärenz einer Abstimmung auffassen, wobei die Trennung von objektiven Mitteln und einem Ziel, das in Repräsentationen und Glaubensvorstellungen eingeschlossen ist, zu vermeiden ist.« (Thévenot 1990: 57)

»In mehreren Welten handeln«: Formen und Bedingungen der Kohärenz

An dieser Stelle kehrt also – wenngleich in anderer Form – die klassische Frage nach der »sozialen Ordnung« zurück. Wenn weder argumentiert werden soll, dass aus der Forminvestitition oder Annäherungsarbeit beliebige Formen der Verallgemeinerung hervorgehen könnten, noch, dass es eine einzige beste Investititionsformel gäbe, dann sind Bedingungen »der Kohärenz oder der Kongruenz« zu benennen (Thévenot 1985: 64). Auch diese Kohärenz ist zunächst und in erster Linie ein empirisches Phänomen. Das Ausmaß an Kohärenz beschreibt die Gültigkeitsräume für Annahmen und Erwartungen, die Eindeutigkeit der Grenzen der Gültigkeit im Hinblick auf Räume, Personen, Zeiten. »Unterschiedliche Arten von Konventionen« sind so unterscheidbar und insbesondere nach ihrer »Rigidität« bestimmbar zu machen (Thévenot 1985: 54, 63 f.).

Der Aussagewert schon einer guten solchen Beschreibung allein darf nicht unterschätzt werden. Zu leichtfertig wird oft die vollständige Geltung von institutionellen Regeln über zu allgemein gefasste Räume – wie die Gesetze eines Nationalstaates, das Konkurrenzgesetz auf dem Weltmarkt oder die Regeln wissenschaftlicher Anerkennung – angenommen und als streng handlungsprägend vorausgesetzt. Nähere Analysen beispielsweise von Produktionspraktiken zeigen eine Vielfalt von Konventionen, die eigene Kohärenzformen aufweisen und daher nicht ohne erhebliche Erkenntnisverluste als Nischen neben einem dominanten Paradigma der industriellen Massenproduktion abgetan werden können (Salais/Storper 1993).

Doch auf der Grundlage einer solchen dichten Erfassung der Diversität von Praktiken ist auch systematisch die Frage nach den Formen und Bedingungen von Kohärenz gestellt worden, also nach den Möglichkeiten, die Ungewissheit zu gestalten und eine Art von Normalität zu schaffen. Die programmkonstituierende Arbeit dieser Gruppe – *De la justification* von Boltanski und Thévenot – widmet sich dem Versuch der Bestimmung des verfügbaren Satzes an interpretativen Möglichkeiten der Rechtfertigung für Handeln, das heißt den möglichen Figuren der Argumentation, die in einer Auseinandersetzungssituation mit dem Ziel der Klärung eines Disputes angeführt werden können.

III. Umriss einer Soziologie der Rechtfertigung: *De la justification*

Der Ausgangspunkt ist wiederum die konkrete Auseinandersetzung, eine *cause*. In einer Auseinandersetzungssituation geht es um die Mobilisierung von Ressourcen (im weitesten Sinne) oder besser: von Kompetenzen, um zu einer Annäherung, einem *ajustement* oder *rapprochement* zu kommen (Thévenot 1990: 58). Generell kann in jeder Situation spezifisch mobilisiert werden; keine Situation ist vollständig vorbestimmt. Aber um zu einer Einigung zu kommen, müssen die in Auseinandersetzung befindlichen Personen sich auf etwas beziehen, was außerhalb ihrer selbst liegt, auf Ressourcen, die ihnen gemeinsam sind und die über die Situation hinausweisen. Zwei solcher Ressourcen werden unterschieden: Dinge, materielle Objekte, zum einen und Begründungsordnungen, Sätze von interpretativen Möglichkeiten der Rechtfertigung, zum anderen.

Die Analyse der Formen, in denen Objekte in Auseinandersetzungen mobilisiert werden, führt im Anschluss vor allem an die Arbeiten von Bruno Latour zu einer Reformulierung der Soziologie der Sachverhältnisse, auf die hier im Einzelnen nicht näher eingegangen werden soll. Eine andere Form der Ausweitung, der »Generalisierung« (DLJ: 18), liegt in der Berufung auf ein situationsübergreifendes Begründungskriterium. Im Zuge einer *cause* ist die Berufung auf ein Allgemeines ein typisches Element der Entscheidungsfindung. Eine Denunziation von sozialem Fehlverhalten beispielsweise muss allgemeine Kriterien für Erlaubtes und Verbotenes angeben und die einzelne Situation diesen Kriterien zuordnen. Eine Denunziation ist daher immer ein Appell an eine Form von Universalität (Boltanski 1990: 256).

Ihre vorhergehenden umfangreichen empirischen Forschungen haben Boltanski und Thévenot zu dem Versuch einer Systematisierung eines begrenzten Satzes von Begründungsformen mit universellem Anspruch veranlasst. Basierend auf klassischen Texten der politischen Philosophie unterscheiden sie sechs *cités,* von jeweils einem Kriterium eindeutig regierte Urteilsordnungen, nämlich die des Marktes, der Inspiration, des Hauses, der Öffentlichkeit, des Bürgers und die *cité* der Industrie. Durch die Analyse von verhaltensanleitend gedachten Handbüchern (wie etwa einer Anleitung für Pressearbeit) zeigen sie die Existenz dieser Urteilsordnungen (hier der der Öffentlichkeit) in der gegenwärtigen sozialen Realität auf. In dieser Arbeit zeigt sich – in einem Text – die doppelte forschungsstrategische Maxime der historischen (hier: ideengeschichtlichen) Untersuchung und der Analyse von sozialen Interaktionen mit dem Ziel, die Konstruktion von Institutionen nachzuvollziehen (hier fokussiert auf soziale Modi der Rechtfertigung von Handeln).

Boltanski und Thévenot zeigen, dass reale Situationen zumeist von Ambiguität hinsichtlich ihrer Zugehörigkeit zu den *cités* gekennzeichnet sind, dass also die interpretative Arbeit der Beteiligten nicht zuletzt darin besteht, diese Zugehörigkeit zu entscheiden und so die Auseinandersetzung zu beenden. Beispielsweise handelt es sich bei der Denunziation eines politischen Skandals – etwa der Beschuldigung, dass ein Freund öffentliche Mittel erhalten habe – oft um die vermutete unzulässige Anwendung von Begründungen der *cité* des Hauses in der *cité* des Bürgers. Eine Handlung, die in der *cité* des Hauses nicht nur legitim, sondern geradezu moralisch geboten wäre, einem Freund zu helfen, ist verwerflich in der *cité* des Bürgers. Die Identifikation der Situation entscheidet über die Bewertung; Konsens über die Situation herzustellen, bedeutet, die Auseinandersetzung zu beenden. In radikalem Gegensatz zur Systemtheorie betonen Boltanski und Thévenot, dass soziale Institutionen eben nicht aus der Kodifizierung solcher oder anderer Kriterien resultieren, sondern dass »heterogene Ressourcen gleichzeitig präsent« sind (DLJ: 189). So kommt es zu einer permanenten Uneindeutigkeit und Interpretationsbedürftigkeit von Situationen und zu der Arbeit an Kompromissen über die Gültigkeit von Urteilsordnungen. Diese Pluralität von Welten bringt sowohl die wiederkehrende Ungewissheit über Erwartungen und Handlungen anderer mit sich als auch die Möglichkeit, sich einem Beurteilungsdiktat durch Verweis auf Geltungskriterien aus einer anderen *cité* zu entziehen (vgl. ähnlich zur Pluralität der Interpretationen von Moderne Wagner 2001).

Das in De la justification entwickelte Argument baut auf den früheren Analysen der Konstruktion gesellschaftlicher Kategorien und Klassifikationen auf (Boltanski 1982, Desrosières/Thévenot 1988). Diese Werke waren noch – im Geiste der »kritischen Soziologie«, wie sie an vorderster Stelle von Pierre Bourdieu praktiziert wurde – inspiriert von einer »Hermeneutik des Verdachts« (Paul Ricœur), die darauf zielte, gesellschaftliche Praktiken und deren Rechtfertigungen zu denunzieren, um darin anderenfalls verdeckt bleibende Formen der Macht und Unterdrückung aufzudecken. Zur selben Zeit aber versuchten sie bereits, die in einer solchen soziologischen Haltung inhärenten Widersprüche zu begreifen. Der *De la justification* zugrunde liegende Ansatz aber unterschied sich dann von der kritischen Soziologie – oder, um einen älteren Begriff zu verwenden, von der Ideologiekritik (vgl. Chiapello 2003) – in mehreren, jeweils bedeutsamen Weisen.

Erstens insistierte er, dass keine der »sozialen Metaphysiken« in den Sozialwissenschaften von einem Standpunkt außerhalb ihrer selbst bestätigt oder widerlegt werden könnte. In Abwesenheit einer »überlegenen« Position war die Strategie der Denunziation einer bestimmten sozialen Praxis und der ihr zugeschriebenen

»Ideologie« immer nur von dem Blickpunkt einer jeweils anderen »sozialen Metaphysik« möglich – oder, um dies in den Begriffen der sich entwickelnden Terminologie auszudrücken, durch Heranziehen einer anderen Begründungsordnung. Zweitens unterstrich *De la justification* die Existenz einer Pluralität solcher Ordnungen, welche gegenseitig inkompatibel und nicht ineinander auflösbar seien. Eine jede Beurteilung konnte somit von einer Anzahl verschiedener Betrachtungspunkte denunziert werden. Jedoch laufen *Inkompatibilität* und *Irreduzibilität* nicht darauf hinaus, dass die Kommunikation über die Beurteilung einer Situation unmöglich wird. Es besteht die Möglichkeit für Kompromisse – diese konstituieren sich aus der Verbindung von Kriterien, welche aus jeweils verschiedenen Begründungsordnungen stammen. Jedoch ist ein Kompromiss nicht etwas, das den einzelnen Ordnungen bereits inhärent wäre. Er geschieht vielmehr im *Handeln,* also in der Auseinandersetzung darüber, welche Kriterien für die Bewertung einer Situation mobilisiert werden sollen. Dies ist das dritte spezifische Merkmal des Ansatzes: In den verschiedenen Weisen, in denen konflikthafte Situationen bewältigt werden, werden *Figuren der Bewertung,* wie sie in der politischen Philosophie formalisiert sind, identifiziert. Deshalb ist es notwendig, dass diese Figuren der Bewertung Bestandteil einer empirischen Soziologie der Gesellschaften der Gegenwart sind und nicht lediglich als Bezugspunkte für formale politische Institutionen dienen.

IV. Einwände gegen *De la justification*

Ist dies eine – in der gegebenen Kürze – angemessene Beschreibung des Unterfangens von Boltanski und Thévenot in *De la justification,* so ist ihr charakteristisches Merkmal die Verbindung von Radikalität und Bescheidenheit. Das Vorhaben ist radikal in der Infragestellung der Vorannahmen der Sozialwissenschaften; es ist aber bescheiden hinsichtlich der von ihm beanspruchten Fortschritte in Richtung einer Rekonstruktion der Sozialwissenschaften. Jedoch wurde der Ansatz oft für etwas gehalten, was er – sowohl in affirmativer als auch kritischer Hinsicht – nicht war.

Die Soziologie der Urteilsfähigkeit: keine Einbahnstraße zu Individualismus und Agentialität

Mindestens seit der Zeit Durkheims zeigte die Soziologie in Frankreich eine starke Neigung zum Holismus und/oder Kollektivismus, wobei Strukturalismus und »Post-Strukturalismus« die bislang letzten Manifestationen dieser Tradition sind (Bourdieu/Passeron 1967). In diesem Kontext war jeder Ansatz, dessen Selbstdarstellung den Anspruch einer kritischen Sicht auf solche kollektivistischen oder holistischen Vorannahmen beinhaltete, leicht dem Vorwurf des Rückfalls in Individualismus und Atomismus ausgesetzt. Im besten Fall würde ein solcher Ansatz, selbst wenn er nicht individualistisch wäre, zu einer Überbewertung der menschlichen Handlungsfähigkeit neigen, wie es im Interaktionismus gegeben sei. In letzterem Fall ginge mit der Überwindung der Dichotomie von Kollektivismus und Individualismus das Aufkommen einer anderen einher: jener zwischen einer Mikrosoziologie, die jeglicher Fähigkeit zur Analyse und Theoretisierung umfassender gesellschaftlicher Konfigurationen entbehre, und einer Makrosoziologie ohne Verständnis des menschlichen Handelns. Beide Vorwürfe wurden der pragmatischen Soziologie gemacht.

Solche nicht unbekannten Debatten erhielten im französischen Kontext der achtziger Jahre eine besondere Färbung. In der Philosophie trat erstmalig die analytische Philosophie als eine bedeutsame Kraft in das intellektuelle Universum ein. In der politischen Philosophie wurde diese Bewegung begleitet von einer größeren Aufmerksamkeit für die angloamerikanische Version des Liberalismus. Tatsächlich bestand in wichtigen Beiträgen zu der französischen Debatte dieser Zeit eine Tendenz zur Ablehnung sowohl des soziologischen Ansatzes – in intellektueller Hinsicht – als auch – in politischer Hinsicht – der zentralen Bedeutung von Kollektiven. In ihrer Kritik der *conventional wisdom* über die Französische Revolution, den Wohlfahrtsstaat und den Kommunismus waren wahrscheinlich Pierre Rosanvallon und François Furet die herausragenden Vertreter dieser Position. Die Debatte wurde unglücklicherweise in intellektueller wie auch politischer Hinsicht in starkem Maße bestimmt von der Trennlinie zwischen einer eingesessenen, sich weiterhin an den Soziologismus klammernden Linken auf der einen Seite und einer sich im Aufstieg befindlichen »liberalen« Position auf der anderen Seite, die jeweils versuchten, sich in ihrer Radikalität in der Zurückweisung alter Dogmen zu überbieten – oftmals ohne dabei die Kosten zu bedenken, die für eine solche Haltung zu bezahlen sind.

So liefen Entwicklungen, die sich nicht glatt in diese intellektuelle Landschaft fügten, leicht Gefahr, übersehen oder falsch eingeordnet zu werden. Was die pragmatische Soziologie betrifft, so wurde wohl klar erkannt, dass dieser Ansatz über die konventionellen Weisen, Sozialwissenschaften zu betreiben, hinausging. Dabei wurde jedoch übersehen, dass – im Gegensatz zu anderen Kritiken der Soziologie – es nicht das Projekt der Soziologie an sich war, mit dem *De la justification* brach. Die vorangegangenen Arbeiten über die historische Entwicklung und Kodifikation sozioprofessioneller Kategorien hatten, wie bereits erwähnt, in der Tat mit der Infragestellung grundlegender soziologischer Werkzeuge begonnen, taten dies aber unter Benutzung soziologischer Vorgehensweisen. *De la justification* zielte darauf ab, die aus den früheren Arbeiten notwendigerweise erwachsenen Implikationen in systematischer Weise aufzuzeigen. Somit ordnete es dem soziologischen Argumentationsmodus den Platz *eines* Modus (unter einer Vielzahl anderer) der Rechtfertigung und Kritik zu; es verwarf diesen Modus aber nicht, sondern setzte ihn zu den anderen in Beziehung. In anderen Worten: nicht die Behauptung, dass die Soziologie ihr kritisches Potenzial verloren habe, sondern die Einsicht, dass sich Kritik nicht auf den Bereich der Soziologie allein beschränkt, ist eine Grundannahme von Boltanski und Thévenot.

Es ist in diesem Sinne zu verstehen, wenn der Ansatz als eine »Soziologie der Urteilskraft« bezeichnet wird, die sowohl die Rechtfertigungen, die Menschen für ihr eigenes Handeln vorbringen, als auch deren Repertoires für die Beurteilung der Handlungen anderer ernst nimmt. Und in diesem Zusammenhang musste die Tradition der politischen Philosophie ins Bild treten – nämlich als ein historisches Repertoire von Rechtfertigungsmodi, denen aufgrund ihrer Entstehung in Gestalt von systematischen Abhandlungen und Debatten ein gewisses Maß an Kohärenz eigen ist. Die Leistung Boltanskis und Thévenots besteht nun gerade darin aufzuzeigen, dass diese Modi der Rechtfertigung tatsächlich in den Gesellschaften der Gegenwart auftreten und dass sie in Auseinandersetzung und Kontroversen über die Bewertung einer Situation und über die Rechtfertigung von Handlungen in Erscheinung treten. Dies für sich allein genommen ergab weder eine Gesellschaftstheorie noch gar eine voll ausgearbeitete neue Soziologie. Aber von dieser Grundlage aus konnte – und sollte – die Soziologie neu errichtet werden.

Es fällt daher schwer zu erkennen, wie dieser Ansatz als Individualismus und als eine vermeintliche Überbewertung menschlicher Handlungsfähigkeit missverstanden werden konnte. Im Hinblick auf seine theoretischen Anliegen könnte zusammenfassend gesagt werden, dass die Leistung Boltanskis und Thévenots in *De la justification* in der Verbindung von Folgendem besteht: erstens der Beobachtung von situativen Handlungen, in denen die Situation stets eine Interpretation verlangt (wie dies in der Tat im Interaktionismus der Fall ist) mit zweitens der Analyse der Register der Rechtfertigung und Bewertung, welche in dieser Situation mobilisiert werden, aber diese transzendieren, und drittens der Untersuchung der Ausarbeitung von Dispositiven sowohl materieller als auch kognitiver Art, die zum Ziel haben, Situationen zu stabilisieren und soziale Phänomene von potenziell weiter Verbreitung und relativ starker Beständigkeit zu schaffen (was gewöhnlicherweise der Domäne der »Makrosoziologie« zugeordnet wird).

Gerechtigkeit, Liebe und Gewalt: Kritik der Macht

Darüber hinaus aber wurde den Boltanski und Thévenot auch vorgehalten, ein zu harmonisches Bild der sozialen Welt zu zeichnen. Der einzige umstrittene Aspekt in dieser Welt schien die Wahl des entsprechenden Modus der Rechtfertigung angesichts der nicht reduzierbaren Pluralität solcher Modi. Die Tatsache hingegen, dass soziales Handeln gerechtfertigt werden muss und solche Rechtfertigung auch beständig geschieht, schien – implizit – für Boltanski und Thévenot als gegeben zu gelten. Mit anderen Worten, die Kritiker meinten, in der Welt von *De la justification* eine Abwesenheit von Machtbeziehungen erkennen zu können, und bezichtigten dementsprechend die Autoren des Idealismus und einer überzogenen Orientierung am Konsens.

Mit dieser Kritik an der pragmatischen Soziologie wurde auf eine nicht zu leugnende Schwerpunktveränderung im Vergleich zur Tradition der kritischen Soziologie reagiert. Die Schärfe dieser Kritik ist ein Stück weit verständlich, wenn man den intellektuellen Kontext der späten achtziger Jahre in Betracht zieht. In dieser Zeit nahm ein Prozess seinen Anfang, der vom jetzigen Zeitpunkt aus als der fast vollständige Zusammenbruch der Gesellschaftskritik erkennbar ist, als der Verlust der Register der Kritik und als eine merkliche Schwächung in der Fähigkeit zur normativen Erschaffung der Welt. Die Weise, in der diese Kritik an *De la justification* unternommen wurde, basierte gleichwohl auf einer Fehleinschätzung der Situation, da es an der Erkenntnis und dem Zugeständnis jedweder der eigenen Position inhärenten Schwächen ermangelte. Darüber hinaus wurde übersehen, dass die Analyse der Regime der Gerechtigkeit in dieser Schrift keineswegs voraussetzt, dass die Welt gerecht sei oder gar dass jede menschliche Handlung expliziert gerechtfertigt würde – oder werden müsste.

Es lag in der Absicht von Boltanski und Thévenot, sich von der kritischen Soziologie zu distanzieren, da ihnen die soziale Wirklichkeit – an prominentester Stelle in den Darstellungen von Bourdieu oder Foucault – in ihrer totalen Determinierung durch Macht als unbewohnbar erschien. Aus dieser Motivation heraus versuchte die Analyse der Regime der Gerechtigkeit dieses Bild zu korrigieren, indem sie das Erfordernis zur Rechtfertigung, wie es tatsächlich in der sozialen Wirklichkeit gegeben ist, unterstrich. Infolgedessen verwandelte sich jedoch das von Boltanski und Thévenot vorgelegte Bild ebenfalls in das einer unbewohnbaren Welt, denn es schien, als seien in ihr die Menschen unablässig mit Gerechtigkeit befasst und als seien sie stets in Handlungen involviert. Die Reaktion auf die Erkenntnis, in unbeabsichtigter Weise ein Gegenbild geschaffen zu haben, welches dem der kritischen Soziologie analoge Schwächen aufwies, musste zweifacher Natur sein. Erstens musste geklärt werden, wo die Position der Regime der Gerechtigkeit innerhalb eines Gesamtbildes der sozialen Wirklichkeit zu verorten sei. Zweitens musste in die Betrachtung das Verhältnis zwischen Ordnungen der Rechtfertigung und Macht integriert werden.

Der ersten Forderung versuchte Boltanski in zwei folgenden Büchern genüge zu tun – in *L'amour et la justice comme compétence* (1990) und in *La souffrance à distance* (1993). Die in den Begründungsordnungen in *De la justification* dargestellten Formen der Gerechtigkeit bestimmen Äquivalenzen auf friedliche Weise; es existieren aber auch andere Regime, die entweder nicht friedlicher Natur sind, so die Gewalt, oder die nicht auf explizierten Formen der Äquivalenz gründen, so die Liebe. Diese Überlegungen ermöglichen eine doppelte Unterscheidung – zwischen Regimen des Konflikts und des Friedens einerseits und andererseits zwischen Regimen, in denen ein Modus der Schaffung von Äquivalenzen vorhanden ist oder nicht –, aus der vier grundlegende Arten der Interaktion hervorgehen: Gerechtigkeit, Gewalt, Angemessenheit *(justesse)* und Liebe (Boltanski 1990: 110 f.). Dieses Gesamtschema machte deutlich, dass die als Regime der Gerechtigkeit verstandenen sozialen Beziehungen nur eine der Möglichkeiten der zwischenmenschlichen Interaktion darstellen. Eine ausschließliche Konzentration auf die Begründungsordnungen würde das Maß, in dem soziale Beziehungen kohärent und rational sind, das Maß, in dem Beziehungen der Äquivalenz zwischen Menschen vorherrschend sind, und auch das Maß, in dem Menschen tatsächlich den anderen in die Pflicht nehmen, überbewerten. Die soziale Welt ist kein rationales Artefakt; sie ist weder stets expliziert noch gar berechenbar.

Im Gegensatz zu Regimen der Gerechtigkeit und der Angemessenheit ist Regimen der Liebe und der Gewalt gemeinsam, dass sie nicht auf dem Prinzip der Äquivalenz gründen und dass sie einen geringen Grad an Reflexivität aufweisen. Jedoch können sie für den Mangel an diesen Eigenschaften nicht grundsätzlich verurteilt werden. In der griechischen ebenso wie in der christlichen Tradition ist immer eine Spannung zwischen Gerechtigkeit und *agapè* vorhanden. In der Tat ist die Ablehnung des Prinzips der Äquivalenz von zentralem Stellenwert für das Neue Testament. Zudem ist *agapè* eine Praxis in einer Situation von schwacher Reflexivität; Reflexivität – oder, wenn man so will, auch Öffentlichkeit[6] – würde die Möglichkeit der *agapè* zerstören. In Analogie dazu, wie in Auseinandersetzungen über Gerechtigkeit plötzlich das Register der Rechtfertigung von einer Begründungsordnung zu einer anderen verschoben werden kann, ist auch immer die Möglichkeit gegeben, von einem Regime der Gerechtigkeit in das der Liebe oder der Gewalt zu fallen – oder umgekehrt.

6 Ein in dieser wie auch in anderen Arbeiten verwendetes Mittel, über die Verbindung von räumlicher Nähe und Vertrautheit, ja auch über den Begriff der Praxis, wie dieser bis dahin in der Soziologie verwendet wurde, und somit auch über die so genannte Mikrosoziologie, hinauszugehen, bestand darin, der Beziehung zur Öffentlichkeit einen besondere Stellenwert einzuräumen. Rechtfertigungen finden im öffentlichen Raum statt, einem Raum, der zumindest von den sich in Auseinandersetzung befindlichen Menschen bewohnt wird, aber möglicherweise auch von anderen, von Richtern und Beobachtern. Zwei Dinge sind in dieser Betonung von Öffentlichkeit von Bedeutung. Zunächst fehlt hier eine starke normative Besetzung des Begriffs, wie dies bei Jürgen Habermas der Fall ist. Das Vorhandensein einer solchen Öffentlichkeit bedingt nicht die Erhöhung von Rationalität; vielmehr schafft sie die Möglichkeit, dass unterschiedliche Begründungsordnungen aufgerufen werden können. Zweitens hat diese Öffentlichkeit weder den Charakter einer Gruppe noch die eines Kollektivs. Sie ist vielmehr ein Phänomen, das den Einzelnen über die Beschränkungen der räumlichen Nähe hinausführt, auf andere zu, ohne dabei selbst von kollektiver Natur zu sein. Somit ermöglicht diese Version des Konzepts von Öffentlichkeit, dem Kollektivismus zu entfliehen, ohne dabei in Individualismus oder Mikrosoziologie zurückzufallen.

Während in *De la justification* der Schwerpunkt noch eindeutig auf den Modi der Rechtfertigung lag, stellte diese Erweiterung des Bilds der sozialen Welt den ersten Schritt hin zu einer neuen Repräsentation des Zustands der sozialen Beziehungen und hin zu einer Analyse der in gegenwärtigen Auseinandersetzungen mobilisierten politischen Philosophien dar.

Weder Gesellschaftstheorie noch politische Philosophie

Damit wurde auch auf die Leser geantwortet, die meinten, bereits in *De la justification* die Grundzüge einer alternativen Gesellschaftstheorie erkennen zu können. Die Autoren traten nämlich zunächst eher einen Schritt zurück hinter die bereits existierenden Theorien der sozialen Welt. Dies geschah in der Absicht, den intellektuellen Raum, in dem diese Theorien konstruiert wurden, zu verstehen; in einem zweiten Schritt sollten dann Soziologen befähigt werden, die Funktionsweisen der Rechtfertigungen, die von Menschen für ihr eigenes soziales Handeln und das anderer mobilisiert werden, zu analysieren. Der erste Schritt ist ein Unterfangen in der Wissenssoziologie, einer, der die Soziologie selbst einschließt, und er ist eine wichtige Voraussetzung für eine neue Repräsentation der Gesellschaft – er stellt jedoch nicht selbst eine solche dar. Der zweite Schritt bewegt sich dann auf eine solche neue Repräsentation der Beschaffenheit sozialer Beziehungen zu; er zielt somit auf die Rekonstruktion des soziologischen Projekts ab – jedoch auf anderen, neuen Grundlagen.

Einem ähnlichen Missverständnis unterlagen jene Leser, die im Kern von *De la justification* eine alternative normative politische Theorie lokalisierten, motiviert durch die ausgiebige Bezugnahme auf die Tradition der europäischen politischen Philosophie bei der Ausarbeitung der Begründungsordnungen. Die Entwicklung einer Pluralität der Begründungsordnungen, deren Anwendbarkeit von den Handelnden und der Situation abhing, ließ das Buch in diesem Zusammenhang als eine französische Variante von Michael Walzers *Spheres of Justice* (1983) erscheinen.

Ein solches Unterfangen erschien in dem politisch-intellektuellen Klima der späten achtziger und frühen neunziger Jahre einigen Lesern besonders attraktiv (anderen hingegen eher suspekt). Dies war eine Zeit, in der zum einen der »solidaristische Republikanismus« – vermeintlich der spezifisch französische Ansatz im Gebiet der politischen Philosophie – weitläufig in Frage gestellt wurde und sich somit in einer Krise zu befinden schien und in der zum anderen der individualistische Liberalismus als die einzig tragfähige Alternative erschien, wenn auch nicht immer und für jeden als eine sonderlich attraktive.

Wenn *De la justification* in den Kontext der Debatte zwischen Liberalismus und Kommunitarismus eingetragen und als eine französische Version der zeitgenössischen Liberalismuskritik betrachtet wird, so ist der Gegensatz zu John Rawls' *Theory of Justice* (1971) in der Tat augenscheinlich. Die Freiheit von Individuen stellt hier nicht den Ausgangspunkt der Argumentation dar. Die Annahme des Schleiers der Unwissenheit ist ersetzt durch die Annahme einer gemeinsamen Menschlichkeit. Darüber hinaus unterstreichen Boltanski und Thévenot ein plurales Verständnis von Gerechtigkeitskriterien und die Bedeutung dieses Faktums für politische Deliberation – im Gegensatz zu Rawls' Versuch, Differenzen über das Gute aus dem Bereich des Politischen herauszuhalten. Mit Blick auf diese beiden Aspekte wurde *De la justification* zu Recht in die Nähe von Michael Walzers Denken gerückt. Dennoch wurde dabei die Distanz, welche es von *Spheres of Justice* trennt, oft unterschätzt.

Michael Walzer arbeitet genauso wie Boltanski und Thévenot mit dem Begriff der nicht reduzierbaren Pluralität von normativen Kriterien und akzeptiert die Relevanz dieser Pluralität für die Politik. In einem weiteren Schritt jedoch, der als ein Versuch erscheint, diesen Begriff mit institutionalisierter Politik in Beziehung zu setzen, verortet er diese Kriterien in unterschiedlichen Sphären des sozialen Lebens. Damit legt er einer normativen politischen Theorie eine eher klassische Gesellschaftstheorie zugrunde – mittels einer A-posteriori-Verbindung von Normen der Gerechtigkeit mit einer makrogesellschaftlichen Situation. Die

Konstruktion solcher Sphären zeigt, dass im Vergleich zu Boltanski und Thévenot Walzer sowohl relativistischer – aufgrund der grundsätzlichen Trennung von Bereichen des Sozialen – als auch substanzieller ist – aufgrund der Verortung von Gerechtigkeitskriterien in diesen Bereichen. Für Boltanski und Thévenot hingegen können die Begründungsordnungen nicht auf eine makrogesellschaftliche Situation abgebildet werden; sie sind nicht als institutionelle soziale Phänomene, sondern als Repertoires der Rechtfertigung wirklich. Und sie liefern keine substanziellen Lösungen für politische Probleme; solche Lösungen bilden sich nur aus den Auseinandersetzungen selbst heraus. Aus dieser Perspektive leitet sich somit der Modus der Beurteilung einer sozialen Situation niemals aus der »faktischen« Analyse dieser Situation ab. Gesellschaftliches Beurteilen besteht in der Mobilisierung und Anwendung von Repertoires der Rechtfertigung in einer spezifischen Situation.

Wenn es nun keine gradlinige Verbindung zwischen einer »Gesellschaftstheorie« und einer »normativen politischen Theorie« gibt (in der Letztere die Kriterien der Beurteilung angesichts des sozialen Orts eines strittigen Problems bereitstellen würde), dann gibt es auch keinen Grund anzunehmen, dass eine bestimmte Liste von Repertoires der Bewertung als erschöpfend angesehen werden könnte. Die Pluralität der Ordnungen der Rechtfertigung ist notwendigerweise eine offene, da sie nicht an eine starke substanzielle Ontologie gebunden ist. Beurteilungen bleiben sozial unbestimmt.

Auf diese Weise verbindet *De la justification* wieder die Stränge von politischer Philosophie und (empirischer) Sozialforschung und Gesellschaftstheorie, die seit ihrer Scheidung im frühen 19. Jahrhundert zunehmend getrennte Existenzen führten. Der geläufige Eindruck, eine wiederbelebte Tradition der politischen Philosophie ersetze heute die erschöpften Traditionen der Sozialwissenschaft und Gesellschaftstheorie, übersieht, dass Sozialwissenschaft zum erheblichen Teil als eine empirische politische Philosophie entstand, in welcher mit anderen Mitteln auf politische Problematiken eingegangen wurde (Wagner 1998). Das Programm einer Politik- und Moralsoziologie beinhaltet eine Wiederverbindung, die die unterschiedlichen Mittel der Bewältigung politischer Problematiken sichtbar macht.

V. Perspektiven: Die Rekonzeptualisierung der sozialen und politischen Welt

Ordnungen der Rechtfertigung und historische Kontingenz

Selbst sympathisierende Leser hegten manchmal die Vermutung, dass Boltanski und Thévenot sich von historischen Kontingenzen haben fehlleiten lassen (Lepetit 1995). Aus dem Blickwinkel des Historikers schien es, als würden sechs Begründungsordnungen aus disparaten, mehrere Jahrhunderte europäischer Geschichte umspannenden Schriften der Philosophie konstruiert werden und die Ergebnisse dieser Überlegungen dann auf Auseinandersetzungen übertragen, in denen Dinge zur Debatte standen, die diesen Philosophen eher fremd waren. Dies konnte nur als Mangel an historischer Betrachtungsweise angesehen werden. Und wenn in *De la justification* in einigen Passagen die mögliche Ausarbeitung des Ansatzes in Hinsicht auf die in der Geschichte der Moderne sich verändernden spezifischen Kompromisse zwischen Ordnungen der Rechtfertigung in Andeutungen zu erkennen ist, so wurde diese Perspektive anfänglich kaum weiterentwickelt (DLJ: 347 – 356).

Nicht zuletzt als Reaktion auf solche Kritik begannen Luc Boltanski und Eve Chiapello eine Analyse der historischen Entwicklung der Begründungsordnungen – also einen temporalen Vergleich. In *Le nouvel esprit du capitalisme* (1999) untersuchen sie über den Zeitraum der letzten drei Jahrzehnte umfassende Veränderungen der Modi der Rechtfertigung in den Bereichen der Arbeit und des Managements. Es handelt sich um eine Untersuchung des Aufkommens einer neuen Ordnung der Rechtfertigung und ihres Aufstiegs zu einer Position relativer Dominanz bei gleichzeitigem Niedergang einer anderen Ordnung, der häuslichen Ordnung (zur historischen Transformation der Moderne vgl. Wagner 1995). In der Absicht, eine Antwort auf das Verschwinden der Kritik im Laufe des letzten Jahrzehnts zu entwickeln, zielt diese Analyse der gegenwärtigen Veränderungen des Kapitalismus – »des neuen Geistes des Kapitalismus« – zugleich darauf, die Untersuchung von Machtbeziehungen mit der Untersuchung der Regime der Gerechtigkeit zu verbinden. Anstatt die analytischen Alternativen zwischen einer Welt der Macht und einer Welt der Gerechtigkeit hinzunehmen, treten beide Welten ins Bild – als eine Beziehung zwischen zwei Metaphysiken: einer deleuze–freudianischen, die Transformationen auf der Ebene der Immanenz behandelt, und einer der begründungsbasierten Konventionen, wie sie in *De la justification* ausgearbeitet wurde. Dabei wird zudem argumentiert, dass es dieser Prozess der konfliktgeladenen Erschaffung einer neuen Begründungsordnung ist, aus dem heraus die Beziehung zwischen diesen beiden Welten untersucht werden kann.

Le nouvel esprit du capitalisme ist Teil einer umfassenderen historischen Wendung der pragmatischen Soziologie (Laborier/Trom 2003). Man könnte auch von einer Rückwendung sprechen, wenn man sich vor Augen hält, dass frühe Studien – insbesondere *Les cadres* – historische Umbrüche in den sozialen Kategorien unserer Gesellschaften bereits untersucht hatten. Nunmehr jedoch können diese Untersuchungen auf der Grundlage eines konzeptuellen Instrumentariums durchgeführt werden, mittels dessen systematisch gesellschaftlicher Wandel aus Konfliktsituationen heraus verstanden werden kann, in denen das in legitimen Begründungsformen festgehaltene gesellschaftliche Selbstverständnis in Zweifel gezogen und auf die Probe gestellt wird. Neuere Arbeiten befassen sich etwa mit der Herausbildung des »Finanzskandals« als politischer Form im ausgehenden 19. Jahrhundert und dessen Konsolidierung im Laufe des 20. Jahrhunderts (De Blic 2003) oder mit der Weise, in der die Stadtguerrilla der Roten Armee Fraktion in den siebziger Jahren den demokratischen Staat eines Realitätstests unterzogen hat (Linhardt 2004).

Vergleichende Analyse politischer Grammatik und die Frage nach dem Gemeinsamen

Während einige Soziologen um Boltanski somit an einer Vertiefung des Ansatzes in der zeitlichen Dimension arbeiten, weitet Thévenot (vgl. Lamont/Thévenot 2000) die Analyse der Repertoires der Bewertung durch einen Vergleich in der räumlichen Dimension aus – zunächst durch eine Analyse von parallelen Fällen sozialer und politischer Auseinandersetzungen in Frankreich und in den USA. Wie in dem vorherigen Fall stellte auch hier das Projekt sowohl ein theoretisches Unterfangen als auch eine empirische Erweiterung dar. Die Wahl des US-amerikanischen Hintergrunds zum – wie man sagen könnte – »Testen« der Matrix hinsichtlich ihrer Verallgemeinerung und Universalisierung bedeutete, bewusst an den Grenzen des Analyserahmens zu arbeiten. Während in *De la justification* der individualistisch-rationalistische Universalismus als ein Idealtyp – und somit als eine extreme Ausprägung – einer sozialen Metaphysik betrachtet wurde, scheint diese Metaphysik des Individualismus das soziale Leben in den USA weitgehend zu bestimmen – sowohl im Selbstverständnis vieler Amerikaner als auch in der Sicht ausländischer Beobachter. Und gleichzeitig schien sie nachdrücklich, wenn auch in reduzierter Weise, in den amerikanischen Sozialwissenschaften wirksam zu sein (vgl. Wagner 1999, Wagner 2000). Der Versuch, die amerikanische politische Grammatik zu verstehen, musste hingegen diese Konstruktion, einschließlich ihrer Reduktion in den amerikanischen Sozialwissenschaften, als empirischen Befund begreifen.

Im »amerikanischen Denken« – dieser Ausdruck sei um der Kürze willen gestattet – wird dem Individuum (im Gegensatz zu allen Formen von Kollektiven) und prozeduralen Regeln (im Gegensatz zu substanziellen Regeln) Priorität eingeräumt, und diese Priorität wird im Hinblick auf ein Bekenntnis zum liberalen Pluralismus begründet. Kollektive und substanzielle Bezugnahmen laufen in dieser Sicht Gefahr, das Auftreten der Freiheit in all ihrer möglichen Pluralität zu verletzen. Politische Prioritäten werden somit in der Form ontologischer Präferenzen artikuliert (vgl. Taylor 1989). Wird jedoch der empirische Vergleich unternommen, sind solche starken Aussagen schwer zu halten. Einerseits wenden amerikanische Staaten in ihren Verfahren Normen an – oder mit anderen Worten: »individualistische« und »prozedurale« Orientierungen sind selbst substanziell (vgl. auch Wagner 1995). Andererseits werden europäische Weisen der Koordination nicht weniger prozedural, nur weil sie einen Bezug auf Inhalte oder Kollektive beinhalten mögen.

Allgemeiner ist also die Frage zu stellen, in welcher Weise in unterschiedlichen Gesellschaften das deren Mitgliedern jeweils Gemeinsame geschaffen wird. Dieser Frage geht insbesondere Thévenot in neueren Forschungen nach, die den Vergleich auf Russland ausdehnen und – in Anknüpfung an die Untersuchung von *causes* in Interaktionssituationen – die Auseinandersetzung über das Gemeinsame im Zusammenwohnen erforschen. Wie in den historisch orientierten Untersuchungen geht es auch hier um die Verknüpfung einer empirischen Explorierung der Struktur sozialer Beziehungen mit Fragestellungen, die aus der politischen Philosophie bekannt sind, aber immer auch in der sozialen Welt als Begründungsfiguren wirksam werden.

Mit diesen neueren Arbeiten hat die pragmatische Soziologie beträchtliche Schritte über *De la justification* hinaus getan. Es wurde auch unmissverständlich klar, dass es in ihrem Unterfangen um den Neuaufbau der Sozialwissenschaften nach ihrer Kritik und nicht um die Absage an das gesamte Projekt ging. Während auf diesem Weg einige im Laufe der Geschichte der Sozialwissenschaften erzielte Errungenschaften wieder gewonnen wurden, sieht das neue Projekt in wichtigen Hinsichten anders aus als das alte. In einer provisorischen Terminologie ausgedrückt könnte man sagen, dass das, wonach gestrebt wird, *eine Darstellungsform der Beschaffenheit und Struktur der sozialen Beziehungen* ist, die *ein Verständnis der Repertoires der politischen und mora-*

lischen Bewertung als zentrales Element einschließt. Verschiedene Leser haben das Vorhaben als Projekt einer Gesellschaftstheorie und als Projekt einer politischen Philosophie defizitär gefunden. Sie haben oft nicht erkannt, dass das Verständnis beider Genres sich ändern muss, wenn man sie miteinander verbindet – dies aber, scheint mir, ist das viel versprechende Vorhaben der neuen französischen Politik- und Moralsoziologie.

Literatur

Boltanski, L., 1982: Les cadres. La formation d'un groupe social, Paris.

Boltanski, L., 1990: L'amour et la justice comme compétences. Trois essais de sociologie de l'action, Paris.

Boltanski, L., 1993: La souffrance à distance. Morale humanitaire, médias et politique, Paris.

Boltanski, L./Chiapello, E., 1999: Le nouvel esprit du capitalisme, Paris.

Boltanski, L./Thévenot, L., 1991: De la justification. Les économies de la grandeur, Paris.

Boltanski, L./Thévenot, L., 1999: A Sociology of Critical Capacity, in: European Journal of Social Theory 2, 3, S. 359–377.

Bourdieu, P./Passeron, J.-C., 1967: Sociology and Philosophy in France since 1945. Death and Resurrection of a Philosophy without Subject, in: Social Research 34, 1, S. 162–212. Auf deutsch: Bourdieu, P./Passeron, J.-C., 1981: Soziologie und Philosophie in Frankreich seit 1945, in: W. Lepenies (Hrsg), Geschichte der Soziologie, Bd. 3, S. 496–551.]

Chateauraynaud, F., 1991: La faute professionnelle, Paris.

Chiapello, E., 2003: Reconciling the Two Meanings of the Notion of Ideology: The Example of the Concept »Spirit of Capitalism«, in: European Journal of Social Theory 6, 2, S. 155–171.

Critique 1991: 47, 529/530 (Schwerpunktheft Neue französische Sozialwisssenschaften).

De Blic, D., 2003: Le scandale financier. Naissance et déclin d'une forme politique, Diss. ESSEC, Paris.

Desrosières, A., 1991: How to Make Things which Hold Together. Social Science, Statistics and the State, in: P. Wagner/B. Wittrock/R. Whitley (Hrsg.), Discourses on Society. The Shaping of the Social Science Disciplines, Dordrecht, S. 195–218.

Desrosières, A., 1993: La politique des grands nombres. Histoire de la raison statistique, Paris.
Desrosières, A./Thévenot, L., 1988: Les catégories socio-professionnelles, Paris.
Dodier, N., 1991: Agir dans plusieurs mondes, in: Critique 47, 529/530, S. 427 – 458.
Dosse, F., 1995: L'empire du sens, l'humanisation des sciences humaines, Paris.
EspacesTemps 1992: Ce qu'agir veut dire, 49/50, S. 5 – 60 (Schwerpunktheft Neue französische Sozialwisssenschaften).
Joas, H., 1992: Die Kreativität des Handelns, Frankfurt am Main.
Laborier, P./Trom, D., 2003: L'historicité de l'action publique, Paris.
Lamont, M/Thévenot, L. (Hrsg.), 2000: Rethinking Comparative Cultural Sociology, Cambridge.
Lepetit, B., 1995: Histoire des pratiques, pratique de l'histoire, in: B. Lepetit (Hrsg.), Les formes de l'expérience. Une autre histoire sociale, Paris, S. 9 – 22.
Linhardt, D., 2004: La force de l'Etat en démocratie. La République fédérale d'Allemagne à l'épreuve de la guérilla urbaine 1967 – 1982, Diss. ESSEC, Paris.
Quéré, L., 1992: Le sociologue et le touriste, in: EspacesTemps, Heft 49 – 50, 1992, S. 41 – 60.
Quéré, L., 1993: Langage de l'action et questionnement sociologique, in: P. Ladrière/P. Pharo/L. Quéré (Hrsg.), La théorie de l'action. Le sujet pratique en débat, Paris, S. 53 – 83.
Salais, R./Storper, M., 1993: Les mondes de production, Paris.
Taylor, C., 1989: Cross-Purposes: The Liberal-Communitarian Debate, in: N. Rosenblum (Hrsg.), Liberalism and the Moral Life, Cambridge (Mass.), S. 159 – 182.
Thévenot, L., 1985: Les investissements de forme, in: L. Thévenot (Hrsg.), Conventions économiques. Cahiers du Centre d'études de l'emploi, Paris, S. 21 – 71.
Thévenot, L., 1989: Equilibre et rationalité dans un univers complexe, in: Revue économique 40, 2, S. 147 – 198.
Thévenot, L., 1990: L'action qui convient, in: P. Pharo/L. Quéré (Hrsg.), Les formes de l'action, Paris, S. 39 – 69.
Thévenot, L., 1993: Agir avec d'autres. Conventions et objets dans l'action coordonnée, in: P. Ladrière/P. Pharo/L. Quéré (Hrsg.), La théorie de l'action. Le sujet pratique en débat, Paris, S. 275 – 289.

Wagner, P., 1995: Soziologie der Moderne, Frankfurt am Main.
Wagner, P., 1998: Certainty and Order, Liberty and Contingency. The Birth of Social Science as Empirical Political Philosophy, in: J. Heilbron/L. Magnusson/B. Wittrock (Hrsg.), The Rise of the Social Sciences and the Formation of Modernity, Dordrecht, S. 241 – 263.
Wagner, P., 1999: The Resistance that Modernity Constantly Provokes. Europe, America and Social Theory, in: Thesis Eleven 58, S. 35 – 58.
Wagner, P., 2000: Plural Interpretations of Modernity. The Social Sciences in the US and in Europe. Newsletter of the Council of European Studies.
Wagner, P., 2001: Theorizing Modernity, London.
Wagner, P./Zimmermann, B., 2003: Nation – Die Konstitution einer politischen Ordnung als Verantwortungsgemeinschaft, in: S. Lessenich (Hrsg.), Wohlfahrtsstaatliche Grundbegriffe, Frankfurt am Main, S. 243 – 266.
Walzer, M., 1983: Spheres of Justice. A Defense of Pluralism and Equality, New York.
Zimmermann, B., 1999: La constitution du chômage en Allemagne, Paris.

Martin Kronauer

Soziologie der sozialen Frage: Robert Castel

I. Der Ausgangspunkt: Die Neuformulierung der sozialen Frage am Übergang ins 21. Jahrhundert

Die »soziale Frage« berührt die Grundlagen einer Gesellschaft. Ihre Artikulation stellt in Frage, dass die Regeln, nach denen eine Gesellschaft das Zusammenleben organisiert, noch wirksam sind oder wirksam sein sollen. Was aber heißt »Artikulation«? Wer »stellt« die soziale Frage? Sie tritt auf in Gestalt von Menschen und Gruppen, die aus der Gesellschaft »herausfallen« in dem Sinne, dass sie sich deren Regelungen nicht mehr fügen – meist notgedrungen und mit einem hohen Preis für das eigene Leben. Ihre Existenz fordert Deutungen und Maßnahmen vonseiten der Autoritäten heraus. Einordnung ins Bestehende durch weitere Differenzierung der herrschenden Kategorien, durch Reformen und Repressionen sind Antworten, die versuchen, die soziale Frage kleinzuarbeiten, auf das Artikulationsniveau von randständigen »Problemgruppen« herabzudrücken. Die Probleme können aber auch eine kritische Masse annehmen, die sich dieser Bearbeitung widersetzt. Die Ausbreitung des »Rands« erweist sich dann als Symptom einer tief greifenden Krise, die das »Zentrum« und seine Institutionen, damit zugleich aber auch einen sehr viel umfassenderen Personenkreis betrifft. Unter diesen Umständen wird die soziale Frage zum Kristallisationskern von Auseinandersetzungen um die gesellschaftliche Zukunft. Durch die Art und Weise, wie die Akteure sie in dieser Auseinandersetzung jeweils formulieren, beziehen sie ihre Positionen.

An einem solchen kritischen Wendepunkt der Zuspitzung der sozialen Frage befindet sich Europa seit dem Ausgang des

20. Jahrhunderts. In den Ländern der Europäischen Union wird sie in einer neuen Begrifflichkeit erörtert: als Gefährdung des »sozialen Zusammenhalts« und Problem der »Exklusion«.[1] Nicht mehr die »Arbeiterfrage« steht im Vordergrund wie im 19. und noch im frühen 20. Jahrhundert; auch nicht die »Armutsfrage«, die in der zweiten Hälfte des 20. Jahrhunderts auf unerwartete Weise wieder aktuell geworden war. Angesichts hoher und strukturell verfestigter Arbeitslosigkeit, neuer und verunsichernder Anforderungen in der Erwerbsarbeit sowie großer Herausforderungen an die Regulierungs- und Leistungsfähigkeit von Sozialstaaten rückt die Integrationskapazität der hoch entwickelten kapitalistischen Gesellschaften selbst ins Zentrum der Aufmerksamkeit und wird zum Problem.

Dass die soziale Frage auf europäischer Ebene unter diesem Blickwinkel aufgeworfen wird, haben in einem erheblichen Maße französische Politiker und Intellektuelle vorangetrieben und beeinflusst. In Frankreich findet die entsprechende Debatte schon seit den achtziger Jahren des vorigen Jahrhunderts statt.[2] An den Zielen der »Eingliederung« *(insertion)* und der Stärkung des »sozialen Zusammenhalts« *(cohésion social)* orientiert sich erklärtermaßen die französische Sozialpolitik.[3] Unter französischer Präsidentschaft in der EU fanden die Begriffe *cohésion* und *exclusion* Eingang in den offiziellen europäischen Sprachgebrauch. Eine stark französisch geprägte Sicht der sozialen Frage wurde somit richtungsweisend für Europa, forderte und fordert aber immer wieder auch Kritik heraus.[4]

---

1 Für einen ersten Überblick über die entsprechende europäische Diskussion und Politik vgl. Commission of the European Communities (1994) und Silver (1998).

2 Der von Serge Paugam herausgegebene Band *L'exclusion, l'état des savoirs* (1996) enthält eine repräsentative Zusammenstellung von konzeptionellen Beiträgen und Forschungen in Frankreich zum Thema Exklusion. Zur Einführung in die französische Diskussion vgl. insbesondere das Vorwort sowie Martin (1996), Paugam (1998) und Kronauer (2002: 38–52).

3 Vgl. hierzu Kaufmanns Darstellung der Entwicklung der sozialen Sicherungssysteme in Frankreich angesichts des Problems der »Exklusion« (1996) und den Überblick von Silver (1998).

Robert Castel, geboren 1933, ist der bedeutendste Theoretiker der sozialen Frage in Frankreich. Castel ist Forschungsdirektor an der Ecole des Hautes Etudes en Sciences Sociales in Paris und veröffentlichte unter anderem Studien über die Soziologie des Photographierens (1983, zusammen mit Luc Boltanski und Pierre Bourdieu), über *Psychoanalyse und gesellschaftliche Macht* (1982) sowie über *Die psychiatrische Ordnung* (1983). 1997 erhielt er den Prix Jean-Jacques Rousseau, 1993 den European Award for Social Sciences (Amalfi-Preis). Sein Opus magnum *Die Metamorphosen der sozialen Frage* (1995 auf Französisch, 2000 auf Deutsch erschienen) entwickelt grundlegend deren Soziologie und Sozialgeschichte. Das heißt allerdings nicht, ihn damit auch zum Sprachrohr der französischen oder europäischen »Politik gegen Exklusion« zu erklären. Gegenüber beiden hat er immer wieder kritisch Position bezogen. Vor allem die Ambivalenzen des Begriffs »Exklusion« und einer Politik der »Eingliederung«, die sich auf ihn beruft, haben seinen Widerspruch hervorgerufen. Somit ist er wichtiger Wegbereiter und kritischer Kommentator der französischen und europäischen Diskussion über die neue soziale Frage zugleich. Unter beiden Gesichtspunkten besteht in Deutschland noch erheblicher Rezeptionsbedarf seiner Arbeiten.

In *Die Metamorphosen der sozialen Frage* verbindet Castel drei Abhandlungen in einer. Er umreißt darin eine allgemeine Soziologie der sozialen Frage, entwirft die Geschichte der sozialen Frage (einschließlich einer Geschichte der Fürsorge) in Europa mit dem Schwerpunkt auf Frankreich und entfaltet in dieser Geschichte zugleich die Geschichte (oder wie es im Untertitel heißt: eine Chronik) der Lohnarbeit. Der Logik dieser Verbindung wird im Folgenden nachzuspüren sein. Für Castel eröffnen die Kategorien der soziologischen Untersuchung einen besonderen Blick auf Kontinuität und Wandel in der Geschichte. Erst deren Rekonstruktion lässt wiederum die »soziale Frage« der Gegenwart im angemessenen Licht erscheinen: als Infragestellung grundlegender

4 Sie richtet sich vor allem dagegen, dass durch die Ersetzung der Armuts- durch die Ausgrenzungsfrage die zunehmende Einkommensungleichheit in Europa entthematisiert wird (vgl. Kronauer 2002: 142 ff.).

gesellschaftlicher Solidaritätsbeziehungen durch die Freisetzung der kapitalistischen Ökonomie aus ihren sozialstaatlichen Eingrenzungen.

II. Kategorien einer Soziologie der sozialen Frage

Castel als französischen Soziologen zu charakterisieren erfordert zunächst, seine besondere Beziehung zu Emile Durkheim hervorzuheben. Die zentrale Kategorie von Castels Soziologie der sozialen Frage ist die der Kohäsion, des gesellschaftlichen Zusammenhalts. Gelegentlich ist auch von »Integration« die Rede. Gesellschaftlicher Zusammenhalt konstituiert sich für ihn durch wechselseitige Abhängigkeiten, ein Aufeinander-Angewiesensein in und durch Ergänzung (vgl. Castel 2000a: 12, 17). Gesellschaft in diesem »durkheimschen Sinne« ist eine »Gesamtheit von interdependenten Elementen« (Castel 2000a: 19). Der Verweis auf Durkheim durchzieht Castels gesamte Untersuchung. Und jedes Mal ist es der analytische Gesichtspunkt der Interdependenz, den er mit seinen verschiedenen Implikationen hervorhebt (vgl. unter anderem Castel 1996a: 776 f., 2000a: 21, 243 f., 262, 359, 408). Dementsprechend werden auch die Gegenbegriffe konzipiert, die die Krise des sozialen Zusammenhalts anzeigen, wie sie in den unterschiedlichen Manifestationen der sozialen Frage zum Ausdruck kommt: »Dissoziation« und »Anomie« auf der gesellschaftlichen, »Entkoppelung« auf der individuellen Ebene (Castel 2000a: 12, 14, 20, 385).

Castel knüpft dabei an das Verständnis von gesellschaftlichem Zusammenhalt und Anomie an, wie Durkheim es in seinem frühen Hauptwerk, der Dissertation *Über die soziale Arbeitsteilung* von 1893 entwickelt hat (später jedoch in der Arbeit *Der Selbstmord* erheblich modifizierte[5]). Durkheim setzt sich hier kritisch

5 Entspringt für Durkheim das Anomieproblem in der Arbeit über die Arbeitsteilung noch aus deren gesellschaftlich problematischen Formen – ihrer

mit verschiedenen Versuchen auseinander, die gesellschaftliche Arbeitsteilung auf individuelles Handeln und individuelle Motive zurückzuführen. Neben den klassischen Ökonomen ist es vor allem Herbert Spencer, an dem er sich abarbeitet, von dessen Evolutionismus er gleichwohl noch deutlich beeinflusst ist.

Entscheidend ist für Durkheim der Gedanke, dass die Arbeitsteilung einen gesellschaftlichen Zusammenhalt sui generis begründet, der auf der wechselseitigen, funktionalen Abhängigkeit der Gesellschaftsglieder beruht. Aus diesem Grund bezeichnet er sie als Form und Grundlage einer »organischen Solidarität«. Sie entwickelt sich für ihn aus der »mechanischen Solidarität« früherer Gesellschaftsformationen heraus und grenzt sich gegen diese ab. Einfache Gesellschaften mit »mechanischer Solidarität« bilden enge Verbindungen von Menschen, die einander ähnlich sind, durchdrungen von einem einheitlichen und vereinheitlichenden, mit starker Sanktionsgewalt ausgestatteten Kollektivbewusstsein und diesem unterworfen. Gesellschaften mit »organischer Solidarität« hingegen beruhen auf sozialer Differenzierung, der Auflösung des Ähnlichen, und beziehen individualisierte Personen durch die Komplementarität der unterschiedlichen, in der Arbeitsteilung eingenommenen Positionen aufeinander. Das Kollektivbewusstsein mit seinem Drohpotenzial kann unter diesen Bedingungen in seiner Funktion als zentrale, vereinheitlichende Gesellschaftsinstanz zurücktreten und weniger repressiven, stärker indirekten Regelungsweisen Platz machen – den Formen des restitutiven Rechts, die Verträge schützen und berechenbare Kooperation ermöglichen.

Damit löst sich Gesellschaft allerdings keineswegs in die individuellen Willensentscheidungen von Vertragspartnern und ein Mosaik von Vertragsakten auf. Im Gegenteil: Die Wechselseitig-

zur geringen Regelung, den Zwängen, mit denen sie den Arbeitern auferlegt wird –, so in der Schrift über den Selbstmord aus einer quasi anthropologischen Konstante – den tendenziell immer überschießenden individuellen Wünschen und einer Unfähigkeit der Gesellschaft, sie durch die Durchsetzung kollektiver Normen zu zügeln (vgl. Durkheim 1973 [1897]: 296, vgl. auch Aron 1979: 70).

keit gesellschaftlicher Bindungen und Verpflichtungen, wie sie durch das Rechtssystem sanktioniert und den Einzelnen durch die institutionalisierten Formen der funktionalen Arbeitsteilung auferlegt werden, bilden die Voraussetzung dafür, dass Verträge überhaupt geschlossen werden können und ihre Einhaltung erwartet werden kann.[6] Gesellschaft geht für Durkheim somit den individuellen Akten immer schon voraus – sowohl in der geschichtlichen Perspektive (die Individualisierung vollzieht sich auf dem Weg der Differenzierung aus der mechanischen Solidarität) als auch in der Gegenwartsbetrachtung (die Arbeitsteilung liegt den individuellen Handlungen als strukturierendes und bindendes Fundament zugrunde).[7]

Castel löst diesen Gedanken aus der biologistischen Analogie des »Organischen« heraus und ordnet ihn in einen genuin historisch-soziologischen Kontext ein, bewahrt aber zwei seiner wesentlichen Elemente: die Konstituierung von sozialem Zusammenhalt durch Interdependenz und die besondere Bedeutung, die dabei der Arbeit zukommt. Dies zeigt sich am deutlichsten in seiner Definition der sozialen Frage: »Die ›soziale Frage‹ ist eine fundamentale Aporie, an der eine Gesellschaft das Rätsel ihrer Kohäsion erfährt und das Risiko ihrer Fraktur abzuwenden sucht. Sie stellt eine Herausforderung dar, welche die Fähigkeit einer Gesellschaft (dessen, was man in politischen Begriffen eine Nation nennt) auf die Probe bzw. in Frage stellt, als eine durch wech-

6 Letztlich bleibt auch das die Gesellschaft insgesamt repräsentierende Kollektivbewusstsein in Kraft, selbst wenn es in seiner Reichweite deutlich eingeschränkt wurde, um auf dem Weg der Strafverfolgung grundlegende Verstöße zu ahnden.

7 »Wenn die Arbeitsteilung aber die Solidarität erzeugt, so nicht nur darum, weil sie aus jedem Individuum einen Austauschpartner macht, wie die Volkswirtschaftler sagen. Sie erzeugt unter den Menschen ein ganzes System von Rechten und Pflichten, die sie untereinander dauerhaft binden. So wie die sozialen Ähnlichkeiten ein Recht und eine Moral erzeugen, die sie beschützen, so erzeugt die Arbeitsteilung Regeln, die den friedlichen und regelmäßigen Zusammenschluß der geteilten Funktionen sichern« (Durkheim 1977: 447 f.). Und: »Die Arbeitsteilung stellt nicht Individuen einander gegenüber, sondern soziale Funktionen« (Durkheim 1977: 448).

selseitige Abhängigkeitsbeziehungen verbundene Gesamtheit zu existieren« (Castel 2000a: 17; vgl. auch Castel 1996a: 776 f.).

Was die nähere Charakterisierung der »wechselseitigen Abhängigkeitsbeziehungen« betrifft, so betont Castel, hierin materialistischer als Durkheim, noch stärker die Bedeutung der Arbeit in den verschiedenen geschichtlichen Epochen (und nicht nur, um in durkheimscher Terminologie zu sprechen, für die Epoche der »organischen Solidarität«): »Ich hebe hier nicht nur auf die Arbeit als technisches Produktionsverhältnis ab, sondern als Hauptstütze für die Verortung in der Sozialstruktur. Es existiert nämlich – und wir werden das für die ›longue durée‹ belegen – eine starke Korrelation zwischen einem bestimmten in der gesellschaftlichen Arbeitsteilung eingenommenen Platz und der Teilhabe an den Netzen der primären Sozialbeziehungen und den Sicherungssystemen, die ein Individuum gegen die Zufälligkeiten der Existenz ›abdecken‹« (Castel 2000a: 13).

Zwar beansprucht die hier getroffene Aussage langfristige Gültigkeit. Das bedeutet allerdings nicht, dass dabei der Arbeit in jeder Epoche die gleiche Bedeutung zukäme. Die Hervorhebung des Zusammenhangs zwischen Arbeitsteilung und gesellschaftlicher Einbindung, seine analytische Verallgemeinerung, erlaubt es Castel vielmehr, die Veränderungen nachzuzeichnen, die die Arbeit in ihrer gesellschaftlichen Organisation, Bewertung und Wirkung für den gesellschaftlichen Zusammenhalt vom Mittelalter bis zur Gegenwart durchgemacht hat – durch Umbrüche und Krisen hindurch, die als »soziale Fragen« artikuliert wurden.

Wechselseitige Abhängigkeitsbeziehungen begründen soziale Anerkennungs- und Verpflichtungsverhältnisse, sind aber für ihren eigenen Fortbestand auch auf diese angewiesen. Für die Individuen bedeutet dies Castel zufolge zunächst und in erster Linie ein gewisses Maß an Sicherheit: (Selbst-)Gewissheit in der eigenen sozialen Verortung, Verlässlichkeit in den sozialen Beziehungen und den Leistungen, die aus ihnen erwachsen. Umgekehrt manifestiert sich »Entkoppelung« als Zustand der »Haltlosigkeit«. In ihm »treiben« die Individuen »innerhalb der Sozialstruktur« und »[bevölkern] deren Zwischenräume, ohne dass sie aber einen fest angestammten Platz finden können« (Castel 2000a: 12). Der Zufall beherrscht ihr Leben. Die Differenz zur Arbeiterfrage wird am Phänomen der Entkoppelung am deutlichsten sichtbar. Aus der gesellschaftlich anerkannten Arbeitsteilung herauszufallen, »überzählig« zu sein, bedeutet, »nicht einmal ausgebeutet« zu werden (Castel 2000a: 19).

Dabei ist es allerdings nicht die Arbeit allein, die »angestammte Plätze« zuweist. Wechselseitige Verpflichtungen entspringen zudem den primären Sozialbeziehungen, den Verwandtschaftsverhältnissen und lokalen Verbindungen. Sie knüpfen die ursprünglichen Bande der Solidarität. Dass so enge Korrelationen zwischen der Verortung in der gesellschaftlichen Arbeitsteilung und in den sozialen Netzen bestehen, wie Castel feststellt, hat seinen Grund darin, dass sich beide aus gemeinsamen Ursprüngen im Haushalt geschichtlich auseinander entwickelten. Mittlerweile bilden sie aber zwei eigenständige »Achsen« (Castel 2000a: 360), über die Integration auf dem Weg der wechselseitigen Abhängigkeiten vermittelt wird, wobei der jeweilige Grad der Eigenständigkeit oder Entsprechung in der vergesellschaftenden Wirkung empirisch zu klären ist.[8]

Castel führt schließlich noch einen dritten Integrationsmodus in seine Argumentation ein, der sich allerdings in dem von ihm durch die beiden Achsen umschriebenen Koordinatensystem des gesellschaftlichen Zusammenhalts nicht ohne weiteres verorten lässt. In dem bereits mehrfach herangezogenen Textausschnitt ist von den »sozialen Sicherungssystemen« die Rede (Castel 2000a: 13). Da Castel, wie noch zu zeigen sein wird, die Anfänge der Fürsorge als eigenständiger Institution auf eine Ausdifferenzierung von Aufgaben zurückführt, die ursprünglich innerhalb der Primärbeziehungen wahrgenommen wurden, legt dies die Lesart nahe, dass er auch die »sozialen Sicherungssysteme« der zweiten Achse, gewissermaßen als deren Verlängerung, zurechnet. Es

8 Ein früherer Entwurf des Koordinatensystems mit den beiden Achsen findet sich bei Castel (1991). Er unterscheidet hier »un axe d'intégration – non-intégration par le travail; un axe d'insertion – non-insertion dans une sociabilité socio-familiale« (Castel 1991: 139).

bleibt dann allerdings die Frage, ob mit dem historisch späteren Auseinandertreten von Ökonomie und Staat und den neuen Verbindungen, die beide eingehen, einschließlich der sozialstaatlichen, auf sozialen Rechten beruhenden Regelungen, nicht doch zusätzliche und neue Kriterien der gesellschaftlichen Zugehörigkeit zum Zug kommen, die es erforderlich machen, das Bild der beiden Achsen zu erweitern. Castels Untersuchung liefert selbst reichhaltiges Material, das eine solche abweichende Lesart stützt. Darauf komme ich zurück.

In der sozialen Frage wird somit eine Gesellschaft mit dem Risiko des »Bruchs«, der Auflösung des sozialen Zusammenhalts, dadurch konfrontiert, dass zentrale Institutionen darin versagen, wechselseitige Sozialbeziehungen herzustellen und zu stabilisieren. Durkheim hatte dieses Risiko mit dem Begriff der »Anomie« zu fassen gesucht, den Castel wieder aufgreift. Dabei war sich Durkheim am Ende des 19. Jahrhunderts der Paradoxie bewusst, dass die gesellschaftliche Arbeitsteilung, der er die maßgebliche Rolle bei der Erzeugung »organischer Solidarität« zuschrieb, ihrerseits zur Quelle von Anomie werden konnte. Im Machtgefälle zwischen Kapital und Arbeit (der »erzwungenen Arbeitsteilung«, Durkheim 1977: 416) und dem Fehlen gesellschaftlicher Regelungen ökonomischer Funktionen sah er dafür die wesentlichen Ursachen. Nicht die ökonomische, sondern erst die gesellschaftlich »eingebettete« und gestaltete Arbeitsteilung ermöglicht demnach Zusammenhalt in der Vielfalt der Funktionen. In seiner Analyse der neuen sozialen Frage und des problematischen Verhältnisses von Ökonomie und Gesellschaft in der Gegenwart nimmt Castel diesen Gedanken auf und führt ihn weiter.

Der kategoriale Rahmen dieser Analyse ist nun umrissen: die Problematik des »Bruchs« der durch wechselseitige, institutionell geregelte Abhängigkeitsverhältnisse begründeten »Kohäsion«; Arbeit (und deren Eingliederung in die gesellschaftlich anerkannte Arbeitsteilung) sowie die primären Sozialbeziehungen als die beiden »Achsen« der Integration durch Interdependenz; an diese anschließend die »Systeme der sozialen Sicherung« (vgl. Castel 2000a: 360 f.). Dieser Rahmen soll aber nicht statisch verstanden und gehandhabt werden. Denn dem »Bruch« geht das »Brüchigwerden« der Einbindungen voraus. Es macht sich auf beiden Achsen bemerkbar – im Grad der Qualität und Stabilität der (Erwerbs-)Arbeitsverhältnisse sowie der Dichte und Reichweite der sozialen Netze. Entsprechend der These von der engen Korrelation zwischen beiden unterscheidet Castel drei »›Zonen‹ sozialer Kohäsion«: die Zone der »Integration« mit gefestigten und anerkannten Arbeitsbedingungen und stabiler Einbindung in soziale Beziehungen; die Zone der »Verwundbarkeit« *(vulnérabilité)* mit erheblicher Arbeitsunsicherheit und wenig tragfähigen sozialen Netzen; schließlich die Zone der »Entkoppelung« *(désaffiliation)*, gekennzeichnet durch das Fehlen einer Position in der gesellschaftlich anerkannten Arbeitsteilung und einen Mangel an sozialen Beziehungen (Castel 2000a: 13, 360 f.). Mit der Dynamisierung des Ansatzes geraten Prozesse der »Dissoziation«, kritische Unsicherheitsbereiche und Umschlagspunkte auf beiden Achsen und in ihrem Wechselverhältnis in den Blick. Trifft die von mir vorgeschlagene Lesart von der relativen Eigenständigkeit der sozialen Sicherungssysteme (unter sozialstaatlichen Vorzeichen) zu, dann wären diese zusätzlich, gewissermaßen als »dritte Achse«, in die Analyse von Prekarisierungs- und Entkoppelungsprozessen einzubeziehen.

Hier zeigt sich der besondere heuristische Wert von Castels Kategorien. Seine Unterscheidung der drei Zonen, sein Insistieren auf den Verbindungen, die zwischen ihnen bestehen, und den Prozessen, die zwischen ihnen ablaufen, zwingt dazu, Entwicklungen, die sich zunächst an den gesellschaftlichen »Rändern« bemerkbar machen, in die Kernbereiche der Gesellschaft zurückzuverfolgen und als Auswirkungen einer Krise zentraler institutioneller Verknüpfungen zu verstehen.

Wie verhält sich dieser analytische Rahmen mit seinem Fokus auf unterschiedlichen Graden der sozialen Kohäsion zu theoretischen Ansätzen, die von »vertikalen« sozialen Ungleichheitsbeziehungen auf der Grundlage von Eigentumsverhältnissen, ungleichen Verteilungen weiterer strategisch wichtiger Ressourcen und unterschiedlichen Erwerbspositionen ausgehen? Er überlagert und erweitert sie zugleich. »Überlagert« meint dabei, dass diese Ansätze nach wie vor ihre Aussagekraft behalten, »erweitert« jedoch, dass zusätzliche und qualitativ andere Ungleichheitsmomente und -prozesse in den Blick geraten. Um es an dem von Castel gewählten Beispiel der Armut zu verdeutlichen: »Arm sein« heißt nicht notwendigerweise, damit auch aus den Solidarbeziehungen einer Gesellschaft herauszufallen. Es gibt Formen der »integrierten Armut« (Castel 2000a: 13), in denen sich eine Gesellschaft unter bestimmten Voraussetzungen für die Bedürftigen verantwortlich erklärt.[9] Tritt allerdings »Entkoppelung« ein, dann betrifft auch sie in erster Linie Angehörige der unteren Klassen. Denn die Risiken der Dissoziation sind sozial ungleich verteilt.

III. Soziologie und Geschichte

Castels soziologische Auseinandersetzung mit der Geschichte verbindet ihn mit Michel Foucault. Wie Foucault in seiner Untersuchung über die Geburt des Gefängnisses[10] setzt sich auch Castel das Ziel, in *Die Metamorphosen der sozialen Frage* die »Geschichte der Gegenwart zu schreiben« (Castel 2000a: 16). Für beide heißt dies, Kontinuität und Wandel sozialer Konfigurationen herauszuarbeiten, die bis in die Gegenwart hinein wirkungsmächtig geblieben sind.

Dies setzt eine methodologische Verständigung über das Verhältnis beider Disziplinen zueinander voraus. Castel zufolge erfordert der soziologische Zugriff auf historisches Material die bedingungslose Anerkennung der Regeln der historischen Disziplin in der Generierung ihrer Daten, somit auch der Daten selbst. Diese sind dann allerdings genuin soziologischen Fragestellungen

9 Zum Begriff der »integrierten Armut« und seiner Umsetzung in die Analyse von Gegenwartsgesellschaften vgl. auch Paugam (2004: 83 f. und 91 ff.).

10 »Nun, ich habe nicht vor, die Geschichte der Vergangenheit in die Begriffe der Gegenwart zu fassen. Wohl aber ist es meine Absicht, die Geschichte der Gegenwart zu schreiben« (Foucault 1994: 43).

zugänglich, deren Bearbeitung wiederum eigenen Regeln folgt (vgl. Castel 2000a: 17).

Den besonderen soziologischen Zugang zur Geschichte kennzeichnet Castel mit dem Begriff der »Problematisierung«. Er besteht in der Identifikation »eines einheitlichen Bündels von Fragen« (Castel 2000a: 16), die sich auf gesellschaftliche Probleme beziehen und somit soziologisch charakterisieren lassen. Sie treten zu einem bestimmten Zeitpunkt in der Geschichte auf und werden seither immer wieder in krisenhaften Perioden unter neuen Umständen auf neue Weise formuliert. Kontinuität ergibt sich allein aus der Vergleichbarkeit der Problemstellungen, während Wandel und Diskontinuität deren historische Manifestationen und die jeweils gegebenen Antworten auszeichnen. Dies ist gemeint, wenn von den Metamorphosen (Plural) der sozialen Frage (Singular) die Rede ist. Die soziologische Untersuchung des geschichtlichen Materials ist in der Lage, Entsprechungen in den sozialen Konfigurationen aufzuzeigen, die die soziale Frage jeweils konstituieren. Aber sie kann dies nur, wenn und insoweit sie anerkennt, dass ihre Begriffe in den unterschiedlichen geschichtlichen Kontexten ihre Bedeutung verändern. »Tatsächlich unterscheidet sich nämlich der konkrete Gehalt von Begriffen wie Beschäftigungsstabilität, Prekarität oder Ausweisung aus Beschäftigung [...] völlig von dem, was er jeweils in den vorindustriellen Gesellschaften oder im 19. Jahrhundert bedeutete. [...] Dennoch wird erstens zu zeigen sein, dass die diese ›Zonen‹ bevölkernden Gruppierungen aufgrund dieser Tatsache eine homologe Position in der Sozialstruktur einnehmen [...]. Zweitens, dass die für diese Situationen verantwortlichen Prozesse ebenfalls vergleichbar sind, das heißt homolog in ihrer Dynamik und verschieden in ihren Manifestationen. Es ist immer noch die Unmöglichkeit, sich innerhalb der herrschenden Organisationsformen der Arbeit und in den anerkannten Formen der Zugehörigkeit zu einer Gemeinschaft (wobei sich natürlich die einen wie die anderen zwischenzeitlich völlig geändert haben) einen stabilen Platz zu schaffen, welche die gemeinsame Lage der ›Überzähligen‹ von einst, von unlängst und von heute ausmacht« (Castel 2000a: 16 f.).[11]

Was gewinnt die Analyse der Gegenwart durch die (soziologische) Rekonstruktion ihrer Geschichte? Die Einsichten in die krisenhaften Zuspitzungen der sozialen Frage in der Vergangenheit schärfen das Bewusstsein dafür, was gegenwärtig auf dem Spiel steht und wo kritische Bruchstellen im institutionellen Gefüge des sozialen Zusammenhalts der Gegenwartsgesellschaften liegen. Sie zeigen aber auch, dass bestimmte Lösungsmuster bereits verbraucht sind und die Antworten für die Zukunft aus der Gegenwart neu gewonnen werden müssen.[12]

IV. *Die Metamorphosen der sozialen Frage* als »Chronik der Lohnarbeit«

Drei zeitlich mehr oder weniger lang gestreckte historische Phasen, die auf jeweils unterschiedliche Weise in die Zuspitzung einer neuen sozialen Frage einmünden und neue gesellschaftliche Antworten provozieren, stehen im Mittelpunkt von Castels Untersuchung: die Erosion der Regelungen des sozialen Zusammenhalts in der vorindustriellen Gesellschaft durch die Ausbreitung von verschiedenen Formen der Lohnarbeit, die schließlich im 18. Jahrhundert zur Anerkennung und Durchsetzung der Freiheit der Lohnarbeit von den Zwängen der Bevormundung führt; die Vergesellschaftung der Lohnarbeit durch den Markt und die Krise dieser Vergesellschaftungsform im 19. Jahrhundert, die Anstöße gibt zur Einbindung der Arbeiterschaft in die bürgerliche Gesellschaft auf dem Weg der Ablösung der Sicherheit vom Eigentum und der Einführung von Sozialversicherungen; die Aus-

11 Zu den Entsprechungen in der Lage der verschiedenen Kategorien von »Marginalisierten« in der Geschichte vgl. auch Castel (1996b).

12 In diesem Sinne wendet sich Castel sowohl gegen die Rückkehr vom »Status« zum »Vertrag« auf dem Weg der Aufhebung statussichernder sozialer Rechte als auch gegen einen konservativen, gemeinschaftliche Traditionen hochhaltenden Abgesang auf die Lohnarbeitsgesellschaft: »Wir sollten uns darauf einlassen, die Voraussetzungen für eine Metamorphose der Lohnarbeitsgesellschaft zu denken, anstatt uns sang- und klanglos in ihre Auflösung zu fügen« (Castel 2000a: 402).

breitung und Aufwertung des Lohnarbeitsverhältnisses innerhalb sozialstaatlicher Regulierungen zur vorherrschenden Vergesellschaftungsform nach dem Zweiten Weltkrieg und die Krise der »Lohnarbeitsgesellschaft« seit den siebziger Jahren des 20. Jahrhunderts.

In jeder dieser Perioden repräsentiert eine gesellschaftliche Gruppe die »soziale Frage« dadurch, dass sie von den Institutionen der sozialen Einbindung nicht (mehr) erfasst wird und diese damit durch ihre bloße Existenz in Frage stellt: der Vagabund, der Pauper, der Überzählige. Auch bei der Definition und Bearbeitung der sozialen Probleme zieht sich eine Gemeinsamkeit durch die verschiedenen Perioden hindurch. Die »Problemgruppen« werden nach dem Kriterium von Arbeitsfähigkeit oder Arbeitsunfähigkeit unterteilt und dementsprechend unterschiedlich behandelt.

Die Geschichte der sozialen Frage fällt für Castel somit mit der Geschichte des wechselnden Stellenwerts und der veränderten Stellung der Lohnarbeit in den Gesellschaften Europas zusammen. Zugleich arbeitet er in *Die Metamorphosen der sozialen Frage* aber noch eine weitere Geschichte von Kontinuität und Wandel heraus: die der institutionellen Verselbstständigung des »Sozialen« als einem Handlungsfeld mit spezifischen Regeln und Praktiken, die darauf abzielen, die soziale Frage einzugrenzen und zu bewältigen. Diese Rekonstruktion fügt sich ein in seine Studien zur psychiatrischen Ordnung und setzt sie auf einem weiteren Gebiet fort.

Den theoretischen Ausgangspunkt bildet dabei ein »Modell von ›Gesellschaften ohne Soziales‹« (Castel 2000a: 37) in dem Sinn, dass in ihnen im Wesentlichen die Primärbeziehungen das Zusammenleben regeln, ohne weiter reichende Spezialisierung. Castel rechnet, mit Einschränkungen, die Feudalgesellschaft bis etwa zum Ende des ersten Jahrtausends diesem Modell zu (vgl. Castel 2000a: 35). In ihr sind die Menschen auf zweifache Weise in wechselseitige Abhängigkeiten eingebunden: »vertikal« in das hierarchisch aufgebaute Lehnssystem, »horizontal« in die reziproken Beziehungen von Verwandtschaft und Wohngemeinde, die wiederum verschiedene Sippen eng miteinander verknüpft. Verwandtschaft und Gemeinde sind auch die ersten Garanten einer sozialen Absicherung im Rahmen des historisch Möglichen. Wer dem Familien- und Gemeindeverband angehört, aber durch besondere Umstände wie Krankheit oder Alter nicht in der Lage ist, seinen Beitrag in den sozialen Austauschbeziehungen zu leisten, kann gleichwohl Unterstützung erwarten.

Die Fürsorge als eigenständiges Handlungsfeld mit besonderen sozialen Institutionen wie Spital und Waisenhaus bildet sich mit der langsamen Auflösung der traditionellen Ordnung aus dem ursprünglichen Sicherungssystem der primären Sozialbeziehungen heraus und soll deren Mängel angesichts drohender Überforderung ausgleichen. Bereits in ihrer frühen Entwicklung zeichnen sich formale Merkmale ab, die »man als allgemeine Möglichkeitsbedingungen jedweden fürsorgerischen Feldes wiederfindet« (Castel 2000a: 39). Dazu gehören die Herausbildung bestimmter Praktiken, die der Sicherung des Überlebens und der Integration der Bedürftigen dienen sollen; die Übertragung der fürsorgerischen Aufgaben an ein besonderes Personal und damit erste Anzeichen einer Professionalisierung; die Entwicklung von Techniken für das Handeln dieser Spezialisten, das sie von den Laien unterscheidet, und für die Auswahl der Personen, an die sich ihr Handeln richtet; spezifische Muster der Verräumlichung der Problembearbeitung (innerhalb besonderer Anstalten oder ambulant); schließlich die Kriterien für die Entscheidung über Unterstützungsberechtigung selbst. Sie machen sich an zwei Merkmalen fest: der Gemeindezugehörigkeit und der Arbeitsunfähigkeit (vgl. Castel 2000a: 38 f.). Beide Kriterien sind eng in christliche Vorstellungen vom Nächsten als dem Nachbarn und von der Notwendigkeit, innerhalb einer christlichen Heilsökonomie zwischen guten und schlechten Armen zu unterscheiden, eingebunden. Sie bilden die Grundlage für ein »Organigramm der Fürsorge« (Castel 2000a: 54), das dieses Feld der sozialen Intervention (die »Unterstützungsproblematik«) deutlich abgrenzt von dem anderen des Umgangs mit den arbeitsfähigen Armen (der »Arbeitsproblematik«) (Castel 2000a: 28).

Nicht die als solche anerkannten Bedürftigen werden deshalb zum Kristallisationskern der sozialen Frage in der vorindustriellen Gesellschaft, sondern diejenigen, die das Organigramm der Fürsorge nicht mehr erfasst. Dazu gehört zunächst der Typus des arbeitsfähigen Bettlers, der sich seit dem 14. Jahrhundert in Europa ausbreitet und ein wesentliches Kriterium der Unterstützungsberechtigung nicht erfüllt. Das diesen Armen gegenüber häufig angewandte Mittel der Einsperrung ist nicht so sehr als Ausschluss aus der Gemeinde gedacht, sondern vielmehr als Mittel der Wiedereingliederung, der Resozialisierung (vgl. Castel 2000a: 61 f.). Zum eigentlichen Stein des Anstoßes aber wird der Landstreicher, der zudem noch das Kriterium der Zugehörigkeit durch einen gemeinsamen Wohnsitz verletzt.

Der Vagabund steht für Castel im offenen Widerspruch zu einer Organisation von Gesellschaft, die auf Sesshaftigkeit gegründet ist und deshalb Mobilität zu verhindern sucht. Denn er ist der zur Mobilität gezwungene, arbeitssuchende Lohnarbeiter in einer frühen Form. Castel stellt die zunehmende Verarmung der Landbevölkerung seit der zweiten Hälfte des 14. Jahrhunderts dar, die Landzersplitterung und Polarisierung innerhalb der dörflichen Sozialstruktur, die massenhafte Erfahrung der Entwurzelung aus den traditionellen Arbeits- und Lebensformen, die jene »unkontrollierbare Mobilität« (Castel 2000a: 76) hervorrufen. Die sich ausbreitende Warenproduktion entfaltet auf dem Land ihre zersetzende Wirkung, ohne dass bereits ein industrieller Arbeitsmarkt die freigesetzten Arbeitskräfte aufnehmen könnte. In den Städten wiederum wird das Zunftwesen zwar durch den entstehenden Kapitalismus unterhöhlt, bleibt aber lange Zeit stark genug, um die Entwicklung eines freien Arbeitsmarkts zu verhindern. Zugleich entscheiden die Zünfte nach wie vor darüber, wer an den städtischen Bürgerrechten teilhaben kann, und schließen ganze Kategorien von Stadtbewohnern, wie etwa die Tagelöhner, Dienstboten und Handlanger, aus. Sie bevölkern, zusammen mit den verarmten Bauern, die »Zone der Verwundbarkeit«.

Im Vagabund verkörpert sich somit gewissermaßen die soziale Frage am Übergang zur Neuzeit. Denn er befindet sich in einer

»Lage«, die »buchstäblich ›unlebbar‹« ist, in der Situation »des Entkoppelten in Reinform« (Castel 2000a: 28). Verhält sich die Gemeinde dem ortsansässigen arbeitsfähigen Armen gegenüber noch zwiespältig, so verfolgt und verstößt sie den Landstreicher ohne Gnade. Weder ist die Fürsorge für ihn zuständig, noch kann er auf eine Solidarität von Verwandtschaft und Nachbarschaft vor Ort zurückgreifen. Zugleich ist die Ausbreitung des Vagabundentums ein Symptom für die tiefe Krise, die die traditionelle Ordnung der Arbeit erfasst hat. Denn diese kann die Lohnarbeiter zwar nicht mehr länger einbinden, lässt aber auch die freie Entfaltung der Lohnarbeit nicht zu.

Die Befreiung der Lohnarbeit aus den Fesseln der Ständegesellschaft ist deshalb ein wesentlicher Bestandteil der revolutionären Antwort auf die Krise am Ende des 18. Jahrhunderts. Mit ihr geht eine weit reichende Umwertung der Arbeit einher. Sie wird nun nicht mehr im Zusammenhang einer religiös sanktionierten, hierarchischen Ordnung von Gabe und Gegengabe verstanden, in der die Verpflichtung zur körperlichen Arbeit allein denen zufällt, die keine andere Gegenleistung erbringen können. Arbeit wird stattdessen zur Quelle des Reichtums erklärt, die Freiheit der Arbeitssuche mit einem Menschenrecht auf Arbeit begründet (vgl. Castel 2000a: 157).

Was dieses Recht auf Arbeit allerdings bedeuten soll, daran scheiden sich die Geister. Castel arbeitet heraus, wie in den Debatten darüber die tief greifende Widersprüchlichkeit der neuen, bürgerlichen Wirtschafts- und Gesellschaftsordnung offen zutage tritt. In der vorherrschenden, liberalen Sicht wird dem Recht auf Arbeit Genüge getan durch die Gewährleistung der Freiheit, ungehindert von obrigkeitlichen und insbesondere zünftigen Regelungen Verträge auf einem Arbeitsmarkt abzuschließen zu können. Arbeit finden muss der Arbeitssuchende dagegen selbst. Hier ist er ganz auf sich allein gestellt. Öffentliche Unterstützung wird nur den Arbeitsunfähigen zuteil, jetzt allerdings in der Form einer staatlichen, auf das Staatsbürgerrecht gegründeten Verpflichtung diesen Armen gegenüber.

Wieder sind hier die Abgrenzungslinien zwischen der »Unterstützungs«- und der »Arbeitsproblematik« scheinbar klar gezogen. Die Arbeitsproblematik wird in die Zuständigkeit des Markts, die Unterstützungsproblematik in die des Staats verwiesen. Castel zufolge verschleiert »die auf den ersten Blick harmonische Verknüpfung des Rechts auf Unterstützung und des Arbeitsmarkts« jedoch nur »den Widerstreit zweier Prinzipien staatlicher Steuerung, das des Sozialstaats und das des liberalen Staats« (Castel 2000a: 173). Der Konflikt bricht immer wieder in den revolutionären Erhebungen des 19. Jahrhunderts offen auf, wenn arbeiternahe Strömungen die Forderung nach einer Politik der öffentlichen Arbeitsbeschaffung vertreten. In der Tat stellt eine materiale Interpretation des Rechts auf Arbeit als Recht auf einen Arbeitsplatz – die einzige Lesart, mit dem dieses Recht für die Arbeitenden einen Sinn ergibt – die Prinzipien einer auf Vertragsfreiheit und ein freies Unternehmertum gegründeten Marktwirtschaft radikal in Frage. Der sozialstaatliche Kompromiss zwischen Politik und Ökonomie, wie er sich seit dem Ende des 19. Jahrhunderts herausbildet, wird deshalb Castel zufolge nur dadurch möglich, dass er diesen in der Anerkennung eines Rechts auf Arbeit enthaltenen Klassenwiderspruch gewissermaßen umgeht.

Bevor es dazu kommt, offenbaren jedoch die Befreiung der Lohnarbeit und die Durchsetzung des freien Arbeitsvertrags ihre zerstörerische Kehrseite und setzen eine neue soziale Frage auf die Tagesordnung. Sie macht sich an der Figur des Paupers und der durch ihn repräsentierten sozialen Lage fest. Wie der Vagabund sieht sich auch der Pauper immer wieder in dem Widerspruch gefangen, arbeiten zu müssen, ohne arbeiten zu können. Im Unterschied zum Vagabund ist der Pauper aber nicht der zu früh gekommene Vertreter einer neuen Ordnung, der in der alten keinen Platz mehr findet. Vielmehr ist er Resultat der neuen marktwirtschaftlichen, kapitalistischen Verhältnisse selbst und der »massenhaften Verwundbarkeit« (Castel 2000a: 149), der völligen Unsicherheit in den Arbeits- und Lebensumständen, die sie in der Arbeiterschaft erzeugen. Gerade weil er so zeitgemäß ist, geht von ihm eine besondere Beunruhigung für die Mittelklassen aus. »Mit dem Pauperismus kommt die Gefahr einer massenhaften Entkoppelung ans Tageslicht, die sogar im Zentrum des Produktionsprozesses des Reichtums verankert ist« (Castel 2000a: 203). Sie manifestiert sich im Elend und moralischen Verfall in den Arbeitervierteln der Städte.[13] Am Pauper wird offenkundig, dass der »utopische Kapitalismus« (Castel 2000a: 178), das liberale Programm einer Vergesellschaftung allein über den Markt und den Vertrag, angesichts der Ungleichheit der Vertragsparteien die Grundlage menschlichen Zusammenlebens zerstören würde. Für beide, Vagabund und Pauper, gilt somit, dass sie zwar am »Rand« der Gesellschaft auftauchen, aber wie in einem »Bummerangeffekt« (Castel 2000a: 204) auf das »Zentrum«, die Problematik der vorherrschenden Organisation der Arbeit, die sie hervorgebracht hat, zurückverweisen.

Castel stellt die – vergeblichen – Versuche der Vertreter des herrschenden Liberalismus und aufgeklärten Konservatismus dar, die strikte Trennung von Markt und Staat gegen linke Forderungen nach staatlicher Intervention in die Ökonomie zu verteidigen und zugleich die verheerenden sozialen Folgen durch private Wohltätigkeit und neue Formen der Patronage abzumildern.[14] Die Stunde für die Herausbildung des Sozialstaats schlägt erst, nachdem diese Versuche offenkundig gescheitert sind, aber auch die revolutionären, sozialistischen Bestrebungen, ein Recht auf Arbeit durchzusetzen, 1848 und dann wieder 1870 besiegt worden waren.

13 Castel räumt ein, dass zeitgenössische Darstellungen die Verbreitung des Pauperismus und seine Wirkungen übertrieben haben mögen, hält aber in einer auch theoretisch und methodisch bemerkenswerten Passage fest: »Der Pauperismus ist unbestreitbar eine gesellschaftliche Konstruktion. Allerdings ist jegliche soziale Wirklichkeit eine gesellschaftliche Konstruktion. Es ist zudem unbestreitbar, dass die extremen Beschreibungen des Pauperismus nur für eine Minderheit der Arbeiter der ersten Hälfte des 19. Jahrhunderts Gültigkeit beanspruchen können. Doch widerlegt diese Feststellung keineswegs die historische Bedeutung des Phänomens« (Castel 2000a: 201).

14 Eine besondere Bedeutung kam dabei der freiwilligen Einführung von Unterstützungskassen für Arbeiter zu, die von den Unternehmern vor allem als Einrichtungen zum Zweck der Erziehung der unteren Klassen zur Sparsamkeit und einer sittlichen Lebensführung betrachtet wurden.

In dieser Konstellation stellt die Dritte Republik maßgebliche Weichen für die Einbindung der arbeitenden Klassen in die bürgerliche Gesellschaft. Castel deutet die Anfänge des Sozialstaats in Frankreich als Ergebnis eines Klassenkompromisses mit weit reichenden Folgen. In seinem Kern steht die neue und in der Folgezeit weiter entwickelte Rechtsform der Sozialversicherung, die Eigentum, Arbeit und Staat in ein neues Verhältnis zueinander setzt. War soziale Sicherheit zuvor an die Bedingung des Eigentums geknüpft und somit für Lohnarbeiter unzugänglich, so wird nun die Arbeit selbst, unter staatlicher Regulierung, zur Grundlage einer eigenständigen, kollektiven Form der Absicherung. Castel spricht vom »Sozialeigentum« (Castel 2000a: 262), das auf diese Weise neben das Privateigentum tritt, nicht aber an dessen Stelle. Der Klassenantagonismus, der sich an der Eigentumsfrage festmacht, wird somit entschärft, der Status der Lohnarbeit aufgewertet. Der Lohnarbeiter wird zum Anspruchsberechtigten, in seinen Lohn gehen indirekte Bestandteile ein, die ihm auch außerhalb der Arbeit ein, wenn auch zunächst äußerst bescheidenes, Einkommen ermöglichen. In der Pflichtversicherung kommt zudem das Prinzip der Solidarität zum Tragen, ohne die sozialen Unterschiede aufzuheben. Sie entspricht damit recht genau der durkheimschen Vorstellung von »organischer Solidarität«: »Die Einführung der Versicherung bestätigt daher die Anerkennung des irreversiblen Charakters der sozialen Schichtung in modernen Gesellschaften sowie die Tatsache, dass sie auf der Arbeitsteilung und nicht mehr allein auf dem Eigentum aufbauen kann« (Castel 2000a: 275).

In der Sozialversicherung sieht Castel »die der Industriegesellschaft eigene Lösung der sozialen Frage« (Castel 2000a: 278). Sie bedeutet zunächst noch nicht, dass damit die besondere Lage der Arbeiterklasse aufgehoben wäre. Ihre Einbindung in die bürgerliche Gesellschaft ist bis in die Zeit nach dem Zweiten Weltkrieg noch immer eine »Integration in der Unterordnung«, der ein besonderes Klassenbewusstsein entspricht (Castel 2000a: 284). Dann aber kommt es zu weiteren, tief greifenden Veränderungen mit paradoxen Resultaten. Das Lohnarbeitsverhältnis breitet sich auf die Gesamtgesellschaft in immer feineren Differenzierungen aus, umfasst immer mehr und neue Kategorien von Angestellten und »›bürgerlicher‹ Lohnabhängigkeit« (Castel 2000a: 307). Dieser Siegeszug der Lohnabhängigkeit hat jedoch für die Arbeiterschaft zur Folge, dass sie ihre besondere gesellschaftlich-politische Stellung einbüßt und zugleich innerhalb der »Gesellschaftspyramide« einen relativen Statusverlust hinnehmen muss. »Jedenfalls hat sie die Rolle als ›Magnet‹, die sie bei der Entstehung der Lohnarbeit hat spielen können, verloren« (Castel 2000a: 309).

Castel zeichnet die Geschichte der Herausbildung der »Lohnarbeitsgesellschaft« seit den fünfziger Jahren in den Begriffen der französischen Regulationsschule nach: das »›fordistische‹ Lohnarbeitsverhältnis« (Castel 2000a: 286) und seine Weiterentwicklung nach dem Zweiten Weltkrieg, die Veränderungen der Beschäftigungs- und Sozialstruktur im Zuge der »Tertiarisierung«, die Neugestaltung der Sozialversicherung, ihr Ausbau zu einer allgemeinen Absicherung der lohnabhängigen Bevölkerung, die Anhebung des allgemeinen Lebensstandards im Rahmen eines »politischen Managements«, das Castel als den »Wachstumsstaat« bezeichnet (Castel 2000a: 325). Die »Verwundbarkeit« bleibt unter diesen Bedingungen zunächst auf die gesellschaftlichen Randzonen beschränkt.

Dies ändert sich seit den siebziger Jahren. Dass Frankreich und andere Länder Europas mittlerweile wieder mit einer neuen sozialen Frage konfrontiert sind, hat Castel zufolge zunächst etwas mit den Unvollkommenheiten und unintendierten Wirkungen des vorausgegangenen Erfolgsmodells wirtschaftlichen Wachstums zu tun. Das Normalarbeitsverhältnis mit seinen unbefristeten Arbeitsverträgen blieb im Grunde fragil, weil wachstumsabhängig und nicht gesetzlich abgesichert. Auch die beitragsfinanzierten sozialen Sicherungssysteme waren zutiefst krisenanfällig, auf Gedeih und Verderb auf Vollbeschäftigung angewiesen. Die »Individualisierung« wiederum, unter anderem eine Folge der erweiterten Handlungsspielräume auf der Grundlage von sozialstaatlichen Leistungen, unterminierte die primären, verwandtschaftlichen Unterstützungssysteme.

Niedrige Wachstumsraten und die Wiederkehr und strukturelle Verfestigung der Arbeitslosigkeit legen diese Schwachstellen offen. Die Schwächung des Nationalstaats und seiner Regelungsfähigkeit unter dem doppelten Druck von Globalisierung (insbesondere der Finanzmärkte) und politischer Europäisierung verschärft die Krise. Eine neue soziale Kategorie tritt in Erscheinung und personifiziert die soziale Frage: der »Überzählige«. Auf Dauer von Erwerbsarbeit ausgeschlossen, ohne zuerkannte und damit auch eigene soziale Identität, treibt er »in einer Art gesellschaftlichem no man's land« herum (Castel 2000a: 359). In der langen Kette der Geschichte verbindet ihn mit dem Vagabund und dem Pauper, dass auch er in einem »Bumerangeffekt« einen tief greifenden Umbruch in der gesellschaftlichen Organisation der Arbeit anzeigt. Von beiden unterscheidet ihn, dass er in einer Gesellschaft existiert, die zuvor eine bis dahin unbekannte soziale Integration auf der Basis des Lohnarbeitsverhältnisses hervorgebracht hat und noch immer »widerstandsfähige und abgesicherte Stabilitätskerne« (Castel 2000a: 12) aufweist.

Unter dem Diktat von Effizienz und Wettbewerbsfähigkeit nehmen innerhalb der Stabilitätskerne die Chancen, aber auch die Zumutungen und Risiken »flexiblen« Arbeitens zu. An den Rändern wächst die Zone der Verwundbarkeit mit befristeten Beschäftigungsverhältnissen, Zeitarbeitern, Niedriglöhnern. Entkoppelung, der »negative Individualismus« des Mangels an sozialer Sicherheit und stabilen Beziehungen (Castel 2000a: 404), droht vor allem denen, die im buchstäblichen Sinn für diesen Wettbewerb nicht qualifiziert sind.

V. Interventionen und Anstöße

Die soziale Frage in einer bestimmten Weise zu formulieren bedeutet bereits, Partei in einer politischen und ideologischen Auseinandersetzung über die Zukunft zu ergreifen. Castel ist sich der Grenzen der Objektivität in den Sozialwissenschaften bewusst und bezieht in der eigenen intellektuellen Arbeit offen Position.

Wenn er die soziale Frage von der sozialen Kohäsion her aufwirft und analysiert, bekennt er sich damit zum Vorrang der gesellschaftlichen Solidarität über die Ökonomie und stellt sich in die republikanische Tradition (vgl. Castel 2002). Für Castel ist es evident, dass die Erwerbsarbeit auch in der absehbaren Zukunft eine entscheidende Bedeutung für die Vergesellschaftung behalten wird. Zugleich hält er daran fest, dass gesellschaftliche Einbindung und Teilhabe nicht allein vertragsförmig über Märkte vermittelt werden können. Individualisierung und die neuen Formen »flexiblen« Arbeitens erfordern mehr denn je sozialstaatliche Regelungen und Absicherungen. Das gilt sowohl für diejenigen, die diese Formen für sich als Chance nützen können und wollen, als auch und erst recht für diejenigen, die sie in erster Linie als Bedrohung erfahren. Neue sozialstaatliche Regelungsweisen müssen »entdeckt« werden, um die Aufgaben der Einbindung und Absicherung zu erfüllen.

Von diesen Überzeugungen sind auch seine Interventionen in die französische und europäische Debatte über »Exklusion« geprägt. Castel kritisiert diesen Begriff wegen seiner Ambivalenz (Castel 2000b; vgl. auch Castel 1996a und 2000a: 14, 385). Denn auf der einen Seite verweist er zwar auf die zentrale Bedeutung von gesellschaftlicher Zugehörigkeit und Kohäsion. Auf der anderen Seite aber könnte er so verstanden werden, als gäbe es ein »Innen« und ein »Außen« der Gesellschaft, die sich eindeutig gegeneinander abgrenzen und dichotomisch gegenüberstehen. Ein solches Verständnis ist nicht nur theoretisch problematisch, sondern auch irreführend. Sobald die »Integrierten« und die »Ausgeschlossenen« als Pole einander gegenübergestellt werden, versperrt dies den Blick auf die »internen« gesellschaftlichen Ungleichheiten, auf Akteure und Prozesse, die Ausgrenzung erst hervorrufen. Zudem liegt es nahe, in dieser Perspektive die Ausgeschlossenen selbst zum »Problem« zu erklären, ihnen die Aufgabe aufzubürden, sich wieder »einzugliedern«, und damit nur gesellschaftliche Vorurteile zu wiederholen, die ihrerseits zur Ausgrenzung beigetragen haben. Castel tritt deshalb dafür ein, den Begriff *exclusion* durch den der *désaffiliation,* der »Entkoppelung«, zu ersetzen, um deutlich zu machen, dass es, gerade im Hinblick auf politische Gegenmaßnahmen, weit mehr auf jene Prozesse der Abkoppelung im »Zentrum« ankommt als auf deren Resultate an der »Peripherie«.

In der berechtigten Kritik am statischen und dichotomischen Exklusionsbegriff steckt gleichwohl ein theoretisches Problem. Auch ein dynamisches Verständnis des Begriffs der Entkoppelung im Rahmen einer Theorie der Kohäsion muss noch angeben können, was der »Bruch« bedeutet, auf den die Prozesse hinauslaufen. Castel betont, dass die Vorstellung einer strikten Grenze zwischen »Innen« und »Außen« allenfalls auf Konstellationen des rechtlichen und institutionellen Ausschlusses anwendbar ist, mit denen etwa der Vagabund der vorindustriellen Gesellschaft konfrontiert war (vgl. Castel 1996a: 780). Für die Analyse der Gegenwartsgesellschaften jedoch reicht dieses Verständnis nicht aus. Denn sie haben eine bislang einmalige Geschichte der institutionellen Einbindung der arbeitenden Klassen hinter sich. Wie lässt sich dann aber der »Bruch« der Entkoppelung heute angemessen verstehen? Bei Castel finden sich Hinweise auf ein nichtdichotomisches Verständnis des Ausgrenzungsproblems, aber er führt sie nicht aus.[15] Offenbar kommt es mehr denn je darauf an, Entkoppelung (oder auch Exklusion) als Ausgrenzung *in* der Gesellschaft zu begreifen, im Spannungsverhältnis einer Gleichzeitigkeit von »Drinnen« und »Draußen«, wie Georg Simmel es formulierte, anstatt als Ausgrenzung *aus* der Gesellschaft (vgl. Kronauer 2000 und 2002: 123 ff.). Nur so lassen sich die »Fallstricke« (Castel 2000b) des dichotomischen Denkens vermeiden.

Die Lektüre der *Metamorphosen der sozialen Frage* wirft aber noch eine weitere Frage auf. Wie verhält sich die »organische Solidarität«, die soziale Kohäsion, zur Demokratie? Für Castel fallen in der historischen Betrachtung beide in eins. Die Stabilisierung der Kohäsion setzt sozialstaatliche Sicherungen voraus und bedeutet zugleich eine Ausweitung des Bürgerstatus auf die arbei-

15 »Integierte, Anfällige und Entkoppelte gehören zu ein und derselben Gesamtheit, deren Einheit allerdings problematisch ist« (Castel 2000a: 20).

tenden Klassen.[16] Diese Verbindung ist allerdings, wie gerade Castels Geschichte der sozialen Frage belegt, an zentralen Punkten prekär. Castel betont zu Recht, dass Erwerbsarbeit noch immer eine entscheidende Voraussetzung zur Einbindung in wechselseitige Abhängigkeitsverhältnisse und somit für gesellschaftliche Kohäsion darstellt. Sie kann aber nicht für alle angemessene Lebenschancen eine gesicherte Lebensperspektive bieten, ein wichtiges Kriterium sozialer Demokratie. Soziale Rechte wiederum sichern Qualitäten des Lebensstandards und des sozialen Status ab, können aber in kapitalistischen Marktwirtschaften, wie Castel an den Debatten um das Recht auf Arbeit erneut gezeigt hat, nicht selbst für Erwerbsarbeit sorgen. Daraus folgt aber, dass gesellschaftliche Zugehörigkeit durch Interdependenz und gesellschaftliche Teilhabe durch Bürgerrechte zwar aufeinander verweisen, zugleich aber auch jeweils eigenständige Beiträge zur gesellschaftlichen Einbindung leisten, die sich nicht wechselseitig ersetzen lassen (vgl. Kronauer 2002: 93 ff.).

Von beiden Seiten her können deshalb Ausgrenzungsprozesse in Gang gesetzt werden. Noch bevor die soziale Kohäsion der Mehrheitsgesellschaft durch Anomie in Frage gestellt sein muss, kann bereits die demokratische Qualität einer Gesellschaft durch den Ausschluss von Minderheiten gefährdet sein. Schließlich ist es ebenfalls denkbar – und historisch erwiesen – dass ein Mindestmaß an Kohäsion auch autoritär erzwungen werden kann. Dies legt nahe, Kohäsion auf der einen Seite und Demokratie auf der anderen in ihren jeweiligen Voraussetzungen noch schärfer voneinander abzuheben, als es in *Die Metamorphosen der sozialen Frage* der Fall ist, um sie dann in ihrem Verhältnis zueinander genauer bestimmen zu können. Denn davon hängen nicht zuletzt die Antworten auf wesentliche politische Fragen ab. Wie lassen sich Erwerbsarbeit und Demokratie heute, unter den von Castel herausgearbeiteten Bedingungen der Krise sozialer Kohäsion, miteinander in Einklang bringen? Wie lässt sich ein gleichberech-

16 »Die Notwendigkeit, jedem einen Platz in einer demokratischen Gesellschaft zu gewährleisten, lässt sich nicht dadurch bewerkstelligen, dass man diese Gesellschaft komplett ›marktvergesellschaftet‹« (Castel 2000a: 337).

tigter Zugang zu Erwerbsarbeit und zu sozialen Rechten gewährleisten, ohne beide »kurzzuschließen« – ohne also die Menschen einer Pflicht zur Erwerbsarbeit zu unterwerfen, der kein Recht auf sozial abgesicherte Erwerbsarbeit gegenübersteht? Wieder ist es eine der großen Stärken von Castels Untersuchung, dass sie es erlaubt, diese Fragen präziser zu stellen und bei der Suche nach einer Antwort seine Überlegungen weiterzudenken.

Literatur

Aron, R., 1979: Hauptströmungen des modernen soziologischen Denkens. Durkheim, Pareto, Weber, Reinbek bei Hamburg.

Boltanski, L./Bourdieu, P./Castel, R. 1983: Eine illegitime Kunst. Die sozialen Gebrauchsweisen der Photographie. Frankfurt am Main.

Castel, R. 1982: Psychoanalyse und gesellschaftliche Macht. Bodenheim.

Castel, R. 1983: Die psychiatrische Ordnung. Frankfurt am Main.

Castel, R., 1991: De l'indigence à l'exclusion, la désaffiliation. Précarité du travail et vulnérabilité relationelle, in: J. Danzelot (Hrsg.), Face à l'exclusion. Le modèle français, Paris, S. 137–168.

Castel, R., 1996a: Nicht Exklusion, sondern Desaffiliation. Ein Gespräch mit F. Ewald, in: Das Argument 217, S. 775–780.

Castel, R., 1996b: Les marginaux dans l'histoire, in: S. Paugam (Hrsg.), L'exclusion, l'état des savoirs, Paris, S. 32–41.

Castel, R., 2000a: Die Metamorphosen der sozialen Frage. Eine Chronik der Lohnarbeit, Konstanz.

Castel, R., 2000b: Die Fallstricke des Exklusionsbegriffs, in: Mittelweg 36, 9, 3, S. 11–25.

Castel, R., 2002: La sociologie et la réponse à la demande sociale, in: B. Lahire (Hrsg.), A quoi sert la sociologie?, Paris, S. 67–77.

Commission of the European Communities, 1994: Social Europe. Towards a Europe of Solidarity: Combating Social Exclusion, Supplement 4, 1993, Brüssel/Luxemburg.

Durkheim, E., 1977 [1893]: Über die Teilung der sozialen Arbeit, eingeleitet von N. Luhmann, Frankfurt am Main.

Durkheim, E. 1973 [1897]: Der Selbstmord, mit einer Einl. von K. Dörner und einem Nachw. von R. König, Neuwied/Berlin.

Foucault, M., 1994: Überwachen und Strafen. Die Geburt des Gefängnisses. Frankfurt am Main.

Kaufmann, O., 1996: Das Problem der Exklusion: Unstete Arbeit und soziale Sicherung, in: F. X. Kaufmann (Hrsg.), Sozialpolitik im französisch-deutschen Vergleich, Wiesbaden, S. 822 – 837.

Kronauer, M., 2000: Plädoyer für einen Exklusionsbegriff ohne Fallstricke. Anmerkungen zu Robert Castel, in: Mittelweg 36, 9, 6, S. 79 – 84.

Kronauer, M., 2002: Exklusion. Die Gefährdung des Sozialen im hoch entwickelten Kapitalismus, Frankfurt am Main/New York.

Martin, C., 1996: French Review Article: The Debate in France over »Social Exclusion«, in: Social Policy & Administration 30, 4, S. 382 – 392.

Paugam, S., 1996: La constitution d'un paradigme, in: S. Paugam (Hrsg.), L'exclusion, l'état des savoirs, Paris, S. 7 – 19.

Paugam, S., 1998: Von der Armut zur Ausgrenzung. Wie Frankreich eine neue soziale Frage lernt, in: Y. Kazepov/W. Voges (Hrsg), Armut in Europa, Wiesbaden, S. 117 – 136.

Paugam, S., 2004: Armut und soziale Exklusion. Eine soziologische Perspektive, in: H. Häußermann/M. Kronauer/W. Siebel (Hrsg.), An den Rändern der Städte. Armut und Ausgrenzung, Frankfurt am Main, S. 71 – 96.

Silver, H., 1998: Policies to Reinforce Social Cohesion in Europe, in: A. Haan/J. B. Figueredo (Hrsg.), Social Exclusion: an ILO Perspective, International Institute for Labour Studies (ILO), Genf.

Autorenverzeichnis

Christian Giordano, geb. 1945, Studium der Soziologie, Kunstgeschichte und Romanistik in Bern und Heidelberg, Promotion 1973 in Heidelberg, Habilitation 1987 in Frankfurt am Main, seit 1989 o. Prof. für Sozialanthropologie in Fribourg (Schweiz), Dr. h. c. der Universität Timisoara, Präsident von Ethnobarometer (Forschungsnetzwek für Migrationen und Minderheiten des Consiglio Italiano per le Scienze Sociali), Präsident des Interfakultären Instituts für Ost- und Ostmitteleuropa der Universität Fribourg (Schweiz), Honorarmitglied des Verbandes der bulgarischen Wissenschaftler (Sektion Soziologie). Arbeitsgebiete: Transformation in Osteuropa, mediterrane Gesellschaften, Klientelismus, Mafia und Korruption, Nationalismus, Ethnizität und interethnisches Zusammenleben (Osteuropa und Südostasien). Publikationen u. a.: *Die Betrogenen der Geschichte. Überlagerungsmentalität und Überlagerungsrationalität in mediterranen Gesellschaften* (1992), *Paysans au-delà du mur* (1995), *Borderline: die Sozialwissenschaften zwischen Grenzziehung und Grenzüberschreitung* (1998/99), *Multikulturalismus und Mutlilinguismus* (2002), *Constructing Risk, Threat, Catastrophe. Anthropological Perspectives* (2003), *Terre, Territoire, Appartenances* (2003).

Manfred Hennen, geb. 1939, Prof. Dr., Volkswirt und Soziologe (venia), zuletzt Leiter des Zentrums für Qualitätssicherung und -entwicklung der Johannes-Gutenberg-Universität Mainz. Arbeitsgebiete: Sozialtheorie, Organisation, Hochschule, Beratung. Publikationen u. a.: *Soziale Motivation und paradoxe Handlungsfolgen* (1990), *Motivation als Konstrukt einer Sozialtheorie* (1994), *Hat Wissenschaft Macht?* (2001), *Evaluation – Erfahrungen und Perspektiven. Mainzer Beiträge zur Hochschulentwicklung,* Bd. 4 (2002, Hrsg.).

Matthias Junge, geb. 1960, studierte Philosophie, Sozialarbeit und Soziologie an der Universität Bamberg und promovierte dort 1995, Habilitation 2000 am Institut für Soziologie der Philosophischen Fakultät der TU Chemnitz, derzeit Oberassistent an der Professur für Soziologie II der TU Chemnitz. Arbeitsgebiete: Gesellschaftstheorie, Kultursoziologie, kulturvergleichende Sozialstrukturanalyse und Soziologie der Postmoderne. Publikationen u. a.: *Forever young? Junge Erwachsene in Ost- und Westdeutschland* (1995), *Ambivalente Gesellschaftlichkeit. Die Modernisierung der Vergesellschaftung und die Ordnungen der Ambivalenzbewältigung* (2000), *Zygmunt Bauman: Soziologie zwischen Postmoderne und Ethik* (2002, Hrsg., zus. mit T. Kron), *Individualisierung* (2002), *Soziologische Theorien von Comte bis Parsons* (2002, zus. mit D. Brock und U. Krähnke), *Macht und Moral. Beiträge zur Dekonstruktion von Moral* (2003, Hrsg.).

Thomas Keller, geb. 1954, Prof. Dr., Lehrtätigkeit an der FU Berlin, der Université de Limoges, Université de Strasbourg, TU Karlsruhe, seit 1999 Professor für Germanistik (Kulturwissenschaft und Ideengeschichte) an der Université d'Aix-en-Provence. Verantwortlich für den EUCOR-Forschungsverband »Interkulturalität in Theorie und Praxis« (Straßburg–Freiburg–Basel–Karlsruhe–Mulhouse) und zus. mit W. Eßbach für das PROCOPE-Projekt *Geschichte und Leben. Anthropologische und ethnologische Diskurse der Zwischenkriegszeit* (im Erscheinen). Publikationen u. a.: *Die Schrift in Stifters Nachsommer. Buchstäblichkeit und Bildlichkeit des Romantextes* (1982), *Neue Politische Kultur* (1985), *Les Verts allemands. Un conservatisme alternatif* (1993), *Interkulturelle Lebensläufe* (1998, Hrsg., zus. mit B. Thum), *Deutsch-französische Dritte-Weg-Diskurse. Personalistische Intellektuellendebatten der Zwischenkriegszeit* (2001), *Biographies au pluriel* (2001, Hrsg., zus. mit F. Raphaël), *Allemands en France, Français en Allemagne après 1945. Cahiers d'Etudes Germaniques* 43, 2 (2002, Hrsg.), Beiträge zu deutsch-französischen Akkulturationen und Transfers, Interkulturalität: deutsch-französische Lebensläufe, Diskurse (Ökologie, Nonkonformismus, Anthropologie, Ethnologie), Philosophie- und Soziologietransfers (u. a. Personalismus, Dekonstruktion), neue Methoden der Literaturwissenschaft.

Beate Krais, geb. 1944, Dipl.-Soz., Dr. rer. pol., Studium der Soziologie in Tübingen und an der FU Berlin, seit 1995 Professorin für Soziologie an der TU Darmstadt, zuvor Wissenschaftliche Mitarbeiterin am Max-Planck-Institut für Bildungsforschung in Berlin. Arbeitsgebiete: Bildungssoziologie, soziologische Theorie, Soziologie des Geschlechterverhältnisses, Hochschul- und Wissenschaftsforschung, Forschung zu Akademikern/Eliten. Publikationen u. a.: *Geschlechterverhältnis und symbolische Gewalt* (1993), *Das Bildungswesen in der Bundesrepublik* (1994, zus. mit der Arbeitsgruppe Bildungsbericht), *The Academic Disciplines* (1996), *Bildungsexpansion und soziale Ungleichheit* (1996), *Ein alltägliches Spiel* (1997, Hrsg., zus. mit I. Dölling), *Wissenschaftskultur und Geschlechterordnung* (2000, Hrsg.), *An der Spitze* (2001, Hrsg.), *Frauenarbeit – Männerarbeit* (2001, Hrsg., zus. mit M. Maruani), *Habitus* (2002, zus. mit G. Gebauer), *Das kulturelle Kapital und die Macht der Klassenstrukturen* (2004, Hrsg., zus. mit S. Engler).

Martin Kronauer, Dr. phil., ist Professor für Gesellschaftswissenschaft mit dem Schwerpunkt Strukturwandel und Wohlfahrtsstaat in internationaler Perspektive an der Fachhochschule für Wirtschaft Berlin und Mitglied des Soziologischen Forschungsinstituts an der Universität Göttingen (SOFI), Promotion an der FU Berlin, Habilitation an der Universität Göttingen, assoziiertes Mitglied des Graduiertenkollegs »Die Zukunft des europäischen Sozialmodells« an der Universität Göttingen. Arbeitsgebiete: Wandel der Erwerbsarbeit und sozialen Ungleichheit, soziale Ausgrenzungen im internationalen Vergleich, Armut und Stadt. Publikationen u. a.: *An den Rändern der Städte. Armut und Ausgrenzung«* (2004, Hrsg., zus. mit H. Häußermann und W. Siebel), *Exklusion. Die Gefährdung des Sozialen im hoch entwickelten Kapitalismus* (2002), *Im Schatten der Arbeitsgesellschaft* (1993, zus. mit B. Vogel und F. Gerlach).

Andrea Maurer ist Professorin für Organisationssoziologie an der Universität der Bundeswehr München, Institut für Soziologie und Gesellschaftspolitik. Arbeitsgebiete: Herrschafts- und Arbeitssoziologie, soziologische Klassiker und Institutionentheorie und -analyse. Publikationen u. a.: *Alles eine Frage der Zeit?* (1992), *Herrschaft und soziale Ordnung* (1999), *Neuer Institutionalismus* (2002, Hrsg., zus. mit M. Schmid), *Herrschaftssoziologie* (2004).

Michael Meuser, Studium der Erziehungswissenschaft, Soziologie und Politischen Wissenschaft an der Universität Bonn, Promotion zum Dr. phil., Habilitation in Soziologie an der Universität Bremen, 2000 – 2003 Vertretung der Professur »Soziologie und empirische Sozialforschung« an der Universität Siegen, zurzeit wissenschaftlicher Mitarbeiter am Essener Kolleg für Geschlechterforschung, Universität Duisburg-Essen, Gastprofessuren am Institut für Höhere Studien, Wien, und an der Universität Wien. Arbeitsgebiete: Soziologie der Geschlechterverhältnisse, Methoden qualitativer Sozialforschung, Wissenssoziologie, politische Soziologie, Soziologie des Körpers. Publikationen u. a.: *KörperRepräsentationen in der Ordnung des Sozialen*, (2002, Hrsg., zus. mit K. Hahn), *Hauptbegriffe qualitativer Sozialforschung* (2003, Hrsg., zus. mit R. Bohnsack, W. Marotzki), *Politische Soziologie – Ortsbestimmungen und aktuelle Forschungsgebiete* (2003), *Modernized Masculinities? Continuities, Challenges and Changes in Men's Lives* (2003), *Vereinbarkeitsmanagement. Die Herstellung von Gemeinschaft bei Doppelkarrierepaaren* (2003, zus. mit Cornelia Behnke).

Stephan Moebius, geb. 1973, Dr. phil., studierte Soziologie und Kulturwissenschaften an der Universität Bremen, promovierte dort 2002 und ist zurzeit Forschungsstipendiat der Deutschen Forschungsgemeinschaft und Lehrbeauftragter an der Albert-Ludwigs-Universität Freiburg i. Br. Arbeitsgebiete: soziologische Theorien, Soziologiegeschichte, Soziologie in Frankreich, Poststrukturalismus/neuere französische Philosophie, Kultursoziologie, Wissenssoziologie, Religionssoziologie, Intellektuellensoziologie, Geschlechtersoziologie, Anthropologie und Kulturwissenschaften. Publikationen u. a.: *Postmoderne Ethik und Sozialität* (2001), *Georg Simmel lesen* (2002), *Die soziale Konstitu-*

ierung des Anderen. Grundrisse einer poststrukturalistischen Sozialwissenschaft nach Lévinas und Derrida (2003), *Paul Ludwig Landsberg – ein vergessener Soziologe? Zu Leben, Werk, Wissens- und Kultursoziologie Paul Ludwig Landsbergs* (2003), *Contre-Attaque – eine politische Initiative französischer Intellektueller in den 30er Jahren* (2003), *Praxis der Soziologiegeschichte* (2004), *Imitation, differentiating repetition and iterability – affinities between poststructuralist social sciences and the »social laws« of Gabriel Tarde* (im Erscheinen), *Das Sakrale und die Heterologie. Das Collège de Sociologie (1937–1939), Georges Bataille und die Wirkungen auf Foucault, Lévinas und Derrida* (im Erscheinen). Zurzeit arbeitet er an einem DFG-geförderten Forschungsprojekt über die Soziologie- und Wirkungsgeschichte des Collège de Sociologie in den dreißiger Jahren in Paris. Web: www.stephanmoebius.de.

Lothar Peter, geb. 1942, Professor für Soziologie an der Universität Bremen, war 1971/72 Assistent an der Universität Paris (Paris III). Arbeitsgebiete: gesellschaftliche Entwicklung Frankreichs und ihre sozialwissenschaftliche Verarbeitung, soziologische Theorie, Soziologiegeschichte, Industrie- und Arbeitssoziologie, Intellektuellensoziologie. Publikationen seit 1990 u. a.: *Legitimationsbeschaffung oder machtkritische Subkultur? Marxistisch-leninistische Soziologie und Systemverfall in der DDR* (1990), *»Jeder irgendwie für sich allein«? Probleme und Chancen sozialer Interaktion am Arbeitsplatz* (1993), *Emile Durkheim – ein früher Kommunitarist?* (1997), *Lebensphilosophie und Gesellschaftskritik. Anmerkungen zur Bergson-Rezeption von Max Horkheimer.* (1999), *Warum und wie betreibt man Soziologiegeschichte?* (2001), *Pierre Bourdieus Theorie der symbolischen Gewalt* (2004).

Michael Schmid ist Professor für Allgemeine Soziologie an der Universität der Bundeswehr München, Institut für Soziologie und Gesellschaftspolitik. Arbeitsgebiete: Wissenschaftstheorie und soziologische Theoriebildung. Publikationen u. a.: *Rationalität und Theoriebildung. Studien zu Karl R. Poppers Methodologie der Sozialwissenschaften* (1996), *Soziales Handeln und strukturelle*

Selektion. Beiträge zur Theorie sozialer Systeme (1998), *Rationales Handeln und soziale Prozesse. Beiträge zur soziologischen Theoriebildung* (2004).

Uwe Schmidt, Dr. phil., studierte Soziologie, Philosophie und Pädagogik an der Universität Mainz und promovierte 2002 im Bereich der Familiensoziologie, er ist Leiter des Zentrums für Qualitätssicherung und -entwicklung sowie der Geschäftsstelle des Hochschulevaluierungsverbundes. Arbeitsgebiete: Evaluation und Organisationsentwicklung, Hochschul- und Bildungsforschung, Wissenschaftstheorie und -geschichte, Systemtheorie sowie Familiensoziologie. Publikationen u. a.: *Deutsche Familiensoziologie. Entwicklung nach dem Zweiten Weltkrieg* (2002), *Ansätze zu Evaluation und Organisationsentwicklung* (2002), *Methodenkompetenz in der Evaluation* (2002), *Ausgewählte Ergebnisse der Evaluation unter systemischer Perspektive* (2002), *Evaluation als Profession – Professionalisierung der Evaluation* (2003), *Über den Verlust der Familie in der Familiensoziologie* (2003).

Timothy Simms studierte Soziologie und Chemie, er ist Lehrbeauftragter am Institut für Soziologie der Albert-Ludwigs-Universität Freiburg i. Br. und bereitet zurzeit eine Dissertation über ein religionssoziologisches Thema vor. Arbeitsgebiete: Technik- und Wissenschaftsforschung, Filmsoziologie, Religionssoziologie, Emotionssoziologie und soziologische Theorie.

Peter Wagner ist Professor für Politik- und Gesellschaftstheorie am Europäischen Hochschulinstitut, Florenz, und Professor für Soziologie an der Universität Warwick. Derzeitiges Arbeitsgebiet: politische Philosophie der europäischen Integration im Zusammenhang mit einer historisch-soziologischen Neubetrachtung der europäischen Moderne. Publikationen u. a.: *Soziologie der Moderne* (1995, engl. Orig. 1994), *Arbeit und Nationalstaat. Frankreich und Deutschland in europäischer Perspektive* (2000, Hrsg., zus. mit B. Zimmermann und C. Didry, frz. Orig. 1999), *Theorizing Modernity. Inescapability and Attainability in Social*

Theory (2001), *A History and Theory of the Social Sciences. Not All that Is Solid Melts into Air* (2001), *Europa politica. Ragioni di una necessità* (2002, Hrsg., zus. mit H. Friese und A. Negri), *Europa, costituzione, movimenti sociali* (2003, Hrsg., zus. mit G. Bronzini, H. Friese und A. Negri).

Dietmar J. Wetzel, geb. 1968, Soziologe und Dipl. Frankreichwissenschaftler, promovierte in Freiburg i. Br. mit einer Studie über *Diskurse des Politischen – Zwischen Re- und Dekonstruktion* (2003) und ist derzeit wissenschaftlicher Mitarbeiter am Sigmund-Freud-Institut in Frankfurt am Main. Arbeitsgebiete: Sozial- und Kulturtheorien in Frankreich und Deutschland, Arbeits- und Managementsoziologie, Geschlechter- und Moralsoziologie sowie Dekonstruktion, Psychoanalyse und qualitative Sozialforschung. Publikationen u. a. *Postmodern-dekonstruktive Ethik: Herausforderung oder Irrweg?* (2002), *Neoliberalismus, Unternehmensführung und Arbeit – Vom Politischen im flexiblen Kapitalismus* (2003), *Gerechtigkeit – Alterität – Gemeinschaft: Bestimmungsversuche mit Jacques Derrida und Jean-Luc Nancy* (2003), *Im Mikrokosmos des korrupten Empires. Zum Arbeitshandeln von Führungskräften* (2003), *Macht und Subjektivierung im flexibilisierten Kapitalismus: nach Foucault und Butler* (2004).

Personenregister

Weiterlesen bei UVK

Pierre Bourdieu (Hg.)
Das Elend der Welt
Zeugnisse und Diagnosen
alltäglichen Leidens
an der Gesellschaft
1998, 848 Seiten, broschiert
ISBN 3-89669-867-2

Pierre Bourdieu
Der Staatsadel
2004, 476 Seiten, broschiert
ISBN 3-89669-807-9

Pierre Bourdieu
Gegenfeuer
2004, 228 Seiten, broschiert
ISBN 3-89669-511-8

Stéphane Beaud
Michel Pialoux
Die verlorene Zukunft der Arbeiter
2004, Die Peugeot-Werke
von Sochaux-Montbéliard
364 Seiten, broschiert
ISBN 3-89669-798-6

Luc Boltanski, Ève Chiapello
Der neue Geist des Kapitalismus
2003, 736 Seiten, gebunden
ISBN 3-89669-991-1

Michel Winock
Das Jahrhundert
der Intellektuellen
2003, 886 Seiten, gebunden
ISBN 3-89669-948-2

Loïc Wacquant
Leben für den Ring
Boxen im
amerikanischen Ghetto
2003, 294 Seiten, broschiert
ISBN 3-89669-788-9

Robert Castel
Die Metamorphosen
der sozialen Frage
Eine Chronik der Lohnarbeit
2000, 416 Seiten, broschiert
ISBN 3-89669-874-5

UVK UTB

Weiterlesen bei UVK

Monique de Saint Martin
Der Adel
Soziologie eines Standes
2003, 284 Seiten, broschiert
ISBN 3-89669-854-0

Jean-Claude Kaufmann
Der Morgen danach
Wie eine Liebesgeschichte beginnt
2004, 290 Seiten, broschiert
ISBN 3-89669-752-8

Jean-Claude Kaufmann
Singlefrau und Märchenprinz
Über die Einsamkeit moderner Frauen
2002, 272 Seiten, broschiert
ISBN 3-89669-944-X

Maurice Halbwachs
Soziale Morphologie
Ausgewählte Schriften
Herausgegeben von Stephan Egger
2002, 128 Seiten, broschiert
ISBN 3-89669-892-3

Maurice Halbwachs
Theorie und Methode
Ausgewählte Schriften
Herausgegeben von Stephan Egger
2001, 208 Seiten, broschiert
ISBN 3-89669-893-1

Stephan Egger (Hg.)
Maurice Halbwachs – Aspekte des Werks
2003, 284 Seiten, broschiert
ISBN 3-89669-895-8